IMPARFAITS, LIBRES ET HEUREUX

CHRISTOPHE ANDRÉ

IMPARFAITS, LIBRES ET HEUREUX

Pratiques de l'estime de soi

ÉDITIONS FRANCE LOISIRS

Édition du Club France Loisirs,
avec l'autorisation des Éditions Odile Jacob.

Éditions France Loisirs,
123, boulevard de Grenelle, Paris
www.franceloisirs.com

ISBN 978-2-7441-9802-1

« Que mon livre t'enseigne à t'intéresser plus à toi qu'à lui-même, puis à tout le reste plus qu'à toi. »

André GIDE, *Les Nourritures terrestres*

Je passe un bien vilain moment. Tous les livres me dégoûtent. Je ne fais rien. Je m'aperçois plus que jamais que je ne sers à rien. Je sens que je n'arriverai à rien, et ces lignes que j'écris me paraissent puériles, ridicules, et même, et surtout, absolument inutiles. Comment sortir de là ? J'ai une ressource : l'hypocrisie. Je reste enfermé des heures, et on croit que je travaille. On me plaint peut-être, quelques-uns m'admirent, et je m'ennuie, et je bâille, l'œil plein des reflets jaunes, des reflets de jaunisse de ma bibliothèque. J'ai une femme qui est un fort et doux être plein de vie, un bébé qui illustrerait un concours, et je n'ai aucune espèce de force pour jouir de tout cela. Je sais bien que cet état d'âme ne durera pas. Je vais ravoir des espérances, de nouveaux courages, je vais faire des efforts tout neufs. Si encore ces aveux me servaient ! Si plus tard je devenais un grand psychologue ! Mais je ne me crois pas en puissance assez de vie. Je mourrai avant l'heure, ou je me rendrai, et je deviendrai un ivrogne de rêverie. Mieux vaudrait casser des pierres, labourer des champs. Je passerai donc ma vie, courte ou longue, à dire : mieux vaudrait autre chose. Pourquoi ce roulis de notre âme, ce va-et-vient de nos ardeurs ? Nos espérances sont comme les flots de la mer : quand ils se retirent, ils laissent à nu un tas de choses nauséabondes, de coquillages infects et de crabes, de crabes moraux et puants oubliés là, qui se traînent de guingois pour rattraper la mer. Est-ce assez stérile, la vie d'un homme de lettres qui n'arrive pas ! Mon Dieu, je suis intelligent, plus intelligent que bien d'autres. C'est évident, puisque je lis sans m'endormir *La Tentation de saint Antoine*. Mais cette intelligence, c'est comme une eau qui coule inutile, inconnue, où l'on n'a pas encore installé un moulin. Oui, c'est ça : moi, je n'ai pas encore trouvé mon moulin. Le trouverai-je jamais ?

William et Jules

Ces lignes que vous venez de lire sont extraites d'un passage du journal intime de Jules Renard, daté du 17 mars 1890[1].

Jules Renard était un homme réservé et hypersensible, neurasthénique, comme on disait alors. Après une enfance malheureuse, dont il s'inspira pour écrire son ouvrage le plus connu, *Poil de carotte*, il connut une certaine notoriété. Mais il ne fut jamais heureux, jamais satisfait de lui-même ni de son existence. Malgré sa lucidité et son talent, malgré l'affection de sa famille et de ses amis, il ne trouva jamais la paix de l'âme. Son intelligence était aussi vive que son estime de soi était incertaine et douloureuse.

Renard n'utilisa jamais le terme *estime de soi*, qui n'était pas encore en usage dans la langue française. Mais cette même année 1890, de l'autre côté de l'Atlantique, le médecin, philosophe et psychologue américain William James publiait le premier traité de psychologie moderne, *Principles of Psychology*, qui lui avait demandé douze années de travail. Comme le *Journal* de Renard, le traité de

James se lit encore aujourd'hui avec plaisir. La plupart de ses remarques sur la condition humaine restent d'actualité. James fut le premier à utiliser et à analyser ce concept de *self esteem* : « L'estime de soi est de deux sortes : la satisfaction et le mécontentement de soi[2]. » Malheureusement, il souffrait de troubles dépressifs sévères, qui empoisonnèrent sa vie. Ni William ni Jules ne purent venir durablement à bout de leurs démons intérieurs.

Bien longtemps après, l'estime de soi est toujours au cœur de nos existences modernes, quelles que soient notre culture et notre nationalité[3]. Les deux hommes avaient parfaitement pressenti, grâce à leur intelligence et à leur sensibilité personnelle, l'importance qu'elle allait prendre, pour le meilleur et pour le pire, dans notre société. Ce livre leur rend hommage.

Comment allez-vous ?

> « Les hommes se distinguent par ce qu'ils montrent et se ressemblent par ce qu'ils cachent. »
>
> Paul VALÉRY

Nous allons tous très bien, et nous sommes tous très contents de nous…

Qui a des chances d'aller au ciel ?

Lorsqu'on posa cette question – c'était en 1997 à l'occasion d'un sondage réalisé aux États-Unis –, les personnalités qui obtinrent le plus de réponses favorables furent Bill Clinton : 52 %, Lady Diana : 60 %, le basketteur Michael Jordan : 65 %.

Mère Teresa, avec 79 %, fut celle qui récolta le maximum de réponses favorables. Le maximum ? Pas tout à fait… À la question : « Et vos chances, à vous, d'aller au ciel ? », il y eut 87 % de réponses positives[1] !

Humour sur soi ? En partie sans doute. Mais on peut supposer que la plupart des réponses étaient évidemment sincères. Cette autosatisfaction sympathique est d'ailleurs bien connue en psychologie sociale : la plupart d'entre nous se sentent toujours « un peu mieux que la moyenne[2] ». Ainsi, 90 % des cadres et des professeurs d'université s'estiment plutôt supérieurs à la moyenne dans l'exercice de leurs fonctions. Plus de 96 % des étudiants se placent au-dessus de ce qu'on présente comme la moyenne des qualités à posséder pour être quelqu'un de bien[3]. La plupart des personnes s'estiment légèrement plus compétentes, plus intelligentes, plus agréables socialement que la moyenne des autres. Elles pensent mieux conduire, avoir meilleur goût, etc.[4]. Sur l'ensemble de ce genre d'études, 67 à 96 % des personnes se surévaluent par rapport à leurs pairs[5]. Et cela en toute inconscience : la plupart des personnes estiment ne pas se surévaluer, mais jugent que la majorité des autres le font. Nul mépris pour autrui dans cette attitude. Elle ne nécessite pas que l'on rabaisse les autres : on ne les dévalorise pas, on se surévalue, simplement[6].

Donc, nous sommes d'accord, je vais bien, je suis bien, vous allez bien, vous êtes bien. Et même mieux que les autres. Tout va donc parfaitement, dans le meilleur des mondes.

Pas si vite ! Et pas si simple !

Tout va bien, mais seulement lorsque la mer est calme…

Tout d'abord, cette surévaluation de soi se manifeste davantage face aux tâches aisées que face aux tâches difficiles. Ainsi, vous estimez probablement que vous conduisez mieux que les autres sur terrain sec, mais, sur une route verglacée, vous n'en êtes plus si sûrs. Confrontés à des situations délicates, nous avons plutôt tendance à nous estimer un peu *au-dessous* de la moyenne[7]. Mais alors, que vaut une estime de soi qui s'effrite face aux difficultés ?

Autre problème : cette tranquille surestimation de soi peut se transformer, dans certaines circonstances, en amertume, mauvaise foi et hostilité. Si par exemple on fait échouer des personnes à des tâches présentées comme simples ou si on leur fait croire qu'on les rejette, elles se mettent alors non seulement à douter d'elles-mêmes, mais aussi à dévaloriser les autres, à devenir plus intolérantes, plus rigides qu'elles ne l'étaient au départ.

Les blessures de l'estime de soi nous secouent donc fortement. Parfois si fortement que nous ne pouvons nous empêcher de penser que cette autosatisfaction affichée, au calme et loin de toute difficulté, n'est qu'une fragile façade chez la plupart d'entre nous. Qui se lézarde dès qu'on passe de la déclaration à l'action, du facile au difficile, du familier à l'inconnu, du calme à la menace, de la théorie à la pratique…

Tempêtes sur l'estime de soi

Dès que la vie devient difficile, les insuffisances de notre estime de soi se révèlent impitoyablement[8]. Chez les plus vulnérables d'entre nous, du fait de leur fonctionnement psychique ou de leurs difficultés sociales (personnes isolées, en précarité, chômeurs), ces failles de l'estime de soi ne pardonnent pas et alimentent alors de nombreuses formes de souffrance mentale. Lorsqu'on étudie de près le phénomène, on découvre un lien important entre les problèmes d'estime de soi et la plupart des troubles psychiques, qu'il s'agisse de manifestations dépressives[9] et anxieuses[10], de recours à l'alcool, de prise de drogue à l'adolescence[11], de troubles des conduites alimentaires[12]. Le citoyen occidental moyen a-t-il vraiment une si bonne estime de lui-même ? Rien de moins sûr.

Miroirs aux alouettes ?

Bonne, vraiment, l'estime de soi de ces personnes qui se voient et se disent si volontiers « légèrement au-dessus de la moyenne » ?

Comment expliquer alors ce besoin absurde de posséder des voitures plus grosses, plus rapides, plus luxueuses que nécessaire ? Et une fois que nous les possédons, pourquoi cet irrésistible désir de les montrer ou de rouler plus vite qu'il n'est permis ? Comment expliquer cette soumission à la mode, qui nous fait trouver soudain ringard un vêtement encore quasi neuf ? Et qui nous persuade qu'il faut en acheter tous les ans de nouveaux ? Comment expliquer ce besoin de posséder une foule d'objets inutiles ? Sinon par la conséquence de toutes ces flatteries de l'estime de soi des consommateurs que nous sommes : « parce que vous le valez bien », « où vous voulez quand vous voulez »…

N'avons-nous rien d'autre que ces flagorneries pour nourrir notre ego ? Sommes-nous si faibles que nous ne sachions plus nous défendre contre la dictature de l'apparence, de la jeunesse, de la minceur que nous imposent magazines et marchands d'apparence ? Ou sommes-nous trop imbus de nous-mêmes pour ne plus voir avec quelle facilité nous tombons dans ces pièges grossiers ?

Trop nombrilistes ?

Si l'on en croit les philosophes, les sociologues et autres politologues, nous étouffons peu à peu sous notre ego. L'individualisme toujours croissant de l'individu moderne nous conduirait à toujours plus de paresse, d'incivisme, de laxisme, de complaisance envers nous-mêmes. L'estime de soi ne serait-elle finalement que de l'égotisme et du nombrilisme ? Du narcissisme ? Un sous-produit de l'irresponsabilité de sociétés qui, par leurs violences ou leurs mensonges, fabriquent à la chaîne des individus persuadés qu'ils ne survivront que si leur valeur est supérieure à celle des autres ? La valorisation de l'estime de soi déboucherait alors sur le culte du moi, au détriment des valeurs altruistes nécessaires à toute vie en société.

Ces critiques ne datent pas d'hier. La préoccupation excessive de soi a toujours été considérée comme toxique pour la personne et la société. Voyez Pascal : « Le moi est haïssable. » Ou Kant : « L'amour de soi, sans être toujours coupable, est la source de tout mal. »

Alors, faut-il renoncer à son ego ? Faut-il considérer comme toxique toute forme de réflexion sur l'estime de soi, toute tentative pour la cultiver, l'améliorer, la développer ?

Estime de soi ou obsession de soi ? « Si vous pensez trop à vous, c'est que vous y pensez mal »

Peut-être sommes-nous en effet trop préoccupés de nos petites personnes. Mais peut-être surtout nous y prenons-nous mal dans notre rapport à nous-même…

Tout d'abord parce que nous nous laissons trop facilement gagner par des valeurs et des injonctions factices : **performance, abondance, apparence**. Trois fléaux, et de nos sociétés, et de nos psychismes[13]. La performance : il est normal de vouloir bien faire, mais pas de voir des « challenges » partout, de vouloir être un « gagneur », au point de s'en rendre malade (c'est la désormais classique *fatigue d'être soi*, du sociologue Alain Ehrenberg[14]). L'abondance : il est normal de vouloir disposer d'un toit, de vêtements, de nourriture. Mais pas d'acheter fiévreusement (ou de rêver d'acheter) tout ce que l'on nous agite sous le nez. L'apparence : il est normal d'avoir du plaisir avec son corps, et d'en prendre soin. Mais pas de trembler à la moindre ride ou au premier cheveu blanc.

Ensuite, parce que la place que prennent désormais la construction et le soin de nous-même dans notre économie personnelle est devenue d'un coût exorbitant. Nous n'avons plus le choix de ne pas penser à nous face à une société où l'image est devenue si importante. D'où ce résultat : notre ego est effectivement boursouflé, omniprésent, gavé de mauvaises nourritures, dont il est devenu dépendant. Ce n'est sans doute pas un hasard si les troubles des conduites alimentaires, boulimie et anorexie, sont si étroitement liés aux problèmes d'estime de soi. Et il est tentant de pousser encore plus loin la comparaison : il y a des boulimies de soi-même, des inflations de l'ego où l'on se remplit de soi, puis où l'on se vomit ; il y a souvent, ensuite, des anorexies de soi, où l'on se réfugie dans l'ascèse et la privation, où l'on croit se grandir et se renforcer en s'ignorant et en se maltraitant. Souffrances inutiles qui n'apprennent rien d'autre qu'à davantage souffrir et à mieux se punir…

Retrouver le goût simple de soi

Nous verrons plus loin, à propos des souffrances de l'estime de soi, qu'un ego omniprésent est un ego qui va mal. **La solution n'est donc pas de penser moins à soi mais d'y penser différemment**. D'autant, une fois de plus, que nous n'avons pas le choix : nous avons un besoin vital d'estime de nous-même. Mais sans doute pas sous la forme qu'elle tend à prendre aujourd'hui.

Nous allons nous attacher maintenant à comprendre comment vit et respire l'estime de soi, ce qui la déstabilise et ce qui la nourrit, ce qui l'entrave et ce qui la libère. Rapport à soi, rapport aux autres, rapport à l'action : nous aborderons tout ce qui compte pour l'estime de soi. Pour le comprendre, puis le changer. Vous allez voir : ce n'est pas si compliqué que l'on croit…

PREMIÈRE PARTIE

L'estime de soi, c'est tout ça

La vie finira bien par commencer…
Mais la naissance à nous-même est parfois une si longue attente ! Exister n'est pas tout. Comment vivre en bonne intelligence avec soi ? Comment quitter ce moi-prison, dans lequel nous étouffons, pour aller vers un moi-violon, dont nous apprendrions tranquillement à jouer ? Comment, simplement, se découvrir, s'apprécier, se construire ?
L'estime de soi, sa nature, ses besoins et son essence, tout cela peut se comprendre : c'est le but des pages qui suivent. Cela peut aussi s'apprendre : c'est ce que veut vous apporter ce livre dans son entier. Si l'existence, la chance, le destin ne nous ont pas offert cet apprentissage plus tôt, nous pouvons toujours l'entreprendre, ou le poursuivre, à tout âge. Maintenant, par exemple. Pour rendre notre vie plus belle et plus pleine.

CHAPITRE PREMIER

Un programme

L'estime de soi, c'est de me montrer capable de :

- Dire ce que je pense.
- Faire ce que je veux.
- Insister quand je me heurte à une difficulté.
- Ne pas avoir honte de renoncer.
- Ne pas me faire avoir par la pub ou les modes, qui veulent me faire croire qu'on n'est quelqu'un de bien que si on porte telle marque ou si on pense de telle façon.
- Rire de bon cœur si on me chambre gentiment.
- Savoir que je peux survivre à mes échecs.
- Oser dire « non » ou « stop ».
- Oser dire « je ne sais pas ».
- Suivre mon chemin, même si j'y suis seul(e).
- Me donner le droit d'être heureux(se).
- Me sentir digne d'être aimé(e).
- Supporter de ne plus être aimé(e), même si ça me rend malheureux(se) sur le moment.
- Me sentir tranquille avec moi-même.
- Dire « j'ai peur » ou « je suis malheureux(se) » sans me sentir rabaissé(e).
- Aimer les autres sans les surveiller ou les étouffer.

• Faire de mon mieux pour réussir ce que je veux réussir, mais sans me mettre la pression.
• Me donner le droit de décevoir ou de rater.
• Demander de l'aide sans me sentir pour autant inférieur(e).
• Ne pas me rabaisser ni me faire du mal lorsque je ne suis pas content(e) de moi.
• Ne pas me sentir envieux(se) de la réussite ou du bonheur des autres.
• Savoir que je peux survivre à mes malheurs.
• Me donner le droit de changer d'avis après réflexion.
• Faire preuve d'humour sur moi-même.
• Dire ce que j'ai à dire, même si j'ai le trac.
• Tirer les leçons de mes erreurs.
• Me mettre en maillot de bain même si mon corps n'est pas parfait.
• Me sentir en règle avec les blessures de mon passé.
• Ne pas avoir peur de l'avenir.
• Trouver que je suis quelqu'un de bien, avec ses qualités et ses défauts.
• Sentir que je progresse et que je tire des leçons de la vie.
• M'accepter tel(le) que je suis aujourd'hui sans renoncer pour autant à changer demain.
• Et enfin, arriver à penser à autre chose qu'à moi…

CHAPITRE 2

L'essentiel sur l'estime de soi

« L'objet de l'esprit est d'être content de soi devant soi-même. Cela ne dure guère. »

Paul VALÉRY

Nous sommes un mélange incertain. Tantôt nous ne faisons qu'un avec nous-même, nous agissons et pensons en harmonie. Tantôt nous souffrons d'*héautoscopie* : nous nous regardons exister et agir, comme si nous étions extérieur à nous-même. Et nous nous voyons dire, faire ou penser des choses dont nous savons qu'elles ne sont pas les bonnes. Tantôt nous nous aimons, tantôt nous nous détestons. Alors, docteur, c'est quoi ? C'est l'estime de soi.

Qu'est-ce que l'estime de soi ?

L'estime de soi, c'est :

1. ce que je pense de moi,
2. comment je me sens avec ces pensées,
3. ce que je fais de ma vie avec tout ça…

C'est ce mélange des regards et des jugements que je porte sur moi. Car aucun regard n'est neutre, surtout sur soi-même.

C'est aussi un autre mélange : celui du jugement à propos de *moi* et du jugement de *moi sous le regard des autres.* Car l'estime de soi n'a de sens que dans le cadre de relations sociales.

Manifestations de l'estime de soi au quotidien

Comment s'exprime l'estime de soi ? Au travers de quelles manifestations percevons-nous, ou non, son existence et sa présence ?

Au travers de nos émotions : l'estime de soi pèse sur notre bien-être intérieur, nos tranquillités et nos inquiétudes. Au travers de nos comportements : spontanéités et blocages sont eux aussi sous son emprise, que ce soit dans nos relations sociales ou dans nos actions matérielles. Au travers de nos pensées : c'est encore et toujours l'estime de soi qui fait que notre regard tend à plutôt se tourner vers les manques et les menaces ou qu'il se montre capable de voir *aussi* tout le reste.

L'estime de soi est la résultante de tout cela, regard sur soi, émotions que cela entraîne et comportements que cela induit. Ce rapport intime à nous-même est en grande partie automatique, secret et incontrôlable – il serait si simple de *décider* de s'aimer une fois pour toutes. Il est cependant accessible à nos efforts d'introspection et d'inflexion.

L'estime de soi nous est naturelle

Certains, qui ne sont pas arrivés à s'aimer, tentent de s'oublier, de ne plus penser à eux. Peine perdue. Car l'estime de soi nous est naturelle, comme la respiration, la faim ou le sommeil : elle est inhérente à la nature humaine. Pas un être humain qui n'ait une idée sur lui-même, sur sa valeur à ses yeux et à ceux d'autrui. Pourquoi ?

Tout d'abord parce que l'estime de soi est indissociable de la conscience de soi. Nous sommes dotés de la capacité de réfléchir sur nous, de nous observer en train d'agir. Cette « conscience de soi réflexive » est une chance extraordinaire offerte à notre espèce : elles permet d'avoir du recul sur soi, de s'observer, de s'analyser, donc de se changer, de s'adapter, de s'améliorer. Mais elle peut aussi servir à se détester, se mépriser, se critiquer. À se rendre la vie impossible et inconfortable. Et stérile parfois, car ces agressions vis-à-vis de soi peuvent paralyser toute forme d'action.

Ensuite, parce que l'estime de soi est liée à notre statut d'*animal social*. En tant qu'humains, nous sommes condamnés à une existence en groupe, car notre survie ne peut se concevoir qu'au milieu de nos semblables, dans un rapport plus ou moins étroit à eux. Et donc dans le souci, parfois l'appréhension, de ce qu'ils pensent et ressentent vis-à-vis de nous. Nous sommes naturellement dotés d'un « sens de l'autre » afin de pouvoir, au moins assez grossièrement, décoder ses besoins : pouvoir supposer, imaginer, ce que pense autrui est une chance[1]. Cela nous permet de voir que nous sommes acceptés et de nous adapter si nous ne le sommes pas. C'est aussi une malchance parfois, si cette fonction de détection devient fonction d'imagination : on se met à supposer plus qu'à observer, à redouter plus qu'à attendre de voir ce qui se passe. **On finit par ne plus voir en l'autre qu'un regard intrusif et un jugement sévère. À redouter le rejet au lieu de susciter l'acceptation. À craindre l'échec au lieu de chercher la réussite.**

L'estime de soi influence notre façon d'être

L'estime de soi est un carrefour. Elle est une source d'information permanente sur notre adéquation à l'environnement. Douter de soi a pour fonction de nous inciter à modifier notre façon d'être. Les informations que nous délivre l'estime de soi sont précieuses : savourer lorsque tout va bien, s'activer en cas inverse. **Un ego en bon état de marche est un outil précieux pour la survie et la qualité de vie.**

Finalement, l'estime de soi est une sorte de tableau de bord du moi, qui va influencer notre style de conduite. Comme un tableau de bord de voiture, sa mission est donc de nous signaler tout ce qui fonctionne et tout ce qui ne fonctionne pas dans notre « moteur psychique ». Sur le tableau de bord de votre voiture, vous avez une jauge d'essence, un voyant indiquant la charge de votre batterie, etc. L'estime de soi, de même, nous signale si nos besoins fondamentaux sont satisfaits, si nos réservoirs d'affection ou de réussite sont pleins, ou pas trop proches du zéro. En effet, les carburants de l'estime de soi se répartissent en deux grandes catégories. D'une part, les signes de reconnaissance sociale : toutes les manifestations d'affection, sympathie, amour, admiration, estime reçues de la part des autres personnes. D'autre part, les signes de performance : toutes nos réussites, nos actions couronnées de succès.

Sur un tableau de bord de voiture, des voyants d'alarme nous informent aussi des problèmes : température du moteur trop élevée, manque d'huile, réservoir d'essence bientôt vide. Il en va de même en matière d'estime de soi : les problèmes peuvent venir de multiples domaines, mais

l'estime de soi est surtout sensible aux échecs et aux rejets. Deux manières d'être en danger pour un animal social comme l'être humain : en n'étant (ou en ne se sentant) plus efficace sur son environnement, ou bien en se faisant marginaliser vis-à-vis du groupe.

Dans une automobile, enfin, le tableau de bord est censé faciliter la conduite. Nous tenons compte des informations qu'il fournit pour ajuster notre manière de rouler : pouvons-nous continuer ainsi, faut-il s'arrêter, conduire différemment, foncer chez un garagiste ? De même, l'estime de soi n'est pas un simple outil d'information sur nos succès, matériels ou sociaux. Elle joue un rôle plus important encore dans notre personnalité, car elle influence notre « style de conduite » psycho-comportemental : c'est elle qui nous rend craintifs ou audacieux, qui nous pousse à nous révéler ou à nous rétracter.

L'estime de soi est plus que jamais nécessaire

Jadis, nous ne choisissions pas notre conjoint, ni notre métier : notre famille le faisait pour nous. Nous ne choisissions pas notre destinée, nous avions une place dans la société. Nous évoluons aujourd'hui dans des sociétés individualistes et compétitives. Il faut s'y montrer capable pour conquérir un travail, de l'amour. Nous pouvons très bien ne pas avoir de place : pas de travail, pas d'amour, pas d'amis… Nous pouvons atteindre le néant relationnel, dans une relative indifférence de la part des autres : les liens sociaux sont aujourd'hui distendus comme jamais peut-être dans une société humaine. **La construction de soi est ainsi devenue indispensable dans des périodes comme la nôtre, fondées sur l'autonomie et la performance individuelle**.

Au passage, précisons qu'il est vain de regretter les anciennes sociétés, où l'individu était soumis au groupe de manière écrasante ; l'estime de soi y dépendait de la conformité aux normes. Il s'agissait, en gros, de rester à sa place. La tâche était plus simple, mais au prix d'une soumission à des règles plus manifestes et surtout plus rigides encore que celles auxquelles nous sommes aujourd'hui soumis. Mieux vaut avoir la possibilité de travailler à « l'invention de soi », selon la belle formule du sociologue Jean-Claude Kaufman[2].

Nous ne pouvons donc pas, aujourd'hui, nous passer de l'estime de soi. Pour survivre en ce monde. Pour éventuellement le changer : il en a bien besoin. Si nous ne prenons pas soin de nous, si nous ne disposons pas d'un minimum d'estime et de respect pour nous-même, alors nous n'agirons pas, ou moins bien, et avec moins de lucidité et de sérénité. Disposer d'une bonne estime de soi, ce n'est donc pas baigner dans une acceptation béate et naïve de ce qui est et de ce qu'on est. Au contraire, nous le verrons, elle est le moteur de bien des changements et de bien des progrès.

Sans estime de soi, toute notre personnalité restera sous influence

Devenir et rester soi-même… **L'estime de soi est l'outil de notre liberté et de notre autonomie psychologique**. Elle est un avatar moderne du concept de dignité des philosophes : l'estime de soi, c'est ce qui nous fait nous accorder, en tant qu'être humain, une valeur au-dessus de tout prix, de toute utilisation. C'est ce qui nous permet de résister aux pressions et aux manipulations. Sans elle, nous ne serons que le produit limité et prévisible de deux grandes familles d'influences.

Influences de notre passé, tout d'abord : sans une bonne estime de soi, nous serons dirigés par une sorte de pilote automatique, résultant de ce que nous aurons appris dans notre enfance, par l'exemple (comment nos proches se comportaient et se traitaient eux-mêmes) ou par le discours (comment on nous traitait). Si nous n'y prenons garde, si nous ne nous méfions pas, ce pilote automatique issu des apprentissages du passé influencera nos jugements sur nous : « Je ne vaux pas grand-chose, je ne mérite pas grand-chose, je dépend du bon vouloir des autres », ou nos jugements sur les autres : « Rien à attendre de la vie, de la société, tout ce que fait l'humain est médiocre et absurde. » **L'estime de soi, c'est ce qui va nous permettre de tirer le meilleur des influences de notre passé. Et aussi de nous en affranchir, pour devenir nous-même**.

Influences de notre société, ensuite : sans estime de soi, je suis une victime du pilonnage social sur tout ce que je dois faire, acheter, être pour mériter ma place et la reconnaissance de mes semblables. Manière de m'habiller, de penser, de vivre. Publicité, conformisme, prêt-à-penser : je serai le réceptacle idéal de ces injonctions, puisque je ne m'accorderai aucune confiance. **Une bonne estime de soi nous permet de ne pas être le jouet des influences sociales.**

Comment devenir moi-même en émergeant de toutes ces influences ? Comment choisir ce que je veux être ? Et surtout, comment m'y prendre ? En travaillant tranquillement sur l'estime de soi.

CHAPITRE 3

Qu'est-ce qu'une bonne estime de soi ?

« Un rien m'agite.
Rien ne m'ébranle. »

Louise WEISS

« Ben dis-donc, il y en a des choses à savoir ! »

Ma plus jeune fille (7 ans) est impressionnée par l'amoncellement des feuilles, fiches, livres, revues et autres documents qui envahissent mon bureau.

« Tout ça, c'est pour ton nouveau livre ?

— Oui.

— Il est où ? »

Je lui montre le manuscrit, qu'elle feuillette poliment.

« Pfff… Y en a des mots. Tu es sûr qu'il fallait tout ça pour expliquer tes trucs ?

— Euh… Ben, oui, je crois… Tu sais, c'est difficile de bien expliquer la psychologie. Par exemple, là, j'essaie de dire ce que c'est qu'une bonne estime de soi. Tu as une idée, toi ? »

Elle réfléchit un moment. Je vois qu'elle hésite entre courtoisie et spontanéité. Puis, elle m'adresse un grand sourire, la spontanéité l'a emporté :

« Désolée, Papa, ça ne m'intéresse pas du tout du tout ! »

Les remarques qui suivent n'engagent donc que moi...

Les six dimensions d'une bonne estime de soi

Disposer d'une bonne estime de soi, ce n'est pas seulement avoir une haute idée de soi-même, s'en convaincre et le faire savoir. Six points précis caractérisent la globalité d'une bonne estime de soi.

Hauteur : on peut avoir une estime de soi haute (plutôt s'apprécier, être assez sûr de soi pour agir et prendre sa place parmi les autres, ne pas s'effondrer face aux échecs ou aux difficultés, etc.) ou basse (plutôt se dévaloriser, être peu sûr de soi au point de souvent éviter d'agir et ou de prendre sa place parmi les autres, facilement s'effondrer ou renoncer face aux échecs ou aux difficultés, etc.). On pense toutefois aujourd'hui qu'appréhender l'estime de soi seulement par son niveau ne suffit pas : rechercher à tout prix à avoir une haute estime de soi ne peut être un idéal, du moins ne peut être le *seul* critère d'une *bonne* estime de soi. De nombreux sujets à haute estime de soi s'avèrent anxieux, rigides, et finalement en grand échec intime, émotionnel et relationnel, dans de nombreuses circonstances de vie. Alors que certains sujets ayant une estime d'eux-mêmes modérée n'en arrivent pas moins à se sentir bien et à accomplir de grandes choses. Il est possible de mentir (et de se mentir) en matière de niveau d'estime de soi. L'estime de soi n'est pas qu'un problème quantitatif, mais aussi qualitatif. Inutile de chercher toujours plus d'estime en soi et dans le regard des autres, il y a aussi d'autres quêtes à lui proposer : être plus sereine et paisible, par exemple.

À quoi identifie-t-on une estime de soi haute (et bonne) ? Au discours sur soi : la personne est capable de parler positivement d'elle, lorsque les circonstances l'y amènent, et d'accepter les compliments sans gêne. À son attitude face à l'action : elle peut entreprendre, persévérer, renoncer sans se sentir humiliée ni chercher d'excuses. À ses attentes et à ses ambitions : elle ajuste ses prétentions à sa valeur, ni trop ni trop peu.

Stabilité : un très bon indice de la qualité de l'estime de soi concerne sa réactivité aux événements de vie. Parfois, la façade de l'estime de soi se lézarde face à la difficulté. L'intensité de l'amplitude des réactions émotionnelles face aux revers, mais aussi aux réussites, en dit long sur la solidité intime de l'estime de soi. Voici le témoignage d'Alice : « Devant les autres, je faisais toujours bonne figure. Mais une fois revenue chez moi, j'étais dans tous mes états. Mes proches le voyaient tout de suite, lorsque quelque chose m'avait tracassée. Longtemps, j'ai eu une réactivité hallucinante au moindre problème qui mettait en cause mon image devant d'autres. C'était la même obsession que le "qu'en-dira-t-on" des milieux bourgeois, mais là, ce n'était pas sur ma réputation morale, mais sur ma valeur sociale que je me crispais. J'étais complètement *perturbable :* nuits d'insomnie, crises de larmes, colères absurdes envers mes enfants, impossibilité de penser à autre chose qu'aux éventuelles remarques défavorables que j'avais reçues. Je me colmatais aux somnifères et aux tranquillisants, tellement je ne contrôlais plus mes émotions. La vie sociale normale m'était peu à peu devenue impossible. J'ai dû commencer une psychothérapie. »

À quoi identifie-t-on une estime de soi stable ? Au rôle d'amortisseur qu'elle peut jouer face aux réussites et aux échecs, ou aux approbations et aux critiques. On se réjouit, ou l'on se déçoit, mais il n'y a pas de sortie de route. La stabilité de l'estime de soi permet aussi une relative constance du comportement et du discours quels que soient les environnements : on reste en gros soi-même quel que soit le public ou les interlocuteurs.

Harmonie : vues de l'extérieur, certaines estimes de soi paraissent très (trop ?) investies dans un domaine limité de la vie personnelle. Dans la réussite professionnelle, ou dans le maintien d'une apparence « jeune », par exemple. Lorsque le sujet se trouve en échec dans ce champ, il est alors très vulnérabilisé. En matière d'estime de soi, la polyculture est préférable à la monoculture, même si cette dernière peut conduire à une certaine excellence et à de multiples valorisations sociales. L'estime de soi peut s'exprimer dans divers champs, notamment l'apparence physique, la conformité (être comme les autres), l'acceptabilité et la popularité (se rendre aimable et apprécié), le succès et le statut (se rendre supérieur à la majorité des autres) ; dans certains milieux (métiers manuels, cours de récréation et quartiers difficiles) la force et l'habileté physique contribuent également à l'auto-estime[1]. Mais plus ces domaines seront nombreux, plus ils permettront des réparations croisées : relativiser un mauvais passage professionnel en s'appuyant sur ses amis, ou ne pas se noyer dans un chagrin d'amour grâce à son travail. Cela n'annule pas la peine, mais cela l'apaise en partie, et permet de ne pas se résumer à elle, ni de s'y abîmer.

À quoi identifie-t-on une estime de soi harmonieuse ? À la multiplicité des intérêts de la personne, à ce qu'il n'existe pas ou peu de grands écarts entre personne privée (en famille ou avec les proches) et personnage public (dès que les autres regardent). À la capacité de se réparer dans un domaine si on est en échec dans un autre, au lieu de tous les dénigrer en cas de difficultés dans le domaine surinvesti. À l'aptitude à ne pas sombrer dans l'amertume si l'on connaît des revers répétés ou une baisse de rayonnement (*cf.* le triste discours servi parfois par des stars déclinantes, ou des leaders en perte de vitesse).

Autonomie : certaines estimes de soi dépendent principalement de facteurs externes, tels que le succès financier ou statutaire, l'apparence physique. D'autres sont plus centrées sur l'atteinte de valeurs, la pratique de vertus (ou supposées telles aux yeux de la personne) : se montrer gentil, serviable, solidaire, généreux, honnête, etc. Investir son estime de soi dans des objectifs internes semble lui conférer plus de résistance et de solidité. Sans doute parce que ces objectifs « internes » permettent de moins dépendre de validations de l'environnement, de moins induire de risque de conformisme inquiet[2]. Ce qui compose chez chacun de nous le sentiment de valeur personnelle repose sans doute sur une sorte de continuum, du plus intime : pratique de ce qui nous semble vertueux[3], au plus « extime » (cette extériorisation de l'intimité, selon l'expression de l'écrivain Michel Tournier) : succès, apparence physique.

À quoi identifie-t-on une estime de soi autonome ? C'est surtout l'autonomie par rapport aux pressions sociales sur ce qu'il faut avoir, faire ou montrer pour être (ou se sentir, ou se croire) estimé des autres : voiture, conjoint, enfants, etc. Et pire : voiture de telle marque, conjoint comme il le faut (beau, ou chic, ou de bonnes manières), et enfants réussissant scolairement, etc. La capacité de supporter le rejet ou le désaveu en termes de soutien social, les

« traversées du désert », sont aussi de bons marqueurs de l'autonomie de l'estime de soi.

Coût : l'estime de soi, pour rester à niveau, nécessite des stratégies de maintien, de développement, de protection : c'est le domaine de recherche dans lequel le plus de travaux ont été conduits récemment. En effet, il apparaît que certains individus sont amenés à faire des débauches d'énergie très importantes pour protéger ou promouvoir leur estime de soi[4] : déni de la réalité, fuites et évitements, agressivité envers autrui, autant de stratégies dysfonctionnelles qui, pour un bénéfice minime sur l'estime de soi, vont sacrifier de nombreux aspects de la qualité de vie, et engendrer du stress.

À quoi identifie-t-on une estime de soi « économe » en énergie psychologique ? Principalement par l'impact émotionnel modéré des événements de vie mineurs, par le bas niveau général de stress, et le peu de crispation ressentie et perceptible de l'extérieur, lors des réponses aux critiques, et au peu de justifications, en cas de remise en question. Au contraire, une estime de soi « économe » fait preuve, comme dans les arts martiaux orientaux, d'une capacité à se nourrir tranquillement des critiques, à leur manifester de l'intérêt, plutôt que de vouloir les éviter ou les annihiler.

Place centrale et importance des questions liées à l'estime de soi dans la vie de la personne : à quel point accordons-nous de l'importance à notre image, à l'opinion que les autres ont de nous, à notre amour-propre (réagir aux critiques sans se sentir offensé, ou parfois choisir de ne pas y réagir…) ? Est-ce que la défense ou la promotion de notre image occupent une place centrale dans notre esprit et nos efforts ? Ou simplement une place légitime, sans excès ? Bref, y a-t-il dans nos équilibres de vie, dans ce qui définit notre identité, autre chose que notre estime de soi ? Nous verrons un peu plus loin l'exemple – à ne pas suivre – des personnalités narcissiques, chez qui la question de l'estime de soi est centrale et vitale, mais aussi envahissante.

À quoi identifie-t-on une estime de soi non surinvestie ? Au fait que les blessures d'amour-propre ne contaminent pas l'ensemble de nos pensées, activités ou états émotionnels. À la capacité de digérer les échecs sans drame, de ne pas surveiller en permanence tous les petits indices qui témoignent de notre statut, de se contenter d'être apprécié sans avoir besoin d'être célébré. À la possibilité de poursuivre des objectifs qui ne nous rapporteront rien en termes de prestige social ou d'image. Agir gratuitement en termes d'estime de soi : certains en sont incapables. Mais cela peut s'apprendre.

Les bénéfices d'une bonne estime de soi

Ils sont multiples. Nous parlerons largement dans ce livre de l'estime de soi comme source de motivation interne, rendant l'action plus facile et permettant de persévérer face à l'adversité. Nous parlerons aussi beaucoup de la nécessaire résistance aux influences sociales et à la protection de son identité. Ce sont deux autres manifestations bénéfiques de l'estime de soi que nous allons ici aborder.

Tout d'abord **l'effet de protection et d'autoréparation** : l'estime de soi facilite la résilience face aux événements de vie adverses. Elle ne fonctionne pas de façon mécanique, comme le ferait un bouclier qui rendrait indifférent aux difficultés, mais comme une protection de type immunitaire, facilitant la cicatrisation rapide des blessures émotionnelles. Il existe d'assez nombreux travaux sur l'impact émotionnel à court et à moyen terme des échecs : quelle que soit la qualité de l'estime de soi, les échecs sont toujours émotionnellement douloureux. Lorsque quelqu'un dit être indifférent aux échecs, il nous en apprend davantage sur la force de ses mécanismes de déni que sur celle de son estime de soi. Car c'est sur la rapidité de la réparation qui a lieu ensuite que les différences se manifestent : certains se reconstruisent très vite après un échec, d'autres le ruminent longuement[5]. La vérité de l'estime de soi est là, dans sa fonction auto-réparatrice, lors de l'après-crise, plus que pendant la crise elle-même.

Autre bénéfice, ensuite, **l'effet favorable sur la santé** somatique, et pas seulement sur le plan psychologique, ce qui paraît la moindre des choses[6]. Par exemple, une étude récente[7] s'est penchée sur les bénéfices physiques de la tendance à l'autovalorisation, et de l'inclination réflexe à avoir spontanément une « illusion positive de soi ». On sait depuis longtemps que ces illusions positives sur soi, à petite dose du moins, font partie de ce qui compose la bonne santé psychique. Dans cette recherche de laboratoire, on demandait, entre autres, à des volontaires de se soumettre à des épreuves de stress psychologiques : cela consistait à compter à l'envers de 7 en 7 à partir du chiffre 9 095, puis à l'envers de 13 en 13 à partir du chiffre 6 233. C'était précis… Pour pimenter, et surtout pour activer les ressorts de l'estime de soi, on précisait auparavant aux volontaires que ce type d'épreuve était un bon marqueur de l'intelligence générale, et que le test allait permettre de les situer par rapport aux autres candidats. Pour aussi simple que cela puisse paraître, cela suffit largement pour mettre la pression sur l'estime de soi. On demandait évidemment aux volontaires d'aller aussi vite que possible… Et on mesurait l'impact de l'exercice sur des variables cardio-vasculaires comme la rapidité d'augmentation du rythme cardiaque ou de la pression artérielle, et la vitesse de leur retour à la normale après le test ; ou encore, des variables biologiques comme le niveau de cortisol dans le sang. Sur les quatre-vingt-douze volontaires étudiés, femmes ou hommes, il existait un parallèle net entre les capacités d'autovalorisation (bizarrement, les auteurs n'avaient pas utilisé les classiques échelles d'estime de soi) et la bonne résistance physique au stress. Apparemment, l'estime de soi, c'est bon pour la santé.

Une intelligence de soi ?

L'estime de soi, c'est finalement une forme d'intelligence de soi, dans tous les sens de l'intelligence, qui est à la fois la faculté de connaître et de comprendre (estime de soi statique), mais aussi l'aptitude à s'adapter à des situations nouvelles et à découvrir des solutions aux difficultés que l'on rencontre (estime de soi dynamique). Elle est donc finalement **ce qui peut nous permettre de tirer le meilleur de ce que nous sommes** à l'instant présent, en fonction de notre environnement.

L'estime de soi est variablement offerte à chacun de nous. Elle est influencée, évidemment, par les inégalités sociales, médicales, psychologiques. Il est par exemple plus facile de s'estimer si on est né dans une démocratie, en bonne santé, si on a un métier, si on a été aimé dans son enfance, si on nous aime aujourd'hui… Mais elle est aussi en elle-même un facteur de réparation de ces inégalités : **grâce à l'estime de soi, nous pouvons ne pas succomber à nos manques et ne pas nous réduire à eux**. Nous pouvons nous estimer malgré nos handicaps. Car elle est aussi ce qui peut nous permettre de faire évoluer ces handicaps, pas seulement de nous y adapter, ce qui peut nous aider à « rattraper » notre retard. Beaucoup d'estimes de soi sont à développement tardif, après trente ou quarante ans, notamment chez les personnes qui ont dû se construire elles-mêmes...

L'intelligence, ce n'est pas fait pour briller, mais pour s'adapter. Il en va de même de l'estime de soi : sa raison d'être, c'est la maîtrise paisible des processus d'ajustement à l'entourage.

La bonne estime de soi, un idéal impossible à atteindre ?

Ainsi définie dans ses aspects optimaux, la bonne estime de soi pourrait sembler représenter un objectif hors d'atteinte pour le commun des mortels. Or **c'est tout simplement un idéal dont on cherche à se rapprocher, si toutefois on le souhaite.**

Qu'est-ce que vivre, sinon se rapprocher de ses idéaux ? Idéaux de labeur ou de paresse, de découvertes ou de vérifications, d'aventures ou de sécurité... Il y a aussi les préférés des psychothérapeutes : les idéaux de développement personnel, de ces voyages intérieurs qui nous font apprendre, évoluer et parfois guérir de notre passé, de nos blessures, de nos manques...

Tout cela, ce n'est ni ennuyeux ni pénible, et parfaitement compatible avec la vie quotidienne. Se rapprocher de son idéal, c'est même plutôt intéressant. À condition de se mettre sur le bon chemin, avec les bons moyens. Et d'apprendre à surmonter quelques mauvaises habitudes, qui, nous allons le voir, se trouvent souvent placées sur la route.

CHAPITRE 4

Les boiteries de l'estime de soi

« L'amour-propre trouve dans le flux et le reflux de ses vagues continuelles une fidèle expression de la succession turbulente de ses pensées, et de ses éternels mouvements. »

LA ROCHEFOUCAULD

Un jour on s'aime, et l'autre non.

Il est normal d'avoir des hauts et des bas dans notre rapport à nous-même. Ces oscillations d'estime de soi sont légitimes et utiles. Elles nous informent de la réussite ou non de nos efforts, de notre niveau d'acceptation ou de rejet social. Elles sont précieuses donc, et il est bon d'avoir des doutes sur soi : dans ce domaine, le pathologique, c'est le systématique (toujours se voir positivement ou négativement). Ces fluctuations témoignent d'ajustements constants entre nous et ce qui nous arrive : comme notre respiration, nos battements cardiaques, notre moral (avec lequel elle entretient des liens quasiment consanguins, elle est d'une certaine façon notre « moi émotionnel »), notre auto-estime varie.

Elle peut bouger en fonction des « nourritures » que lui offre notre quotidien, dont deux sont essentielles et contribuent à la majorité des mouvements d'élévation ou d'abaissement de notre estime de soi.

Tout d'abord, la reconnaissance sociale, qu'elle soit manifeste (obtenir des signes d'affection ou d'estime) ou indirecte (c'est alors une autoreconnaissance, en référence aux idéaux dont on pense se rapprocher). C'est, de loin, la nourriture la plus importante pour l'estime de soi.

Puis, le sentiment d'efficacité personnelle. Il pèse moins lourd, et dépend en partie de la reconnaissance sociale (être efficace et reconnu comme tel est aussi important que l'être tout simplement). Mais il dispose aussi d'une autonomie par rapport à la reconnaissance : le plaisir de faire pousser ses tomates et de les manger est bon pour l'estime de soi, même si personne ne le voit et ne le sait.

Reconnaissance et efficience sont toutes deux nécessaires. La performance sans la reconnaissance conduit à ce sentiment de vide qui accompagne certaines réussites sociales : « À quoi bon gagner de l'argent si personne ne m'aime ? » Et la reconnaissance sans la performance conduit à la frustration : « On me dit que je suis bon, mais on n'augmente pas mon salaire » ; « Tout le monde me dit que je suis intelligente, mais alors pourquoi je n'arrive pas à trouver de travail intéressant ? »

La manière dont chacun de nous s'y prend pour nourrir son estime de soi à ces deux sources joue un rôle fondamental dans notre bien-être personnel. Des différences individuelles existent certes entre haute et basse estimes de soi, mais c'est aussi toute la manière dont nous orientons notre existence à la recherche de ces sources d'estime de soi, reconnaissance ou contrôle, qui va compter.

Cependant, les réussites que représentent forcément ces nourritures sont aussi subjectives : nous pouvons saboter des succès ou maquiller des déroutes, nous donner l'illusion de contrôler notre environnement… Actions, relations et *suppositions*, donc. D'où plusieurs sources d'erreurs et de problèmes :

– en s'observant, se focaliser sur ce qui ne va pas au lieu d'avoir une vision globale (le problème des complexes, par exemple, que nous abordons un peu plus loin) ;
– en se jugeant, le faire selon des critères de sévérité, d'exigence et de perfectionnisme tellement rigoureux que l'on ne peut qu'être déçu par soi (et ensuite s'en affliger ou s'en vouloir) ;
– en se comparant, faire un mauvais usage de ces comparaisons (pour se rassurer ou se dévaloriser, et non pour apprendre en observant autrui) ;
– en se focalisant sur le regard et le jugement des autres : se demander en permanence ce que pensent les autres de nous et de nos actions. Et, surtout, ne pas seulement se le demander (et chercher les réponses chez les autres, en leur posant la question ou en les observant et en les écoutant vraiment), mais répondre soi-même aux questions (« Comment j'étais ? — Nul ! »). Cet enfermement sur soi est l'une des caractéristiques les plus robustes et les plus toxiques (bloquant toute évolution) des problèmes d'estime de soi. Certains patients anxieux semblent faire l'inverse, et chercher sans arrêt de la réassurance, au point de lasser leur entourage, mais, en réalité, s'ils posent bien les questions, ils n'écoutent pas les réponses.

C'est pourquoi il arrive que l'estime de soi semble évoluer dans un monde déconnecté du réel : **des personnes se sous-estiment alors qu'elles sont pétries de mérites et de qualités, d'autres se surestiment de façon peu réaliste**. C'est pourquoi aussi ces oscillations, au-delà parfois de ce qu'expliqueraient les circonstances de vie, peuvent être violentes (désespoir ou euphorie), inadaptées (déclenchées par des détails sans importance ou des événements imaginaires) ou redoutées (poussant la personne à tout faire pour ne pas les ressentir, par les fuites ou le déni).

Les symptômes de souffrance de l'estime de soi

Toutes les manifestations de souffrance de l'estime de soi sont normales tant qu'elles restent occasionnelles. Le problème ne se pose que si elles deviennent fréquentes, voire constantes, intenses, disproportionnées par rapport à ce qui les a déclenchées. Elles témoignent alors d'un échec de mécanismes de régulation « normaux » de l'estime de soi. Voici un premier survol de ces symptômes, nous y reviendrons.

- **Obsession de soi**, comme toutes les fois qu'un souci nous hante et qu'il n'est pas résolu, les questions sur soi et son image, sa recevabilité sociale, peuvent prendre une place obsédante, pesante, excessive à l'esprit de la personne, qu'elle l'avoue ou pas. Nous – ou plutôt notre image, notre moi social – devenons alors un souci pour nous-même.
- **Tension intérieure**, insécurité dans les situations sociales, avec une impression d'usure mentale liée au sentiment d'une surveillance par le regard des autres, et aux interrogations inquiètes sur sa conformité.
- **Sentiment de solitude**, impression d'être une personne différente des autres : plus fragile, moins compétente, plus vulnérable, plus isolée… Une patiente me racontait à ce propos : « Lorsque j'étais déprimée, j'allais regarder mon bébé dormir. Je souffrais pour lui : je le voyais si fragile, si seul au monde. J'étais aveugle à tout l'amour qui l'entourait. Je me sentais totalement seule, et du coup je projetais toutes mes peurs sur lui. Dans ces moments, j'ai compris ce que les psys appellent le "suicide altruiste", cette tentation, en se suicidant, d'amener avec soi dans sa mort ses enfants pour leur éviter de rester seuls et de souffrir dans ce monde si dur. »

• **Sentiment d'imposture**, occasionnel ou fréquent, qui se déclenche au moindre succès, au moindre signe de reconnaissance, et enclenche la lancinante question : « Est-ce que ce qui m'arrive, je le mérite vraiment ? » Ou cette autre : « Et maintenant, vais-je être à la hauteur de ce succès[1] ? »

• **Comportements inadéquats par rapport à nos intérêts** (devenir désagréable lorsque l'on se sent jugé) ou nos valeurs (essayer d'impressionner, de rabaisser autrui, alors que cela ne correspond pas à nos valeurs personnelles). Se voir faire ce qu'il ne faudrait pas faire, mais le faire. Accomplir des choses qui nous horrifient, nous attristent ou nous exaspèrent : « Dire des vacheries, médire, je ne peux pas m'en empêcher, c'est plus fort que moi. Depuis le temps, j'ai bien compris que ce n'était pas bon signe chez moi, que plus j'allais mal, plus je dégommais autrui. Mais ça démarre tout seul, sauf si j'y fais spécialement attention. » Parfois, se laisser aller à ses « mauvais penchants » peut offrir une délectation morose et paradoxale : comme une habitude de défaite de soi presque sécurisante, car familière (cela fait tant d'années que l'on procède ainsi) et peu coûteuse en énergie sur le moment.

• **Tendance à l'auto-aggravation lorsqu'on va mal**. D'assez nombreux travaux[2] ont étudié ce penchant irrésistible des personnes à basse estime de soi à « partir en vrille » lorsqu'elles commencent à avoir le blues, et à ne pas faire alors ce qu'elles devraient faire si elles voulaient aller mieux. « Ce que je fais lorsque je vais mal ? Rien, justement, rien de tout ce qui pourrait m'aider. Et je le sais, j'en suis consciente. Au lieu de voir des amis, je m'isole. Au lieu d'écouter de la musique gaie, je m'assomme d'adagios sinistrissimes. Au lieu de sortir marcher et prendre l'air, je reste enfermée chez moi, vautrée sur mon canapé à regarder des séries débiles sur le câble. Je fais comme ça depuis que je suis toute petite : plus ça va mal, plus je m'enfonce. Pas l'impression d'être maso pourtant, dans les autres secteurs de ma vie. Mais c'est bizarre, comme si au lieu de vouloir m'aider, je voulais d'abord me punir de quelque chose. »

• **Procéder à des choix de vie contraires à nos envies**, à nos intérêts, à nos intuitions. Même si ces attitudes ne sont pas, heureusement, si fréquentes, elles n'en restent pas moins étonnantes. Je me souviens d'une patiente, pourtant vive et intelligente, qui m'avait raconté avoir choisi, en toute connaissance de cause, de se marier avec un homme qu'elle n'aimait pas. Et d'en avoir divorcé des années plus tard, avec un sentiment de gâchis et d'absurdité. « Ce n'était pas du masochisme, je ne me sens pas masochiste. Juste un mélange compliqué de peur de finir seule (puisque quelqu'un s'intéressait à moi, ne pas laisser passer la chance), de doute sur mes choix (je me suis laissée choisir pour ne pas prendre la responsabilité de le faire), d'obscure résignation (est-ce que tu mérites mieux, au fond ?), et encore d'autres choses qui m'échappent, mais à quoi bon passer ma vie à décortiquer tout ça ? Pendant des années, un psy que j'allais voir a essayé de me convaincre que c'était du masochisme. Ben non ! C'est parce que je ne m'estimais pas, je ne me faisais pas confiance, je ne m'écoutais pas, je ne me connaissais pas, je ne me respectais pas. Depuis que j'ai progressé dans ce domaine, je suis plus attentive à ne plus me maltraiter ainsi. »

• **Difficulté à demander de l'aide**. Paradoxalement, ce sont les personnes à bonne estime de soi qui demandent le plus facilement de l'aide à autrui. Elles ne se sentent pas dévalorisées de devoir le faire : c'est normal de s'aider entre humains, non ? Quelques jours avant d'écrire ce passage, une jeune fille qui participe à l'un de nos groupes de thérapie nous racontait comment, pour la première fois de sa vie, elle avait osé demander à ses amis de l'aider dans un passage difficile de sa vie (son compagnon venait de la quitter).

Et comment elle s'était aperçue que, sans effacer la tristesse, cette attitude la limitait, l'empêchait de devenir une obsession et une plaie empoisonnée. « Autrefois, je me serais enfermée chez moi, en décrochant le téléphone, à la fois par désespoir et par honte. Là, j'ai fait l'inverse, je ne suis jamais restée seule, je suis allée parler, pas forcément de mon histoire d'ailleurs, à mes amis et mes proches. Et j'ai senti que cela m'aidait à bloquer l'envahissement des idées noires et de l'envie de me démolir et de m'aggraver. »

• **Dépendance excessive envers les normes** et les codes des groupes sociaux, à propos de l'apparence de son corps, de la mode, de son vocabulaire, de ses possessions matérielles, des règles implicites de bonnes manières… Le syndrome du « *Mais ça ne se fait pas de…* » : déranger les gens à l'heure du repas, demander une réduction à un vendeur, dire non, solliciter de l'aide, dire qu'on ne sait pas… Les codes sociaux varient selon les époques et les cultures : autrefois les sujets à estime de soi fragile étaient préoccupés par le fait d'être respectables et convenables. Maintenant, ils se soumettent à d'autres dictatures : paraître jeune, avoir un corps conforme, mince, bronzé, sans rides.

• **Faire semblant** d'être fort (« non, non, aucun problème… »), d'être faible (« je suis tellement stupide, pouvez-vous m'aider ? »), d'être indifférent (« non, je ne suis pas déçu, ni triste, ni malheureux »). Avoir recours à divers mensonges sociaux, le plus souvent par omission (laisser planer un malentendu favorable sur ses diplômes, son métier, son niveau de réussite ou de culture…). Le piège des faux-self, et des faux-semblants dont on ne peut plus sortir : une fois que j'ai laissé entendre que j'aimais le chocolat, on va continuer à m'en offrir et je vais devoir continuer à en manger en faisant semblant d'aimer cela. C'est une vie à côté de soi, on est dans un *para-soi* en permanence. Cela est souvent sous-tendu par la recherche de la conformité maximale : en essayant d'être le plus conforme possible par rapport aux désirs des autres de nous voir forts ou faibles, on s'assure de ne pas être rejeté. On se cache derrière un personnage social, que l'on interpose entre soi et les autres. Mais qui nous empêche de vérifier si le vrai serait ou non accepté : « Que se passerait-il si j'étais vraiment moi ? » Le mensonge va parfois jusqu'au bout, et jusqu'au pire. Je me souviens de ce collègue médecin que j'avais toujours connu de délicieuse humeur, d'un optimisme inoxydable, et qui s'est suicidé, du premier coup, sans se rater, comme souvent les médecins, professionnels jusqu'au bout du désespoir. J'ai parlé à son épouse. Qui m'a alors fait le portrait d'un collègue dévoré de peurs, de doutes et d'angoisses. Dont il n'avait jamais parlé à quiconque. Ravagé par la certitude de n'être à la hauteur pour rien. Épuisé par ses efforts pour donner le change, être compétent, être populaire. Jusqu'à son dernier jour.

• **Tentation du négativisme**, de rabaisser tout le monde, de ne voir que les mauvais côtés, les mesquineries, les choses sombres, ou tristes. Parmi les buts, plus ou moins conscients, de cette stratégie : ne pas être le seul à être minable. Parfois, cette tendance cherche une justification et un habillage dans la lucidité : « À moi, on ne me la fait pas. » L'intolérance aussi, à tout ce qui remet en cause nos valeurs et nos certitudes, est sensible aux oscillations d'estime de soi : plus on doute de soi, moins on supporte ceux qui nous font douter, les contradicteurs, les étrangers, ceux qui n'ont pas le même avis ou la même vie que nous.

• **Problèmes avec la remise en question** : trop permanente et lancinante, chez les personnes à basse estime de soi. Difficile ou impossible chez les personnes à haute estime de soi fragile, qui, face à ce qui pourrait leur apprendre, préfèrent nier leur responsabilité, détourner le regard, ou « tourner la page ».

• **Caractère excessif des émotions négatives** (honte, colère, inquiétude, tristesse, envie…), par leur fréquence, leur intensité, leur durée, leurs répercussions comportementales et relationnelles, et les mille dégâts au quotidien qu'elles entraînent. Notamment la fréquence des conflits ou des tensions avec son entourage, que ces conflits soient ouverts ou cachés : colères et disputes, ou ressentiments et rancœurs, etc. Les problèmes d'estime de soi rendent souvent les personnes « compliquées » : « Avec toi, tout devient compliqué, tu nous fais des histoires d'un rien. On finit par préférer t'éviter. »

Jusqu'où peuvent aller les problèmes d'estime de soi ?

Les troubles de l'estime de soi sont un peu les « grands aggravateurs » de toutes les formes de difficultés : ils sont un facteur de risque lorsqu'ils sont associés à des maladies psychiques (dépressions, anxiété, phobies, etc.) ou à des problèmes d'autocontrôle de la vie quotidienne (arrêter de fumer, suivre un régime, réussir sa scolarité, et autres missions difficiles…). Ils facilitent les boiteries de l'âme et du bonheur. Ils sont des bloqueurs de développement personnel, conduisant les individus à voir leurs difficultés se répéter sans progresser. Nous allons maintenant nous pencher davantage sur ces **estimes de soi précaires.**

CHAPITRE 5

Les estimes de soi vulnérables : les basses et les fausses

> « L'esprit du doute, suspendu sur ma tête, venait de me verser dans les veines une goutte de poison. »
>
> Alfred DE MUSSET

Au-delà des mouvements normaux de l'estime de soi, il peut exister des profils durables, des styles habituels. Nous ne sommes plus ici dans des phénomènes transitoires et réactionnels, mais dans des traits de personnalité qui vont parfois dépendre des événements pour se révéler, mais parfois aussi en provoquer. Mises en échec, mises en retrait, mises en conflit émailleront ainsi leur quotidien. Assez stables dans leur évolution, ces profils d'estime de soi ne sont pourtant pas inaccessibles au changement, mais ce dernier devra procéder d'efforts personnels : le temps qui passe ne suffira pas à rassurer à lui tout seul ces estimes de soi inquiètes.

La fragilité de l'estime de soi et les réflexes pour la défendre

Beaucoup d'entre nous souffrent d'un important sentiment de vulnérabilité. Nous nous sentons alors menacés par le simple déroulement de la vie quotidienne et de ses vicissitudes : les petits risques auxquels elle expose (se tromper, échouer, avoir tort, se retrouver embarqué dans une situation de compétition...) vont évoquer pour nous de grandes menaces.

Ce sentiment de fragilité peut nous conduire à de nombreuses erreurs : la première est de placer l'image et l'estime de soi au centre de nos préoccupations et de nos efforts, d'où cette obsession secrète de soi, dont nous avons parlé. La seconde réside dans la tentation de défendre coûte que coûte son estime de soi, et d'avoir recours de manière systématique, et donc peu adaptée, à une attitude offensive (pour la promouvoir) ou bien défensive (pour la protéger). Ces deux stratégies diffèrent extérieurement, mais reposent en réalité sur les mêmes bases : un sentiment de vulnérabilité, conscient dans le premier cas, qui est celui des basses estimes de soi, et moins conscient, voire parfois totalement inconscient, dans l'autre cas, qui est celui des hautes estimes de soi fragiles.

Hautes fragiles ou basses, ces deux profils d'estime de soi sont si proches que l'on observe parfois un passage de l'une à l'autre selon les périodes de la vie. C'est le cas de Matthieu, qui fut longtemps un adolescent timide et effacé, mais qui fit de belles études, de grandes écoles et obtint assez tôt, et trop jeune, un poste de haut management dans l'administration. Il devint cassant et hautain lors des réunions et de ses sorties publiques. Pour se vieillir, il se croyait obligé de se durcir. Pour paraître convaincant, il lui semblait qu'il fallait être menaçant.

Ces deux profils peuvent aussi coexister au même moment chez la même personne selon les domaines de l'existence : on peut se comporter selon les règles d'une haute estime de soi avec ses proches (se vanter, donner des avis péremptoires, parader), mais adopter les réflexes de la basse estime de soi avec des inconnus ou des personnes impressionnantes, etc. Un exemple de ces mélanges parfois étonnants : les timides, chez qui des comportements de basse estime de soi en situation sociale peuvent coexister avec une haute estime de soi en rêverie (d'où cet « orgueil des timides », plus nourri d'imagination que de réalisations). Ils présentent parfois aussi des « sursauts de révolte ou d'inconscience », comme les qualifiait une de mes patientes, sursauts qui les poussent à oser enfin, habités alors par cette légendaire « audace des timides », hélas pour eux rare et imprévisible.

Se sous-positionner : l'art de la dérobade des personnes à basse estime de soi

« Je suis définitivement convaincue d'être moins bien que les autres. Dans tous les domaines : physique, psychologique. C'est simple : si on me complimente, cela déclenche presque un malaise physique chez moi. Une envie de fuir ou de pleurer. Si on s'intéresse à moi, je me dis que c'est par erreur, c'est que la personne ne sait *pas encore* qui je suis vraiment. Aucune autre explication convaincante ne me vient à l'esprit. Et, passé le premier mouvement de reconnaissance – quelqu'un qui s'intéresse à moi ! –, je suis rapidement submergée d'angoisse : que vais-je faire de cette estime que l'on semble vouloir me porter ? En combien de temps vais-je la décevoir ? Avant de retomber dans l'anonymat et l'indifférence que je suscite habituellement. » (Philippine, 32 ans).

Ils ont beau avoir l'habitude, les thérapeutes sont toujours étonnés par l'étrange regard que portent sur elles les personnes à basse estime de soi. Par leur aveuglement sélectif à tout ce qui est beau et bon chez elles, et à tout ce qui est en elles digne d'estime. Ce n'est pas un délire, elles n'inventent pas leurs défauts, ne les créent pas de toutes pièces : ils sont bien là, tous ces travers, elles sont bien là, toutes ces imperfections et limitations. Mais ce sont les mêmes que chez tout le monde, ou à peu près. Seulement, **chez les personnes à basse estime de soi, il n'existe aucune relativisation, aucune distance, aucune clémence envers ces petites failles** : il est décrété une fois pour toutes qu'elles doivent empêcher de vivre insouciant et à visage découvert comme tout le monde.

Pourtant, on les surveille et on les observe, les autres, mais pas pour voir comment ils arrivent à bien vivre avec leurs défauts. On les surveille parce qu'on se livre en permanence au jeu toxique des comparaisons sociales : pas seulement toxique, biaisé aussi, car on ne regarde et on ne voit chez les autres que ce qui est mieux. Ce qui fait que la comparaison est douloureuse, et non pas motivante. Parfois, on compare vers le bas : cela rassure un peu, sur le moment. Puis, très vite ou un peu plus tard, cela ajoute à l'insécurité et à l'inquiétude, car on y voit un avenir possible : « Et si je finissais comme ça, moi aussi ? »

Comment vivre, tout de même ? D'abord, ne pas prendre de risques. **Un seul mot d'ordre : la protection de l'estime de soi**. Si l'on ose rechercher un peu de reconnaissance de sa valeur, on le fait avec prudence, en évitant tout risque d'échec : ce serait trop douloureux, surtout si les autres en sont témoins. Les valorisations sociales risquent alors d'être rares.

Pour les nourritures de l'action, on agit précautionneusement, sans prendre le moindre risque. Si possible, même, on n'agit qu'à coup sûr. Pour les nourritures relationnelles, **on cherche à tout prix l'acceptation,** on essaie de se faire admettre et apprécier, plutôt qu'on ne se montre conquérant ou entreprenant. On évite les conflits, et tout ce qui pourrait provoquer un rejet : donner son avis, demander quelque chose qui pourrait déranger. On attend d'être rassuré sur le fait qu'on nous apprécie pour se détendre et se révéler. On prend peu d'initiatives, qui supposeraient une prise de risque (« et si on repoussait ou méprisait ma tentative de rapprochement ? »). On dépend finalement beaucoup du bon vouloir des autres. Avec un problème d'hyperempathie, parfois : on est trop dans la tête des autres, trop à imaginer leurs besoins, au point d'en oublier les siens.

À force de penser à ce que les autres pensent de nous, on en oublie de se penser soi-même. La basse estime de soi est une forme d'aliénation : pas étonnant qu'à la fin on éprouve le sentiment d'être vide et ennuyeux. À force de s'empêcher d'exister, de se construire et d'obéir à la logique du « surtout ne pas me faire remarquer ni rejeter », à force d'œuvrer à la *construction d'un sous-moi*, insipide, inodore, sans saveur, mais, seule vertu, indétectable, inrepérable.

Vues de l'extérieur, les basses estimes de soi semblent avoir clairement fait le choix du renoncement : renoncer aux premiers rôles, à la mise en avant, à toute forme de compétition trop visible. Évitements et sous-positionnement par rapport à leurs capacités sont leur pain quotidien. Leur stratégie est celle de « pauvres en estime de soi » qui voudraient éviter la ruine : comment ne pas tomber plus bas que l'on est (ou plus bas que l'on pense déjà être). Ces personnes ont développé un grand art de l'esquive du risque de jugement social : surtout rester collé au peloton, ne pas tenter de se démarquer ; mais essayer aussi de ne pas se faire décrocher. Leur manque de confiance, c'est cela : ne pas agir, ou le moins possible, par peur non seulement de l'échec, mais aussi des conséquences sociales de l'échec.

Lorsque j'étais interne en psychiatrie, je me souviens d'une de mes collègues, excellente en tout, même en doutes sur elle-même, et qui rêvait dans ses périodes de grande angoisse d'abandonner la médecine pour devenir jardinière : elle imaginait que la pression sur elle serait moindre. « Ce boulot me pèse : la moindre de nos erreurs peut être fatale. Trop dur pour moi », répétait-elle. Et quand elle n'en parlait pas, on voyait bien qu'elle en était habitée : à sa fébrilité face aux cas difficiles, aux larmes qui lui venaient aux yeux lorsque les chefs de clinique ou nos professeurs lui faisaient des remarques sur les lacunes de ses observations. L'idée de se tromper dans un diagnostic, de ne pas prescrire le meilleur médicament, de décevoir la confiance des patients ou de leurs familles, ou encore de nos aînés qui nous confiaient leurs malades, tout cela était plus que le simple souci qui nous habitait tous : c'était chez elle une véritable hantise. Alors, ce rêve de devenir jardinière, finalement, n'était-ce pas une forme de sagesse ? Pourquoi pas, après tout : il y a des combats trop épuisants à mener ; et être jardinier paisiblement peut rendre plus heureux qu'exercer la médecine dans l'appréhension constante. Pourtant, lorsque le choix n'est pas un choix, mais un réflexe de peur, de fatigue, de fuite, qui sait si des regrets ne s'ensuivront pas, et si les mêmes inquiétudes ne finiront pas par se nicher là où l'on croyait qu'elles ne pouvaient accéder ?

Certes, cette construction et cette acceptation d'un sous-moi comportent quelques avantages, sinon, ce serait aussi intenable qu'une dépression : en renonçant à toute pression et à toute compétition, on obtient une tranquillité relative, et une totale acceptabilité sociale (on ne dérange plus personne, sinon ceux qui avaient placé en nous leurs espoirs et attentes de performances). Car ces comportements d'évitements et de dérobades représentent une sorte de lubrifiant social : que serait la vie dans un milieu peuplé de hautes estimes de soi nerveuses et combatives ? Pour le savoir, regardez le milieu du cinéma, de la télévision, de la politique.

Mais, à force d'éviter les échecs, on évite d'agir. Et donc on évite aussi les succès, d'où une véritable dévalorisation, c'est-à-dire pas seulement un sentiment, mais une vie objectivement moins riche et dense, un appauvrissement personnel par diminution et limitation des nouvelles expériences : il faudrait alors, paradoxe douloureux, beaucoup d'estime de soi pour s'en moquer. « Une vie de dérobades : pas de sueur, pas de sang, mais des larmes, de tristesse, d'ennui, de déception… », m'avait un jour écrit une patiente pour décrire sa situation.

Autre risque : basculer dans la frustration et l'amertume, à force de renoncements, à force de voir les autres, pas meilleurs que nous, nous passer devant, s'en sortir, réussir, savourer et afficher leurs succès… La position de basse estime de soi est toujours douloureuse, si elle ne relève pas d'un choix en toute liberté (nous aborderons plus loin la question de l'humilité, qui répond à ce dilemme).

Se surpositionner : mensonges et crispations des personnes à haute estime de soi

Voici des personnes que nous, psychothérapeutes, ne recevions pas si souvent en consultation, jusqu'à une époque récente. C'était plutôt leurs proches que nous avions l'habitude d'écouter nous raconter leur lassitude (« il – elle – nous rend la vie impossible ») ou leur inquiétude (« il – elle – se met tout le monde à dos »). Mais, depuis peu, les demandes sont plus fréquentes : une haute estime de soi fragile fait souffrir… Je me souviens d'une musicienne de très haut niveau qui était ainsi en train de rater sa carrière de concertiste internationale du fait de son impossible caractère : « Je déclenche de l'antipathie. Je suis capable de me faire détester de n'importe qui en moins de cinq minutes. Pendant longtemps, j'ai été persuadée que c'était par jalousie : je pensais dur comme fer que les autres enviaient mes qualités, et me détestaient aussitôt, car ma présence, mon existence, les faisaient se sentir inférieurs et leur faisaient de l'ombre. Mais j'ai fini par comprendre que ce n'était pas l'éclat de ma personne, le problème, mais mon arrogance. Même aujourd'hui, alors que j'ai compris cela, c'est souvent plus fort que moi, ces pensées arrivent à mon esprit. Les gens sentent que je ne peux pas m'empêcher de les juger. À un moment, je le faisais exprès : je les regardais des pieds à la tête, d'un regard glacial, pendant une seconde, avant de leur tendre la main pour les saluer et de leur parler. Cela me donnait l'ascendant. En tout cas, dans ma tête… Je continue d'avoir du mal à m'empêcher de me mettre en avant, de parler de façon péremptoire, de reprendre les autres, de les contredire. Et, dans le même temps, de montrer que j'ai raison, ostensiblement, de ne jamais reconnaître mes torts. Dans les soirées, au cours des repas, des cocktails, j'essaie toujours d'être au centre du monde, et si possible au-dessus. Je me vante, je rappelle mes concerts à l'étranger. Et je me fais parfois rabrouer par mes proches : "C'est bon, on le sait que tu es allée onze fois aux États-Unis..." Mais si je ne capte pas l'attention, j'ai l'impression de perdre mon temps. Et pire, une impression atroce : celle de ne pas exister, de me néantiser. »

Ces personnes présentent en fait les mêmes fragilités de l'ego que celles à basse estime de soi (qu'elles sont d'une certaine façon, ou qu'elles peuvent redevenir en cas de revers répétés). Mais elles luttent différemment contre leurs doutes. D'où d'autres caractéristiques surajoutées, plus flamboyantes : des tentatives pour briller, dominer, se faire aimer et admirer, caractéristiques empilées par-dessus les inquiétudes de la basse estime de soi. Mais le tout aboutit à une construction bancale... Chez ces sujets, les efforts de maintien de l'estime de soi à un niveau élevé servent de mécanisme de défense pour ne pas trop douter ou avoir à accepter ses limites. Pour ne pas se retrouver face à des fragilités qui inquiètent. Les comparaisons sociales sont, là aussi, permanentes : vers le haut, on jalouse ; parfois on dévalorise, pour réduire l'écart, non en se haussant mais en rabaissant l'autre. Vers le bas, on méprise, et on s'inquiète vaguement (« comment ne pas en arriver là ? » ou encore « et si moi aussi je donnais cette impression à d'autres ? »). Un de mes patients m'avait un jour bien fait rire avec la formule : « Je ne suis pas stabilisé. Mon estime de moi, c'est soit me sentir bidon, soit attraper le melon. Je suis toujours en crise de moi ! »

Comment comprendre et nommer ces hautes estimes de soi fragiles ? Selon les écoles et les chercheurs, on leur donne des appellations variées : instables, insécures, défensives, fausses, etc. De nombreux travaux ont été menés ces derniers temps sur ces profils d'estime de soi, plus impliqués qu'on ne le pensait dans de nombreuses difficultés psychologiques (colères incontrôlables, abus d'alcool, dépressions brutales et sévères…). Mais l'étude de ces personnes n'est pas simple. Pas seulement parce qu'elles viennent peu consulter, mais aussi parce qu'elles ne savent pas toujours clairement elles-mêmes comment elles fonctionnent. Et lorsqu'on cherche à les dépister au travers de simples questionnaires d'estime de soi, il est à peu près impossible de faire la différence entre les « vraies » hautes estimes de soi, stables et sereines, et celles-ci. D'où le recours, pour traquer cette « vérité » de l'estime de soi, à des méthodes d'évaluation subliminales. Par exemple, et de manière simplifiée, on peut vous demander, devant un écran d'ordinateur, de réagir rapidement à des adjectifs positifs (sympathique, intelligent, généreux…) ou négatifs (distant, hypocrite, coléreux…), selon qu'ils vous concernent ou pas. On n'étudie pas tant le *nombre* de réponses autovalorisantes que leur *rapidité*. C'est cette dernière qui, en fait, traduit la « sincérité » de vos réponses, ou plutôt le fait que votre opinion déclarée correspond bien avec vos convictions secrètes sur vous-même : si votre haute estime de soi est authentique, alors la rapidité de vos réponses sera significativement supérieure à celle des estimes de soi fragiles, même hautes[1].

Convaincus qu'en matière de jugement social la meilleure défense, c'est l'attaque, ces sujets consacrent donc davantage d'efforts à la promotion de leur estime de soi qu'à une construction solide de cette dernière. Ils se livrent eux aussi à de nombreuses comparaisons sociales : vers le haut, ils jalousent ou dévalorisent ; vers le bas, ils méprisent. Ils se lancent volontiers dans l'action, en raison de leurs importants besoins de gratifications, mais ils souffrent d'une forte intolérance aux échecs, et d'une difficulté globale pour se remettre en question : trop coûteux, trop risqué. Face au doute, ils essaient de préserver leur rang à tout prix, de prendre la pose, d'adopter la posture de la dominance. Face à un problème (posé par la réalité ou par une personne), il n'y a finalement que deux solutions : se remettre en question, ou remettre en question la pertinence ou la réalité du problème. Le second choix est chez ces personnes le plus fréquent.

Cette surestime de soi exprime la tentative de **construction d'un « super-moi », personnage social qui protège la personne sous-jacente, bien plus fragile**. Ce super-moi a un grand besoin de reconnaissance par distinction du troupeau : « Si je me contente d'être normal, je sombrerai. Je dois me mettre en avant, et au-dessus des autres. Je serai ainsi protégé, et l'on ne pourra trop s'approcher de moi, je serai trop haut ou trop impressionnant. On ne verra que mon image, mon personnage, que je tiens sous contrôle. » En imposer pour se protéger… Il y a donc, assez souvent, chez les hautes estimes de soi fragiles un malaise face à toute forme de rapprochement ou d'intrusion psychique : comme on cherche à construire une image forte et dominante, la proximité et l'intimité représentent des dangers.

Bien sûr, **ces stratégies engendrent du stress et ont un coût émotionnel élevé**. L'obsession de reconnaissance et de performance représente une débauche d'investissements en énergie intime. D'où une usure et une fragilisation, et la fréquence des manifestations anxieuses, lors des mouvements et aspirations de l'estime de soi vers le haut : par peur de ne pas y arriver, ou d'être démasqué. Mais aussi un risque dépressif, lors des mouvements vers le bas, et des prises de conscience brutales de la fragilité de son estime de soi, ou à l'occasion de coups de fatigue, liés à la défense permanente et inquiète de son personnage et de ses privilèges.

Ces hautes estimes de soi fragiles et leur surpositionnement épuisant représentent pour la personne une impasse encore plus grande que celle posée par les basses estimes de soi. Une fois protégé par un tel jeu de rôle, une fois prisonnier de ses succès relatifs, comment sortir de son personnage ? **Comment devenir sincère, avancer à visage découvert ?** Alors que l'on s'est caché pendant tant d'années, et que ça a marché. Pourquoi, d'ailleurs, prendre ce risque ? Qu'y gagner ? D'autant que l'entourage croit avoir affaire à quelqu'un à l'ego robuste.

« À la fin, je n'arrivais plus à me mentir à moi-même. J'étais devenue trop lucide, et cette lucidité me faisait tellement souffrir… Avant, j'étais angoissée, mais protégée de la déprime par le déni. Là, je sentais que j'étais toujours aussi angoissée, mais que je glissais peu à peu vers la dépression grave. Je donnais toujours le change aux autres, mais je ne me supportais plus. J'avais peur à tout moment de craquer, de m'effriter sous leurs regards incrédules, de m'effondrer tout d'un coup. J'étais tellement mal dans ce mensonge que, parfois, n'importe où, au bureau, dans la rue, j'avais envie de me mettre à hurler : j'ai menti ! Depuis toujours j'ai menti ! J'ai fait semblant, depuis le début, depuis que je suis toute petite, je bidonne, je fais croire que je suis forte et je suis faible, plus que faible, minable ! Je suis une moins que rien. J'avais l'impression que ça me soulagerait, que ça me ferait comme à un coupable lorsqu'il a avoué. Mais même ça, je ne l'ai jamais fait. Sauf en rêve. »

Je me souviens d'avoir lu un jour cette phrase cruelle d'une femme politique sur un de ses collègues hommes qu'elle ne portait – apparemment – pas en haute estime : « Trucmuche ? Gros klaxon et petit moteur… » La raillerie qui fait le tour du microcosme : cauchemar absolu des sujets à haute estime de soi fragile.

On trouve aussi un cas de figure extrême, celui des **narcissiques**… « Je me vois faire, c'est ça le pire : dès qu'il y a plus de trois personnes, dans un premier temps je dois “faire le malin”. Puis, si je ne mets pas mon auditoire sous le charme, je deviens amer et parano... » Tant que persiste un minimum de recul sur soi, il est toujours possible d'évoluer. Mais plus cette lucidité diminue, plus on se rapproche de ce que les psychiatres décrivent sous le terme de « personnalité narcissique », qui est une forme d'hypertrophie de l'estime de soi. Ces patients (en fait ils ne viennent consulter que rarement, lors de leurs dépressions graves, en général dues à des échecs non moins graves...) sont convaincus d'être supérieurs aux autres, et de mériter le meilleur : meilleurs traitements, meilleures places. Convaincus aussi de devoir bénéficier de droits supérieurs, puisqu'ils sont supérieurs : rouler plus vite que les autres (ils conduisent mieux et leur voiture est plus sûre), parler plus longtemps lors des réunions (leurs idées sont plus utiles), être servis plus vite (leur temps est plus précieux), etc. Leurs succès ne leur procurent pas de la fierté (centrée sur leurs actes) mais les plongent dans l'*hubris*, cet excès d'orgueil, que redoutaient tant les Grecs de l'Antiquité : cette fierté qui ballonne toute la personne, cette inflation du moi, cette dilatation de l'ego. Les narcissiques font beaucoup d'efforts pour montrer qu'ils ne sont pas n'importe qui, et chercher systématiquement à capter l'attention, ce qu'ils arrivent souvent à faire, d'ailleurs, avec un certain talent, d'où leur présence importante sur les plateaux de télévision et de cinéma. Soucieuses de beaucoup obtenir, en respect et en attention, voire en hommages et en égards, les personnalités narcissiques sont en revanche bien peu préoccupées par les notions de réciprocité, d'écoute et d'empathie. Leur fréquentation est pour cela frustrante et parfois désagréable. Autrui n'existe que comme faire-valoir, comme adversaire ou comme obstacle. Sommet d'aveuglement de l'estime de soi. Impasse totale, tant pour exister que pour progresser.

Les évolutions problématiques de l'estime de soi : de la basse à la haute instable, et réciproquement

On observe souvent ce phénomène lors du début des psychothérapies par affirmation de soi : les personnes à basse estime de soi ne savent s'affirmer, parfois, que de manière hostile. En se montrant distantes (pour qu'on ne puisse pas voir leur émotivité) et cassantes (pour dissuader l'interlocuteur de commencer à discuter ou contre-attaquer, car on ne se sent pas capable de tenir la distance d'un échange tendu). Plus durablement, comme dans l'exemple de Matthieu que nous évoquions un peu plus haut, si des circonstances de vie particulières (réussite, promotion) s'avèrent plus rapides que la maturation de l'estime de soi, se pose alors la question typique des basses estimes de soi : comment « assurer » face à la réussite ? Cette dernière va attirer sur moi à la fois les regards et les pressions, les sollicitations, les attentes, etc. Le syndrome de l'imposteur s'active alors : « Et si on s'apercevait que je ne suis pas à la hauteur, sur tous les plans, matériel, personnel… » C'est alors que survient la tentation d'une caricature de bonne estime de soi, et que l'on en rajoute dans les certitudes affichées.

Ces modifications de surface des comportements liés à l'estime de soi peuvent aussi se produire sur des cycles courts, par oscillations selon les moments. Par exemple, lors de variations du moral, avec ces gens qui, lorsqu'ils vont mal, deviennent arrogants et désagréables. Ou selon les domaines (sphère publique ou vie privée), ou encore selon l'environnement (sécurisant ou menaçant). Les personnes à faible estime de soi mais qui aspirent à se hausser du col peuvent parfois le faire en enfonçant les autres. Je me souviens d'une épouse qui devenait ironique et méchante même avec son mari, devant des amis qui l'impressionnaient : en rabaissant publiquement son conjoint, elle se donnait l'illusion de s'élever elle-même, de se valoriser en prenant de la distance avec lui, dont elle imaginait que les autres ne le trouvaient guère à la hauteur. Hélas pour elle, c'était elle et son manège qui mettaient mal à l'aise et qui suscitaient des jugements sévères ou compatissants sur sa personne.

Il y a un petit détail auquel on peut aussi se montrer attentif : comment sont traitées les personnes de statut moindre que le sien (collaborateurs, hôtesses d'accueil, personnel de service, etc.). J'ai souvent observé sur les plateaux de télévision, de la part de certaines stars du petit écran, de la gentillesse tant que tournaient les caméras, ou tant qu'un nombreux public observait. Qui se transformait en mépris ou en mesquinerie dès que ce n'était plus le cas.

Il faut le dire : tout cela ne marche pas. Et finalement, c'est toujours le même scénario qui se répète, et répète avec lui ses effets négatifs : 1. Un sentiment de fragilité personnelle, réelle ou supposée. 2. Qui rend inquiet (anticipation) et vulnérable (moment présent) aux agressions (réelles ou supposées) sur l'estime de soi. Ces réflexions inadéquates, sur soi et son environnement, enclenchent de mauvais réflexes. 3. Et amènent à des stratégies inadaptées (bien réelles, elles). Une grande partie des souffrances de l'estime de soi provient ainsi d'erreurs de pilotage : et ces tentatives de solutions deviennent un problème bien plus ennuyeux que celui qu'elles étaient censées résoudre. 4. Les conséquences à long terme sont des émotions d'inconfort chronique, et des succès jamais sécurisants car toujours conditionnels (« On ne m'accepte que si et seulement si je me comporte de telle façon »).

Ce sont ces stratégies inadaptées de protection de l'estime de soi qui définissent, en fait, les problèmes d'estime de soi. Autant, sinon plus, que les compétences ou le statut réel de la personne, qu'elle soit douée ou non, au chômage ou pas, belle ou laide, qu'elle ait eu une enfance difficile ou heureuse. Car tout cela, on peut faire avec. Ce sont certes des éléments facilitants ou limitants. Mais l'intelligence humaine peut s'y adapter. Et c'est parfait ainsi. Si les inégalités ne pouvaient plus être comblées, ce serait l'horreur absolue sur terre.

Les attitudes surdéfensives de l'estime de soi bloquent les apprentissages, les évolutions, les constructions de soi. **Tous les efforts sont consacrés à l'autodéfense plus qu'à la croissance**. On sacrifie son développement à sa sécurité. Et l'on se retrouve ainsi coincé dans un moi-prison, où l'on s'étouffe, s'ennuie et s'inquiète… Au lieu de profiter d'un moi-violon, que l'on accorde chaque jour, dont on apprend, peu à peu, à jouer au mieux, seul ou avec les autres. Tout cela peut se construire, mois après mois, année après année. Mais je dois prendre l'initiative de ce « chantier psychologique ». Car qui d'autre que moi pourrait effectuer ce travail ?

CHAPITRE 6

Le développement durable de l'estime de soi

> « J'ai donc commencé un énorme travail sur moi-même, et aujourd'hui, presque quinze ans après, je peux enfin dire que les résultats sont là : je ne me déteste plus, je me méprise. »
>
> Dessin humoristique de VOUTCH

Peut-on améliorer durablement l'estime de soi ?

Nous savons aujourd'hui que c'est tout à fait possible, tant dans le champ du développement personnel, si les problèmes ne sont pas trop sévères, que dans celui de la psychothérapie, s'ils sont compliqués de symptômes psychiatriques (troubles dépressifs ou anxieux, phobies, troubles des conduites alimentaires, pulsions autodestructrices, etc.). La démarche de changement, en matière d'estime de soi, comporte plusieurs étapes, et notamment de bien comprendre ce qui ne dépend plus de nous (comme notre passé, ses souffrances et ses carences), et ce qui dépend de nous (le rapport à ce passé, et la conduite de notre quotidien). Selon les cas, les efforts porteront sur une véritable construction, ou reconstruction de l'estime de soi, parfois plus simplement sur un « simple » développement. Puis, toujours sur la durée, se posera la question de la « maintenance », car l'estime de soi nécessite une continuité de soins et d'attentions.

Pourquoi il faut s'occuper de son estime de soi

Un de mes patients me disait un jour : « Le moi est haïssable, certes, mais c'est avec lui que je vais passer ma vie… » **Si vous ne vous occupez pas de vous-même, qui le fera à votre place ?** Et qui d'autre que vous peut savoir ce qui vous est nécessaire, ce qui est souhaitable à votre bien-être ?

Pourtant, nous passons beaucoup de temps à fuir cette réflexion sur nous-même, et sommes souvent en pilotage automatique de notre vie et de notre personnalité. Nous nous laissons porter par les circonstances et les influences : celles du passé, puis celles de nos proches, de notre milieu, de notre société. Le résultat risque fort d'être médiocre, sauf si nous avons été très gâtés par la vie : si nous avons tout reçu dans notre enfance, et si nous continuons de vivre dans un milieu où règnent l'amour et l'harmonie. Et encore : s'il n'y a pas de choix personnel et de sentiment d'autodétermination, même de tels milieux peuvent ne pas s'avérer si propices à l'estime de soi. Comme en témoigne ce récit d'Aurélie (26 ans).

« Un de mes problèmes, c'est que je ne vois pas de quoi me plaindre : mes parents étaient sympas et aimants, la vie à la maison était agréable, bonne ambiance et aisance matérielle. J'ai étudié, voyagé, trouvé rapidement un métier et un conjoint. Alors pourquoi ces doutes ? Pourquoi cette insatisfaction floue avec ma vie ? Si je commence à chercher dans mon passé, je peux, à force de volonté, trouver des petits détails, des choses qui n'allaient pas, du genre "mes parents étaient trop parfaits". C'est vrai que mon père était tellement brillant que tout le monde l'admirait, que ma mère était tellement gentille et fine que tout le monde l'aimait. Autour de nous, on n'arrêtait pas de nous dire que nous avions de la chance d'avoir des parents comme ça. Peut-être que j'ai manqué d'espace pour m'affirmer, me construire dans l'opposition ou la révolte ? Mais lorsque je compare avec les problèmes qu'ont pu avoir certaines de mes amies, avec des incestes, des violences, des crises terribles entre leurs parents… Non, je me demande si mon problème, ce n'est pas tout simplement de n'avoir fait que suivre des rails qu'on avait placés devant moi. Je n'ai jamais pris l'habitude de réfléchir sur moi, sur ce que j'étais, ce que je voulais. Jamais eu aucune bagarre à mener. »

Le travail sur l'estime de soi

Faut-il chercher à améliorer l'estime de soi de manière directe ? C'est le même type de question que celui qui se pose envers le bonheur : pour certains, le fait de vouloir se rendre heureux est le premier obstacle à l'atteinte de cet état. L'idée est attirante, mais fausse. En réalité, il ne faut pas confondre efforts pour se rapprocher du bonheur (nécessaires) et obsession du bonheur (toxique). Il en est de même pour l'estime de soi.

Les problèmes d'estime de soi ne sont pas une maladie, mais ils résultent d'un ensemble de façons d'être, de se protéger, et de se promouvoir qui ne sont pas adaptées. C'est pourquoi quelques règles sont à connaître pour conduire un changement efficace. De nombreux travaux existent aujourd'hui en matière de développement de l'estime de soi, dans le domaine des troubles psychiatriques[1], ou s'adressant à des sujets « normaux », exempts de troubles précis mais cherchant à améliorer leur bien-être personnel[2].

Le passé nous lègue doutes et fragilités. Le présent peut les réparer, parfois même les guérir. À condition que nous vivions, réellement. Vivre, c'est agir, se découvrir, se révéler, prendre des risques… Se laisser aller, lâcher prise sans vouloir à tout instant contrôler et maîtriser son image. Si nous nous protégeons trop, la vie ne fera pas chez nous ce travail de réparation et de maturation. C'est tout le problème des estimes de soi vulnérables, étouffées et rigidifiées dans leurs mécanismes de défense. Changer, c'est repérer et désamorcer ces protections devenues prisons, pour s'en affranchir. D'ailleurs, peut-être vaudrait-il mieux, en matière d'estime de soi, ne pas utiliser le mot *changer*, qui suppose une modification radicale, mais *évoluer*, qui sous-entend une progressivité, plus conforme à ce que nous pouvons observer.

Comment faire évoluer favorablement l'estime de soi

➤ *Comprendre le passé ne suffit pas à changer le présent*

Tout n'est pas joué ! Notre niveau d'estime de soi et la manière dont nous le protégeons dépendent bien évidemment des influences de notre passé : comment nos parents nous ont sécurisés par leur amour, valorisés par leurs encouragements, montré l'exemple par la manière dont ils s'estimaient eux-mêmes… Toutefois le présent psychologique n'est pas dominé *seulement* par le passé[3]. Il l'est aussi par le présent lui-même : si l'on ne fait pas les bons efforts au quotidien, on restera la proie du « pilote automatique » mis en place dans notre enfance ou le jouet des influences sociales. Les difficultés d'estime de soi peuvent provenir de mauvaises bases héritées du passé, mais aussi de leur mauvais usage. Il n'y a pas de fatalité en la matière, mais un poids incontestable du passé, qu'il faut comprendre pour agir sur le présent. Cependant, l'exploration à l'infini de notre histoire personnelle n'est pas la solution. **Le passé est passé, par définition ; c'est contre son fantôme que nous nous battons.** Mais nous nous battons toujours au présent*.

➤ *Il ne suffit pas de comprendre, il faut aussi agir et pratiquer*

Vous pourrez lire tous les livres sur l'estime de soi, et assister à toutes les conférences données sur ce thème, tout comprendre à ses mécanismes, rien ne changera en vous tant que vous n'aurez pas pratiqué et testé dans la réalité les préceptes de changement, comme ceux que nous allons aborder dans quelques pages. Il faut agir pour changer, et plus précisément procéder à d'incessants allers-retours entre action et réflexion. **On ne change que dans l'action intelligente.** C'est capital, car les problèmes d'estime de soi tendent soit à inhiber l'action, soit à la stéréotyper : ne plus agir, ou toujours de la même façon.

* Nous renvoyons les lecteurs intéressés par un approfondissement des questions concernant le développement dans l'enfance de l'estime de soi, ainsi que par l'ensemble de ses aspects théoriques, à se reporter à notre précédent ouvrage sur ce thème : *L'Estime de soi*, par Christophe André et François Lelord, également paru chez Odile Jacob.

➤ *L'apprentissage plus que la révélation*

Voici sans doute la découverte la plus importante de ces dernières années en psychothérapie : **changer, cela s'apprend**. Le modèle du changement psychique par prise de conscience soudaine ou par révélation de souvenirs effacés du passé, cela ne marche guère. Si la croyance en une telle façon de pratiquer la psychothérapie persiste, c'est sans doute en raison de son aspect très romantique (le secret caché tout au fond de soi), et de sa récurrence dans de très nombreux films au cinéma[4] : à un moment de l'action, la musique se fait plus forte, les yeux du héros se troublent, une scène de son passé réapparaît à sa conscience. Cette découverte soudaine fait pleurer le héros, ou l'héroïne, mais le guérit à tout jamais de ses fantômes. Ce modèle de la prise de conscience par déclic est bien sûr caricatural, et ne fonctionne que dans l'imagination des cinéphiles[5]. Si l'on veut rester dans les domaines artistiques, le changement personnel, et notamment en matière d'estime de soi, ressemble davantage à un apprentissage musical : on n'apprend pas à jouer du piano sur simple décision personnelle, ou parce que l'on s'est libéré des fantômes de son passé, mais parce qu'on a suivi des cours et que l'on a quotidiennement répété ses gammes. Et on ne devient pas un virtuose par illumination soudaine, mais par obstination patiente. L'estime de soi obéit, nous le verrons, aux mêmes règles : certes, il faudra comprendre d'où viennent nos limitations et nos erreurs de pilotage, mais il faudra surtout travailler à mettre en place de nouvelles façons d'être.

➤ *Changer, ce n'est pas compliqué*

Le changement psychologique, c'est un effort qui relève davantage de la course de fond que du sprint. Mais ce n'est pas compliqué : vous le verrez, il s'agit presque toujours des choses simples (comme la plupart des stratégies efficaces en psychothérapie). Lorsque je suis sollicité par les journalistes, on me demande souvent, pour accrocher le lecteur de l'article à venir, des « trucs pour augmenter l'estime de soi », ou l'on me pose la question : « S'il n'y avait qu'un conseil, ce serait de faire quoi ? » **Des trucs, il y en a beaucoup. Seul problème : il faut les appliquer tous ! Et longtemps ! Et régulièrement** ! Et le changement arrive, comme cela, par étapes, parfois minuscules, parfois spectaculaires. Mais ce qui paraît aujourd'hui minuscule pourra s'avérer demain spectaculaire. Et changer un peu, c'est déjà beaucoup !

➤ *Peut-on se « débarrasser » des problèmes d'estime de soi ?*

En finir une fois pour toutes avec les boiteries de l'estime de soi, ne serait-ce pas un mythe entretenu par certains psychothérapeutes ? Qui consiste à assurer de façon plus ou moins explicite qu'il faut « aller au fond des problèmes » pour espérer un mieux-être durable. Mais le fond des problèmes, personne ne peut assurer qu'il existe vraiment, notamment en matière d'estime de soi. Et même si on arrive à ce qui ressemblerait au « fond des choses », sera-t-on pour autant assuré d'un équilibre éternel ? De plus, les thérapies qui prétendent aider à aller au fond des choses exposent souvent à un risque d'enlisement : une fois qu'on est arrivé au fond, on n'arrive plus à remonter… Souvent, le travail sur l'estime de soi ressemble davantage à ce que l'on propose aux patients qui souffrent de diabète, d'asthme, ou d'hypertension artérielle : on s'organise pour faire en sorte que la maladie (ou la vulnérabilité) n'altère pas la qualité de vie, qu'elle n'empêche pas de mener une existence normale et agréable. Et on y arrive, le plus souvent. Pas très poétiques, ces efforts patients, ce labeur quotidien sur l'estime de soi ? Certes, mais la souffrance n'est pas poétique, elle non plus. Et il y a tant de choses, en revanche, si poétiques à savourer autour de nous, une fois que nous allons mieux et que nous pouvons nous ouvrir au monde ! Les efforts sont peut-être plus faciles lorsqu'il s'agit d'un régime alimentaire ou d'exercice physique. Encore que… **Mais il existe également des règles de vie clairement définissables en matière d'estime de soi**.

La route est longue mais il y a une route…

Le changement relève donc d'efforts réguliers. Ce qui ne veut pas forcément dire dans très longtemps. Aller mieux, cela peut commencer aujourd'hui. On peut – et on doit, même – ressentir assez tôt les bénéfices de ses efforts. En revanche, ils ne seront pas encore résistants et automatisés ; seule la pratique régulière va transformer ces efforts délibérés en automatismes moins coûteux en énergie psychique. Une source de démotivation classique dans nos efforts sur le long cours, ce sont ces moments où l'on se voit reculer et revenir à nos vieux démons. « Chassez le naturel, il revient au galop. » Je déteste cette formule, pleine de malveillance envers qui fait des efforts de changement. Ne la laissez pas vous impressionner. Les retours en arrière sont normaux, dans tous les apprentissages. Même des efforts de changement bien conduits, avec sincérité et volonté, avec la bonne méthode, dans la bonne direction, n'empêcheront pas le retour de vieux démons, sous l'effet de la fatigue, de la répétition des problèmes, de la confrontation à une situation qui nous laisse particulièrement démunis, ou tout simplement d'une certaine négligence. C'est normal : **ces reviviscences du mal ne signifient pas que nos efforts ont été vains ou que le changement est impossible. Cela signifie juste que la vie est dure, et que lorsqu'on est fragile, il faut prendre soin de soi**. Voyez ce qu'en disait Marc Aurèle, l'empereur philosophe : « Ne te rebute pas, ne te dégoûte pas, ne te consterne pas, si tu ne parviens pas fréquemment à agir en chaque chose conformément aux principes requis. »

Autres paroles de sagesse : « Mon Dieu, donnez-moi la sérénité d'accepter ce que je ne peux changer, le courage de changer les choses que je peux changer, et la sagesse d'en connaître la différence. » Peut-être connaissez-vous déjà cette « Prière de Sérénité ». Elle est traditionnellement attribuée à Reinhold Niebuhr (1892-1971), un théologien protestant nord-américain. Elle a été popularisée notamment par les Alcooliques Anonymes, qui en ont fait un de leurs outils de travail psychologique et spirituel. Cette prière de sérénité insiste sur un domaine fondamental : celui du discernement et de la flexibilité.

L'objectif des évolutions de l'estime de soi n'est pas de devenir quelqu'un d'autre, de se transformer totalement, comme par enchantement, de passer des plus grands doutes aux plus solides certitudes. Non, le but, c'est simplement d'être « moi mais en mieux »...Un peu plus serein, un peu plus confiant, un peu plus audacieux, un peu plus indifférent aux regards et aux jugements... Et pour ce faire, il faut tenir compte des traits de notre personnalité : inutile d'espérer devenir un personnage flamboyant si notre personnalité de départ est plutôt réservée. Mais n'est-il pas satisfaisant de se sentir plus à l'aise et de tirer plaisir des situations sociales, au lieu de les fuir ?

Il y a une écologie de l'estime de soi, et on peut lui appliquer les principes du développement durable : tenir compte du terrain, prendre en compte le coût des efforts de développement, penser aux avantages et aux inconvénients, ne pas sacrifier le futur au présent, ni consacrer au passé les forces vives qu'appelle le présent ! C'est à ce prix que l'on n'évoluera pas seulement vers une estime de soi plus haute, mais encore, et surtout, vers une meilleure estime de soi.

Au travail, donc ! Mais justement, sur quoi travailler ? Par quoi commencer ?

Travailler sur le lien à soi, bien sûr. Cesser de se faire violence, de se dévaloriser, de se cacher… Cette démarche est indispensable, mais elle ne suffit pas : développer son estime de soi, ce n'est pas seulement s'occuper de soi, c'est aussi progresser dans son rapport aux autres.

Il faudra donc travailler sur le type de lien que nous mettons en place avec les autres : liens réels et liens fantasmés. Ne plus trembler devant l'idée du rejet, faire sa place sans heurts, ou accepter ces heurts s'ils sont inévitables. Autant d'objectifs à atteindre peu à peu. Mais le travail ne sera pas fini pour autant.

Réfléchir et agir, cela ne suffit pas ? Non, **c'est réfléchir, agir et répéter qui nous fait évoluer**. Notre cerveau est conçu pour l'action, avant de l'être pour la pensée. Voilà pourquoi, même si vous avez tout compris à tout, vous n'aurez rien compris en réalité, et surtout rien changé, tant que vous n'aurez pas transposé les fruits de vos réflexions en actions. Et que vous n'aurez pas répété la démarche des dizaines de fois, comme un artisan ou un artiste répétant leurs gestes. L'action, donc, modeste et régulière : une fois ne suffit jamais… Serez-vous alors arrivé au bout de votre travail ? Oui et non.

Car il restera encore le plus important : ne plus penser à vous. Le devenir de l'estime de soi, c'est de se faire oublier, comme une respiration à laquelle on ne prête plus attention, mais qui est toujours là. Respiration que l'on va prendre soin de réguler ou de calmer, parfois, mais qui ne nécessite ni vigilance ni efforts. **S'estimer comme on respire**… S'oublier pour se tourner vers tout le reste : les autres, la vie.

Ce sera notre programme, et c'est tout cela que nous allons aborder dans ce livre. Mais il y a encore une dernière chose…

Capital : créer une ambiance psychologique propice au changement sur la durée

Le travail sur l'estime de soi a beau être passionnant et rapidement fructueux, il nécessite tout de même de la régularité et de la continuité. Dans ces efforts de longue durée, où l'on est à la fois son maître et son disciple, il est capital de bien se traiter.

Les exercices réguliers que nous aurons à faire et que nécessite le changement seront vite abandonnés si cela se passe dans une sale ambiance, si nous nous réprimandons en cas d'échec, si nous nous culpabilisons. Il y a ainsi **une nécessité absolue, et sur la durée, d'un climat de tolérance à ses difficultés** : il est normal qu'il existe des périodes où les anciennes habitudes s'imposent à nouveau. Apprendre à correctement parler une langue étrangère ou à bien jouer d'un instrument de musique prend des années.

L'estime de soi, ce n'est ni plus ni moins difficile qu'apprendre le russe ou le violon. Mais ceux qui parlent russe ou jouent du violon savent qu'il leur a fallu du temps et des efforts.

Pour que ces efforts prolongés ne soient pas douloureux ni orageux, il faut un code de bonne conduite envers soi-même : **il faut apprendre le respect de soi. Cela aussi s'apprend et porte un nom : acceptation.**

CHAPITRE 7

L'estime de soi commence par l'acceptation de soi

« Tu entreras au Paradis tout entier,
ou tu n'y entreras pas du tout. »

Adage soufi

« Je me suis toujours demandé comment faisaient les autres. Lorsqu'ils se trouvaient moches, lorsqu'ils avaient l'impression d'avoir dit ou fait une énorme bêtise que tout le monde aurait pu voir ou apprendre. Lorsqu'ils étaient en échec, mis à l'écart, lorsqu'ils avaient déçu la confiance qu'on leur portait, ou qu'ils se sentaient seuls, tout simplement. Comment faisaient-ils pour ne pas se détester, et sourire, et continuer d'agir et d'aller vers autrui ? Comment faisaient-ils pour s'aimer malgré leurs défauts ? Pour penser qu'on pouvait avoir envie de les inviter, de les revoir, de les aimer, de travailler avec eux… Si je leur ai demandé, comment ils faisaient ? Pfff… Je crois qu'ils ne le savent pas eux-mêmes. » (Clémentine, 34 ans).

S'accepter pour s'estimer

Comment font les sujets à bonne estime de soi ?

Sont-ils *meilleurs* que les autres ? Plus intelligents, plus beaux, plus doués ? Ont-ils eu une enfance plus heureuse ? En réalité, la différence ne se situe pas, ou pas totalement, à ce niveau des qualités objectives. Les personnes à haute estime de soi ont des défauts et des doutes, connaissent des échecs et pas seulement des réussites, ressentent aussi, parfois, ou souvent pour certains, doutes et sentiments de fragilité.

Simplement, ils les acceptent.

Les échecs les affectent. Mais ils savent qu'ils sont inévitables, si l'on a fait le choix de l'action.

Les critiques les touchent, surtout si elles sont fondées. Mais ils arrivent à reconnaître alors leurs torts sans besoin excessif de se justifier ou, pire, de dénier. Leurs limites et leurs insuffisances les dérangent et les gênent parfois. Mais elles ne les incitent pas pour autant à fuir les situations sociales ou à s'y taire. Simplement, leurs fragilités les incitent à chercher à apprendre et à progresser, au lieu d'affirmer et de pérorer, de s'inhiber ou de trembler.

Bref, la caractéristique la plus forte des sujets à bonne estime de soi, c'est qu'ils sont capables de tolérer et d'accepter leurs imperfections, car ils ont construit et intégré une bonne image globale d'eux-mêmes, et supposent que leurs interlocuteurs seront plus sensibles à cette image globale qu'au « détail qui tue ». En tout cas, leurs interlocuteurs honnêtes et bienveillants. Ils savent d'ailleurs ne pas se laisser « casser » par les esprits malveillants, et ont appris qu'il est inutile de fonder sa vie et ses comportements sur eux : ils suivront leurs opinions, leurs intérêts et leurs travers quoi que nous fassions pour les convaincre. Nous ne prenons jamais de risques face à ceux qui nous apprécient. Mais aucun risque, ni aucun triomphe, ne sera suffisant face à ceux qui ne nous apprécient pas. Vouloir à toute force remplir ce tonneau des Danaïdes risque au contraire d'user et de ruiner notre estime de soi.

S'accepter pour changer

L'acceptation, c'est simplement dire « oui ». Oui à ce qui existe, puisque cela existe. Le problème ou ma peur du problème, cela existe bien. Alors, autant l'accepter et le reconnaître. Au lieu de me dire « non, il n'y a pas de problème », ou « non, je n'ai pas peur, je ne dois pas avoir peur ». **Reconnaître que, pour le moment, les choses sont comme elles sont, et non comme je voudrais qu'elles soient.**

Accepter, ce n'est pas seulement tolérer (ce qui revient à refuser en fait, mais en regardant ailleurs). Ce n'est pas non plus se résigner, et abandonner l'idée d'agir et de changer. C'est regarder le problème en face, et se dire : oui, ce problème existe.

Si les questions d'acceptation intéressent tant les psychothérapeutes, après les philosophes, c'est qu'**on se change mieux en s'acceptant**. Pour se soigner il faut se reconnaître malade : « Si tu n'acceptes pas ta maladie, tu ajoutes l'angoisse à tes symptômes, et te voilà malade de l'être[1]. » Et pour progresser, il faut se reconnaître et s'accepter imparfait. Pas coupable, pas minable, mais imparfait ! Simplement. En fait, non, ce n'est pas simple du tout, c'est plutôt immensément dur, et surtout à l'opposé total des réflexes qui, depuis tant d'années, nous incitent à feindre d'être plus beau, plus efficace, plus intelligent que nous ne sommes.

Accepter : une manière d'être au monde

« Admettons que nous disions oui à un seul et unique moment, nous aurons ainsi dit oui non seulement à nous-mêmes, mais à toute existence. Car rien n'est isolé, ni en nous-même, ni dans les choses. Et si, même une seule fois, le bonheur a fait vibrer et résonner notre âme, toutes les éternités étaient nécessaires pour créer les conditions de ce seul événement et toute l'éternité a été approuvée, rachetée, justifiée, affirmée dans cet instant unique où nous avons dit : oui », écrivait Nietzsche[2].

Accepter, c'est lâcher prise : on découvre alors que toute une partie des problèmes disparaît d'elle-même. Et que ce qui reste paraît plus simple à changer. Mais si nous avons commencé en parlant de l'acceptation de soi, il faut savoir que l'acceptation est en réalité une philosophie de vie générale. Voilà des millénaires que l'acceptation figure au cœur des sagesses orientales comme de la philosophie antique : dire « oui » à ce qui est, puis faire face. Stoïciens et bouddhistes, entre autres, mais sans doute plus clairement et fortement que les autres, l'enseignent depuis longtemps : « Pouvez-vous dire : "Non, ce n'est pas arrivé" ? Impossible ! Alors acceptez[3] ! » Ou encore : « Il ne faut pas s'irriter contre les choses, car elles ne s'en soucient pas[4]. »

Exercer ses capacités d'acceptation sur le quotidien représente un prélude à l'action sereine pour le changer si nécessaire. Cela dépasse, bien sûr, le champ de l'estime de soi. Mais cela le facilite aussi indirectement : modifier notre regard sur le monde modifiera notre regard sur nous-même. **Et accepter le monde nous aidera à nous accepter**. Et nous permettra de progresser.

Le concept d'acceptation est difficile à comprendre et à admettre pour les Occidentaux que nous sommes, habitués à nous *battre* contre la réalité et à avoir le réflexe immédiat de la changer si elle nous heurte. Ou encore à être amers et tristes si nous ne pouvons la changer. Nous nous méfions de tout ce qui ressemble à nos yeux à de la passivité. Pourtant, l'acceptation ne renvoie en rien à une soumission, à une démission, à un renoncement à l'action. Quelques exemples.

Vous devez prendre un avion et votre voiture est coincée dans les embouteillages. Il y a un gros risque que vous ratiez votre vol. La réaction réflexe qui vous menace est celle du stress : vous n'acceptez pas, ou très mal, l'idée que vous allez rater votre avion. Et pour cause : tous les ennuis et les contrariétés qui vont en découler s'imposent à votre esprit, provoquent des émotions et des pensées négatives en cascade. La source de tout cela, c'est le fait de rater l'avion. Comment accepter quelque chose d'aussi désagréable ? L'inconvénient de cette attitude de non-acceptation, c'est que ce stress ne résoudra en rien votre problème de retard, et risque même d'en ajouter d'autres : vous allez vous énerver, risquer un accident en roulant trop vite si l'embouteillage se dégage ou en essayant de vous faufiler s'il persiste, courir dans l'aéroport, peut-être de vous tromper de hall d'embarquement sous l'effet de la hâte, de vous quereller avec les personnes qui vous paraîtront vous retarder… L'attitude d'acceptation consiste à se dire : « Bon, je vais peut-être manquer mon avion. C'est très ennuyeux mais c'est comme ça. Je ne suis ni le premier ni le dernier à qui cela arrive. Que puis-je faire d'adapté maintenant ? D'abord pour essayer de ne pas le rater. Puis pour essayer, s'il est raté, de ne pas m'infliger une double peine en m'énervant, en me créant de nouvelles complications. » Le but de l'acceptation des faits (le retard) n'est pas de renoncer à l'action, mais, au contraire, d'agir au mieux.

Vous discutez politique avec un ami. Ses opinions sont idiotes, nulles et stupides. Enfin, c'est en tout cas ce que vous êtes en train de vous dire ! Et c'est là que commence votre problème. Les propos de votre ami vous heurtent et vous agacent, parce qu'ils sont opposés aux vôtres. La non-acceptation consiste à vous dire : « Il a tort. C'est stupide de penser ça. Comment peut-on être aussi aveugle aux réalités ? » Il est probable que cette non-acceptation de ce qu'il pense et du fait qu'il a le droit de penser ainsi va à la fois aggraver votre état émotionnel, réduire votre intelligence du dialogue, et enfin détériorer, au moins sur le moment, la qualité de la relation avec votre ami. C'est beaucoup d'inconvénients. L'attitude d'acceptation consiste à essayer d'accepter ce qu'il pense. Même si vous n'êtes pas d'accord. Le fait que vous ne soyez pas d'accord et que (peut-être) vous ayez raison n'empêche pas cette réalité d'exister : il ne pense pas comme vous, comme vous le voudriez. Alors ? Acceptez ça ! Et au lieu de lui dénier le droit à penser ainsi, commencez à vous poser des questions plus intéressantes, comme : pourquoi pense-t-il cela ? Comment lui faire mieux écouter ma position ? L'acceptation ne conclut ni ne ferme le dialogue. Elle l'ouvre au contraire. Dans les deux sens.

Je me souviens d'avoir été moi-même un jour engagé dans une discussion avec un ami à propos de querelles qui agitaient le monde de la psychothérapie. Il y avait eu des affrontements verbaux très violents entre les thérapeutes comportementalistes et certains psychanalystes lacaniens, peu nombreux mais très énervés. De mon point de vue, moi qui suis comportementaliste, nos adversaires avaient l'essentiel des torts : ils avaient initié le conflit, avaient utilisé l'invective et l'intimidation malsaine, etc. Mais cet ami ne voyait pas les choses ainsi, et renvoyait dos à dos les comportementalistes et les lacaniens : « Vous avez des torts partagés », disait-il. J'avais du mal à accepter sa position, car il me semblait que les torts n'étaient pas du tout « partagés ». Mais tant que j'étais dans cette non-acceptation, la discussion patinait, et je sentais que je commençais à m'énerver. J'ai alors changé de position, en me disant : « C'est bon, accepte qu'il pense ce qu'il pense, c'est un fait et c'est son droit. » Je me suis alors senti beaucoup plus détendu, et j'ai pu discuter de façon plus constructive et précise, poser des questions comme : « Explique-moi, pourquoi dis-tu cela ? Quels sont les éléments sur lesquels tu te fondes ? Raconte-moi, ça m'intéresse. » Et ça m'intéressait vraiment. Puisque j'avais accepté son opinion, je pouvais maintenant m'intéresser à ses fondements. Alors qu'en ne l'acceptant pas la seule chose qui m'intéressait, c'était qu'il s'en débarrasse. Accepter, c'est ici tenter de comprendre. Ce qui ne veut pas dire, en matière de débat d'idées, donner raison à l'autre.

Peut-on tout accepter ?

D'accord pour s'accepter, soi et ses défauts, d'accord pour accepter les défauts des autres, les gros et petits tracas de la vie dans ses aspects quotidiens. Mais le racisme, l'injustice, la misère ? Il faudrait accepter cela ?

L'acceptation ne consiste pas forcément à tolérer ou à approuver. Le mal, par exemple. Il est hors de question de le cautionner. Mais la question est aussi : dans quel état d'esprit le combattre ? Quelle attitude sera la plus efficace ? Le dalaï-lama rappelle à ce propos : « Si on te frappe avec un bâton, tu en veux à celui qui tient le bâton, pas au bâton lui-même. Mais celui qui te frappe est tenu par la haine[5]. » On changera mieux le monde en acceptant auparavant qu'il soit ce qu'il est. On s'évitera ainsi les réflexes animaux de vengeance : accepter qu'il existe des assassins et des voleurs permet de rendre la justice et non d'appliquer la loi du talion. Ou de réaction brutale : accepter par exemple que les enfants soient des enfants évite la tentation de la colère et de la violence à leur égard, mais ne fait pas renoncer à les éduquer et parfois les punir.

Quoi que nous pensions de la violence ou de l'injustice, elles existent. Que nous nous énervions ou que nous soyons résignés, elles existent. Cela, nous ne pouvons que l'accepter. Ce n'est en rien un prétexte pour ne pas agir, mais c'est une invitation, une préparation à le faire plus lucidement : en évitant par exemple d'en vouloir aux *personnes* violentes, alors que ce sont les *comportements* violents, le problème. Accepter, ce n'est pas se résigner : accepter ce qui est n'est qu'une étape préalable avant de le changer.

Le but de l'acceptation n'est pas de se substituer à l'action mais d'éviter la gesticulation (« c'est scandaleux, c'est inacceptable » et puis on rentre tranquillement chez soi...). Accepter, c'est choisir de se donner plus de force et de lucidité pour changer. C'est l'antichambre de l'action efficace. Bien plus que la simple indignation émotionnelle.

Lorsque j'explique les principes d'acceptation de soi à mes patients, ils sont d'abord un peu inquiets. Ils pensaient être venus voir un psychiatre et voilà que ce dernier leur parle de choses qui ressemblent à de la philosophie ou à de la religion. Puis, ils sont perplexes : « M'accepter ? Mais je ne fais que ça depuis mon enfance : accepter, ne rien dire, me soumettre, la fermer, la boucler, avaler des couleuvres, des boas. Accepter, justement, j'étais venu ici pour ne plus accepter ce destin ! Et voilà que vous me demandez d'accepter ! »

C'est très difficile, la notion d'acceptation, en matière d'estime de soi, parce qu'on aborde des phénomènes très intimes et douloureux liés à l'image de soi : qui a envie de s'accepter inférieur ?

On a beau se *sentir* souvent inférieur, en réalité on n'a pas envie de l'accepter. Et c'est tant mieux d'une certaine façon, puisqu'on *n'est pas* inférieur. Enfin, pas autant qu'on le craint, ou dans autant de domaines qu'on le redoute. Car on est toujours inférieur, imparfait en quelque chose… Et alors ?

Prenons un exemple : dans une soirée, la plupart des convives connaissent très bien un sujet et en parlent avec animation. Vous n'y connaissez rien. Si vous l'acceptez, vous allez passer un moment intéressant, apprendre des choses, oser poser des questions. Ce sera facile si vous acceptez de ne pas savoir, et si vous admettez que cela puisse se voir. C'est exactement ce que permet une bonne estime de soi : s'accepter limité à certains moments et dans certains domaines. Acceptation flexible. Vous pourrez même en jouer un peu parfois, c'est assez amusant, vous verrez. Et toujours confortable, finalement.

Si vous n'acceptez pas votre « ignorance », vous allez passer un mauvais moment : vous allez faire semblant de savoir, en hochant doctement la tête, tremblant à l'idée qu'on vous demande votre avis. Vous serez agacé contre ces convives qui étalent leur savoir. Et vous allez rentrer chez vous épuisé ou irrité. C'est le réflexe d'une mauvaise estime de soi : ne pas accepter ses limites, et ne pas voir qu'elles ne nous rendent en rien moins estimable aux yeux des autres. Non-acceptation de soi rigide. Moins vous acceptez vos limites, plus vous en êtes prisonniers !

Nous verrons bientôt comment l'acceptation de soi nuancée et flexible est très différente en fait de ce mélange rigide et stéréotypé de résignation et de crispation, qui caractérise la non-acceptation des mauvaises estimes de soi.

L'attitude d'acceptation repose d'une part sur le respect de soi : être convaincu de sa valeur en tant qu'être humain, être convaincu que ses imperfections ne condamnent pas une personne et que sa valeur réside au-delà de l'existence de ses faiblesses. Elle repose d'autre part sur le pragmatisme : de toute manière, à quoi servent la colère ou la tristesse envers ce qui ne va pas chez moi ? À me faire plus de mal encore ? À me figer dans la plainte et la réactivité épidermique ? Dans ces « vaines révoltes » dont parle Marc Aurèle : « Ce concombre est amer ; jette-le. Il y a des ronces dans le chemin ; évite-les. Cela suffit. N'ajoute pas : "Pourquoi cela existe-t-il dans le monde ?" »

Mieux vaut accepter d'abord ce qui cause ma colère ou ma tristesse et garder mon énergie pour des actions plus importantes que la plainte ou l'agacement.

Si je regarde la manière dont nos patients changent en psychothérapie, ce changement est plutôt une évolution, comme nous le disions : ils font en réalité un meilleur usage d'eux-mêmes. Leurs forces et faiblesses fondamentales sont toujours là, mais ils en tirent le meilleur au lieu de patauger dans leurs faiblesses et de gaspiller leurs forces. Les clés de cette évolution sont toujours, pour une bonne partie, dans l'augmentation de leurs capacités d'autoacceptation.

Les bénéfices de l'acceptation de soi

Ils sont doubles : améliorer le bien-être émotionnel et faciliter le changement personnel.

Le premier bénéfice de l'acceptation de soi réside dans le mieux-être émotionnel ainsi obtenu. Écoutons par exemple William James, le père du concept d'estime de soi, qu'il décrivit dès 1892 : « Étrangement, on se sent le cœur extrêmement léger une fois qu'on a accepté de bonne foi son incompétence dans un domaine particulier. » Ou bien : « Qu'il est doux le jour où nous renonçons à rester jeunes

– ou minces[6] ! » James, qui sait ce qu'est l'estime de soi, a compris les bénéfices du renoncement à toutes ces luttes et à ces spasmes, à cet inutile combat contre soi-même, à la recherche toxique d'une perfection illusoire.

Le second aspect est peut-être le plus paradoxal : on change mieux en s'acceptant. Cela ne correspond pas à un dogme souvent répandu : l'insatisfaction serait le grand moteur du changement, voire de toute forme d'action. Il s'agit d'une erreur importante. Si l'on part du principe que le changement psychologique relève davantage des lois de l'apprentissage (s'entraîner à pratiquer de nouveaux styles de comportements et de pensées) que de celles de la découverte cathartique de soi (découvrir enfin *la* cause de nos souffrances), alors la tension et l'insatisfaction deviennent toxiques et non mobilisatrices, car elles perturbent les apprentissages. On apprend mieux dans une ambiance sereine et bienveillante. Pour faire progresser un élève, les meilleurs maîtres n'ont pas besoin de le stresser ou de l'inférioriser en lui rappelant sans arrêt ses défauts et ses insuffisances. S'ils font cela, ils écœureront la majorité de leurs écoliers et disciples. Seuls quelques surdoués robustes survivront à un tel enseignement. Les progrès de la plupart des élèves reposent sur l'acceptation de leurs limites, de la part d'un maître qui maintient une amicale pression sur la nécessité de changement. C'est par exemple ce qui se passe en psychothérapie : le thérapeute – qui n'a évidemment rien d'un « maître », il s'efforce juste d'être un pédagogue – accepte son patient sans renoncer à le pousser doucement vers l'avant. S'il procède ainsi, c'est parce qu'il sait que l'on change plus facilement dans une ambiance de calme émotionnel et de respect de soi. Mais là aussi, cela ne signifie pas qu'on oublie l'objectif : le mieux-être.

Les méfaits de la non-acceptation de soi

Une part importante des problèmes d'estime de soi est liée à la non-acceptation de ce que nous sommes : de nos faiblesses, de nos limites… Et aussi, non-acceptation de nos difficultés à changer : on s'agace, on se désespère de ne pas progresser, de ne pas faire de sa vie ce que l'on voudrait en faire, de ne pas être qui l'on voudrait être. Ces problèmes de non-acceptation ont été identifiés dans de nombreuses formes de souffrance psychologique[7], et notamment dans les trois familles les plus fréquentes de troubles psychiques : dépression, anxiété et abus d'alcool.

Dans les troubles anxieux et phobiques, les difficultés des patients à accepter la peur en eux, à accepter d'affronter leurs pires images de peur (les « scénarios catastrophes ») sont considérées comme les principales sources de chronicisation de ces peurs[8]. Dans les troubles dépressifs, il en est de même de l'incapacité à accepter de renoncer aux exigences excessives envers soi-même[9]. Dans les problèmes d'alcool également, nombre de symptômes sont sous-tendus par l'incapacité d'accepter des aspects notables de la réalité[10], et l'on va alors rechercher cette capacité dans l'alcool, cet élixir d'acceptation.

De passionnantes recherches en matière de psychothérapie montrent que le travail sur l'acceptation de soi, de ses émotions, de ses pensées, représente une voie capitale, et jusqu'ici négligée, d'aide même pour les personnes présentant des troubles sévères[11].

Apprendre à s'accepter ?

Dans un beau livre consacré à l'empereur romain et philosophe stoïcien Marc Aurèle[12], le philosophe Pierre Hadot parle à son propos de la *discipline de l'assentiment*. Marc Aurèle, tout en conduisant les affaires de l'Empire, en se consacrant à repousser les barbares aux frontières du Nord, à déjouer les complots et les luttes de succession, s'astreignait à des exercices quotidiens de méditation et de réflexion, selon les principes de ses maîtres stoïciens. Il a laissé de cette quête personnelle un témoignage très émouvant dans ses *Pensées*[13].

Faut-il être sage pour arriver à s'estimer ? D'une certaine façon, sans doute, en cultivant par l'acceptation la lucidité et la sérénité dont nos doutes et nos peurs nous privent souvent. Mais, plus que sage, il faut être réceptif aux petits mouvements imperceptibles de notre âme. Comme pour tous les apprentissages, celui de l'estime de soi commence par l'attention accordée à de toutes petites choses.

CHAPITRE 8

Le coffre de mon scooter

« Der Teufel steckt im Detail. »

Proverbe allemand, qui rappelle que
« le diable se cache dans les détails »

Un soir de printemps, peu après 19 heures. Je sors du service, après avoir animé une séance de thérapie de groupe avec mes patients phobiques sociaux. Je suis de bonne humeur, la séance s'est bien passée, nous avons bien travaillé, les patients progressent. Je m'approche de mon scooter, sur le parking du service. Un de mes collègues est en train de se préparer à partir sur sa moto. Nous échangeons quelques nouvelles. Après avoir pris mon casque dans le coffre du porte-bagages, j'y dépose mon cartable et je le ferme à clé. Machinalement, après avoir retiré la clé, je vérifie d'un petit geste que le coffre est bien fermé. Ce mouvement discret n'a pas échappé à l'œil vigilant de mon confrère (nous sommes tout de même dans un service de psychiatrie). Il en profite pour me chambrer gentiment : « Et alors ? C'est quoi cette petite manie de vérification ? Tu n'aurais pas un TOC par hasard ? »

Je m'apprête à me défendre, à lui expliquer que non, je n'ai pas de TOC, ni même de manie, mais que c'est juste un réflexe normal, que mon scooter est vieux, que son coffre commence à mal fermer, qu'une fois déjà sur le périphérique il s'est ouvert alors que je roulais, et que…

Soudain, je me rappelle ce sur quoi nous venons de travailler avec mes patients : l'acceptation de soi. Je leur ai fait faire plein d'exercices et de jeux de rôle sur le thème de l'acceptation de soi : comment accepter les critiques et les remarques négatives sur soi sans s'énerver ; comment demander, au contraire, davantage de précisions ; comment ne pas céder à ce premier mouvement qui nous pousse, comme par réflexe, à nous justifier, à nous défendre…

Et là, sur une remarque anodine, et à propos d'un geste bien réel, je me prépare à me défendre. Ah, ces thérapeutes qui ne font pas pour eux-mêmes ce qu'ils recommandent à leurs patients !

Alors je me ravise. Et au lieu de me justifier, j'accepte la remarque : « Oui, c'est drôle, je ne fais même plus attention à ce petit réflexe. Tu as l'œil, dis donc… » Et mon collègue qui, devant mes quelques secondes de silence, commençait à craindre de m'avoir vexé, de m'avouer : « Oui, et pour cause : je fais la même chose ! »

Nous sommes repartis, chacun de son côté. Mais l'histoire n'est pas finie pour moi. Tout en roulant, je continue de réfléchir à ce tout petit moment. Qui, comme beaucoup de moments de notre quotidien, peut être lu de deux manières. En négatif : pas facile de changer, si même un psychiatre exercé à l'acceptation de soi peut se laisser ainsi piéger ! En positif : il est si simple de changer ! Inutile de s'attaquer à d'énormes objectifs ; de toutes petites choses font l'affaire. Il suffit de porter sur ses réflexes un œil bienveillant et amusé. Un regard amical sur soi-même…

DEUXIÈME PARTIE

Prendre soin de soi

Nous ne connaissons de nous que les mêmes choses, flatteuses ou douloureuses, vers lesquelles nous revenons inlassablement.
Nous croyons réfléchir, mais nous ne faisons souvent qu'écouter le murmure confus de notre âme. Qui nous égare, parfois. Sur les chemins de la violence ou de la complaisance envers nous.
Drôle de rapport que ce lien à nous-même : adoration puis détestation, calme affiché face aux autres et inquiétude fébrile face à nous...
Comment ne se juger que pour s'aider, et non pour se violenter ou se punir ? Comment vivre, simplement, en amitié avec soi-même ? Comment trouver le juste équilibre entre exigence et bienveillance qui caractérise, justement, une relation amicale ?
En s'acceptant, même imparfait. S'accepter pour se changer et évoluer. Pour naître enfin à soi-même.

CHAPITRE 9

Pratique de l'acceptation de soi

« Quand on ne trouve pas son repos en soi-même, il est inutile de le chercher ailleurs. »

La Rochefoucauld

Aude est une femme intelligente. Hier, une de ses amies l'a invitée à déjeuner, avec une autre amie qu'elle ne connaissait pas. Dès le début du repas, Aude s'est sentie mal : cette troisième personne, manifestement très cultivée, s'est mise à leur parler d'expositions de peinture, et à évoquer des artistes dont Aude ne savait pas grand chose. « C'était sur un ton qui voulait dire : "Évidemment, tout le monde connaît ça, n'est-ce pas ?" Et, comme moi, je ne connaissais pas, j'ai commencé à me sentir mal… » Aude n'a pas profité du repas : impressionnée dès le début, elle a d'abord été inquiète (« Comment cacher que je n'y connais rien ? ») Puis agacée (« Marre de cette prétentieuse qui nous gâche le repas. ») Et enfin attristée : dans l'après-midi et la soirée qui ont suivi, elle a réalisé à quel point elle s'était placée sur la défensive et s'était crispée, à quel point ce genre de réflexe empoisonnait régulièrement sa vie. Lorsque nous avons abordé cela lors de notre séance de psychothérapie, elle a été étonnée que je lui demande pourquoi elle n'avait pas simplement accepté l'évidence : que cette personne en savait plus qu'elle sur ces peintres. Qu'elle, Aude, avait parfaitement le droit de ne pas les connaître. Et qu'en acceptant cela elle aurait passé un meilleur repas et une meilleure journée…

Arthur est un jeune garçon très susceptible… « Tatillon et dépourvu d'humour », précise-t-il, avec humour, justement, car il se sent en sécurité durant les consultations. « Lorsqu'on me fait des blagues ou des reproches, je me crispe. Par exemple, pendant les vacances avec des amis, s'ils me reprochent d'être radin ou maniaque, ce que je suis un peu en fait, il m'est impossible de le prendre en rigolant ou calmement et de leur dire : "Ben oui, les amis, je suis comme ça, désolé de vous faire souffrir avec mes névroses !" Ce genre de réponse, ça ne me vient que dix jours après. Et encore, c'est depuis qu'on a commencé la thérapie. Avant, ça ne me venait même pas à l'esprit. Je m'énervais contre mes amis, et je faisais la gueule pendant quelques heures. Maintenant j'ai compris que la meilleure façon de réagir, c'est d'accepter qu'ils aient le droit de me dire des trucs comme ça, même si, sur le moment, ça me semble exagéré ou injuste. Plus je me crispe, plus je refuse que cela me soit dit, plus je transforme une parole anodine en problème grave. J'ai fini par voir enfin que le plus important, ce n'est pas de chercher à rectifier ce que l'on me dit, mais de l'accepter pour ne pas me sentir remis en question par ça. En faisant de la sorte, je me suis aperçu, de plus, que je me défends beaucoup mieux ensuite. Lorsque j'en éprouve le besoin, ce qui devient de plus en plus rare. Je ne crois pas qu'on me critique moins aujourd'hui, mais ces critiques me marquent moins qu'avant. Du coup, je les oublie, et j'ai l'impression qu'il y en a moins, donc je suis plus détendu, etc. C'est un cercle vertueux exactement opposé au cercle vicieux d'avant. »

Louis ne sait pas perdre au tennis. Chaque fois qu'il joue mal, ou qu'un adversaire le fait mal jouer, il se crispe au-delà du raisonnable. Il a déjà cassé de nombreuses raquettes et insulté (ou eu envie d'insulter) nombre de partenaires, d'arbitres et de spectateurs. Et souvent, il s'est demandé pourquoi il continuait à pratiquer ce sport, tant il en arrivait à se mettre dans des états d'énervement épouvantables. Cette manière de faire dégrade non seulement son plaisir de jouer, mais aussi ses performances en compétition. Lorsque je le lui fais remarquer, il me répond qu'il lui semble tout de même que c'est une bonne façon de se motiver. En réalité, non. Louis n'accepte pas de rater un coup ou une série de coups. Et il en va de même dans bien d'autres domaines de sa vie. Il est ce qu'on appelle un « battant », toujours sous pression. En réalité, l'estime de soi de Louis est très dépendante de ses performances (sportives, universitaires, sentimentales). C'est-à-dire qu'elle est très fragile. Nous allons devoir travailler sur l'acceptation de soi : tant qu'il n'acceptera pas de mal jouer, il jouera mal, et même de plus en plus mal, surtout les jours où il commencera à rater ses premières balles. Son hypermotivation va s'avérer à double tranchant : elle l'entraînera parfois vers le haut, lorsque les choses s'enclencheront correctement. Mais elle le tirera aussi souvent vers le bas, lorsqu'il y aura des ratés. Dans tous les cas, succès ou échec, le prix à payer en matière de stress sera très élevé. Comme toujours chez les sujets à haute estime de soi fragile. Le but, c'est que Louis arrive à se dire sincèrement : « Mal joué, mon vieux. Reste calme, ça arrive. Ce n'est pas de rater un coup le problème, c'est de s'énerver parce qu'on a raté un coup. Là, on double la dose de problème… » À ce moment-là, il l'aura résolu, son problème.

L'acceptation de soi n'est pas seulement un concept. C'est une manière d'être, qu'on ne peut donc acquérir

qu'au travers d'une pratique répétée. L'objet de ce chapitre est de vous aider à mettre en place l'acceptation de soi dans votre quotidien, dans toutes les petites situations où peuvent se nicher les problèmes d'estime de soi. Les objets de ce travail d'acceptation, ce sont nos émotions, nos pensées, nos comportements, déclenchés par ces situations : dans tous ces moments, nous verrons comment l'acceptation de soi facilite d'abord la tranquillité de l'esprit, puis l'estime de soi.

Les douleurs de l'estime de soi sont souvent liées à la non-acceptation de soi

Il est fréquent que les problèmes d'estime de soi correspondent à des pensées ou à des émotions du refus de soi. Lorsqu'on se dit ou plutôt lorsqu'on s'entend se dire « je n'y arriverai jamais », ce n'est pas seulement cette pensée qui nous fait souffrir. C'est l'onde de choc de cette dernière, le fait qu'après elle en arrive une autre : « Je n'y arriverai jamais, et j'en ai marre d'être comme ça, je suis trop nul, je me déteste », « C'est pas vrai, pas possible », et les émotions associées (colère, honte, tristesse, etc.).

Que fait-on face à la douleur de ces réactions automatiques ? En général, il y a deux réactions spontanées : tenter de chasser ces pensées, de les écarter de son esprit. Ou s'y abandonner et les ruminer. Ce sont les deux stratégies qu'on retrouve le plus souvent dans les études sur ce phénomène.

On sait que tenter de chasser les pensées en se disant « n'y pense plus » ou en se distrayant n'est efficace qu'à court terme. Il existe parfois un effet « rebond » des pensées ainsi écartées, surtout chez les personnes à mauvaise estime de soi (chez les autres, la distraction fonctionne) : les pensées réprimées ressurgissent ensuite avec force. Mais même sans effet rebond, ce type de fonctionnement mental (tenter de supprimer les pensées gênantes) provoque un inconfort émotionnel notable[1].

Les ruminations, elles, se définissent par la répétition de pensées ou d'images sombres, centrées sur des aspects négatifs de soi ou du monde. Les ruminations sur soi-même sont très fréquentes lors des problèmes d'estime de soi. Elles occupent souvent une importante place d'arrière-fond dans l'activité mentale des personnes concernées. Après avoir vécu un événement qui déstabilise leur estime de soi, elles continuent d'agir ou de discuter, mais un petit moulin à ruminations s'est mis en marche, et fonctionne en sourdine… De temps en temps elles en prennent conscience, mais le plus souvent non. Et cela perturbe leur façon d'être et de penser.

C'est à ces instants que doit se situer le travail d'acceptation de soi : au moment précis où émergent à la conscience ces pensées dites « automatiques et intrusives » par les psychothérapeutes, dans des situations menaçant l'estime de soi.

Les situations à risque pour la non-acceptation de soi

Ce sont toutes les situations où l'on se trouve confronté à ses limites : du fait d'un échec ou d'une difficulté à atteindre un objectif que l'on s'était fixé. Ou bien par suite d'une comparaison avec d'autres qui nous paraissent « meilleurs ». Du fait aussi d'une remarque, d'une critique, d'une moquerie, même bénigne ou amicale. Quelques exemples.

- Échouer en perdant à un jeu, en n'arrivant pas à faire facilement un travail, une recette de cuisine, un bricolage. En ne trouvant pas facilement son chemin en voiture. On ne s'accepte pas aussi stupide. On s'énerve contre soi, on pense que l'on est stupide parce qu'on a eu (d'après soi) un comportement stupide.

• Dans les conversations avec des personnes que nous pensons *plus quelque chose* que nous : plus intelligentes, plus diplômées, plus cultivées, plus raffinées, plus importantes. Nous imaginons n'avoir le droit de parler que si nous avons des choses nouvelles, drôles, originales à dire. Du coup, nous préférons souvent nous taire. Pour ne pas risquer de révéler nos lacunes ou nos platitudes. Mais nous nous en voulons. Nous ne nous acceptons pas.

• Lorsqu'on nous questionne et que nous voudrions à tout prix avoir la bonne réponse. Si ce n'est pas le cas, nous pouvons nous sentir vexés, humiliés, rabaissés, incompétents. Nous n'acceptons pas de nous trouver pris en flagrant délit d'ignorance.

• Sous le regard des autres, si nous pensons que nous devrions parfaitement savoir danser, plonger, nager, goûter les vins, conduire, jouer au bridge, au golf, etc. Non seulement nous ne le ferons pas, ce qui est notre droit, mais nous serons mal à l'aise de ne pas le faire, ce qui est absurde.

• Se faire critiquer, chambrer. Certaines personnes ont ainsi une peur bleue d'être l'objet de plaisanteries. « Dans les soirées où je suis invitée, je repère tout de suite les "grandes gueules", et je fais tout pour ne rien avoir à faire avec. Ne pas m'en rapprocher, ne pas les regarder, ne pas leur parler, ne pas m'asseoir à côté d'elles. » Il nous semble qu'il faudrait n'avoir (ou ne montrer) aucun point faible qui puisse attirer les remarques, ou bien avoir suffisamment de repartie ou d'autorité pour les dissuader ou leur riposter.

Dans toutes ces situations, pourquoi ne nous donnons-nous pas le droit de dire tout simplement : « je ne sais pas », « je n'y connais rien », « désolé, je n'y arrive pas », « je n'ai rien compris », « c'est vrai, ce comportement est parfois un peu absurde ou ridicule » ? Pourquoi ne nous acceptons-nous pas ?

On ne s'accepte pas parce que l'on est persuadé qu'il y a un danger à le faire. Danger envers soi : « s'accepter, c'est se laisser aller ». Ou danger pouvant venir des autres : « s'accepter, dans ce que l'on a de vulnérable et de fragile, c'est s'exposer à la critique, au jugement et au rejet ». Ce faisant, on aggrave la situation : ne pas s'accepter est un évitement. Et comme tous les évitements, il préserve la conviction que l'on se serait mis en danger en se dévoilant, notamment en admettant ou en dévoilant ses limites et ses vulnérabilités.

Pratique de l'acceptation de soi

Voici cinq grandes pistes à travailler régulièrement :

1. **Rester conscient**. Souvent, nous ne nous rendons même pas compte de nos réticences à l'acceptation de soi : nos réflexes de crispation ou de dissimulation nous paraissent normaux et nous finissons même par ne plus y prêter attention. La première étape (douloureuse) consiste à en prendre conscience. Chaque fois que nous nous agaçons face à un contretemps, chaque fois que nous nous justifions face à une remarque, chaque fois que nous nous énervons face à un échec. Prenons conscience de ce qui se passe en nous : en général, nous sommes en train de nous dire « non ».

2. **Dire oui**. S'entraîner à dire simplement « oui » dans sa tête. À reconnaître que les choses ne se passent pas comme je le souhaite, et l'accepter. Se dire : « Oui, c'est comme ça même si ça m'ennuie. La première et la meilleure des choses à faire, c'est d'abord d'accepter que cela soit

comme ça. » Ne pas tenter, pas tout de suite en tout cas, d'éviter : de nier, de minimiser, de se justifier. Les philosophes stoïciens de l'Antiquité, comme Marc Aurèle, s'encourageaient eux-mêmes à cultiver une certaine distance à l'égard de leurs états d'âme : « Si une idée te gêne, reconnais-la, et examine cette idée. »

3. **Demeurer dans la situation présente**. Ne pas partir dans des ruminations d'injustice ou de préjudice. Ne pas se noyer en soi-même. Ne pas exagérer, ne pas dramatiser, revenir dans le contexte de la situation et se dégager de ses peurs. En général, derrière le refus de ses limites et de ses échecs, il y a la peur, bien sûr : peur de la médiocrité (à ses yeux) et de l'étiquette de la médiocrité (aux yeux des autres). Le but de l'acceptation de soi est de nous permettre de retourner vers la réalité de la situation, de continuer à agir et à échanger. On peut, pour s'aider, utiliser de petites phrases de protection : « Prends soin de toi », « Pas de double peine », « Accepte et agis », etc. Chacun de nous utilise de telles phrases, parce qu'il les trouve belles, parce qu'elles lui ont été transmises par quelqu'un en qui il a confiance, parce qu'elles l'ont aidé à un moment important.

4. **Travailler à accepter l'idée du pire, ce qui n'est ni le souhaiter ni s'y résigner**. Et même si nécessaire, aller au bout du bout, dérouler le scénario complet de ses peurs : échec total, rejet complet… Comme dans les troubles anxieux sévères, l'intérêt des exercices de contemplation du « pire qui puisse nous arriver » est grand : de quoi ai-je peur ? Quel est le risque ? Et au pire ? Un peu comme lorsque les anciens recommandaient de contempler des images de mort pour devenir plus fort non pas face à la mort (dérisoire et incontrôlable), mais face à la peur de la mort. Là, même chose avec la peur du rejet et de la dégradation sociale : ne plus trembler face à ces virtualités. Pour nous aider dans de tels exercices, la méditation est un bon outil.

Elle a aussi l'avantage d'aider à la régulation émotionnelle et à la prise de recul par rapport aux pensées toxiques. C'est la technique de méditation dite *pleine conscience* qui a été l'objet du plus grand nombre de travaux en matière de psychothérapie. Elle représente sans doute un des meilleurs outils pour que l'acceptation de soi devienne une sorte d'automatisme mental[2].

5. **Accepter aussi le passé**. Nous avons vu qu'il fallait éviter de se noyer dans cette « glu du passé », à laquelle nos souffrances tendent à nous faire revenir, par le biais des regrets ou des rancunes. Si notre passé s'impose ainsi à nous au travers des événements du présent, si les émotions d'autrefois reviennent comme des fantômes insistants, c'est que nous ne l'avons pas accepté. Lorsqu'on dit qu'on a fait la paix avec son passé, cela ne signifie pas qu'on a réussi à oublier : on sait aujourd'hui que notre cerveau n'oublie rien. Il garde tout en mémoire. Alors, autant « nettoyer » les souvenirs douloureux de leur charge émotionnelle, en travaillant sur eux de la même manière que sur nos peurs, dont nous venons de parler. Les observer et noter leur impact sur nous de façon durable jusqu'à l'extinction du trop-plein d'émotions désagréables. Si un de nos parents nous a violenté, ou les deux, il est nécessaire de pouvoir se « repasser le film », comme disent les patients, sans trembler ni pleurer ni être parcouru de colère. Plus les douleurs du passé seront dures, plus ce travail aura intérêt à être conduit avec l'aide d'un thérapeute. Il existe à l'origine d'un certain nombre de problèmes d'estime de soi de graves événements, comme des incestes, des violences physiques ou sexuelles : dans ces cas-là, il est préférable de suivre une psychothérapie. Le pardon, dont nous reparlerons, et qui est la plus grande des clés pour se libérer du passé, repose essentiellement sur l'acceptation de ce qui a été : renoncer à juger ou à détester, accepter et recommencer à vivre.

L'acceptation de soi, ça marche

L'efficacité de ces techniques d'acceptation de soi commence à être démontrée dans différents travaux.

Face à des pensées intrusives liées par exemple à un échec, on a pu montrer que la répression induit du stress, alors que l'acceptation facilite un meilleur confort émotionnel[3]. En général, ce n'est pas le nombre des pensées intrusives qui est diminué par la technique d'acceptation, mais simplement leur impact émotionnel : c'est à l'interface entre pensée (« j'ai échoué ») et conséquence de la pensée (« ce n'est pas normal, je suis nul ») que le processus intervient. La consigne est donc de reconnaître tout de suite l'échec (au lieu de tenter de le minimiser, de le nier, ou de penser à autre chose) ou l'impression d'échec, pour éviter que cela ne déclenche un train de ruminations négatives sur soi, la vie, l'injustice, la malchance, etc.

Au cours d'un travail de recherche[4] sur ces façons de « digérer » les difficultés, on proposait à des volontaires de penser à un échec soit de manière dite « expérientielle » (c'est-à-dire avec la consigne : prêtez juste attention à ce qui s'est passé en vous au moment de l'échec, instant par instant : émotions, pensées, réactions…), soit de manière évaluative (réfléchissez aux causes, aux significations, aux conséquences, de cet échec). Et d'observer ensuite l'impact de ces consignes. La rumination évaluative (faire tourner dans son esprit des pensées du type : pourquoi ? et maintenant ? etc.) produisait bien plus de détresse et de souffrance émotionnelle que la rumination expérientielle (laisser venir à sa conscience des fragments de souvenirs de la situation). L'étude montrait aussi que la différence était encore plus nette chez les volontaires qui s'étaient décrits comme

« ruminateurs », c'est-à-dire ressassant facilement des difficultés de vie. C'est chez eux que ces exercices d'acceptation seront les plus utiles et les plus efficaces.

L'acceptation de soi est également utilisée dans le traitement des douleurs physiques chroniques[5], dans lesquelles on sait que la révolte (compréhensible) contre la souffrance aggrave cette dernière. En fait, toutes les douleurs peuvent en bénéficier. Car **l'acceptation est un outil précisément adapté non pas pour supprimer la souffrance, mais pour en limiter l'extension à toute la personne**.

Il en va de même pour l'estime de soi. Le meilleur moyen d'éviter qu'une petite blessure de notre amour-propre ne devienne un désamour global, un rejet de sa personne, et n'entraîne une affliction de l'estime de soi, le plus simple est clairement de l'accepter pour ce qu'elle est : une blessure d'amour-propre, fondée ou non sur un élément réel.

Comment accepter de « vrais » problèmes ?

Les douleurs, physiques ou morales, que régule la méditation sont de vraies douleurs. La méditation ne les supprime pas. Elle limite seulement leur emprise sur la personne qui souffre. Mais l'acceptation doit aussi concerner les sources des douleurs de l'estime de soi malade, qui sont elles aussi bien réelles. Par exemple, ne pas correspondre à la norme sociale : ne pas avoir de travail alors qu'on est adulte, ne pas avoir de compagnon alors qu'on a 40 ans, ne pas avoir d'enfant alors qu'on est une femme.

Ainsi, avoir des complexes par rapport à son métier est une chose : se dévaloriser parce qu'on n'est « que » facteur ou plombier dans une assemblée d'ingénieurs, que généraliste dans une assemblée de chirurgiens, etc. peut se comprendre, mais doit aussi se combattre. « Il n'y a pas de sot métier », dit-on. Toutefois, chez les personnes en grand échec professionnel, la honte de soi et de ses limites prend des formes plus graves encore. Elles ont honte de se trouver sans statut. Alors, elles redoutent les sorties ou les contacts sociaux, car le réflexe est de demander : « Et vous, que faites-vous dans la vie ? » Répondre : « rien » est effectivement douloureux. Mais que faire d'autre qui soit satisfaisant ? Changer de sujet ? Soit la diversion ne marche pas, et la manœuvre peut créer un malaise chez l'interlocuteur. Soit elle marche, et la question sera alors naïvement reposée un peu plus tard. Mentir ou embrouiller les pistes ? Ce sera pire si la personne prend le flou de nos réponses pour de la modestie et se met à insister. Ou si elle parle de nous à quelqu'un d'autre, bien au courant… La non-acceptation est alors autoaggravante. Mais la tentation est si grande que la plupart y sombrent. Guère d'autre solution à long terme que d'accepter : accepter de dire qu'effectivement je n'ai pas de travail en ce moment (ou pas d'ami, ou pas de conjoint…), accepter que l'autre ait le droit de me poser cette question, anodine pour lui et douloureuse pour moi.

Je me souviens de Yanne, une patiente mère de famille (excellente au demeurant dans ce rôle social) dont le mari était architecte. Elle souffrait beaucoup de ne pas travailler elle-même : elle avait été invalidée pendant de longues années par une agoraphobie très sévère, que nous avions finalement fini par guérir, mais qui, entre 20 et 40 ans, l'avait empêchée de suivre des études ou de se construire une carrière en rapport avec ses possibilités. Cette maladie avait aussi sapé son estime d'elle-même : malgré un contact facile, vivant et intelligent, elle se posait en permanence des questions lancinantes sur sa valeur et le jugement des autres sur elle. « Tout le monde me prend pour une bourgeoise friquée, paresseuse et stupide. » Lorsqu'on lui posait la question : « Que faites-vous dans la vie ? », elle éludait. Si on lui tendait la perche : « Vous travaillez avec votre mari ? », elle s'en emparait en approuvant, se sentait soulagée, puis changeait habilement de sujet, redoutant que des questions trop précises ne révèlent son subterfuge. Elle finissait par en vouloir aux gens de leur manque d'imagination : « Pourquoi pose-t-on toujours cette question idiote dès le début des rencontres ? Comme si nous ne nous résumions qu'à notre métier ! » Exact, mais il n'est pas si simple d'amorcer une conversation : parler du métier est une solution de facilité. Hélas, très pesante aux chômeurs et aux personnes qui souffrent de ne pas avoir de profession.

Comment avons-nous procédé avec Yanne ? Tout d'abord sur l'évidence de devoir masquer qu'elle ne travaillait pas, ce qui ne fut pas facile : « Vous savez, m'assurait-elle, ce n'est pas qu'une pensée, il y a des gens qui vous jugent sur cela : si vous ne travaillez pas, vous êtes à leurs yeux un incapable, un velléitaire, ou un parasite ! » Cela peut arriver, effectivement, mais pas avec tous les interlocuteurs, et pas toujours. Une fois encore, l'acceptation de soi, et la révélation de soi qui en découle, ne doit pas être comprise comme une obligation rigide : c'est simplement une option qui nous fera progresser, et donc qu'il faut s'efforcer de saisir chaque fois que possible. Le but, c'est de s'y prendre de manière flexible. Au début, Yanne n'était pas vraiment dans la flexibilité : elle ne révélait *jamais* spontanément qu'elle ne travaillait pas (pas plus que d'autres « défauts » qu'elle pensait avoir), mais lorsque je lui en parlais, elle avait l'impression que cela signifiait qu'elle devrait *toujours* le révéler… Pour nous rapprocher davantage de la multiplicité des situations possibles, nous avons établi avec elle une liste assez longue de toutes les personnes avec qui elle pourrait se trouver amenée à parler, de toutes les circonstances et de tous les moments où cela pouvait avoir lieu. Ensuite, en fonction de ces différents contextes, nous avons préparé Yanne à la manière d'en parler, ni dévalorisante ni gémissante, au travers de jeux de rôle, où nous mettions au point des façons possibles de parler de soi : « Ce que je fais dans la vie ? Justement, c'est mon problème, je galère drôlement en ce moment pour trouver un travail. Ce n'est pas un sujet facile pour moi. Mais je me force à en parler pour plein de raisons : d'abord parce que c'est comme ça, et que je n'ai pas à mentir à ce sujet ; au pire, il vaut mieux dire qu'on n'a pas envie d'en parler. Ensuite parce que je me dis qu'en racontant ce qui m'arrive cela peut permettre aux autres de m'aider ou de me donner éventuellement des conseils ou des tuyaux pour trouver du boulot. Enfin et surtout parce que, si je le cache, ça augmente ma honte, et que ça n'en finira jamais. »

Aujourd'hui, Yanne ne s'agace plus contre les « poseurs de questions indiscrètes ». D'ailleurs, elle a finalement retrouvé un travail.

Des risques à l'acceptation de soi ?

Si l'acceptation de soi nous est si difficile, c'est que de nombreuses craintes lui sont liées dans notre esprit. Parmi celles-ci :

• La crainte de devenir complaisant envers soi-même, mou et résigné. « Ce n'est pas m'accepter qui me pose un problème, mais m'accepter médiocre », me disait un jour un patient. Pourtant, le problème est bien là : il nous arrive à tous d'être médiocres, à certains moments de notre vie. **Se comporter parfois médiocrement ne fait pas pour autant de nous des individus médiocres.** Mais savoir le reconnaître fait de nous des personnes lucides. Être capable de reconnaître sa médiocrité à certains moments sans s'en satisfaire, c'est déjà l'être moins, médiocre… Il arrive à chacun de ne pas agir selon ses idéaux et ses souhaits. Lisez les biographies des grands humains que vous admirez : ils ont tous connu des doutes, commis des erreurs, accompli parfois des injustices, fait des vacheries ou du mal. On peut tout de même continuer de les admirer, de les estimer.

• La crainte de devenir terne, sans saveur, sans couleurs. J'ai remarqué que cette réticence provenait souvent de personnes à haute estime de soi instable, qui préféraient considérer leurs colères et leurs excès comme des preuves de personnalité. Quitte à ce que leur entourage en pâtisse un peu, ou beaucoup. En réalité, il me semble que ce sont deux problèmes différents : le gain de sérénité apportée par l'acceptation de soi ne se fait pas aux dépens de sa personnalité ; il débarrasse juste la personne de certaines de ses émotions pathologiques.

• La crainte que cela rende tout le monde semblable. Sous-entendu, la crainte d'un univers formaté, où chacun, grâce à l'acceptation de soi, serait paisible et serein. Ce genre de crainte semble bien plus théorique qu'autre chose. Elle nous projette, vu l'état psychologique actuel de la plupart d'entre nous, dans un futur très, très, très lointain !

La plupart de ces craintes sont « théoriques », et infondées en pratique. Elles dépendent des croyances implicites que notre famille ou notre société nous a inculquées : être dur avec soi-même permet de progresser ; si c'est pour mal faire, autant ne pas faire ; il faut toujours viser la perfection… Ces croyances ne sont toxiques que parce que nous les appliquons sans recul et sans flexibilité. L'acceptation ne nous pousse pas à renoncer à des valeurs importantes pour nous, mais à ne pas en devenir l'esclave ou la victime. Précisons enfin aux inquiets que les psychothérapies ne modifient pas la personnalité de fond en comble, mais aident seulement à faire face différemment aux traits de personnalité et aux exigences internes excessives qui nous posent problème. C'est toute la différence entre psychothérapie librement consentie et endoctrinement sectaire.

Le discernement dans l'acceptation de soi

Rappelons encore une fois l'évidence : l'acceptation de soi ne se fait pas « à la place de ». Pas à la place de vivre, d'agir, de se réjouir, de ressentir des émotions, de râler, de se réjouir, de sauter de joie… Elle vient en plus de tout cela. **Sa maxime n'est pas « accepter ou agir », mais « accepter puis agir ».** En s'entraînant comme nous venons de le voir, en prenant goût peu à peu à la qualité et à la lucidité de l'action lorsqu'elle suit l'acceptation. Ainsi, l'acceptation de soin ne pousse nullement à renoncer aux efforts de changement qui nous semblent nécessaires. Elle nous aide à les conduire dans le calme et la bienveillance envers soi. Comme ces efforts d'évolution personnelle durent toute notre vie, on comprend la nécessité de l'acceptation de soi pour vivre et se changer dans un climat intérieur paisible. C'est la seule possibilité de continuer de ressentir du plaisir à travailler sur soi sur la durée ! La seule philosophie de vie possible dans le rapport à soi. La seule démarche qui permette au travail sur l'estime de soi de rester un plaisir, et non une violence ou une contrainte.

CHAPITRE 10

Ne plus se juger

« Juger, c'est ne pas comprendre. »

André MALRAUX

On se trompe toujours, ou à peu près toujours, lorsqu'on veut se juger soi-même. Surtout dans les situations où l'estime de soi est en jeu.

Je crois m'observer, mais en réalité je me juge…

Aucun regard sur soi n'est neutre. L'estime de soi est ainsi, par essence, un jugement : on s'observe *et* on se juge. C'est même un **double jugement**, ou un **jugement sous pression**, comme on voudra, puisque ce jugement que nous portons sur nous-même est en fait redoublé (ou *contaminé,* ou *stressé*) par le jugement des autres : on se juge d'après ce que l'on pense, à tort ou à raison, du jugement des autres. **Le fantôme du regard des autres nous pousse à nous juger, et nous met la pression.**

Premier problème, donc, nous nous jugeons au lieu de nous analyser et de nous comprendre. Second problème : ce jugement est le plus souvent trop sévère. Qu'est-ce que juger ? C'est relier un fait à une valeur. Et les valeurs des personnes ayant des problèmes d'estime de soi sont toxiques car trop élevées et trop rigides : leur désir de perfection sert à apaiser leur désir de protection.

Pourquoi cette tendance au jugement sur soi et ses actes, *avant* même toute forme d'analyse et de compréhension ? Et parfois même *à la place* de toute forme d'analyse et de compréhension.

Le problème : le critique intérieur

Ce que l'on nomme le « critique intérieur » en psychothérapie, ce sont ces jugements constamment négatifs et limitants, cette autocritique quasi constante. Cette déformation permanente et partiale de ce qui nous arrive, succès ou échecs : « Ce qui est raté est ma faute, ce qui est réussi est dû au hasard. Ce qui est raté l'est totalement, ce qui est réussi ne l'est que partiellement (il y a toujours à redire). Ce qui est raté l'est durablement, pour toujours, ce qui est réussi n'est que temporaire. »

Comment supportons-nous cela ? Parce que nous pensons que c'est une forme de lucidité et d'exigence. Au pire, une sévérité envers soi qui nous sera plutôt bénéfique. Lucidité sévère ? En fait, le critique intérieur prend seulement les habits de l'honnêteté et de la lucidité. Comme tous ces bourreaux qui essaient d'abord de se faire passer pour des amis justes mais sévères. Cette tendance à l'autocritique féroce n'est qu'une caricature d'un phénomène normal de recul et d'exigence. Mais sans la bienveillance ni la flexibilité. Et au prix de nombreuses erreurs : dramatiser, généraliser, tirer des conclusions sans preuves, imposer comme des évidences des exigences irréalistes… **Le critique intérieur fait passer pour de l'information ce qui n'est que de l'auto-intoxication**. Il ne tire jamais les leçons de ses échecs de prédictions : lorsque ses « ça ne marchera pas » sont infirmés, il garde le silence ; ou instille le fiel du « ça ne durera pas, inutile de trop se réjouir ». Mais il triomphe lorsque ses prédictions réussissent : « Je te l'avais bien dit. »

Le critique intérieur est sans arrêt en action. Prédictions avant l'action : « Inutile d'essayer, ça ne marchera jamais. » Commentaires pendant : « Regarde comme tu t'y prends mal. » Conclusions après : « Tu as été pathétique. » Il est comme un **véritable ennemi intime en nous-même**.

Cet ennemi, c'est nous bien sûr. En tout cas, c'est nous qui lui donnons vie, qui l'écoutons, l'hébergeons, lui obéissons, et nous qui le croyons. Nous finissons par n'avoir plus aucun recul, et croire que ces pensées stéréotypées sont fondées et justes. C'est pour cela que nous utilisons cette image du « critique intérieur » en thérapie, pour introduire un peu de distance envers cette mécanique qui se niche au cœur de notre personne. Une autre façon de le décrire est le terme de « radio critique[1] » : ce flot régulier d'autoverbalisations négatives ressemble effectivement à **un poste de radio sournoisement placé dans un recoin, que personne ne songe ni à éteindre ni à écouter attentivement pour s'apercevoir qu'il ne débite que des horreurs et des exagérations**. Auto-intoxication hallucinante. Comment expliquer que l'on mette si longtemps à le comprendre et à le changer ?

« À force de le penser, on finit par le croire ! »

D'où vient le critique intérieur ? En général, de loin : si nous ne prêtons plus attention au caractère exagéré et stéréotypé de ses ratiocinations, c'est qu'il est en place en nous depuis longtemps.

Il provient le plus souvent d'un discours parental intériorisé :

- soit nos parents nous ont tenu un discours interdicteur et limitant de ce type de façon régulière, nous dissuadant en permanence d'agir ou de nous réjouir ;
- soit ils se le tenaient à eux-mêmes devant nous, en verbalisant leur propres critiques intérieures à haute voix (ou à hauts cris) : « pourquoi me suis-je mis dans cette galère », « je n'aurais jamais dû essayer », « tout est fichu », « c'est la catastrophe... » ;
- soit ils nous l'ont enseigné comme valeur essentielle du rapport à soi (« ne jamais se satisfaire de soi », « toujours se critiquer pour progresser »).

Puis, nos enseignants, à l'école, nos supérieurs hiérarchiques, au travail, ont pu prendre le relais de **ce genre de discours enseignant toujours l'insatisfaction de soi**. Et des membres de notre entourage, aussi, amis ou conjoints. Parfois en toute gentillesse, en toute bonne foi : « Si je dis ça, c'est pour t'aider, ne le prends pas mal. »

Une fois de plus, le problème n'est pas de recevoir des messages de critique ou de remise en question. Cela, c'est normal et utile, et il faut savoir les écouter et les accepter. Le problème, c'est de ne recevoir *que* ce genre de messages, de manière constante et distillée, presque légère et naturelle.

Le critique intérieur est d'autant plus toxique que nous y sommes habitués, que nous ne prêtons plus attention à sa nature. Par sa permanence et sa discrétion, il fait oublier son caractère partial et erroné. Sous le masque de la lucidité et de l'honnêteté, la toxicité.

La toxicité du jugement sur soi lorsqu'il émane d'une autocritique aveugle

Cette autosuggestion négative s'avère hélas efficace et alimente une bonne partie des problèmes d'estime de soi.

Elle est notamment ce qui fait qu'on ne tire pas profit de nos expériences de vie positives, car tout succès, ou toute reconnaissance, est immédiatement passé au crible de la critique partiale : « illusoire », « ne durera pas », « pas si important, au fond ».

Contrairement à ce qu'il cherche à faire croire, le critique intérieur ne nous aide en rien à progresser sur le plan de notre personne globale. Il n'est qu'un discours dissuasif et limitant, qui nous pousse à craindre, à redouter, à trembler, à ne jamais nous satisfaire. Il ne nous tire pas vers le haut : ce n'est pas par un discours critique constant que l'on tire qui que ce soit vers le haut. On le tire seulement vers plus de stress, plus d'inhibitions, plus d'insatisfactions et plus de tensions. Et vers moins d'estime de soi.

Le critique intérieur obéit à une logique de perfectionnisme pathologique, et inefficace. Même s'il peut parfois aider à atteindre des objectifs dans des domaines précis et limités (performances scolaires, professionnelles, sportives) en mettant fortement la pression, son coût émotionnel est très important, il s'avère très stressant. En réalité, il fragilise l'estime de soi globale. Chez les personnes à haut niveau d'autocritique, on retrouve ainsi dysphorie (humeur souvent morose et maussade, avec des bouffées d'angoisse ou d'irritabilité), vulnérabilité au stress (on est vite déstabilisé par des petits stresseurs quotidiens), fréquents sentiments d'impuissance (« pas possible, je ne pourrai jamais faire face »), etc.[2]. Que valent les performances obtenues dans de telles ambiances psychologiques ?

Le critique intérieur agit également comme un filtre, qui écarte de nous les bénéfices de nos succès (les tentatives d'autofélicitations sont peu crédibles) en nous ramenant sans arrêt à nos échecs (les autoreproches sont instantanément jugés très raisonnables et mérités[3]).

Alors, quels efforts mener pour limiter et remettre à sa juste place cette tendance à l'autocritique aveugle, injuste et excessive ?

Comment pratiquer une autocritique utile ?

Condillac, discret philosophe de l'époque des Lumières, soucieux de lucidité en matière de lien entre pensées et émotions, proposait ainsi : « Éviter l'erreur, en évitant de porter des jugements. » Tâche difficile ; mais au moins pouvons-nous manifester un peu plus de vigilance par rapport aux pensées dont nous sommes nous-même l'objet.

Ce qui aide à changer, c'est une information neutre et bienveillante plus qu'un jugement partial et agressif. Pour progresser, il sera souvent nécessaire d'apprendre à se critiquer différemment. À se critiquer avec mesure. On ne change correctement, nous l'avons vu, que sur une base d'acceptation de soi, de ses erreurs, de ses limites. Puis, et seulement alors, viendra le temps du jugement, critique ou favorable.

Face à toute activation de la tendance à l'autocritique, il faut, aussi vite que possible, effectuer un travail de décontamination et de mise à plat. En effet, le « critique intérieur » se nourrit de la confusion de nos émotions, et profite toujours du petit désordre créé par nos inquiétudes. Pour mieux lui faire face :

• **Se rappeler que nous produisons nous-même une grande partie de nos souffrances**. Se parler de cela : « N'accepte plus qu'une idée ou une pensée t'affole ou te détruise. Reconnais ton inquiétude au lieu de chercher à la minimiser tout de suite, ou à la chasser en pensant à autre chose. Si ta peur a détecté un problème, occupe-toi de ce problème. Mais avec calme. Être à l'écoute de sa peur, ce n'est pas se soumettre à elle, au contraire. D'où vient le problème ? De mon imagination ? C'est rare. De ma tendance à l'amplification ? C'est plus fréquent. »

• **Bien faire la différence entre ce qui se passe (les faits) et ce que j'en pense (mon interprétation).** Là où le critique intérieur tend à me faire confondre les deux, et à me faire prendre sa lecture du monde pour le monde lui-même. Les problèmes d'estime de soi rendent hypersensible. Si j'ai l'impression de ne pas être apprécié par quelqu'un, cela peut provenir certes de la froideur de mon interlocuteur, mais aussi de ma peur de n'être pas apprécié par autrui en général, ou par cette personne en particulier. Ces prises de conscience régulières, séparant l'information et l'observation (neutres) du jugement de valeur (subjectif), sont indispensables au développement de l'estime de soi[4].

• **Se montrer prudent par rapport aux conclusions précipitées** du critique intérieur. Toujours dans l'exemple d'un interlocuteur froid, l'autocritique nous poussera à penser et à adhérer à des idées du type : « Tu vois bien que tu lui es antipathique ou indifférent. Laisse tomber. » Mais ce prêt-à-penser peut conduire à de nombreuses erreurs. Comme une erreur d'attribution : que quelqu'un ne soit pas chaleureux avec nous ne signifie pas que cela vienne de nous (il peut aussi avoir des problèmes par ailleurs, qui le rendent froid et distant). Ou une personnalisation : cette personne est peut-être désagréable avec beaucoup d'autres personnes, cela n'a pas grand-chose à voir avec nous. Ou encore un sentiment d'impuissance à agir : je peux malgré tout décider de rester aimable (« voyons si je peux changer sa façon d'être à mon égard ») ou me tourner vers des personnes plus réceptives (au lieu de penser que tout le monde va fonctionner ainsi sur le mode du rejet à mon égard).

• **Reformuler différemment ses autoverbalisations**. Ne plus supporter les termes radicaux et définitifs : catastrophe, nul, inacceptable, complètement raté… Derrière la naïveté apparente du procédé, le poids des mots est réel. Et l'efficacité de la technique de reformulation est assez largement attestée en psychothérapie[5]. C'est d'ailleurs l'un des enjeux des psychothérapies cognitives de l'estime de soi[6]. En restant dans notre exemple, vous n'obtiendrez pas le même effet sur vous selon que vous pensiez : « Il n'est pas très chaleureux tout de même, ce bonhomme. Est-ce lié à moi ou à lui ? » Ou : « Il me déteste, ou il me méprise, c'est évident. » Les formulations négatives et catégoriques facilitent la mise à feu violente des scénarios catastrophes de rejet social. Dès qu'un doute arrive (« et si on ne m'aimait pas ? »), il se transforme en certitude (« on ne m'aime sûrement pas »). Une autoverbalisation utile, c'est celle qui certes ne nie pas les faits, mais qui prend garde de se limiter à ce qui est réel et non virtuel, et qui sépare bien l'observation de la spéculation.

• Comprendre que les changements ne se feront, comme tous les changements du rapport à soi, que lentement.

D'abord s'entraîner sur des situations peu « chaudes » sur un plan émotionnel, c'est-à-dire impliquant peu l'estime de soi. Puis s'attaquer à plus délicat. **Accepter des retours réguliers du critique intérieur sur notre scène mentale. Ne pas s'en affoler. Le reconduire doucement à la porte.**

Ce qui nous empêche d'accomplir ce travail, techniquement simple, de recul vis-à-vis de soi, c'est bien sûr que nous confondons le discours autocritique avec un discours réaliste. Mais aussi que nous sommes persuadés, souvent à tort, surtout dans les situations « émotionnellement chaudes », d'être un bon expert de nous-même. Et que cet argument nous pousse à accepter les reproches incessants du critique intérieur. Le « je me connais bien » des personnes à basse estime de soi est souvent une erreur. En réalité, elles ne connaissent bien qu'une partie d'elles-mêmes : celle de leurs faiblesses. Mais tout le reste leur est finalement mal connu. Toutes leurs qualités sont mieux perçues par leur entourage que par elles-mêmes.

Les règles de l'autocritique efficace sont les mêmes que celle des critiques que nous avons à adresser à autrui : d'une part, faire preuve d'une acceptation inconditionnelle globale, et d'une capacité d'autocritique sur des points précis (« tu es quelqu'un de bien, mais tu n'as pas fait cela correctement »). Plus une critique est précise et non globale, plus elle active la réflexion davantage que l'émotion[7]. D'autre part, elle doit se montrer constructive chaque fois que possible, plutôt que seulement critique. C'est toute la différence entre « tu as été mauvais » (global et négatif) et « la prochaine fois, essaie de faire davantage comme ça » (spécifique et constructif).

Pour arriver à ce discours intérieur, recul et entraînement sont nécessaires. Une règle pourrait être de ne pas accorder une confiance aveugle à nos intuitions lorsqu'on est dans une situation où notre estime de soi est menacée. Surtout si nous sommes habituellement critiques envers nous-même : toute autoévaluation sera irrémédiablement faussée par le stress sur l'image de soi[8,9]. Il n'y a pas pire juge que nous-même : les études confirment que lorsque nous venons de commettre une erreur (ou ce qui nous semble en être une) nous surestimons systématiquement la sévérité du regard des autres[10]. Se rappeler doucement cette réalité, avant d'aborder les situations qui nous inquiètent, paraît une bonne règle. Savoir se parler à soi-même aussi : **« Prends soin de toi : ne te laisse pas impressionner par tes alarmes intérieures, qui se déclenchent à tort, pour des menaces minimes ou inexistantes ; concentre-toi sur les situations ; ne juge pas trop vite de ce qui se passe ; ne te nuis pas ; ne te laisse pas embarquer par tes peurs. »**

Pas de double peine : inutile de se reprocher de se faire des reproches…

Souvent nous viennent à l'esprit des reproches sur le fait de trop ruminer sur soi : « Tu ferais mieux de relativiser, de voir qu'il y a plus malheureux que toi au lieu de te noyer dans ton nombril… » Ces *reproches à propos du reproche* sont classiques, et on retrouve ces « émotions au carré », ces « émotions à propos de l'émotion » et ces « ruminations sur les ruminations » dans les troubles émotionnels : dans la dépression (on s'afflige de se voir triste), dans les états anxieux (on s'inquiète de ne pouvoir contrôler ses inquiétudes) ou phobiques (on a peur d'avoir peur). L'entourage propose souvent un réétalonnage des soucis quotidiens : penser qu'il y a *pire que soi*… Pour que cela fonctionne, il faut d'abord s'être apaisé et accepté. Puis ne pas se juger stupide de devoir *toujours* se rappeler qu'il faut penser à des choses graves pour ne pas se noyer dans ses *petits* problèmes. **Nous nous prenons pour le centre du monde ? L'humain est ainsi fait. Il n'y a pas de honte à en avoir**. Il n'y a pas à s'en désoler, ni à s'en dédouaner non plus, et à continuer de se regarder gémir et souffrir. Simplement agir : comme le ménage ou la poussière, ou l'entretien d'un jardin, d'une maison, doucement écarter les ruminations sur soi est un travail à toujours recommencer.

CHAPITRE 11

Se parler

> « Quand on dit qu'on se fout de quelque chose, c'est qu'on ne s'en fout pas. »
>
> Henri DE TOULOUSE-LAUTREC

Notre vie intérieure... Toutes ces pensées, tous ces souvenirs, ces images, ces dialogues avec soi-même... La petite musique du moi : comment on se parle à soi-même. Lors des problèmes d'estime de soi, cette petite musique est hélas bien souvent et confuse, et négative.

Dialoguer avec soi, ce n'est pas qu'une image

Platon disait que « penser, c'est se parler à soi-même ». Notre vie intérieure est ainsi faite d'images, d'impressions, d'émotions et de pensées plus ou moins précises, que nous produisons pour nous-même. En l'absence de réponse, nous prenons peu à peu l'habitude de ne pas chercher à donner de forme précise à ces productions de notre esprit, dont nous sommes à la fois la source et le réceptacle. Clarifier ces murmures embrouillés et ces rumeurs intérieurs, est-ce que cela ne vaudrait pas la peine ?

On observe en général, lors des problèmes d'estime de soi, une occupation du terrain de nos pensées par des ruminations moroses ou défaitistes. Des pensées négatives et floues, pauvres, répétitives. À l'effet doucement délabrant, mais auxquelles on ne prête pas vraiment d'intérêt. Dont on ne s'échappe que par la distraction : lire, regarder la télé, pour emplir notre esprit d'autre chose, ou d'un vide, à tout prendre moins toxique.

Dans ces moments d'automatismes mentaux et de pilotages automatiques de nos états d'âme et de conscience, on ne pense pas vraiment, on se marmonne à soi-même. De vagues intentions que l'on baptise des « projets ». Des ruminations floues que l'on nomme « pensées ». Le problème, c'est que ce murmure confus joue un rôle plus important que nous ne le croyons spontanément : il conditionne une grande partie de notre satisfaction envers nous, de notre moral, de nos audaces et de nos renoncements. **Comme une sorte de petit génie malveillant et inhibant, perché sur notre épaule, qui nous pousserait à gémir plutôt qu'à agir, à renoncer plutôt qu'à avancer.**

Sortir du murmure confus de nos âmes

À propos de notre pensée, lorsqu'elle erre dans cet entre-deux, ni pensée volontaire de la résolution d'un problème ni pensée active de la construction d'un projet, le philosophe André Comte-Sponville parle de ce « murmure confus de notre âme ». La formule est juste et belle. Clarifier ce murmure confus, en faire un véritable usage (et non le subir), faire de sa pensée un outil, lorsque c'est nous-même qui sommes son objet, cela ne va pas de soi.

Nous ne le faisons pas tout seul, ou rarement. Parce qu'on ne sait pas comment s'y prendre. Parce qu'on ne nous l'a jamais appris. D'ailleurs, il est rare que quelqu'un se parle à lui-même. Autrefois, c'était un signe de folie plus que de sagesse : seuls les délirants le faisaient. Aujourd'hui la scène est devenue courante dans les rues : mais il s'agit le plus souvent de personnes téléphonant à l'aide d'une oreillette. Souvent, pour apprendre à nous parler à nous-même, nous allons chez un psychothérapeute. Pas seulement pour parler *de nous*, contrairement à ce que croient beaucoup de personnes, mais aussi pour nous parler *à nous-même*. Une bonne partie de l'efficacité de la psychothérapie me semble venir de cela : régulièrement, aller voir quelqu'un dont le travail consiste à faire réfléchir sur soi. Et qui nous aide à nous extraire de ce murmure confus, de ces approximations, de ces habitudes, de ce prêt-à-penser qui est notre quotidien. Qui nous aide à réfléchir, c'est-à-dire non pas vaguement ruminer, mais faire des phrases, mettre des mots, et donc préciser de vagues sensations ou intuitions. Chercher comment se sont construites nos difficultés, comment elles se maintiennent, ce que nous nous en disons à nous-même. Nous sortons alors de l'exercice, du moins lorsque la thérapie s'est bien passée, avec des capacités accrues d'auto-réflexion. Il ne faut pas, dans ce domaine comme dans d'autres, dépasser la dose. Il y a d'autres sujets de réflexion nécessaire que soi-même. Une thérapie interminable pourrait nous rendre obsédé de nous. Mais une thérapie réussie va nous donner cette précieuse capacité de dialogue avec nous-même. On peut aussi, cependant, et c'est le cas le plus fréquent, se passer de thérapeute.

L'art de se parler à soi-même

Longtemps, le rapport avec soi est passé par la philosophie ou la spiritualité. Les premiers à s'y être livrés furent les philosophes stoïciens : Épictète, Marc Aurèle, Sénèque nous ont ainsi laissé des œuvres où ils témoignent de leurs efforts pour clarifier leurs pensées et pacifier leurs âmes. Puis, les penseurs chrétiens, par exemple saint Augustin dans ses *Confessions*[1], se sont prêtés à l'exercice, dans le même but d'amélioration de soi, mais au travers de la soumission à la volonté divine. Ce fut alors la tradition des exercices spirituels de la tradition catholique, dont les plus célèbres sont ceux de saint Ignace de Loyola[2]. Ce dernier écrivait ainsi : « Par le mot même d'exercices spirituels on comprend toute façon d'examiner sa propre conscience, et aussi de méditer, de contempler, de prier mentalement et vocalement, et enfin de mener toutes les autres activités spirituelles, comme on le dira par la suite. **De même, en effet, que se promener, marcher et courir sont des exercices corporels, de même préparer et disposer l'âme [...] sont des exercices spirituels.** »

Lorsqu'on a soi-même cherché à pratiquer ces exercices, quel qu'en soit le contexte, laïc ou spirituel, trois constatations s'imposent :

1. c'est immensément et étonnamment difficile au début,
2. cela s'apprend et il y a des règles,
3. ça fait du bien.

Faites l'expérience. Tenez, essayez : posez ce livre, et commencez à réfléchir à ce que vous voulez. Par exemple, faites comme les enfants, une petite prière pour souhaiter quelque chose ou pour remercier quelqu'un. Ou réfléchissez à ce que vous voudriez faire de votre vie. Essayez de préciser les mots, d'enchaîner les idées, de ne pas en rester à une vague intention floue. N'*essayez* pas de « réfléchir à… » : *faites-le* vraiment. Voyez comme l'exercice est moins facile que prévu. Et comme votre pensée vagabonde, ou cherche un support extérieur. Comme ce serait plus facile si quelqu'un vous posait des questions, et vous forçait à préciser votre pensée. Et vous ramenait doucement et régulièrement vers cette réflexion, au lieu de laisser votre esprit vagabonder et penser aussi à mille autres choses.

Pas étonnant que ce soit difficile : nous ne le faisons jamais vraiment. Nous nous parlons toujours à nous-même, mais toujours de manière floue. Bavardages superficiels et stéréotypés, ruminations que nous abandonnons à leur destin…

Qu'est-ce qui peut nous aider ?

Les rendez-vous avec soi-même : journal intime et temps de méditation

De nombreux auteurs ont souligné l'intérêt psychologique de cette « écriture de soi » que représente le journal intime[3]. Cela a clairement été montré chez les personnes qui ont vécu des événements traumatisants ou du moins très douloureux[4]. On a cerné ce qui était alors efficace : écrire non pas seulement les événements, mais aussi leur impact sur nous, nos pensées, nos émotions, et aussi le lien entre tout cela. On retrouve en général qu'à court terme écrire sur des événements pénibles, tout comme y réfléchir, peut augmenter la douleur ou provoquer des émotions pénibles, mais à terme, les bénéfices sont systématiques[5]. Il est souhaitable que l'exercice soit régulier, à défaut d'être quotidien.

On n'est d'ailleurs pas obligé d'*écrire* chaque jour. On peut aussi prendre chaque matin ou chaque soir quelques instants pour *réfléchir* sur soi : que m'est-il arrivé aujourd'hui ? D'agréable, de moins agréable ? Qu'ai-je appris ? Comment me suis-je comporté avec moi-même ? Avec les autres ? Etc. Ce genre de liste est évidemment personnalisé, en fonction des besoins et aussi des croyances ou non-croyances de chacun… Nous avions mis un jour au point avec un patient une méthode qu'il avait nommée « OMDM » pour : « Oui, Maintenant, Demain, Merci ». Tout les soirs, il passait quelques minutes à réfléchir selon ces quatre étapes :

• *Oui* pour « acceptation ». Je laisse venir à ma conscience tout ce qui se passe dans ma vie actuellement, les événements et mes réactions aux événements, et je l'accepte sans juger ou réagir trop vite.

• *Maintenant* pour « que faire alors, dans cet instant précis où ces pensées et émotions m'arrivent ? ». M'apaiser, réfléchir, puis arrêter de ruminer.

• *Demain* pour ce que je souhaite faire demain, de la situation et de mes réactions.

• *Merci* pour un petit exercice de gratitude envers un instant de la journée, une parole ou un geste de quelqu'un qui ont représenté un moment agréable (nous reparlerons de ce genre d'exercice plus loin).

L'avantage des exercices « tout prêts », comme le précédent, est qu'ils simplifient la démarche en la structurant. Et nous forcent à clarifier la confusion de notre expérience intime, mélange d'impressions, d'images, de sentiments flous et de pensées vagues. Lors de ces exercices, on recommande de toujours formuler clairement les phrases, les questions, les réponses… Cela paraît naïf, mais faire cet effort d'articuler les phrases fait passer notre pensée du flou au précis, et donc de l'inutilisable à l'utilisable. Les mots façonnent et modulent la réalité. Si dans votre enfance on vous disait (et vous répétait) en cas de maladresse ou d'erreur de votre part : « Mais que tu es nul(le) ! Qu'ai-je fait au bon Dieu pour avoir un enfant aussi stupide ! », cela n'avait sûrement pas le même effet que : « Fais attention, s'il te plaît ! Fais ça plus lentement, te verras, tu t'en sortiras mieux. » L'impact des formulations sur l'estime de soi est ainsi considérable, d'autant plus que nous sommes activés émotionnellement.

Les plus grands écrivains se sont prêtés à ces « écritures du moi[6] ». Mais en s'y soumettant soi-même, on remarquera rapidement que ces exercices de mise en mots, notamment dans le cas du journal intime, sont aussi des exercices d'humilité : ils nous révèlent parfois le vide de nos pensées, ou plutôt leur manque d'originalité ou de densité. Portés par l'émotion du moment, nous avons parfois l'impression d'une « idée géniale ». Prenons quelques minutes pour la mettre en phrase ou la porter sur le papier, et elle n'est plus si géniale. Douloureux ? Sans doute. Vaut-il mieux garder toute sa vie l'illusion qu'on aurait pu être, si on s'en était donné la peine, un grand esprit ou un grand philosophe ? Cela se discute… Mais le prix à payer (désillusions sur ses éventuelles capacités littéraires ou ses traits de génie) n'est pas si élevé par rapport aux gains : la clarification et la densification de sa pensée. L'estime de soi n'a pas grand intérêt à se nourrir d'illusions mensongères sur ses capacités.

Quand se livrer à ces exercices ? Toutes les écoles de philosophie ou de spiritualité recommandent de leur consacrer un temps spécifique, en général le matin ou le soir. Le matin, se lever quelques minutes plus tôt, respirer face à une fenêtre, et se parler à soi-même. Le soir, au lieu de se saisir d'un livre ou d'une revue (ou pire, de traîner devant son poste de télé), s'allonger et réfléchir à sa journée dans les termes que l'on aura choisis… Je me souviens ainsi d'un stage de méditation appliquée à la psychothérapie que j'avais effectué avec une vingtaine de collègues de différents pays d'Europe, dans la paix des montagnes suisses. Une consigne très utile était qu'après la méditation collective du soir il nous était demandé de regagner nos chambres, et de ne plus parler, lire, téléphoner, écrire… jusqu'au lendemain matin. Il fallait donc… ne rien faire, réfléchir, méditer. Le premier soir, tout le monde était un peu désorienté. Cette consigne toute simple me fit comprendre par l'expérience (et pas seulement intellectuellement, car j'en étais déjà convaincu) à quel point les « distracteurs » de notre quotidien nous écartent de nous-même : parler, lire, regarder la télé ou écouter la musique, tout cela peut représenter une façon de ne pas réfléchir tranquillement et régulièrement à nous. Il me reste de ce stage, entre autres apports importants, l'habitude de refaire l'exercice régulièrement : méditer le soir au lit avant de m'endormir, ne pas systématiquement mettre la radio dans la voiture ou dans la cuisine, ne pas systématiquement me plonger dans un livre dans les transports en commun…

Nous devrons prendre, ou reprendre, l'habitude de réfléchir, les yeux ouverts, sur notre vie. Lutter contre la tentation d'*enchaîner* les activités, les pensées, les sollicitations. Se libérer, justement, de ces chaînes. Au moins de temps en temps (nous en avons choisi certaines, et d'autres ne sont pas si avilissantes). Mais prendre quelques secondes pour réfléchir à ce que nous venons de faire des heures ou des jours de vie qui se sont écoulés. Libérer notre esprit et décaler notre regard. **Simplement observer l'instant présent, au lieu de le traverser avec les yeux de l'esprit fermés.**

Faut-il se parler positivement ? Le rôle des « ambiances mentales »

« Me dire des choses positives, est-ce bien ? N'est-ce pas de l'autosuggestion ? » On nous pose souvent cette question en psychothérapie. On pense tout de suite à Émile Coué, le pharmacien de Nancy, qui mit au point au XIXe siècle sa célèbre méthode, fondée sur la conviction suivante : « Toute pensée occupant uniquement notre esprit devient vraie pour nous et a tendance à se transformer en acte[7]. » Simpliste ? À relire Coué dans le détail, on peut être tenté de réhabiliter sa mémoire : compte tenu de ce que l'on savait à son époque, ses intuitions étaient bonnes, notamment sur le rôle toxique des contenus de pensée négatifs. Même s'il a clairement surestimé le pouvoir des pensées positives, à se répéter inlassablement.

Dans de récentes études, on a pu montrer **l'existence d'influences inconscientes sur l'estime de soi :** par exemple, la présentation subliminale du mot « je » sur un écran d'ordinateur, avant que ne s'inscrive sur ce même écran des adjectifs positifs (courageux, sympathique, intelligent...) va augmenter l'estime de soi implicite des sujets volontaires, et les rendre ensuite plus résistants à des critiques portant sur leur intelligence, par exemple[8].

Ce type de travaux ne démontre pas qu'il faut se tenir *sans arrêt* des discours positifs. Inutile d'attendre des miracles de ce type d'outils psychologiques. Mais, vu la difficulté qu'il y a à se changer, il vaut mieux n'en négliger aucun. Sachant qu'il n'existe pas à ce jour de « cure miracle » de l'estime de soi, la multiplication des **gestes d'écologie psychologique** tels que celui-ci (ne pas se polluer inutilement la tête) est souhaitable. Ces recherches soulignent à mon avis l'importance des « ambiances » et des « bains » en matière d'estime de soi.

Ces ambiances mentales jouent un rôle important. Elles sont composées d'un tas de **petits messages subliminaux dont aucun ne pèse lourd en lui-même, mais dont l'effet cumulé, année après année, devient important**. Si vous avez été abîmé durant votre enfance par un discours systématiquement dévalorisant à votre égard, par des petites phrases quotidiennement répétées – même les *pas si méchantes*, comme « laisse, je vais le faire, sinon il va encore y avoir une catastrophe » –, pourquoi continuer le même travail de démolition à l'âge adulte ? Nous savons tous qu'il y a des personnes qui nous font du bien, parce qu'elles ont un regard positif sur nous et que ce regard positif s'exprime de manière subtile, au travers justement de petites micro-associations véhiculées par l'usage de mots positifs s'adressant à nous. Lorsque je travaille sur les problèmes d'estime de soi de mes patients, je suis conscient que c'est l'une des composantes importantes de la thérapie : souligner leurs succès, leurs qualités, leurs réussites. Leur en attribuer l'origine et le mérite. Faire tout cela de manière discrète, banalisée, non officielle. Ne pas chercher à leur remonter le moral, mais simplement leur rendre justice. Comme je souhaite qu'ils le fassent peu à peu pour eux-mêmes. Se féliciter tranquillement et sans emphase pour ce que l'on a fait de bien paraît une manière très écologique de conforter son estime de soi. Prononcer clairement ces phrases, au moins mentalement. Penser aussi à ne pas se laisser contaminer par la compétitivité. Nous verrons plus loin pourquoi « tu es le meilleur », « tu as gagné » ne sont pas toujours adaptés. Préférer : « Tu as bien joué », « Tu as fais ce qu'il fallait »… **Inutile de se célébrer : il suffit de reconnaître ce que l'on fait de bien, d'ouvrir les yeux sur ses qualités, simplement.**

Les limites du dialogue avec soi-même

« C'est ce journal qui me permet de résister au monde hostile, à lui seul je puis conter ce qui m'afflige ou me pèse. Ce confident m'affranchit de beaucoup d'autres. Le danger c'est qu'il évapore en paroles aussi bien mes résolutions que mes peines ; il tend à me dispenser de vivre, à me remplacer la vie. »

Ces lignes issues du plus gros journal intime que nous connaissions, celui du Suisse Amiel[9], montrent clairement les bénéfices et les limites de l'exercice de l'auto-confession, et plus largement du dialogue avec soi-même. Nous avons vu qu'il est légitime de le clarifier et de le développer. Qu'il est utile de lui donner *aussi* une orientation positive, et pas seulement critique. Mais ce monologue intérieur qui doit nous conforter a pour vocation de se substituer aux ruminations, non aux échanges avec autrui, ni à l'action… Nous en reparlerons.

CHAPITRE 12

Non-violence avec soi-même : cesse de te faire du mal !

« Je ne saurai jamais pourquoi je me détestais autant… Ni pourquoi il m'aura fallu atteindre le seuil de la vieillesse, alors qu'il est bien trop tard, pour reconnaître que c'était une erreur. »

Frédéric MITTERRAND, *La Mauvaise Vie*

La lutte contre les émotions et les pensées négatives de l'estime de soi ne doit pas être une lutte contre soi-même.

J'ai vu des choses étonnantes, en soignant l'estime de soi de mes patients. Je me souviens d'une jolie jeune femme qui se donnait de violentes claques, lorsqu'elle n'était pas contente d'elle, par exemple au retour d'une soirée où elle estimait s'être comportée comme une idiote (en parlant trop), ou comme une cruche (en ne parlant pas assez). Cette envie de se frapper est fréquente lorsque les personnes avec des problèmes d'estime de soi sont mécontentes d'elles. Certaines se contentent d'avoir envie, d'autres encore se mordent, se brûlent avec le bout de leur cigarette. D'autres se donnent des coups de tête contre le mur. Et toutes se maltraitent avec des mots, s'insultent, se menacent, se dévalorisent… « Si vous saviez parfois comment il se parle ! », me disait un jour l'épouse d'un patient dépressif chronique à très basse estime de soi.

La maltraitance envers soi-même

Jusqu'où peut aller le mauvais rapport à soi ? Les problèmes d'estime de soi peuvent nous faire déraper largement au-delà du simple agacement vis-à-vis de sa personne, lorsque nous n'arrivons pas à faire ce que nous voudrions, ou à être tels que nous le souhaiterions. Il existe ainsi différents degrés du mauvais rapport à soi :

- Doutes et insatisfactions : ne jamais se gratifier ni reconnaître ses avancées et ses progrès. L'insatisfaction chronique (toujours se concentrer sur ce qui aurait pu être mieux) est une forme de violence faite à soi, car elle est une injustice, et l'injustice est une violence.
- Autodévalorisation intime : ne pas se contenter de noter que l'on a échoué à atteindre ses objectifs, et de le regretter, mais en rajouter une seconde couche en se critiquant à l'excès ou en se dévalorisant. Normalement, c'est le travail de l'émotion de regret, justement : nous infliger une petite douleur, pour nous donner envie de faire mieux la prochaine fois. Inutile de renchérir : le rôle de notre intelligence n'est pas de nous punir, mais justement de nous aider à réfléchir pour que la déception ne se reproduise pas.
- Conduites d'échec : il y a des conduites de mise en échec qui sont des manières d'éviter le jugement sur soi. Ainsi, ne pas se préparer pour un examen, afin de pouvoir dire, si l'on échoue, que l'échec était dû à l'impréparation plus qu'au manque d'intelligence. Mais certaines mises en échec peuvent aussi comporter un aspect autopunitif : « Puisque c'est comme ça, je ne mérite pas de partir en vacances, d'aller à

cette soirée, de bénéficier de cette récompense… Plutôt me saborder… »

• Autoagressivité : psychique (s'insulter) ou physique (la tristement fréquente « envie de me frapper », au mieux dérivée en violences et coups contre les objets). J'ai rencontré beaucoup de patients qui s'étaient ainsi infligé eux-mêmes des blessures diverses : fractures du pied ou de la main après des coups balancés contre une porte, fractures du nez après s'être frappé la tête contre un mur. Il existe parfois des impulsions suicidaires qui relèvent de cette détestation de soi, consécutive à une déception de soi.

Guerre ou paix avec soi ?

« Mon cerveau est un champ de bataille… », me disait un jour un patient. Pourquoi cette ambiance, si fréquente lors des souffrances d'estime de soi, de tension et de guerre avec soi-même ? Pourquoi ne réglons-nous pas avec plus de simplicité les questions posées par nos problèmes d'ego ?

Il n'existe pas une mais plusieurs explications, qui peuvent d'ailleurs s'ajouter les unes aux autres. On peut être amené à se faire ainsi la guerre parce que l'on prolonge et rejoue des carences de son enfance : cette détestation de soi est fréquente chez ceux qui n'ont pas été aimés, qui ont été carencés en affection dès leur jeune âge. Ou parce qu'on est victime de ses idéaux : c'est alors la déception de soi qui nous rend violent envers nous. On n'est prêt à s'accepter que parfait. Ou encore parce que l'on croit que la dureté envers soi est bénéfique : on se manifeste en permanence une véritable méfiance, on a le sentiment que, si on se laissait aller à trop (lorsqu'on leur dit « plus », ces patients entendent « trop ») de douceur et de respect, alors, les

« mauvais penchants » envahiraient notre existence et nous conduiraient au pire de la mollesse et de la médiocrité.

Se punir ou s'aider à changer ?

Une question importante à laquelle il va falloir répondre est : que cherche-t-on, se punir ou se changer ? Si votre réponse est « me punir pour me changer », sachez que la psychologie a largement, et depuis longtemps, montré le peu d'intérêt de la punition comme outil pédagogique. Nous fait-elle progresser ? Non, aucunement. « La punition n'apprend qu'une chose : à éviter la punition », avait pour coutume de dire Skinner, l'un des meilleurs spécialistes de l'étude scientifique du conditionnement[1]. **La punition sert – éventuellement – au maintien de l'ordre, non à créer une ambiance psychologique de motivation au changement personnel.**

Et la violence, sous toutes ses formes, même la violence tournée vers soi-même, n'est qu'un détestable usage abusif de la force. **Croire que force et sévérité envers soi suffisent pour changer est une vision archaïque et inefficace**. Et même dangereuse. Car peu à peu s'instaure une logique de la violence, qui facilite le retour systématique des mêmes erreurs et du même sentiment d'insatisfaction de soi : puisque les résultats dont nous rêvons n'arrivent pas, on redouble de violence envers soi, on augmente la sévérité des punitions que l'on s'inflige. **C'est la logique de la double peine : à celle de l'échec s'ajoute celle de la punition. Mais souffrir ne fait pas progresser.** Ce qui fait progresser, c'est comprendre pourquoi on souffre et comment surmonter cette souffrance. La punition et la violence n'ont rien à nous apprendre dans ce domaine.

Alors, comment se traiter ? Faut-il être plus dur ou plus doux avec soi-même ? Se souvenir tout d'abord que **le contraire de la violence, ce n'est pas la faiblesse, mais la douceur**. On peut parfaitement être doux *et* ferme avec soi.

L'art du changement non violent

Toute forme de violence et d'offense régulières à soi-même est donc inutile. Toutes les fois que l'humain a renoncé à utiliser la violence, l'humanité a progressé. On a aujourd'hui oublié, du moins dans le monde occidental, toutes les justifications de la violence contre les femmes (« bats ta femme tous les jours, si toi tu ne sais pas pourquoi, elle trouvera bien la raison »), les enfants (« les faire marcher à la trique »), les esclaves (« ils ne comprennent que ça »), les prisonniers (« ils l'ont bien mérité »), etc. La violence envers soi n'est qu'une survivance de ces anciennes façons de faire. La violence envers soi n'a de sens, et encore, que ponctuelle : c'est le sens de l'expression « se faire violence », pour signifier se contraindre. Mais se violenter, cela ne marche pas, définitivement. C'est une double peine. Cela prépare le retour de la violence à la prochaine difficulté. Cela risque aussi de faciliter sa diffusion tout autour de nous : notre violence envers nous peut contaminer nos proches, nos enfants, du simple fait qu'ils nous voient procéder ainsi envers nous-même.

Je me souviens d'un de mes patients dont une des choses qui l'avait aidé à renoncer à son autoviolence avait été le regard de ses enfants : « Ce qui m'a fait changer, ce sont mes enfants : je n'ai pas voulu leur transmettre cela. Lorsque j'étais en colère contre moi, je me criais dessus, je me traitais de tous les noms en hurlant dans l'appartement :

"Que tu es con, mais que tu es con !" Je me punissais en refusant de sortir en promenade familiale le week-end, d'aller à une fête de famille ou à un goûter chez des amis. Mes enfants peu à peu comprenaient que c'était comme cela que je réagissais à mes échecs. Un jour, j'ai vu mon fils aîné s'insulter et s'énerver contre lui à cause d'un devoir de maths qu'il n'arrivait pas à faire, en utilisant les mêmes insultes à son égard que celles que j'utilisais contre moi. J'étais bouleversé. Alors je me suis dit : c'est ça que tu veux leur apprendre ? Ça que tu veux leur laisser ? Ça que tu veux qu'ils s'appliquent à eux-mêmes ? Moi, je sais d'où ça me vient ces histoires. En tout cas, j'en connais au moins une des sources : toute mon enfance, j'avais vu mon père faire exactement pareil. Pas question de continuer à transmettre ce truc. »

Éradiquer la violence est long, lorsqu'on en a pris l'habitude, sous la pression de ses problèmes d'estime de soi. **Si on a longtemps pratiqué l'agressivité contre soi, il faudra sans doute continuer de s'en méfier toute sa vie** : plus on sera fatigué, plus les vieux réflexes essaieront de revenir. Mais chaque combat conduit avec succès, chaque reculade que nous aurons su lui infliger, rendront peu à peu ses retours moins… violents.

CHAPITRE 13

Lutter contre ses complexes

« Et là où ils se sont mis à trembler
Il n'y avait pas de quoi trembler. »

Psaume 53

Un complexe, c'est un doute qui se transforme en douleur.

Il est normal de douter de soi et de ne pas être totalement satisfait(e) de l'ensemble de ses caractéristiques. Mais le complexe dépasse largement le stade de l'insatisfaction occasionnelle. C'est la focalisation douloureuse et obsédante, constante ou très fréquente, de l'ensemble de ses pensées sur une partie de son corps, jugée disgracieuse, ou une dimension de sa personnalité, jugée insuffisante ou inadéquate, et qui va perturber notre bien-être moral et notre comportement social. C'est toute l'estime de soi qui souffre, mais le mal-être se concentre sur le complexe.

On peut complexer sur tout

Les complexes sont si fréquents, et si variés… Un sondage réalisé pour le magazine *Psychologies*[1] a ainsi montré que ce dont on doute le plus, c'est de sa culture (70 % dont 10 % doutent « souvent »), de ses capacités à s'exprimer correctement (69 %), de ses capacités intellectuelles (67 %), de son aspect physique (54 %). On peut ainsi se focaliser sur ce qui ne va pas (selon nous en tout cas) dans son apparence physique : il y a les complexes du « trop de » (graisse, poils), ceux du « pas assez de » (cheveux, taille, muscles), ceux encore du « pas comme il faudrait » (peau, nez, sein), ceux enfin du « je-ne-sais-quoi-exactement-mais-ça-ne-va-pas » (grâce, démarche), etc. Globalement, l'insatisfaction liée au corps est un très important facteur de déstabilisation de l'estime de soi[2]. On peut aussi se focaliser sur les défauts supposés de ses caractéristiques psychiques : manque de culture, d'intelligence, de vivacité d'esprit (on ne trouve quoi répondre qu'en moyenne deux heures après le moment où cela aurait été utile), de charisme, etc. On peut enfin se concentrer sur une intuition insidieuse et générale d'insuffisance : on souffre alors d'un complexe global d'infériorité, activé à propos de tout et de rien. C'est une sorte de capacité universelle à complexer, hyper-réactive, qui peut se déclencher même lorsqu'on n'est pas en point de mire du regard ou du jugement d'autrui. Par exemple, simplement lorsqu'on se met à admirer les qualités de quelqu'un d'autre. Arrivent alors très vite des pensées négatives sur soi : on ne se contente pas d'admirer, mais on se compare défavorablement, et l'on se reproche de ne pas être à la hauteur dans la dimension comparée. Ces complexes d'infériorité sont un terrain infini de souffrances. Ils sont moins spectaculaires que les complexes physiques, mais parfois plus pernicieux encore. Ils témoignent de **la certitude, obscure et douloureuse, d'une « insuffisance de soi ».**

Lors de nos thérapies de groupe, il m'arrive de « remonter les bretelles » de nos patients à ce propos, lorsque nous abordons le problème de la comparaison sociale et des sentiments d'infériorité qu'elle peut induire. En observant les autres participants, la plupart d'entre eux sont convaincus d'être les moins doués du groupe : lorsqu'ils s'en aperçoivent, cela les fait sourire et réagir. Ainsi, chacun d'eux, même ces autres qu'il admire, se sent inférieur aux autres... Alors, cela veut peut-être dire que ces sentiments d'infériorité sont aussi absurdes qu'inutiles. Mais nous travaillons aussi sur leur tendance à idéaliser les thérapeutes du groupe, médecins, psychologues, infirmières, qui leur paraissent « tellement à l'aise » par rapport à eux. Là encore, nous leur rappelons que personne ne leur est « supérieur » en tant qu'être humain. Qu'il y a simplement des personnes qui maîtrisent mieux qu'eux certaines habitudes, certaines habiletés. Que les thérapeutes paraissent à l'aise dans l'animation d'une thérapie, quoi de plus normal et banal, et quoi de moins révélateur d'une quelconque supériorité. Un plombier est à l'aise en plomberie, et voilà tout... Un thérapeute est comme un moniteur d'auto-école : il n'est pas un champion de formule 1, mais a passé suffisamment d'heures dans des voitures pour savoir, tout de même, quelles fautes éviter et quels gestes cultiver pour conduire correctement... Si supériorité il y a, elle réside dans l'expérience, l'entraînement dans des domaines précis. Tout ça peut s'apprendre et s'acquérir si on le souhaite. Question de temps et de travail. Il faut juste décider si cela en vaut pour nous la peine.

Les complexes sont bien évidemment liés à un déficit global de l'estime de soi. Plus qu'à la réalité éventuelle du défaut qui complexe (parfois réel, parfois imaginaire), c'est la conviction que les autres ne voient que lui, et qu'il va avoir des conséquences négatives, qui constitue le complexe : à physique égal, certains se mettront en maillot de bain et d'autres non ; à culture égale, certains oseront parler dans les dîners, d'autres non... L'objet même du complexe n'est donc qu'une toute petite partie des problèmes liés au complexe... J'ai soigné en tant que psychothérapeute des personnes de très petite taille. Certaines en étaient très complexées, d'autres, étonnamment vu la valorisation sociale liée à la taille, non. Je me souviens d'un patient de 1,48 mètre qui me racontait avec humour comment il devait se faire aider lorsqu'il faisait ses courses au supermarché, pour que d'autres clients lui attrapent des objets placés sur des étagères trop hautes pour lui. Et comment il avait surmonté ses complexes. Comment il s'amusait même à toujours dcmander de l'aide à des femmes, si possible qui lui plaisaient. Il aimait bien badiner avec elles sur le registre de sa taille : « J'aime beaucoup les grandes femmes ! » Et cela se passait le plus souvent très bien.

Complexes : ce qu'il faut éviter

Les complexes ne sont pas seulement un petit souci, ils sont susceptibles d'entraîner de fortes souffrances. Par exemple, en psychiatrie, ce qu'on nomme la dysmorphophobie, l'insatisfaction maladive de son apparence physique[3]. Comme tous les problèmes liés à l'estime de soi, les complexes, quelle que soit leur source, sont aggravés et chronicisés par les attitudes de soumission et de démission envers les peurs véhiculées par l'insatisfaction de soi. Tout ce qui va dans le sens du complexe est donc à combattre :

• Obéir au complexe, c'est-à-dire renoncer à s'exposer aux regards ou aux jugements, en fuyant les occasions de révéler son supposé défaut : ne plus parler pour qu'on ne voie pas son manque de culture, ne plus se mettre en maillot de bain, etc.
• Ne s'exposer qu'une fois le complexe « compensé » et sous contrôle : ne prendre la parole que sur des sujets que l'on a planchés au préalable ; ne sortir que maquillée. Porter des talonnettes ou une perruque.
• Sacrifier sa liberté ou sa dignité pour se faire accepter : beaucoup de destins de souffre-douleur sont liés à des complexes leur faisant craindre d'être rejetés. Ces personnes sont alors prêtes à tout pour être acceptées, même à subir des brimades et des humiliations. C'est une des sources de nombreux comportements de dépendance ou de soumission, dans les domaines relationnels, sexuels, etc.

Complexes : ce qui marche

Il n'existe pas « une » solution qui guérisse infailliblement les complexes, mais tout un ensemble d'efforts, qui, mis bout à bout, vont peu à peu faire reculer le complexe, ou du moins ses excès :
• Comprendre, comme toujours, d'où viennent nos complexes. Ambiance éducative globalement dévalorisante, même si elle n'avait pas pour but de rabaisser ? Messages humiliants des parents ? Complexes des parents eux-mêmes ? Carences affectives ? Certains événements de vie ? Ai-je déjà fait l'expérience d'un rejet parce que j'avais montré ce dont j'ai honte ? Mais dans ce cas, cette expérience est-elle transposable à des années de distance ? À d'autres personnes ? Aux personnes que je côtoie actuellement ?

• Observer les autres : voir comment des « défauts » semblables n'empêchent pas d'autres personnes de vivre librement. Essayer de voir comment ils vivent avec leurs défauts, et n'essaient pas à tout prix de les cacher. Comprendre que cette liberté prise avec leurs limites n'est pas seulement une chance mais le résultat d'attitudes mentales et comportementales adaptées, comme celles dont nous parlons ici.
• Parler avec les autres : **les complexes se nourrissent de la honte et de l'isolement**. En parler à des proches ne les guérit pas, mais les affaiblit. Et si les autres disent : « Moi aussi, j'ai des complexes » ? Les écouter, les faire parler, les questionner. Au lieu de se refermer comme une huître en se disant : « Ils n'ont rien compris, ils ne se rendent pas compte que, moi, mes complexes me bouffent la vie et me paralysent. » Même si vous avez raison, à quoi serviront votre agacement et votre repli ?
• Écouter plus attentivement l'avis des autres, lorsqu'ils vous disent que vous n'avez pas de raisons de douter à ce point. Même si souvent, les personnes complexées disent : « Je sais que pour les autres, ça va. Mais l'insatisfaction vient de moi », faire l'effort de se rappeler régulièrement les avis positifs extérieurs est bénéfique.
• Lutter contre la « paranoïa du complexe » : non, tous nos échecs ne viennent pas des défauts qui nous complexent, tous les regards braqués sur nous ne signifient pas que les autres observent nos points faibles. L'intensité des complexes est parfois telle qu'elle pousse à leur attribuer toutes nos difficultés…
• Faire l'expérience de se confronter : c'est le meilleur moyen d'éroder peu à peu les complexes. En se mettant durablement en situation d'avoir honte, et en le faisant progressivement, sans se violenter, on arrive peu à peu, par des mécanismes d'atténuation progressive de la réponse émotionnelle, à contester plus facilement les pensées liées au

complexe (« tout le monde le voit, c'est horrible, je suis ridicule… »).

• Élargir le regard sur soi : **se voir comme une personne globale, élargir sa vision de soi, et ne pas se réduire à ses faiblesses, ses limites, ses défauts**. Ne pas se concentrer sur ses manques. Me rappeler que je ne suis pas qu'un gros tas de défauts ! Dans les formes les plus sévères de complexes, celles qui ont abouti par exemple à des troubles des conduites alimentaires, comme boulimie ou anorexie, on a démontré la quasi-incapacité à s'intéresser aux parties harmonieuses du corps, et une obsession sur les parties jugées disgracieuses, tandis que c'est l'inverse chez les sujets « normaux[4] ».

La chirurgie esthétique « soigne » les complexes seulement si elle modifie le comportement…

Beaucoup de personnes ont aujourd'hui recours à la chirurgie esthétique (rebaptisée habilement « plastique », formulation plus neutre et plus discrète). Il est probable que ce nombre va augmenter très régulièrement dans les années qui viennent, en raison des pressions sociales exercées sur l'image du corps.

Si bizarre que cela puisse paraître, on ne dispose pas de données claires pour savoir si elle améliore durablement le bien-être psychologique et l'estime de soi. Les rares études effectuées, plutôt positives, émanent des associations de chirurgiens plasticiens américains, et sont soutenues par leurs fonds, ce qui pose un problème important[5]. Surtout lorsqu'on connaît les chiffres du marché de la « beauté cousue main » : 11,9 millions d'interventions recensées pour les seuls États-

Unis, et pour la seule année 2004[6]. La chirurgie esthétique est efficace sur les défauts physiques, mais l'est-elle sur l'estime de soi ?

Il est possible qu'elle le soit en facilitant certaines modifications du comportement : en cas de complexe, on sait qu'il est important de s'efforcer d'aller vers les autres au lieu de se replier sur soi. Les complexes poussent au repli, et le repli nourrit le complexe, parce qu'il empêche d'en vérifier les limites, et de s'apercevoir que l'on peut être accepté malgré ses défauts.

Si l'on observe comment agit la chirurgie esthétique, lorsqu'elle est un succès, il semble que cela soit en grande partie parce qu'elle ne modifie pas seulement l'apparence physique, mais aussi l'acceptation de soi. Les personnes, convaincues qu'elles sont libérées de leur défaut, et donc qu'on va mieux les accepter, se comportent plus librement, plus naturellement. Du coup, elles connaissent davantage de « succès » sociaux, sont effectivement mieux acceptées qu'elles ne l'étaient lorsqu'elles étaient précautionneuses, suspicieuses et craintives, lorsqu'elles se surveillaient au lieu d'avancer. Mais ces bénéfices sont davantage dus aux changements de comportement qu'à ceux de l'apparence. Finalement, **la chirurgie esthétique, lorsqu'elle réussit, agit surtout sur le psychisme, sur l'estime de soi**...

Cet effet ressemble un peu à ce qui se passe chez ces émouvants patients autodidactes et complexés de l'être, qui prennent des cours de culture générale pour se sentir plus à l'aise en société. Lorsque cela les aide, il est clair que ce qui les aide, c'est davantage la confiance liée au sentiment que leur culture leur donne le droit de parler, plus que leur savoir lui-même.

La longue marche pour passer des complexes maladifs aux doutes bénins

Ce qu'on doit rechercher, c'est davantage le « zéro complexe » que le « zéro défaut ». D'ailleurs, ce n'est pas non plus « zéro complexe » qu'il faut viser, mais simplement ne plus avoir *que* des simples doutes sur soi, que l'on pourra choisir de ne pas écouter, ou d'écouter, parfois. Il vaut mieux avoir en vue l'objectif de restaurer sa liberté de mouvement, plutôt que de s'approcher d'un fonctionnement parfait… Le but, c'est finalement d'avoir le choix de montrer ou non ses défauts. Les complexes n'offrent pas ce choix : ils nous forcent à nous cacher.

En général, la lutte contre les complexes est un combat de longue haleine, dont l'évolution passe par les phases suivantes :

- On y pense tout le temps, même hors des situations déclenchantes. On n'essaie pas d'affronter. Trop douloureux.
- Puis, on n'y pense plus tout le temps, mais seulement face aux situations déclenchantes. On essaie d'affronter, c'est douloureux.
- Peu à peu, on reste affecté par les situations déclenchantes, mais on arrive tout de même, par moments, à oublier les complexes, à s'affranchir de cette hyper-conscience de soi douloureuse.
- Enfin, on arrive à ne plus guère être touché par eux, sauf lorsqu'on est confronté à des super-héros, très beaux ou très intelligents. Comme cela n'arrive pas tous les jours, on peut souvent en rester là…

Le plus dur, finalement, avec les complexes, c'est de « sortir du bois ». Lorsqu'on a caché toute sa vie un morceau de soi, même à partir du jour où l'on a compris qu'il faut ne plus le cacher, comment sauter le pas ? Comment ne plus porter de perruque, ne plus se teindre les cheveux ? Et risquer d'attirer alors l'attention sur soi, ce à quoi on n'est pas habitué. Comment ne plus observer le silence dès qu'un « plus-diplômé-plus-intelligent-plus-brillant » entre dans la pièce ? Et risquer alors de dire parfois des bêtises (comme tout le monde) ? Alors que finalement, le complexe, et le silence qu'il nous imposait, c'était un moyen radical pour ne *jamais* dire de bêtises… C'est souvent là que les efforts de changement sont le plus délicats à conduire en thérapie : se remettre à prendre le risque des regards et des jugements sur soi permet certes de retrouver la liberté, et ses immenses avantages. Mais aussi, au passage, d'hériter de quelques-uns de ses petits inconvénients. Plus on s'est montré doué dans l'art de donner le change et de faire semblant, plus on se trouve piégé par ses complexes, comme un menteur par ses mensonges. Il faut le savoir, car c'est souvent ce qui bloque, une fois que l'on est décidé et motivé à s'en sortir. C'est souvent sur ce point précis qu'un thérapeute peut apporter de l'aide.

Moralité : ne pas se cacher tout entier pour dissimuler seulement un petit morceau de soi-même

Finalement, les deux grandes directions de la lutte anticomplexe sont, d'une part, l'acceptation de ce morceau de soi supposé inadéquat et, d'autre part, l'élargissement du regard sur soi. Ne pas considérer que cette partie de soi qui ne nous plaît pas, ou pire, est au cœur de nous-même. Elle n'en est qu'une partie, qui ne mérite ni la surexposition que notre imagination lui accorde, ni la dissimulation que notre honte lui impose.

CHAPITRE 14

Protéger l'estime de soi des influences toxiques, de la publicité et des pressions sociales

> « La société est fondée sur un avantage mutuel : mais lorsqu'elle me devient onéreuse, qui m'empêche d'y renoncer ? »
>
> MONTESQUIEU, *Lettres persanes*

Les influences sociales sont inévitables... Et l'estime de soi et ses dérèglements sont largement sous la dépendance de ces influences. Certes, ces normes sociales ne sont pas tout à fait absurdes : si la plupart des personnes se sentent plus estimables riches que pauvres, grandes que petites, belles que laides, c'est que ces caractéristiques sont en général désirables dans nos sociétés, qu'elles apportent des avantages concrets. Il s'agit évidemment d'une forme d'inégalité, que le rôle des sociétés est de limiter au mieux : il doit exister dans tout groupe humain digne de ce nom une place pour chaque individu, quelles que soient ses caractéristiques, désirables ou non. Dans l'histoire des humains, chaque société s'est efforcée de célébrer d'autres qualités, comme l'intelligence, la bonté, et autres vertus, qui obéissaient moins aux lois de la génétique ou de la transmission familiale que la beauté, la force, la richesse ou le pouvoir. Mais nous vivons une drôle d'époque, où il semble que nous soyons en train de nous éloigner de ces autres façons d'acquérir de l'estime pour soi, pour régresser à des bases primaires et inégalitaires : il semble de plus en plus difficile de s'estimer si on n'est pas jeune, riche et beau. D'autres forces que naturelles viennent redoubler ces inégalités. Par exemple, la publicité et le marketing.

Pressions sur l'image du corps

La recherche de la beauté a toujours existé, en raison des avantages sociaux qu'elle offre[1]. Le Latin Cicéron rappelait déjà : « Le bien final et la tâche suprême d'une personne avisée est de résister à l'apparence[2]. » Mais sans doute en est-on arrivé aujourd'hui à une pression maximale, où la dictature de l'apparence – être jeune, beau et mince – touche à un niveau de toxicité rarement atteint.

Beaucoup d'explications sont possibles, mais la plus simple est peut-être l'accélération technologique. Nous sommes soumis depuis quelques siècles à une omniprésence d'images, comme aucune culture avant nous ne le fut jamais. Sous l'effet d'une double pression : d'une part, la démocratisation du miroir, de la photographie, de la vidéo (pour nos propres images), mais aussi, d'autre part, la prolifération des images de corps parfaits au cinéma, à la télévision et dans les magazines.

De ce double mouvement découle une augmentation de la conscience de notre corps, en général imparfait, et des occasions démultipliées de comparaisons avec des modèles sociaux parfaits (stars en tout genre), et il en résulte une insatisfaction croissante avec son apparence personnelle.

De nombreux indicateurs corroborent ces inquiétudes : nous disposons ainsi d'études montrant que le fait d'augmenter la prise de conscience de soi (par exemple en étant filmé avec un retour sur son image) augmente la tendance à se comparer à des standards (pas seulement corporels, d'ailleurs[3]). Et l'on sait que les résultats de ces comparaisons dépendent de l'estime de soi : si elle est fragile, ils seront mauvais... Il existe aussi des preuves quasi expérimentales sur le plan des évolutions sociales : l'apparition des mêmes inquiétudes du rapport à l'image du corps chez les hommes, quelques décennies après les femmes, aussi bien en Europe qu'aux États-Unis[4]. Et aussi le développement de troubles psychiatriques, équivalents à l'anorexie féminine, chez de nombreux culturistes, aussi persuadés d'être sous-musclés que les anorexiques le sont d'être obèses[5]. Pensez, dans les causes possibles, à la multiplication, depuis quelques années, à l'intention des hommes et des femmes, des publicités utilisant des corps musclés de jeunes adonis. Pensez aussi au développement très impressionnant de la musculature de jouets guerriers tels que GI Joe, Jungle Jim et autres Action Men, qui jouent pour les garçons le même rôle que les Barbie pour les filles et présentent peu à peu des standards physiques inaccessibles comme des normes. Pensez encore à la croissance régulière de la musculature des héros de cinéma : comparez les héros de vieux films de type *peplum* des années 1960 avec ceux d'aujourd'hui. Sachant qu'il suffit de présenter des images de corps masculins très musclés pour diminuer la satisfaction des hommes vis-à-vis de leurs corps[6], exactement comme pour les femmes.

Comment augmenter l'insatisfaction de soi ? Exposez-vous le plus possible aux images vendues par notre société. N'y réfléchissez pas de manière trop critique. Ruminez simplement sur vos petits seins ou vos pectoraux ridicules. Demandez-vous de manière obsédante comment vous rapprocher des modèles idéaux dans lesquels vous baignez. Consacrez à l'embellissement de votre corps une partie importante de vos énergies et de vos revenus. Ne fréquentez que des personnes partageant les mêmes préoccupations. Et ne lisez qu'une presse obsédée par les corps trafiqués des stars… Voilà comment nous pouvons nous gâcher la vie. C'est si facile !

Pressions sur la réussite et le conformisme social

Dans les sociétés traditionnelles, marquées par de fortes inégalités liées au rang de naissance, il y avait peu de mobilité sociale : enfant de paysan, on devenait paysan, roturier on restait roturier, tandis que la naissance dans une famille noble assurait un statut privilégié. On n'avait alors guère à faire ses preuves. Plutôt à occuper sa place, à être conforme. La satisfaction de soi était liée au fait d'avoir fait son devoir (ah ! la noblesse du « travail modeste mais bien fait »…) et tenu sa place sur l'échiquier social. Pour ceux qui n'avaient pas eu de chance au départ, et qui étaient nés pauvres et opprimés, le christianisme rappelait que les gagnants du jeu social perdaient leur place dans l'au-delà, et que les derniers seraient là-bas les premiers. Il n'y avait donc pas lieu de se dévaloriser si l'on était pauvre parmi les pauvres, laid, ou sans amour. Tout cela pourrait nous être donné plus tard. Et ne signifiait pas un manque de valeur personnelle. Notons que cela bénéficiait à tous : les riches qui pouvaient y voir un argument pour expliquer aux pauvres qu'ils devaient rester pauvres. Et les pauvres, qui, bien que pauvres, pouvaient ne pas se sentir inférieurs sur le plan de l'estime de soi.

Avec les grandes révolutions politiques et intellectuelles nées du XVIIe siècle, les sociétés traditionnelles reculent au profit de sociétés plus mobiles, où il est possible de changer de place : des pauvres arrivent à faire fortune, des nobles tombent dans la misère. C'est un progrès, du moins pour les pauvres. Mais il y a aussi un revers à la médaille : si l'on échoue dans cette compétition sociale, ce n'est plus un problème de destin, mais un problème de manque de valeur personnelle[7]. Ces nouvelles règles du jeu social, prétendument méritocratique, restaient toujours intéressantes pour les classes dominantes, car, dans la compétition qui s'ouvrait, leurs ouailles partaient tout de même avec de sérieux avantages (l'héritage de la fortune et de la bonne éducation). Mais les pauvres se trouvaient maintenant en situation d'être accusés de leur pauvreté. Ce qui annonçait, avec un peu d'avance, les sévères problèmes d'estime de soi qu'allaient rencontrer les laissés-pour-compte de cette organisation sociale, lorsqu'elle se mettrait à mal fonctionner : on sait par exemple que les chômeurs de longue durée finissent par avoir de gros problèmes d'estime de soi.

En réalité, toute société sécrète ses propres normes et ses propres pressions : sur le fait d'avoir un métier, mais aussi d'avoir un conjoint, lorsqu'on a plus de 30 ans, ou un enfant, lorsqu'on est une femme... Ne pas remplir ces conditions demandera des efforts supplémentaires en matière d'estime de soi.

Mensonges de la pub

Pour en revenir à l'exemple le plus caractéristique de notre époque, celui du corps, le problème, finalement, c'est qu'il y a de l'argent à gagner de façon industrielle avec l'image de soi. Certes, les aspects plus psychologiques de l'estime de soi peuvent aussi en faire gagner, par exemple aux psychothérapeutes, mais de façon artisanale, nettement moins intéressante pour l'économie capitaliste. Et ce malgré quelques tentatives, comme ces étranges et très américains *Self-Esteem Shop* que vous pouvez trouver sans difficulté sur Internet, et qui vous proposeront, entre autres produits, des mugs ou des T-shirts arborant de fières devises (« Fier d'être moi », « Je me sens bien »). Le fond du problème est sans doute là : il y a plus d'argent à gagner (grace aux vêtements et aux produits de beauté) en susurrant aux femmes qu'il faut être belles et désirables qu'en leur suggérant d'être gaies, sympathiques ou ouvertes (cela ne permet pas de vendre).

Beaucoup de travaux suggèrent le **rôle toxique des pubs de magazine sur l'estime de soi des femmes**, surtout chez celles qui attachent de l'importance à leur apparence physique et qui en sont insatisfaites[8]. **Que proposent ces images innombrables, sinon des comparaisons permanentes – et perdues d'avance – avec les plus belles filles du monde ?** Le mécanisme de la comparaison sociale est alors redoutable. Même si on tente de lutter, il s'accomplit de manière inconsciente. On a montré depuis bien longtemps qu'après avoir été confrontées à des photos de très jolies filles les femmes se sentent moins attirantes[9]. Mais on sait aujourd'hui que cela va plus loin. C'est ce que montrait une étude sur la présentation d'images subliminales à des volontaires : après avoir présenté un visage de bébé, les personnes se jugeaient plus vieilles[10].

De même, **les instantanés et les postures de bonheur, d'amour, d'amitié vendus par les publicités sont tellement éloignés de la réalité** (bonheur, amour et amitié relèvent d'une patiente construction) qu'il ne peut en découler que frustrations et déception de soi, et un nombre croissant de personnes en échec intime avec leur estime de soi. D'autant qu'elles sont soumises dans le même temps à des pressions du marché et de la pub allant exactement dans le sens opposé : donc, soyez minces, mais mangez beaucoup, tout le temps (« un petit creux ? »), et buvez sucré. Ayez beaucoup d'amis, mais soyez vous-même, cultivez votre indépendance, ne faites pas de concessions. Etc.

Non à la gonflette de l'estime de soi !

Si nous disions non à ces mensonges, non aux fausses promesses ? Notre estime de soi vaut mieux que cela. Voici quelques pistes :

• Apprendre à décrypter les pubs : que veut-on me faire croire ? Par quel ressort, quelle flatterie de mon ego veut-on me faire acheter ce truc ? Le pire danger, c'est de se croire protégé de ces influences sociales toxiques par son intelligence ou sa lucidité en général. La seule protection, c'est la mise à plat des processus d'influence et de manipulation au moment où ils s'exercent sur nous. De bons livres de vulgarisation existent sur ce thème[11].

• Apprendre à connaître ses points faibles : « C'est quoi le vrai besoin chez moi qui me donne envie d'acheter ce qu'on me montre là ? », « Est-ce que ce truc va vraiment augmenter mon bien-être, mon bonheur ? » Et réfléchir à des moyens non marchands de progresser et d'être un peu plus heureux.

• Se rappeler, face aux images de belles et beaux mannequins : effectivement ils sont beaux, mais c'est leur métier de l'être (leur vie consiste à manger, dormir, prendre soin de leur corps, et poser), les photos sont longuement retouchées, l'illusion de naturel qu'elles donnent est totalement fausse (quinze jours de prises de vue aux Caraïbes avec une équipe de douze personnes), etc.

• Penser à l'avenir et apprendre très tôt aux enfants à critiquer les pubs[12]. Serons-nous, face à ces manœuvres sur l'estime de soi du citoyen moderne, de plus en plus crétins ou de plus en plus malins ? On peut observer çà et là des premiers signes du développement des capacités de lutte, comme semblent en acquérir peu à peu les nouvelles générations, plus critiques envers la pub que leurs aînés. Mais ce n'est pas si simple, car le discours critique des adolescents envers la « pub » peut être compatible avec des comportements de soumission aux pressions sociales (*cf.* leur obsession des marques).

Les conséquences des pressions sociales sur l'estime de soi

Faut-il préciser que **ce pilonnage permanent, comme une pollution dont on ne s'aperçoit pas**, porte ses fruits et façonne nos attentes en ce qui concerne l'estime de soi ? Comme toujours en matière d'agressions sociales, ce sont les plus faibles qui trinquent, les plus pauvres, ceux des citoyens qui ne disposent pas de contre-modèles fiables en matière d'estime de soi. Contre-modèles qui montreraient, par exemple, qu'on peut être quelqu'un de bien sans porter de vêtements griffés, ou rouler en grosse voiture.

Notre société, influencée par ces messages, fabrique ainsi des estimes de soi hautes mais fragiles, instables, dépendantes, conditionnelles (« je suis estimable si… »), inadaptées aux vrais combats de la vie, qui sont ceux du bonheur et du sens donné à notre existence. « Vous êtes formidables ! », nous répète-t-on. Pourquoi tout le monde (politiques, médias, pub) veut-il à ce point nous persuader que nous sommes formidables ? Ces **estimes de soi « aux hormones »,** factices, sont hautes mais gémissantes (« je n'ai pas ce que je mérite ») ou revendicantes (« cela ne va pas se passer comme ça »). Tout sauf épanouies.

Sur la durée, le combat consistera à **internaliser les sources de l'estime de soi** : comment ne pas la faire seulement ou principalement dépendre d'objectifs dictés par d'autres que nous ? Moins s'énerver, ou moins fort, ou moins souvent. Davantage écouter les autres. Travailler plus efficacement. Progresser dans sa pratique de la musique, d'un sport, d'un art.

CHAPITRE 15

S'écouter, se respecter et s'affirmer

« Je demande au Lion d'Or :
— À quelle heure déjeune-t-on ?
— À onze heures.
— Bien. Je vais faire un petit tour en ville.
J'ai déjeuné dans un autre hôtel, et je n'ai plus osé passer devant le Lion d'Or. Peut-être qu'on attend toujours. "Ils viendront dîner", se dit-on. Ne va-t-on pas m'envoyer le commissaire de la ville ? etc. Stupides transes. »

Anecdote racontée par Jules RENARD
dans son *Journal* (15 août 1898)

Pauvre vieux Jules ! D'où nous vient cette inquiétude du jugement des autres, cette crainte – jusqu'à l'extrême – des conséquences des plus bénins de nos actes ? Pourquoi ces transes à l'idée de s'affirmer, de pouvoir, éventuellement, déranger ? Quelques réflexions pour celles et ceux qui voient des Lion d'Or partout.

Qu'est-ce que l'affirmation de soi ?

S'affirmer, c'est pouvoir exprimer ses besoins, pensées, émotions : c'est-à-dire ne pas devoir s'inhiber. Tout en tenant compte de l'autre : c'est-à-dire sans avoir à le faire de manière agressive.

On ne naît pas affirmé, mais on le devient, en général par une éducation adaptée qui nous encourage à nous exprimer librement, sans nous punir de nous être exprimés. Ou, plus tard, par un apprentissage volontaire à l'âge adulte.

Il paraît toujours simple de s'affirmer, en théorie, sauf lorsqu'on se retrouve dans certaines situations, telles que demander, refuser, avoir un avis différent de celui de l'interlocuteur, négocier, exprimer son mécontentement, etc. Les difficultés à s'affirmer sont extrêmement répandues : massives et chroniques dans des maladies comme la phobie sociale[1], occasionnelles au cours de certaines formes de dépression, elles peuvent toucher la plupart des gens de manière ponctuelle.

Comment s'affirmer si on ne s'estime pas ?

Le manque d'affirmation de soi est fréquemment associé aux problèmes de basse estime de soi, et il provoque alors de nombreuses conduites d'évitement, qui renforcent à leur tour la mauvaise image de soi. En gros, la personne évite de se confronter à toutes les situations qui lui paraissent représenter un risque social en termes de possibilité de se faire rejeter ou dévaloriser : « Je n'ose pas demander, parce que j'ai peur de déranger, bien sûr, mais aussi parce que je sais qu'entendre un refus représente chez moi une forme de traumatisme. » Il y a aussi bien sûr la peur du conflit, que ces personnes surévaluent systématiquement : « Tout le monde m'impressionne déjà dans les relations normales et calmes ; alors je me dis que si je les énerve et les mets en colère, je serai encore plus impressionnée, et c'est ce qui arrive, les rares fois où je me fais crier dessus, sans l'avoir cherché, car je fais tout pour que cela n'arrive pas, évidemment… »

Le manque d'affirmation de soi peut aussi se retrouver chez les personnes à haute estime de soi fragile, mais alors sous la forme de comportements agressifs et non affirmés : on demande les choses agressivement (pour être sûr de les obtenir), on refuse sèchement (parce qu'on est mal à l'aise), etc. Cette agressivité de surface est un mauvais maquillage à la peur d'autrui, et de sa résistance possible : « Je ne me sens à l'aise que si j'ai pu prendre l'ascendant moral, sinon, dans les relations égalitaires, je ne suis pas détendu. J'ai comme un besoin d'intimider par avance, pour dissuader toute agression ou intrusion possible. »

Les manifestations du déficit assertif sont multiples :

• *Comportementales* : ne pas oser dire non, ne pas oser demander ou déranger, ne pas oser avouer que l'on ne sait pas, ne pas oser dire que l'on n'est pas d'accord ; avoir du mal à répondre aux critiques… Lorsqu'on arrive à s'exprimer, on le fait avec crispation ou colère, agressivement.

• *Émotionnelles* : frustration, colères rentrées, tristesse, ressentiment envers soi ou les autres, etc.

• *Psychologiques* : image d'un soi vulnérable, dépendant, dominé… Petits coups répétés portés à l'estime de soi. Cumul de petits renoncements toxiques.

Les prétextes pour ne pas s'affirmer, enfin, témoignent du génie dont nous sommes capables lorsqu'il s'agit de ne pas regarder les réalités qui nous dérangent en face. Je me souviens des justifications de dérobade que m'avait racontées une patiente, dans les rapports qu'elle avait avec ses beaux-parents. Elle voulait interrompre le rituel qui consistait à devoir aller en vacances de Noël chez eux tous les ans : « Je voudrais bien le leur dire, mais je ne sais jamais trouver le bon moment. Quand l'ambiance est bonne, je me dis que ce n'est pas le moment : ça pourrait tout gâcher. Mais quand elle est mauvaise, je me dis que c'est encore moins le moment : ça pourrait tout faire exploser. »

Tant que l'on n'est pas prêt à affronter éventuellement la contrariété des autres, ce n'est jamais le moment pour s'affirmer…

L'affirmation de soi ne doit pas être qu'un comportement mais aussi une façon d'être au monde

Ces difficultés à s'affirmer sont si fréquentes et si gênantes qu'on a mis au point un ensemble de techniques psychothérapiques spécifiques destinées à les surmonter : les thérapies d'affirmation de soi. Il s'agit d'un ensemble de techniques de communication conçues dans les années 1960, au départ pour la défense des minorités (femmes, Noirs), puis utilisées pour l'ensemble des individus pouvant en bénéficier. Elles consistent le plus souvent en des jeux de rôle où l'on met en scène les situations problèmes, que l'on fait jouer et perfectionner aux patients, en général dans le cadre de thérapies de groupe.

Comme pour l'estime de soi, l'affirmation de soi n'est devenue un besoin qu'avec l'émergence des sociétés modernes, démocratiques et non patriarcales : autrefois, la manière dont on se permettait de parler aux gens dépendait davantage de leur statut et de leur pouvoir, et des nôtres, que de notre savoir-faire. Le besoin de savoir s'affirmer n'existe donc que dans les sociétés où les rapports entre individus sont déclarés libres et égaux, au moins en théorie[2].

Mais **il ne s'agit pas que de réciter des formules toutes faites.** L'assertivité n'est pas qu'un comportement plaqué et stéréotypé. Sa nature profonde concerne non seulement les comportements, mais aussi la vision globale que la personne a d'elle-même, et donc son estime de soi : en osant s'exprimer et affronter certaines situations, on construit peu à peu une image de soi plus positive, on se permet d'exister au milieu des autres, sans avoir pour autant à les rabaisser. En thérapie, les exercices que nous proposons vont au-delà des « trucs » d'une meilleure communication : en faisant s'engager les personnes dans de nouvelles situations qu'elles évitaient jusqu'alors, on leur fait vivre de nouvelles expériences émotionnelles et intellectuelles. Et on les remet en route, on leur apprend à pouvoir apprendre de leur quotidien. En thérapie d'affirmation de soi, un thérapeute ne dit pas à son patient ce qu'il doit faire (dire oui ou non dans telle situation), mais comment il peut le faire pour qu'il se passe des choses intéressantes. Il est un peu comme un professeur de musique qui apprend à jouer d'un instrument à un élève, qui ensuite choisira lui-même le style de morceaux et de répertoire (jazz, classique ou autre) qu'il veut jouer. Comme toutes les méthodes comportementales, **l'affirmation de soi ne se cantonne pas au seul comportement : elle utilise le comportement comme un levier, une porte d'entrée au changement.**

D'où les étapes que nous décrivons dans ce chapitre : pour s'affirmer, il est d'abord nécessaire de s'écouter (afin de discerner ses besoins), de se respecter (sinon, on continue de traîner en soi les interdits du passé et de la société, sans y réfléchir, sans se révolter), puis de se jeter à l'eau (là encore, seule la pratique régulière a un sens, et non les efforts ponctuels).

S'écouter au lieu de se mentir

Les déficits d'estime de soi conduisent souvent à refouler ses aspirations et ses besoins fondamentaux, parce qu'ils peuvent paraître incompatibles avec l'immense besoin d'acceptation sociale, ou sembler moins nécessaires : « Plutôt renoncer à mes besoins et me sentir frustré(e) que les exprimer et prendre le risque d'être mal jugé(e), mal compris(e), et finalement rejeté(e). »

Année après année, les personnes qui procèdent ainsi avec elles-mêmes finissent par ne même plus ressentir de façon consciente leurs besoins psychologiques de s'affirmer : elles ont totalement refoulé leurs envies de dire non, leur désirs de prendre la parole, l'idée qu'elles pourraient dire non, etc. Elles sont dans ces existences de « calme désespoir » dont parlait l'écrivain américain Henry Thoreau. Oser s'affirmer ou se faire entendre ne leur vient même plus à l'esprit, dire ce qu'elles veulent ou ce qu'elles pensent ne leur vient plus aux lèvres.

Le déni de soi représente une forme de répression envers soi-même qui s'étend aussi au déni de ses émotions. Déçu ? Jamais. Envieux ? Jamais. Malheureux ? Jamais… Malgré toutes les dérobades que nous nous imposons… Mais nos rationalisations (« finalement, je n'en ai pas vraiment besoin, ou envie ») peuvent donner le change à notre esprit, non à nos émotions : ce sont elles qui vont nous empêcher d'accomplir confortablement ce petit crime contre nous-même que représentent tous ces renoncements. Car nos émotions, elles, ne renoncent jamais à s'activer : elles nous font ressentir en général de petits signes physiques de tension ou d'inconfort. C'est ce que le chercheur en neuropsychologie Antonio Damasio appelle des « marqueurs somatiques[3] ». Ils sont les signes que, même si notre raison veut faire passer nos intérêts vitaux à la trappe, notre cerveau émotionnel, plus primaire et moins sensible aux subtilités des convenances sociales (excessives dans le cas des troubles de l'estime de soi), se rebiffe : « Eh, oh, j'en ai envie, moi ! »

Il est nécessaire d'apprendre à se montrer plus attentif à ces petits signaux, à toutes ces discrètes sensations physiques lors des situations à enjeu social. Ce n'est pas facile, lorsqu'on a passé des années à réprimer ses besoins…

Se respecter

Se respecter, en matière d'affirmation de soi, c'est respecter ses attentes. Non pas en les accomplissant toutes, et à tout prix. Mais en les accueillant, et en les écoutant. Au lieu de les réprimer, un peu comme un parent abusif ferait des demandes légitimes d'un enfant : « Avoir à boire et à manger ? Aller jouer avec tes amis ? Mais tu n'y penses pas… » À force de nous convaincre qu'il vaut mieux renoncer, nous finissons par ne plus voir que nous nous faisons violence à nous-même. Sous le prétexte de nous protéger des ennuis et du rejet, nous nous étouffons lentement, nous nous nions le droit à l'existence.

Là encore, les conséquences sont multiples. Nous avons parlé du coût émotionnel de cette répression, mais elle a aussi un coût comportemental : elle détourne de nombreux échanges sociaux. Lorsque nous renonçons à demander un service ou à dire non, nous empêchons autrui de savoir vraiment qui nous sommes, de s'intéresser à nous. Et nous nous privons alors de ces nourritures relationnelles dont tout humain a besoin. En ne prenant aucun risque dans nos relations sociales, nous les aseptisons à l'extrême, et les appauvrissons. Il y a aussi, bien sûr, un coût psychologique, directement lié aux problèmes d'estime de soi : le maintien d'une image de soi inférieure à celle des autres.

Une façon de travailler sur ce domaine, avec le patient en thérapie, consiste par exemple à **réfléchir sur ses droits personnels : le droit de dire non, de s'occuper de soi, de décevoir, de revenir sur une parole donnée si on a de bonnes raisons pour cela**. On établit alors une liste des situations où la personne n'a pas osé, ou a osé s'affirmer, en évaluant avantages et inconvénients chaque fois. On se remet dans les scènes en les faisant revivre au travers de jeux de rôle. On établit des objectifs pour affronter différemment ces situations lors des semaines à venir

S'affirmer *pour* faire sa place, mais non *contre* les autres

La mise en œuvre de toutes ces réflexions aboutit à la pratique des comportements affirmés. C'est cette pratique régulière qui, seule, permettra d'installer en profondeur tous les changements évoqués. En profondeur, c'est-à-dire pas forcément dans un hypothétique inconscient, mais au niveau de nos automatismes et de nos attitudes réflexes. Cela se fait progressivement.

Les patients racontent ainsi que les premières modifications ne sont pas de dire « non » là où ils disaient « oui », mais de se dire « pourquoi je ne dis pas non, là ? », très vite, dans l'instant. De se lancer de temps en temps. De temps en temps ne pas y arriver, mais réfléchir alors au pourquoi de ce blocage. Etc. Plus on pratique un comportement, plus celui-ci devient facile à pratiquer. D'où la prescription par le thérapeute de petits exercices. Pour ceux qui ont du mal à dire non, nous recommandons par exemple de se rendre chez différents vendeurs de cuisines intégrées, de se laisser proposer un ensemble de meubles, et de ne pas l'acheter. Il est important de pratiquer de nombreux exercices de ce type, sans enjeu relationnel important, pour pouvoir peu à peu se montrer capable de s'affirmer lorsque les enjeux sont plus importants, comme c'est le cas avec des proches ou dans son milieu professionnel. Dans tous les cas, nous insistons avec nos patients sur la nécessité de pratiquer ces comportements affirmés de manière positive et respectueuse d'autrui. Contrairement à ce que redoutent les patients (qui imaginent que s'affirmer déclenche souvent des conflits), c'est presque toujours possible, avec presque tous les interlocuteurs.

Les comportements affirmés doivent être compatibles avec le maintien d'un lien social sur la durée, et c'est en ce sens qu'ils se différencient des comportements relationnels agressifs, en incluant l'empathie, qui est la reconnaissance des besoins des interlocuteurs. **On ne s'affirme pas contre mais pour**. Pas *contre* les autres, mais *pour* soi, *pour* une personne dont on prend la défense, *pour* un idéal… **L'objectif est de faire sa place, non pas de prendre celle des autres**. Or l'erreur fréquente, lorsqu'on cherche à s'affirmer, est d'avoir recours à l'agressivité : « J'en avais assez de me faire tout petit devant les autres », m'expliquait un jour un patient pour justifier une grosse colère qui lui avait valu des remontrances dans son travail.

Ainsi, tout comportement relationnel vise trois familles d'objectifs, qui peuvent très bien, parfois, ne pas être atteints en même temps :

• *Objectifs matériels* : obtenir ce que je souhaite (le service demandé, la réduction de prix, ne pas faire ce que je ne veux pas faire…).

• *Objectifs émotionnels* : avoir fait ce que ma voix intérieure me disait de faire (j'ai osé demander une réduction ; on me l'a refusée, mais je suis tout de même content d'avoir osé ; ne pas l'avoir fait m'aurait tourmenté davantage).

• *Objectifs relationnels* : s'affirmer en préservant le lien sur la durée. Ce qui ne veut pas dire renoncer à toute forme de conflit. Mais savoir ne pas les envenimer : si la situation se dégrade, savoir lâcher du lest en disant par exemple : « Bien, nous ne sommes pas d'accord, reparlons-en, je voulais juste te dire que cela me posait un problème. »

C'est la pratique, et seulement elle, qui conduit à un véritable changement

Comme l'estime de soi, dont elle est un des outils, l'affirmation de soi ne se décrète pas, elle s'apprend. Je suis frappé très souvent, en thérapie, de voir la grande différence qui existe entre le fait de parler de ses difficultés et le fait de les affronter. Souvent, et bizarrement, les patients ayant des problèmes d'estime de soi sous-évaluent leurs difficultés à s'affirmer. Lorsque je leur demande s'ils n'ont pas de mal à demander, refuser, dire qu'ils ne sont pas d'accord, il est fréquent qu'ils me disent qu'en gros il n'y a pas de problèmes. Et lorsque, par acquit de conscience, je leur fais tout de même faire un petit jeu de rôle, cette mise en situation réveille les appréhensions, d'une manière qui les étonne eux-mêmes : « Je ne pensais pas que ça me ferait cet effet. »

Cette émotion, qui envahit le patient dès qu'on arrête de parler pour se mettre en situation, ce sont tous les petits renoncements du quotidien, qu'il pratique depuis des années, qui la poussent sur le devant de la scène. Et elle est précieuse : elle montre la voie et la nécessité des efforts à venir. Leur simplicité aussi, d'une certaine façon : se mettre en situation, tout simplement. La difficulté, c'est de le faire tranquillement (choisir des choses faciles au début), et régulièrement (chaque jour faire quelque chose qu'on aurait tendance à éviter).

CHAPITRE 16

Vivre imparfait : le courage d'être faible

> « Aimer la perfection parce qu'elle est le seuil,
> Mais la nier aussitôt connue, l'oublier morte,
> L'imperfection est la cime. »
>
> Yves BONNEFOY

On retrouve un complexe d'infériorité global, significatif chez environ 15 % de la population en l'absence de troubles psychologiques[1]. Un tel sentiment chronique d'infériorité ne nécessite pas forcément la confrontation aux situations, il peut exister dans leur simple anticipation imaginée. Évidemment, il déclenche en situation un fort sentiment de honte et pousse à de nombreuses inhibitions et évitements. Mais des pensées occasionnelles d'infériorité et d'incomplétude surviennent chez une part bien plus large de la population.

Le sentiment d'insuffisance personnelle

Comment le sentiment – pourtant normal – d'avoir des limites et des insuffisances peut-il se transformer en **douleur de ne pas être parfait** ? Et donc en inquiétude de se trouver, de ce fait, rejeté et mis à l'écart ? Il s'agit le plus souvent d'une sorte d'erreur de jugement sur ce qui suscite la popularité et l'estime de la part d'autrui : on pense que l'on sera mieux accepté et estimé si l'on est parfait, si l'on brille, si l'on est irréprochable. Alfred Adler, un élève de Freud, que ce dernier excommunia rapidement pour cause de divergences de vue sur la nature humaine, fut l'un des premiers à insister sur l'omniprésence dans notre psychisme de ce complexe d'infériorité : **« Être humain, c'est se sentir inférieur »**, écrivait-il. Pour Adler, beaucoup de nos motivations à agir et à réussir seraient dues au désir de dépasser ce sentiment d'infériorité, qu'il soit ancré dans le domaine physique, relationnel ou social[2]. Et le sentiment d'infériorité, cette « croyance d'une personne en son incapacité à résoudre les problèmes de la vie », aurait ainsi de nombreux retentissements sur notre quotidien.

Les situations où l'on a peur de perdre la face

Selon son intensité, ce sentiment d'infériorité peut être une constante de notre paysage mental, ou ne s'activer que lors de situations précises. Il s'agit en gros de toutes les situations où, à tort ou à raison, on a le sentiment de révéler ses limites et ses points faibles. Par exemple :

– ne pas savoir répondre à une question,
– perdre à un jeu,
– échouer devant les autres, ou se trouver dans une situation où l'on pourrait échouer devant eux,
– ne pas connaître les codes et usages d'un milieu,
– avoir moins de culture (de diplômes, de connaissances…) que les autres (surtout si on est, ou croit être, seul dans ce cas).

Ce qui facilite la perception de ces situations comme dangereuses pour l'estime de soi, c'est qu'on y évalue qu'il n'est pas normal de ne pas savoir, ou de ne pas être comme les autres. Et que l'on pense que, si cela est repéré, il s'ensuivra une perte d'estime de la part des autres, et donc une menace de rejet social. D'où le choix de stratégies de dissimulation (on ne peut plus éviter puisqu'on s'est mis dans le pétrin, alors on va masquer...). De la moins compromettante (se tenir soigneusement en retrait pour ne pas risquer d'être sollicité) à la plus compromettante et la plus coûteuse émotionnellement (faire semblant de savoir, de connaître...). Il y a aussi, chez les sujets à haute estime de soi fragile, la tentation de la fuite en avant, du **briller pour ne pas douter** : on tente de garder le devant de la scène, mais en attirant la conversation là où l'on se sent en capacité d'impressionner les autres. Autre tentation, celle de la diversion : faire beaucoup de bruit et de tapage, par son humour et sa causticité, pour détourner l'attention et dissuader quiconque de venir tester de plus près la solidité de l'édifice.

La tentation coûteuse de « faire semblant »

Face à la menace de ces échecs sociaux (perçus comme tels en tout cas), la tentation du faire semblant est grande : faire semblant de savoir, faire semblant de s'en ficher, etc. Or ces stratégies du « faire semblant » ont un coût, aussi bien émotionnel qu'intellectuel : on devient moins à l'aise et moins performant. Parmi les études qui ont décortiqué ce genre de phénomène, on a demandé à des volontaires de se présenter de manière inhabituelle, c'est-à-dire avantageusement, devant des personnes connues, et modestement devant des inconnus. Alors que, chez la plupart des gens, les réflexes sont à l'inverse : présenter son meilleur profil aux inconnus, et se montrer plus naturel avec nos proches et familiers. Après avoir fait ce genre d'exercice, les volontaires voyaient toute une série de discrets dysfonctionnements apparaître chez eux[3] : ils abandonnaient plus rapidement la résolution de problèmes mathématiques, se montraient moins ajustés lors d'échanges sociaux, etc.

Un des risques du « faire semblant » : le sentiment d'imposture

Autre inconvénient : ces attitudes de « faire semblant » alimentent le sentiment d'imposture, si fréquent chez les sujets ayant des problèmes d'estime de soi, haute ou basse. Ce sentiment, évidemment, ne présage en rien de la valeur réelle de la personne dans la situation où elle se sent « imposteur ». Il ne résulte pas non plus d'un désir de tromper autrui volontairement, comme le ferait un escroc, pour en abuser. Ce sentiment d'imposture est simplement la complication des stratégies défensives inadaptées de l'estime de soi. Une de mes patientes avait un jour utilisé la formule : « J'ai l'impression d'*être* une supercherie et que bientôt tout le monde va s'en rendre compte. »

Le paradoxe du sentiment d'imposture, c'est qu'il s'active à partir du moment où l'on a commencé à agir et à « réussir » à trouver une certaine place au milieu des autres[4]. Si l'on en reste à la phase d'évitement et d'inaction, il ne s'enclenche pas. Mais une fois qu'on s'est jeté à l'eau, survient alors la crainte lancinante d'être découvert et mis à nu pour ce que l'on est : une personne moins compétente que les autres ne l'avaient cru. **On a alors échangé une émotion**

négative, la tristesse (« personne ne me remarque »), contre une autre, l'inquiétude (« on m'a remarqué »), qui débouche alors sur la peur d'être « démasqué ». Je me souviens d'un patient venu me consulter à l'âge de 50 ans, et qui m'avouait : « Toute ma vie j'ai eu une peur absurde et irrépressible d'être démasqué. Malgré ma réussite professionnelle, le fait que j'aie des amis, une famille, j'aurai finalement passé ma vie à faire des cauchemars où je me voyais mis en procès, critiqué, convaincu d'avoir escroqué les autres sur mes capacités réelles. Passé ma vie à craindre, dans les réunions ou les soirées, que d'autres personnes, réellement à l'aise, ne me repèrent et ne prennent un malin plaisir à me dézinguer, en révélant ainsi à tout le monde ma fragilité, mon incapacité à me défendre, mon manque de ressources personnelles, mes vides intérieurs. »

Aux débuts de la vague du téléphone cellulaire circulait l'anecdote suivante : c'est l'histoire d'un gars avec son portable dans le TGV, qui parle, qui parle... Tout le monde est à la fois agacé et épaté, car c'est un des premiers que les passagers voient. En réalité, il n'a pas de vrai portable, c'est juste un jouet en plastique. Il continue donc de faire semblant et d'épater la galerie, jusqu'au moment où un autre passager a un malaise, assez grave, probablement un infarctus. On lui demande alors de se servir de ce portable si rare et si précieux pour prévenir la gare suivante, afin qu'une ambulance se tienne prête. Le passager confus doit alors avouer que ce n'était qu'un jouet et qu'il faisait semblant... L'expression « mort de honte » s'applique assez bien à ce genre de situation. Vraie ou fausse, cette histoire embarrassante connut un certain succès, sans doute parce qu'elle fut largement colportée par des inquiets de l'imposture.

Mentir pour protéger l'estime de soi…

Les problèmes d'estime de soi peuvent donc conduire à mentir… Il y a en général plusieurs explications aux mensonges selon les circonstances : on peut mentir par peur de déplaire, par souci de ne pas provoquer un conflit, par désir de ne pas faire de peine[5]. Et souvent, on peut être amené à mentir par besoin de se valoriser, si l'on se sent inférieur dans tel ou tel domaine.

Dans ces derniers cas, le mensonge est une mauvaise réponse à un vrai problème. Mauvaise, car elle nous habitue à ne pas nous confronter avec les difficultés de l'existence. Mauvaise, car pour de maigres bénéfices immédiats, elle nous garantit des ennuis pour l'avenir. Très vite, tout devient compliqué, culpabilisant, insécurisant, lorsqu'on a choisi le mensonge pour gérer ses problèmes, ses complexes, ses frustrations, ses limites. **Beaucoup de menteurs à répétition sont des gens qui doutent qu'on puisse les aimer tels quels, sans enjoliver ce qu'ils sont ou ce qu'ils font ; beaucoup aussi ne savent pas dire non. Ils vont devoir, pour ne plus mentir, apprendre à s'affirmer**. Ou mentir pour se valoriser, pour attirer la plainte ou la compassion. Ou encore éviter des explications ou un conflit qu'on veut fuir. Jules Renard écrivait : « L'homme véritablement libre, c'est celui qui sait refuser une invitation à dîner sans donner de prétextes. » La tentation du mensonge pousse parfois à inventer des prétextes imaginaires pour ne pas avoir à s'affirmer… Mais dans le cas de la mythomanie, le rapport au mensonge va bien au-delà, vers une véritable dépendance au fait de mentir, même si c'est totalement inutile, comme un réflexe inutile, un autoallumage d'une mécanique trop souvent enclenchée.

Mais le plus souvent, les mensonges liés à l'estime de soi sont bénins, et se rapprochent davantage de ce qu'Alain Souchon raconte dans sa chanson *Bidon*, où il fait croire à ses petites amies qu'il est successivement chanteur de rock, pilote de formule 1, etc. avant de devoir avouer, pris la main dans le sac, qu'il n'est « qu'un mec à frime, bourré d'aspirine », avec ses pinces à vélo. Ce qui aurait sans doute suffi pour les séduire, malgré tout.

La solution : l'affirmation de soi négative

Si l'on sent que l'on a recours trop souvent à la dissimulation ou aux « petits arrangements avec la vérité », il faut agir : il est épuisant de passer toute une vie à mentir et à faire semblant. C'est moins frustrant que de renoncer, mais infiniment plus usant.

Bien évidemment, le problème ne vient pas de nos faiblesses mais de notre incapacité à les assumer. Sans doute parce que nous craignons qu'elles n'entraînent un rejet irrémédiable (et non de la compréhension) ou parce que nous pensons qu'elles sont insurmontables. Ces deux erreurs nous conduisent alors à des stratégies inadaptées.

Le travail sur l'affirmation de soi négative consiste à prendre peu à peu l'habitude d'être prêt à dévoiler ses faiblesses et limites, afin de réétalonner son détecteur de risques de rejet social. Les personnes à mauvaise estime de soi surévaluent ce risque de rejet, pour des raisons subjectives et non argumentées. On leur fait donc tester la validité de leurs prédictions au travers d'une série d'exercices avec le thérapeute. Par exemple en s'entraînant à avouer son incapacité à répondre à des fiches de Trivial Pursuit, modèle Genius si possible. Ou à des questions de culture générale : on peut trouver de telles listes de questions sur des sites Internet ; je fais de temps en temps l'exercice avec certains de mes patients. Autre exercice classique : aller dans un magasin, se faire expliquer le fonctionnement d'un appareil *hi-fi* ou électroménager, dire que l'on n'a pas bien compris et redemander des explications. *Idem* dans la rue en demandant son chemin, faire répéter la personne qui nous indique le trajet.

L'idée est de confronter le patient à ce qu'il a toujours tellement redouté, qu'il s'est ingénié à ne jamais affronter. Comme toujours, on découvre alors que les risques réels sont inférieurs aux risques supposés.

Après ces petits exercices d'échauffement, il restera à affronter le plus difficile : se découvrir ainsi dans la vraie vie, avec de véritables personnes, et non plus seulement dans le cadre d'un jeu de rôle. Car à ce moment, le risque de perte d'estime sera plus important qu'avec des inconnus, ou le thérapeute. Ce que l'on cherche à apprendre au patient, ce n'est pas de *toujours* révéler ses faiblesses, mais de *toujours s'en sentir capable,* en fonction des interlocuteurs, des circonstances, des milieux, etc.

Je me souviens ainsi d'un patient qui ne savait pas faire fonctionner son logiciel le premier jour de son nouvel emploi. Il passe des heures avant d'oser demander de l'aide, puis il finit par s'y résoudre. Un collègue bienveillant lui donne alors quelques explications. Il n'a pas tout compris, mais n'ose pas le dire. Heureusement, le collègue repère sa tête, et lui dit : « En général, on ne comprend pas du premier coup, il vous faudra plusieurs jours pour commencer à y arriver, n'hésitez pas à venir me voir, nous sommes tous passés par là. » Mais si le collègue n'avait pas été bienveillant, il est probable que le patient aurait démissionné. Il l'avait déjà fait dans le passé, pour moins que cela.

Je me souviens aussi d'une patiente qui devait aller voir le professeur principal de son fils, en difficultés scolaires. Comme elle avait une liste de choses à demander, elle les avait couchées sur un petit pense-bête. Mais devant le professeur, elle n'osa pas le sortir. Devant mon étonnement, elle me demande sincèrement : « Vous êtes sûr que je n'aurais pas eu l'air idiot ? » Cette patiente était pourtant d'un milieu socio-professionnel élevé, exerçait un métier prestigieux. Justement, cela n'arrangeait pas les choses, et facilitait plutôt sa peur qu'on l'estime moins si elle montrait ses faiblesses, même minimes. Je me souviens que nous avons alors fait un petit jeu de rôle où elle avait à sortir de son sac une liste de « choses à demander », en avouant avec un grand sourire à son interlocuteur : « J'ai une mauvaise mémoire, c'est pour être sûre de ne rien oublier. Ça ne vous dérange pas que je vérifie ? »

Autre patiente encore, cette jeune fille, pourtant parfaitement et normalement intelligente, mais qui s'autocensurait dans les soirées entre amis, persuadée qu'elle était que tous les propos qui sortaient de sa bouche étaient moins sensés ou moins intéressants que ceux des autres. Le travail en séance consistait avec elle à tirer au sort des petits papiers avec des sujets de conversation (le dernier film que j'ai vu, le dernier livre que j'ai lu, mes dernières vacances, un souvenir d'enfance...), et à lui demander d'improviser là-dessus. Il a fallu quelques séances pour arriver à atténuer le pouvoir parasite des pensées qui surgissaient alors à son esprit, du type : « C'est nul, ce que je dis, pas intéressant, embrouillé, pas argumenté... » Et quelques « travaux pratiques » aussi, auprès d'amis de confiance, pour qu'elle en arrive à la même conclusion que La Rochefoucauld : **« La confiance fournit plus à la conversation que l'esprit. »** Son problème n'était pas celui de la qualité de ses propos, mais juste celui des exigences de son estime de soi.

Invulnérable ou presque…

Récit de Loïc, un de mes patients : « J'ai un copain qui n'est pas du tout victimisable ! Il a une incroyable capacité à désarçonner tous les prédateurs sociaux, tous les vampires de nos faiblesses, les requins qui arrivent dès qu'ils sentent une fragilité chez quelqu'un [Loïc voit en réalité des prédateurs partout, tant il doute de lui]. Lui, l'air de rien, dès qu'on lui fait une critique, il la prend bien. Ce n'est pas forcément qu'il l'accepte, mais tout de suite il enquête : "Ah bon ! dites-m'en davantage." Très vite, il retourne le truc sur l'autre, c'est au critiqueur de se justifier et de s'expliquer. Sans qu'il refuse jamais de se remettre en question, neuf fois sur dix, c'est l'autre qui finit par le faire. C'est la seule personne que je connaisse qui fonctionne comme cela : comme un champion d'aïkido. Toujours fort, mais sans jamais recourir à la force… »

J'ai souvent travaillé avec des patients qui devaient dispenser des conférences ou un enseignement. Une de leurs craintes était de ne pas savoir répondre à une question du public ou des étudiants. Mais pourquoi devrait-on toujours savoir tout, et tout de suite ? Pour être admiré ? Le stress en vaut-il la chandelle ? Travaillé aussi avec d'autres qui avaient le plus grand mal à reconnaître lors d'une discussion qu'ils n'avaient pas d'arguments. Ou que, finalement, ils s'étaient trompés en affirmant une position trop vite, et que les arguments de l'interlocuteur étaient meilleurs et plus logiques. Dans tous les cas, la seule solution, la plus apaisante, la plus honnête, la plus forte, et finalement la plus enrichissante, c'est pourtant de dire : « Je ne sais pas », ou « J'ai peut-être tort. »

Les mouvements se produisent dans les deux sens : évidemment, une bonne estime de soi permet d'adopter de tels comportements. Mais, à l'inverse, adopter de tels comportements est bon pour l'estime de soi : cela nous apprend qu'il est possible de rester estimé sans avoir à être parfait. Assumer ses limites, c'est dur, mais c'est nécessaire et utile. Existe-t-il des risques ? Les personnes à basse estime de soi, qui ne le font pas souvent, ont des tas d'anecdotes à propos d'interlocuteurs indélicats qui auraient abusé de l'expression de cette vulnérabilité. Mais on leur rappelle alors que la solution préconisée n'est pas de généraliser la réponse de « déverrouillage », mais de l'adapter aux interlocuteurs. D'où l'importance, dans les échanges sociaux, d'observer les autres plus que soi-même. L'importance aussi de multiplier les occasions de s'affirmer négativement pour se créer cette expérience humaine, basée sur de nombreuses interactions, qui manque à ces personnes. À partir de là, elles bénéficieront des avantages de leur attitude : obtenir de vraies informations sur l'acceptabilité sociale de leurs faiblesses. On progresse mieux à partir de cela qu'à partir de ses fantasmes.

Paradoxe et injustice habituels : plus quelqu'un a une bonne estime de soi, plus il est libéré du besoin de performance. L'écrivain Paul Valéry, mondain et doué pour les relations sociales, déclarait parfois au début d'une conférence : « Je suis venu ignorer devant vous. » J'ai vu plusieurs fois des présidents des États-Unis, hommes politiques les plus puissants du monde, déclarer avant un discours, se sentir particulièrement émus. Coquetterie, mais aussi état d'esprit. Si nous nous inspirions de ces exemples, au lieu de simplement les admirer ou les envier ?

CHAPITRE 17

S'occuper de son moral

« Ne vous amertumez pas… »

COURTELINE réconfortant Jules RENARD

« Mes états d'âme et moi », ou le petit théâtre de notre vie intérieure…

Les liens étroits entre estime de soi, humeurs et émotions

L'estime de soi n'est pas qu'une question de regard sur soi, elle est aussi ce ressenti émotionnel global qui nous envahit lorsque l'on pense à soi. Certains chercheurs définissent même l'estime de soi comme la « composante affective du concept de soi[1] », pour indiquer à quel point elle est « contaminée » par cette dimension émotionnelle. Elle est ce qui fait que nous ne sommes pas que des « identités froides[2] ».

Il existe une corrélation nette entre notre humeur et notre estime de soi : tout ce qui nous met de bonne (ou de mauvaise) humeur améliore (ou abaisse) légèrement l'estime de soi[3]. Inversement tout mouvement (blessure ou nourriture) de l'estime de soi influence (négativement ou positivement) notre humeur[4].

Globalement, les personnes à estime de soi fragile ont une nette tendance à ressentir des affects négatifs, surtout face aux situations stressantes[5]. On peut même se demander si certains déficits chroniques de l'estime de soi ne seraient pas qu'une expression particulière de troubles de l'humeur (c'est-à-dire toutes les formes de maladies dépressives) se manifestant surtout dans le domaine du regard sur soi. Ainsi, chez les personnes souffrant de dysthymie (forme de dépression chronique et peu intense), la prescription d'un traitement antidépresseur peut parfois amener une amélioration nette des problèmes d'estime de soi.

Une bonne estime de soi semble aussi de nature à faciliter tout ce que l'on nomme intelligence émotionnelle : la capacité à percevoir, décoder et réguler l'ensemble de ses émotions et de celles des autres[6]. Une bonne estime de soi joue aussi un rôle de thermostat émotionnel, et aide à moduler l'impact des émotions négatives, à ne pas les laisser prendre trop de place ou se généraliser. Probablement aussi en empêchant un embrasement psychologique à partir de l'onde de choc émotionnelle des échecs et difficultés : « J'en ai marre, ça ne peut plus durer, je n'y arriverai jamais, c'est trop dur… » Les émotions influencent donc nettement le regard et le jugement que l'on porte sur soi. Ce lien entre estime de soi et vie affective semble plus spécifique par rapport aux émotions liées à l'image de soi : honte plus que colère, fierté plus que bien-être[7].

Cela ne concerne pas que les émotions fortes. Cet effet existe même à un niveau aussi simple que le sentiment global d'énergie : une étude de suivi sur sept semaines montrait ainsi une corrélation étroite entre le niveau d'énergie ressenti par les volontaires (avoir la pêche) et l'estime de soi[8]. Enfin, nous savons que ces émotions discrètes que représentent nos états d'âme, ces oscillations de moral quotidiennes, si légères que nous en oublions parfois la présence et l'influence, jouent elles aussi un rôle dans les équilibres de notre estime de soi.

Les personnes ayant des problèmes d'estime de soi ne savent pas se remonter le moral

On sait que les personnes à mauvaise estime de soi tendent à « s'enfoncer » lorsqu'elles ne vont pas bien : si elles se sentent mal aimées, elles vont avoir tendance à se replier sur elles-mêmes au lieu de chercher à renouer des liens sociaux réparateurs. Si elles se sentent en échec, elles vont avoir tendance à s'autoaccuser et à s'autodévaloriser, au lieu de s'encourager pour continuer d'agir. Elles chercheront moins à se remonter le moral[9] et, pire encore, elles se limiteront face aux émotions positives, là où les sujets à bonne estime de soi seront capables de les savourer comme il se doit[10].

Pourquoi cela ? Les recherches fournissent tout un ensemble d'explications[11]. L'habitude de se sentir d'une humeur morose, et donc dans une plus grande familiarité avec les émotions négatives qui ferait qu'on chercherait moins à les chasser ? La conviction, due à des échecs passés, qu'il est très difficile de modifier son humeur, et donc un renoncement à le faire ? L'intuition qu'améliorer son moral nous inciterait à nous reconfronter aux situations, et donc la crainte que cela n'attire à nouveau des blessures d'estime de soi ? Ou la fragilité spécifique des mécanismes de régulation de l'humeur chez les personnes à basse estime de soi, et leur dérèglement rapide à partir des stresseurs quotidiens (d'où la difficulté à tenir ses résolutions et à faire ce que l'on sait devoir faire pour aller mieux) ? Cette dernière hypothèse semble le mieux correspondre à ce que nous observons sur le terrain, auprès des patients.

Le problème est qu'évidemment ces échecs répétés dans les tentatives d'ajustement entraînent une usure émotionnelle et une démotivation psychologique (sentiment d'impuissance et d'inefficacité personnelle), qui aggravent encore les problèmes d'estime de soi, etc.

Il existe peut-être des circuits cérébraux qui peu à peu se sensibilisent à ces échecs répétés, et font qu'au moindre contretemps vont survenir avec une violence et une intensité disproportionnées des émotions et des pensées négatives. Un de mes jeunes patients, chercheur en neurosciences, me parlait ainsi d'une « autoroute synaptique négative » : « Plus je progresse dans la thérapie, plus je sens que je suis capable de la sentir s'activer à l'avance, et de mettre en place des déviations psychologiques, pour ne pas, chaque fois, foncer dans le mur. »

Les baisses de moral réveillent les problèmes d'estime de soi

De manière générale, nos patients souffrant de troubles de l'estime de soi décrivent clairement comment certains jours sont pires que d'autres, en fonction des fluctuations (pourtant normales) de leur moral : ce qui ne serait chez d'autres qu'une grisaille mentale passagère réveille chez eux tout un tas de pensées de désamour de soi, de ruminations sur ses difficultés, et de baisse d'envie d'agir et de vivre.

Mais les états d'âme négatifs ne provoquent pas seulement de l'inconfort. Ils semblent diminuer les capacités à agir, créer, résoudre des problèmes, etc. On pense également que de légères baisses de moral sont des facilitateurs de rechutes dépressives chez les personnes fragiles à ce niveau, notamment si elles ont déjà présenté plusieurs épisodes dépressifs dans le passé[12]. On a aussi pu montrer que les baisses de moral, même minimes et transitoires, chez les personnes ayant des antécédents de dépression et de tentatives de suicide, avaient un impact sur leur capacité à résoudre de petits problèmes simples du quotidien[13]. Ces travaux sont importants car ils permettent de comprendre comment des événements adverses mineurs peuvent parfois conduire à un véritable embrasement dépressif, avec un afflux d'idées sombres et de sentiments de désespoir, pouvant aller, chez les personnes prédisposées, jusqu'aux idées suicidaires, ce d'autant que la tentative de suicide a déjà été, dans le passé, une « solution » pour échapper à cette souffrance.

Une neuropsychologie de l'estime de soi ?

Les progrès de la neuro-imagerie, technique permettant de voir les différentes zones du cerveau en action, ont été et s'annoncent spectaculaires : ils permettent de mieux comprendre que tous les phénomènes psychiques, pensées ou émotions, sont reliés à des manifestations psycho-biologiques. Qu'aucune souffrance psychologique n'existe sans être associée à des perturbations cérébrales : la maladie imaginaire n'existe pas. Et comment les différents soins, psychothérapiques ou médicamenteux, normalisent ces perturbations[14]. Il n'existe pas pour l'instant, à ma connaissance, de travaux de ce type sur le fonctionnement et les troubles de l'estime de soi. Mais, par contre, il en existe dans le domaine de la dépression, dont les liens avec l'estime de soi sont étroits. Ainsi, une équipe française a montré les soubassements neuropsychologiques de certaines « erreurs » survenant dans le cerveau des personnes déprimées[15].

L'expérience se déroule ainsi : les chercheurs présentent aux sujets volontaires, déprimés ou non, des listes de mots. Certains décrivent des qualités (généreux, intelligent, aimable, etc.), d'autres des défauts (avare, hypocrite, rancunier, etc.). On demande d'abord aux sujets de lire ces mots dans une optique générale (« Que pensez-vous de la générosité ? De l'avarice ? »). Puis dans une optique personnelle (« Êtes-vous vous-même généreux ? Avare ? »).

On s'aperçoit alors que chez les sujets « normaux » (non déprimés), ce ne sont pas les mêmes zones du cerveau qui s'activent, selon que les mots sont lus dans une optique générale (est-ce une qualité ou un défaut ?), ou dans une optique personnelle (ai-je moi-même cette qualité ou ce défaut ?). Le psychisme des personnes non déprimées fait ainsi clairement la différence entre réfléchir à un trait de caractère et se l'attribuer. Il existe, en effet, une zone spécifique du cerveau connue depuis peu pour être le siège de la tendance à « personnaliser » les informations traitées : le cortex préfrontal dorso-médian. Si vous n'êtes pas déprimé(e), cette zone ne s'activera que si vous vous interrogez sur vous-même. Chez les déprimés, cette zone tend à s'activer à tout bout de champ, notamment à l'évocation des mots négatifs, même dans une optique générale. Autrement dit, lorsqu'on leur demande : « Que pensez-vous de ce défaut ? », les déprimés réagissent comme s'ils avaient entendu : « Êtes-vous concerné par ce défaut ? » Et tendent d'ailleurs à penser que oui.

On sait que cette tendance à la personnalisation des informations, surtout négatives (« C'est ma faute », « C'est toujours sur moi que cela tombe »), caractérise la maladie dépressive. Elle est à l'origine des sentiments de désarroi, de culpabilité et d'autodévalorisation qui parasitent constamment la vie intérieure des dépressifs, et qui délabrent chez eux l'estime de soi. C'est d'ailleurs l'une des cibles privilégiées de la psychothérapie cognitive, qui consiste à faire prendre conscience à la personne déprimée de l'existence de ces distorsions automatiques de pensée.

C'est la première fois (ce n'est sans doute qu'un début) que les bases cérébrales d'un mécanisme psychopathologique sont ainsi révélées par la recherche en neuro-imagerie. Lorsque les déprimés nous expliquent que « c'est plus fort qu'eux » et qu'ils ne peuvent s'empêcher de réagir ainsi, nous pouvons les croire : ces mécanismes ne dépendent en aucun cas de leur volonté. Ils ne peuvent que tenter de les corriger, mais non en interdire l'apparition.

Heureusement, ce n'est pas parce qu'un phénomène repose sur une base biologique qu'il n'est pas modifiable par la force du psychisme. C'est le deuxième grand enseignement de ce type de recherches. Une autre équipe, canadienne cette fois, a montré de son côté que les dysfonctionnements cérébraux des déprimés s'amélioraient sous traitement psychothérapique[16] : les perturbations observées sont dites « fonctionnelles », elles ne sont pas des lésions du cerveau. La tendance à s'attribuer des informations négatives est donc « réparable » dans le cas de la dépression. Il n'y a aucune raison de penser que cela ne serait pas le cas pour les souffrances de l'estime de soi.

Se servir de ses émotions pour travailler sur l'estime de soi

L'intérêt et la possibilité de travailler sur ses états d'âme, ce mélange entre nos humeurs et nos pensées, sont largement attestés aujourd'hui[17]. On sait qu'il n'est pas anodin pour le bien-être de laisser régner en nous, du moins trop longtemps et trop souvent, des émotions négatives (tristesse, colère, inquiétude...). Ce n'est pas non plus anodin pour l'estime de soi. D'ailleurs, **autant sinon plus qu'aux émotions fortes et violentes, il faut surtout prêter attention à ses humeurs** (appellation que recouvre en anglais le terme plus courant de *mood*) : bien que plus discrètes que les émotions, elles sont souvent plus délétères car plus insidieuses, moins faciles à repérer et donc à antagoniser. Et peuvent avoir un impact souvent plus grand sur tous les aspects de notre comportement et de notre vision du monde.

Moins exceptionnels, plus fréquents et plus chroniques aussi, **ces états d'âme que sont nos humeurs agissent en quelque sorte par « infusion[18] »** : peu puissants, mais actifs si on les laisse imprégner longtemps notre psychisme. Une patiente assez drôle à qui j'avais expliqué ce mécanisme me racontait un jour : « J'ai compris votre théorie, docteur. Chez moi, ça marche comme ça : ces états d'âme, c'est comme une tisane ou une infusion. C'est pas grand-chose, mais si on laisse infuser longtemps, ça se corse. Moi, j'ai souvent mon cerveau dans une infusion de spleen ; je ne fais pas attention, je laisse macérer, et à la sortie, je vais mal. Pareil, il y a des jours où je suis dans une infusion d'agacement... Parfois, c'est comme les vraies tisanes, genre tilleul-menthe, du mixte : j'ai colère-inquiétude, ou spleen-remords. Mais maintenant, j'ai compris : je ne laisse plus ma cervelle barboter là-dedans... »

Le travail sur ces humeurs commence donc à représenter un enjeu important dans les psychothérapies de l'estime de soi et de la prévention de la rechute dépressive. Car ces capacités peuvent se « muscler » et se développer peu à peu par un entraînement régulier[19]. Bonne nouvelle, non ? Parmi les efforts à mener pour peu à peu acquérir ses capacités :

• **L'observation régulière de ses mouvements émotionnels** (grands et petits) : c'est ce que l'on nomme la « chronométrie affective ». Cela consiste à évaluer régulièrement son humeur sur un petit carnet, et à établir le lien avec les pensées et événements de vie associés[20]. Lorsque j'ai le spleen, quel genre de pensée cela induit-il chez moi, quels comportements ? Comment j'arrive, ou non, à les combattre ? Quels événements ont déclenché ces humeurs ? Ma réaction est-elle proportionnelle à ce qui s'est passé, ou manifestement excessive ? Si c'est le cas, je suis sans doute victime d'une forme de dérèglement de mon thermostat émotionnel : je vais avoir intérêt à pratiquer des exercices réguliers pour le régler de manière plus adéquate[21].
• **Le travail sur ses contenus de pensée**, que l'on nomme « travail cognitif[22] » : cela consiste en gros à ne plus confondre ses pensées avec la réalité. Nous en avons parlé plus haut.
• **La pratique régulière d'exercices de méditation**, quelle qu'en soit la forme : pleine conscience, za zen, etc., qui aide grandement au dépistage précoce des micromouvements d'humeur, et à leur mise à distance.
• **L'effort délibéré pour susciter ou accueillir en soi toutes les occasions d'émotions positives, légitimes et sincères**[23], effort qui facilite l'équilibre émotionnel global, s'il est pratiqué de manière adaptée, et non plaquée ou stéréotypée.

L'aide de thérapeutes est parfois nécessaire pour mener à bien ce type de travail sur soi, surtout si vous présentez des tendances dépressives déjà avérées. Les thérapies adaptées sont celles qui vous feront travailler sur ce point précis de jonction entre émotions, pensées et situations déclenchantes. Mais il faudra ensuite ne plus oublier de prêter attention aux réglages de notre « thymostat », le thermostat de nos états émotionnels discrets (*thymie* signifie en grec « humeur »). Notre cher Jules Renard remarquait : « Certes, il y a de bons et de mauvais moments, mais notre humeur change plus souvent que notre fortune. »

Baruch Spinoza

Mes collègues me chambrent souvent lorsque je parle de bonheur ou d'émotions positives lors de nos réunions scientifiques. Notre métier de psychiatres, médecins de la psyché, nous pousse à considérer comme plus noble, plus légitime et surtout plus urgente la tâche de soulager les souffrances. Et comme secondaire, anecdotique, voire inappropriée (« ce n'est pas notre mission ») celle d'aider nos patients à construire, par petites touches, leur bonheur. Ces petites moqueries de mes collègues et amis m'agacent parfois, je l'avoue (je ne parle pas ici des grosses vacheries de mes collègues et ennemis, que je n'ai jamais à entendre ou à affronter, car elles ne sont pas dites en ma présence). Je les accepte, et j'en souris, mais tout de même…

Alors, je recherche des alliés. L'un de mes alliés les plus prestigieux, c'est Baruch Spinoza (1632-1677), philosophe magnifique, chantre de la joie. Écoutez ce qu'en dit Gilles Deleuze, dans un livre qu'il lui a consacré : « Spinoza n'est pas de ceux qui pensent qu'une passion triste ait quelque chose de bon […]. **Seule la joie vaut, seule la joie demeure**, nous rend proches de l'action, et de la béatitude de l'action. La passion triste est toujours de l'impuissance. […] Comment arriver à un maximum de passions joyeuses, et, de là, passer aux sentiments libres et actifs[24] ? »

Spinoza n'avait rien d'un naïf, ni d'un rêveur. Et c'est bien pour cela qu'il a célébré ainsi la joie contre la tristesse. Hasard ou signe du destin, il se prénomait Baruch.

Ce qui signifie *bienheureux*…

CHAPITRE 18

Être son meilleur ami

« L'amitié que chacun se doit. »

Michel de MONTAIGNE

Dans sa célèbre nouvelle, *La Soirée avec M. Edmond Teste*, Paul Valéry décrit une des sentences du rapport à soi la plus célèbre de la littérature française : « Je me suis rarement perdu de vue : je me suis détesté, je me suis adoré – puis, nous avons vieilli ensemble. » Après les inévitables oscillations du désamour et de l'amour de soi, comment arriver à une cohabitation paisible avec soi-même ?

Faut-il chercher à s'admirer ? Les risques de l'autophilie…

L'erreur fréquemment commise par les sujets souffrant de problèmes d'estime de soi est de penser qu'on n'est estimable que lorsqu'on est admirable. Les stratégies peuvent alors varier selon le niveau de l'estime de soi. Ceux qui ont une haute estime de soi fragile cherchent à obtenir cette admiration de la part des autres, d'où leurs efforts d'autopromotion et de mise en avant, et de se convaincre eux-mêmes qu'ils sont admirables. Ceux dont l'estime de soi est basse se contentent d'en rêver : fantasmes de succès et de gloire, mais leur absence d'efforts et de prises de risques les en tient, hélas pour eux, bien éloignés. Cette quête, agie ou rêvée, d'admiration est en réalité une impasse pour l'estime de soi : nous avons vu qu'elle la fragilisait, en la rendant « conditionnelle » et dépendante à l'extrême de situations extérieures et peu contrôlables.

Cherchons donc à nous estimer, non à nous admirer. La différence entre estime et admiration a parfaitement été résumée par André Comte-Sponville[1] : l'admiration pour ce qui nous dépasse largement, l'estime pour ce qui est légèrement supérieur à nous, « une sorte d'égalité positive ». C'est une parfaite base pour la définition des objectifs quotidiens que chacun peut prétendre à viser : pour nous estimer, faire un peu mieux que ce que nous aurions fait spontanément. Inutile de chercher l'action glorieuse ou le succès éclatant. Ce serait trop difficile, et aussi un trop bon prétexte pour renoncer d'avance à agir.

Cette prudence avec le désir d'être admirable a toujours été décrite, voyez par exemple Jean-Jacques Rousseau, dans ses *Confessions* : « Il me fit sentir qu'il fallait infiniment mieux avoir toujours l'estime des hommes que quelquefois leur admiration. » Ou La Rochefoucauld : « Notre mérite nous attire l'estime des honnêtes gens, et notre étoile celle du public. »

Faut-il s'aimer ?

En matière d'estime de soi, la plupart des auteurs (dont moi-même, je l'avoue) ont longtemps insisté sur le nécessaire amour qu'il convient de se porter pour s'estimer. C'est peut-être une mauvaise idée sur le plan pédagogique. Outre le fait que le sentiment amoureux est difficile à commander, on peut noter que l'amour repose sur un mélange inextricable d'attirance physique, un besoin de fusion et de rapprochement, une attente d'exclusivité, qui paraissent incompatibles avec ce rapport paisible à son ego que l'on attend d'une bonne estime de soi. On serait alors plus proche du narcissisme, cet amour excessif de soi-même. Ou plutôt, cet amour tout court. Pourquoi vouloir *s'aimer* ? N'y a-t-il pas d'autres rapports affectueux à soi possibles ?

De fait, lorsqu'on observe le fonctionnement des personnes à bonne estime d'elles-mêmes, il semble que la nature du lien qu'elles entretiennent avec leur moi intime soit plutôt de nature amicale. **La bonne estime de soi est finalement plus proche de l'amitié qu'elle ne l'est de l'amour** : seule l'amitié arrive à associer **exigence** (ne pas laisser ses amis faire n'importe quoi) et bienveillance (ne pas les juger, mais vouloir les aider), **présence** (on est attentif et disponible pour eux) et **tolérance** (on accepte leurs travers et leurs défauts). Ou bien il faudrait que cet amour envers nous-même soit de la même nature que celui des parents envers leurs enfants : sans conditions et infiniment bienveillant. Certaines thérapies explorent aujourd'hui cette piste de l'autoreparentage, avec des premiers résultats prometteurs[2].

Simplement être son ami

Estime et affection, n'est-ce pas ce qui caractérise l'amitié ? Un ami ou une amie, c'est précisément une personne pour laquelle nous ressentons ces deux sentiments. Et il est probable que la relation amicale représente un très bon modèle possible de rapport à soi.

C'est ce que propose **l'exercice dit du « meilleur ami », un classique de la thérapie cognitive** : le thérapeute demande à son patient de noter ses pensées négatives, lorsqu'il est en situation difficile. Par exemple : « Lorsque j'ai échoué à cette tâche, je me suis dit : tu es vraiment trop nul, laisse tomber, tu n'y arriveras jamais. » Il lui demande alors s'il aurait dit cela à son meilleur ami, confronté à la même situation. Non, bien sûr, répond le patient. Car il a bien conscience que ce discours serait erroné, injuste, inefficace… On demande alors au patient de modifier le discours comme si l'on devait le tenir à son ami : que diriez-vous si un de vos amis avait été confronté au même problème ? Le discours se modifie alors : à partir des mêmes faits, sa tonalité est plus douce et plus aidante. Plus juste aussi : « Bon, c'est dur, tu n'y es pas arrivé. Ce sont des choses qui arrivent. En travaillant, peu à peu, tu devrais pouvoir le faire. Et sinon, tu laisseras tomber, si c'est trop d'efforts. »

On incite peu à peu le patient à avoir recours à ce type de discours intérieurs envers lui-même. Pour ancrer le réflexe, on fait régulièrement des jeux de rôle où le thérapeute (à partir de ses notes) joue le rôle du patient qui s'autocritique de manière trop sévère, et où le vrai patient doit jouer le rôle d'un ami au discours réparateur : il doit ainsi réconforter, sans lui mentir, cet interlocuteur qui n'est autre que lui-même… On encourage le patient à avoir recours peu à peu aux verbalisations souhaitables : ne pas se célébrer (« mais non, tu es génial, ce sont les autres qui sont idiots, ou c'est ce problème qui n'a aucun sens ») ni nier le problème (« tout va bien, on s'en fiche »), mais l'aborder calmement (« d'accord il y a un souci »), ne pas généraliser (« est-il aussi grave et définitif que ta déception te pousse à le croire ? »), souligner les solutions (« tu n'es pas le premier à avoir ces soucis, il doit y avoir des moyens de faire face »).

L'apprentissage de relations autoamicales

Certaines personnes arrivent assez facilement à établir cette relation amicale avec elles-mêmes. Elles prennent soin d'elles, ne se houspillent pas lorsqu'elles se déçoivent. D'ailleurs, elles ne se « déçoivent » pas : elles constatent calmement leurs échecs et en tirent les enseignements. De l'affection sans passion, c'est ce qu'elles ressentent à leur égard. Mais ce type de rapports, lorsqu'il ne nous a pas été donné par notre passé et notre éducation, doit s'apprendre. On peut apprendre à passer de relations exigeantes, ombrageuses et conditionnelles (« je t'aime si… ») avec soi-même à des relations plus sereines. Cela prend du temps, comme tous les apprentissages de l'estime de soi. Mais, si l'on a la bonne direction…

CHAPITRE 19

« Assise entre deux stars »

C'est une patiente que j'aime bien.

Elle est venue me voir pour des attaques de panique violentes qui l'avaient rendue claustrophobe et agoraphobe au dernier degré. Nous avons bien travaillé, pendant un an, et elle en est maintenant débarrassée. De temps en temps la peur revient encore, mais elle sait la tenir à distance, sans difficultés. Comme nous avons sympathisé, elle m'a parlé d'autres problèmes, moins violents, mais qui lui gâchent aussi la vie, des problèmes d'estime de soi. Depuis qu'elle est enfant, elle a l'impression de n'être pas assez bien pour mériter l'amour des autres. Ses parents lui semblaient préférer ses frères ou en tout cas les admirer ; elle, on l'aimait bien, mais on ne l'admirait pas du tout. Tout au long de son existence, elle avait vécu des drôles de peurs sociales ; par exemple, à l'adolescence, une crainte de gêner les autres par son odeur ou sa laideur. Évidemment, il n'y avait aucune odeur, aucune laideur. Elle le sait bien aujourd'hui, et elle le savait probablement à l'époque, mais c'est comme ça, ses craintes s'étaient fixées là-dessus, sur « la peur qu'on ne puisse pas me sentir, ou qu'on ne puisse pas me voir », me dit-elle, en souriant. Nous avons travaillé et discuté pendant quelque temps sur ses problèmes d'estime de soi. Ils ne sont pas dramatiques, comme c'est parfois le cas, mais tout de même, ils la gênent. Je voudrais bien qu'elle les atténue, car ils pourraient être un facteur de rechute de ses phobies. Avec elle, mon travail est facile : elle progresse presque toute seule, en s'appuyant sur les conseils que je lui propose.

Aujourd'hui, elle se présente avec plein de choses à raconter : « J'ai pensé à vous hier soir, devinez ce qui m'est arrivé ! J'ai affronté une situation qui m'a fait travailler tout ce dont nous avions parlé ces derniers temps. J'ai dîné entre X (écrivain célèbre) et Y (animateur de télévision). Vous imaginez ? »

J'imagine assez bien. Ma patiente est tellement complexée, tellement mal à l'aise dès qu'elle a l'impression que ses interlocuteurs sont plus intelligents qu'elle, que ce qui aurait pu être une soirée pittoresque et intéressante a dû être une épreuve. Elle travaille dans l'administration, et son mari, chef d'entreprise de l'est de la France, est un homme extraverti, très engagé dans la vie culturelle et associative locale. Ce qui la contraint à participer souvent à des cocktails, cérémonies, vernissages et autres dîners mondains, dont elle se passerait volontiers. Surtout celui d'hier soir, organisé à l'occasion d'un festival culturel.

« Lorsque nous nous sommes approchés des tables, j'ai vu que nous étions placés à l'avance, et surtout que j'étais assise entre les deux invités de marque. Tout de suite, je me suis sentie mal : qu'est-ce que j'allais bien pouvoir leur dire pendant tout un repas ? J'étais vraiment inquiète, et je m'en voulais d'avoir accepté cette invitation. Je les connais, ces repas, où je compte les plats en me disant : plus que le dessert, plus que le café… Mais j'ai pensé à nos exercices, et j'ai fait des efforts. Je me suis concentrée sur ce que nous avions vu ensemble : ne pas me focaliser sur mon malaise ; poser des questions, sans me censurer en me demandant si elles sont assez intelligentes ou assez originales ; écouter les réponses, vraiment, au lieu de me torturer pour savoir si la réponse montre que ma question était bonne… Que c'est dur pour moi de faire simple !

Hier, la bonne surprise, ce fut que X (l'écrivain) s'est révélé être un homme charmant, humain, qui a répondu avec plaisir à mes questions et qui m'en a posé beaucoup sur mon métier, sur la région, etc. Au bout d'un moment, je me sentais soulagée, en sécurité, je ne voyais plus en lui un censeur ni un juge, mais une personne sympathique. J'étais contente d'être là. Y (l'animateur de télévision) était, lui, ce que j'appelle "poliment désagréable", pincé, hautain, distant, me faisant bien sentir la distance entre lui, la star de Paris, et moi, la fonctionnaire de province : soupirs, un sourcil levé, regards circulaires pour vérifier qu'on le regardait et pour montrer qu'il s'ennuyait… Là, je sentais les ondes de détresse monter à l'assaut de mon petit ego fragile ! Toutes mes vieilles pensées automatiques se réveillaient : "Idiote, inintéressante, insuffisante en tout…" D'autant que, peu à peu, Y s'est mis à me tourner, ostensiblement me semblait-il, le dos et à parler à sa voisine, qui avait au moins l'avantage d'être plus jeune que moi, sinon plus intéressante. Et le pire est alors arrivé : plus personne ne me parlait. Mon écrivain était engagé dans une grande conversation sur sa gauche ; mon animateur me snobait. J'étais seule entre les deux vedettes de la soirée, face à mon assiette et à mon malaise. Avec, évidemment, l'impression que toute la salle me regardait, ou plutôt regardait la scène en se disant : elle est tellement nunuche et creuse qu'elle les a écœurés. Avec l'impression que toutes les autres tablées de cette immense salle ne voyaient plus que ça… C'est là que j'ai réagi différemment de d'habitude. J'ai respiré, je me suis dit : "Ne t'enfonce pas toi-même, comme tu fais toujours. N'aggrave pas ton cas. Surnage, reste à la surface, ne te noie pas, ne replonge pas dans ta névrose."

Alors, je me suis redressée, et j'ai regardé autour de moi, luttant contre ma peur de croiser des regards. Quelques amis m'ont fait un petit bonjour des autres tables, je leur ai souri. Et je me suis dit que c'était normal que mes deux stars parlent à leurs autres voisines, tout de même. Et comme ces tables étaient mal fichues, trop larges pour qu'on entende nos voisins d'en face dans le vacarme ambiant, c'était normal qu'alors je me retrouve seule comme une godiche. Et, en plus, j'avais le droit de ne pas être intéressante. Le droit d'être imparfaite. Et ces deux messieurs pouvaient bien penser ce qu'ils voulaient, ainsi que tout le reste de la salle, je m'en fichais… En réalité, non, je ne m'en fichais pas vraiment. Pas totalement. Mais il se passait quelque chose de nouveau : c'était la première fois que cette phrase "je m'en fiche" me paraissait presque vraie, que je la sentais presque possible, que je n'étais plus si loin de la ressentir dans mes émotions, au lieu de seulement me la répéter dans mes pensées. Je me concentrais alors sur un but simple : me sentir bien sur le moment, minute après minute, bien m'asseoir, bien respirer, savourer chaque gorgée de vin que je buvais, chaque bouchée que j'avalais…

Puis, l'écrivain s'est retourné vers moi, très gentiment, en disant : "Pardonnez-moi, je suis un malotru, comment peut-on abandonner une jeune femme aussi charmante que vous ?" Et il s'est remis à me parler. Et moi à lui répondre, totalement détendue. Ces cinq petites minutes m'avaient reposée. Au lieu de me détruire et de m'enfoncer, à cause de cet *abandon*, de ce *désaveu* vu de tous, puis d'être incapable de reprendre le cours de la conversation, comme cela se serait passé autrefois, j'étais tout simplement contente de me remettre à bavarder. Comme avec un vieux copain très intelligent et cultivé, mais dont l'intelligence et la culture me réjouissaient au lieu de me complexer. J'étais restée dans la situation au lieu de me noyer dans mon malaise. Vous ne pouvez pas savoir ce que ça m'a fait plaisir de me voir agir ainsi, *normalement*.

Finalement, ces deux convives, c'étaient les deux faces de mon problème, l'incarnation des deux facettes de ma personnalité. D'un côté, le plaisir – et la capacité – d'être moi-même, spontanée, contente, intelligente et intéressante parce que je me sens acceptée, et donc sécurisée. Et de l'autre, l'angoisse de me sentir jugée et de sombrer dans cette partie de moi crispée, inquiète, paralysée, engluée et finalement inintéressante pour de vrai. Pas parce que je *suis* inintéressante, mais parce que la peur de l'être me le fait *devenir.* »

« C'est drôlement bien tout ça, félicitations ! Et comment s'est terminée la soirée ?

— Très simplement. La fin du repas a été agréable, nous nous sommes salués chaleureusement avec mon écrivain. Il m'a répété qu'il avait passé une délicieuse soirée grâce à moi, que j'étais charmante, et tout ça.

— Et ça vous a fait quoi ?

— Eh bien autrefois, je n'en aurais pas cru un mot. Je me serais dit : c'est de la simple politesse, il doit dire ça chaque fois, même s'il s'est profondément ennuyé.

— Et hier ?

— Hier, j'ai fait simple. Au lieu de me prendre la tête sur plein de questions compliquées, du genre : qu'est-ce qu'il pense vraiment lorsqu'il me dit des choses gentilles, etc., je me suis posé deux questions : 1) Toi, as-tu passé une bonne soirée ? — Oui !, 2) Lui, a-t-il passé une bonne soirée ? — Probablement, puisqu'il te le dit et te le montre ! Et s'il le dit sans le penser, alors là, cela devient son problème. Mais ce n'est plus vraiment le mien, n'est-ce pas ?

— C'est ça ! C'est exactement ça. »

Je soupire d'aise. J'adore ces moments où l'on sent que les patients sont en train de se guérir…

TROISIÈME PARTIE

Vivre avec les autres

Animal social.

Et peurs sociales.

Mille et une peurs : être oubliés, rejetés, ridiculisés, mal aimés... Ces craintes nous rendent parfois hypersensibles à ce que nous redoutons, au point de nous faire percevoir partout des risques de rejet et de désamour. Notre attente de reconnaissance se transforme alors en fragilité, puis en souffrance, suscitée par un rien.

La grande inquiétude, la grande obsession de l'estime de soi, c'est le rejet, sous toutes ses formes : indifférence, froideur, méchanceté, agressions, mépris, négligences... Pour éviter cela, nous sommes prêts à tout : combattre, nous soumettre, accomplir des efforts démesurés. Tout sauf ne pas exister dans le regard ou dans le cœur des autres.

Pour nous libérer des excès de cette grande peur, nous avons à apprendre d'autres façons de vivre le lien : cultiver, en toute liberté et en toute lucidité, la confiance, l'admiration, la gratitude, la gentillesse, le partage... Bref, les mille et une formes de l'amour.

Rien d'étonnant à cela : l'estime de soi préfère toujours l'amour.

CHAPITRE 20

La douleur insoutenable du rejet social

« Malheur à celui qui est seul ! »

L'Ecclésiaste, 4, 10.

Vous avez accepté de participer à une expérience de psychologie au laboratoire de votre université. Après vous avoir fait passer un test de personnalité, le chercheur qui vous a reçu vous en donne les résultats : « Désolé, mais vous avez tout à fait le profil psychologique des personnes qui terminent leur vie dans la solitude, incapables de rester durablement dans des relations épanouissantes. » Et toc ! Puis, on vous fait passer dans une autre pièce, sous le prétexte de vous proposer un second test. Dans cette pièce, deux chaises. L'une est disposée face à un miroir, l'autre face à un mur nu. Sur laquelle allez-vous vous asseoir ? Si vous venez de recevoir cette sinistre prédiction, vous choisirez de préférence la chaise qui tourne le dos au miroir (90 % des sujets). Si, au contraire, vous avez eu la chance de faire partie d'un autre groupe tiré au sort, à qui l'on annonçait une vie relationnelle heureuse, pleine d'affection et de liens durables, vous auriez choisi indifféremment l'une ou l'autre des chaises[1]. Se voir un avenir en rose ne pousse donc pas à l'adulation de soi ; le pressentir morose et solitaire incline par contre à ne plus rechercher ni supporter son image.

« Je ne pouvais plus me regarder dans la glace »

J'entends souvent des patients me raconter comment ils ont évacué tous les miroirs de leur domicile, comment ils ne supportent plus leur image, comment ils s'écartent dès que sortent appareils photo ou caméras. Il s'agit presque toujours de personnes souffrant de troubles de l'estime de soi, de sentiments permanents de désamour. Et qui ont, effectivement, un vécu de rejet social chronique.

Se sentir rejeté nous pousse à fuir notre image, qui nous revoie alors à quelque chose d'inconfortable, de douloureux : ce quelque chose, c'est nous… « Puisque les autres ne m'acceptent pas, comment pourrais-je m'accepter moi-même ? » Comme si nous étions coupables de ce rejet, comme si nous éprouvions du dégoût pour nous, du moins de l'aversion. Alors que nous sommes les victimes de ce rejet, alors que nous devrions nous consoler, nous nous écartons de nous, nous nous abandonnons.

La douleur du rejet

Nous savons tous à quel point l'expérience du rejet social est douloureuse. La plupart d'entre nous n'en ont éprouvé que des formes « mineures » : rupture amoureuse, exclusion d'un groupe ou d'une bande, parfois mise à l'écart au sein d'une entreprise. Quelques-uns ont vécu des rejets traumatisants, comme des humiliations publiques. D'autres, des rejets discrets, mais répétés, comme toutes les manifestations de racisme.

« Tous les jours, je prends le train dans ma banlieue chic. Tous les jours je suis en costume-cravate et je lis un journal chic. Et tous les jours, je suis la dernière personne à côté de qui l'on vient s'asseoir. Spécialement les femmes. Ce n'est que lorsqu'il n'y a plus de place ailleurs que l'on s'installe à côté de moi. Un jour que j'étais descendu derrière une de ces femmes, je l'ai vue agripper son sac fermement en m'apercevant derrière elle. Je suis devenu tellement hypersensible à tous ces trucs que maintenant, chaque fois qu'une femme blanche court devant moi, sans doute parce qu'elle est en retard, j'ai d'abord la pensée de me dire qu'elle a peur de moi. Ça démarre tout seul[2]... » Ce témoignage d'un citoyen noir américain, datant de 2002, rappelle l'usure et la sensibilisation représentées par les microrejets sociaux quotidiens. On peut hélas supposer qu'il reste d'actualité et s'applique aussi à l'Europe... Le racisme, ce n'est pas seulement s'entendre dire « sale Noir » ou « sale Arabe » ou « sale Juif » ou « sale Jaune » ou « sale Blanc », etc. C'est aussi tout ce contexte d'événements subtils, insignifiants ou inaperçus aux yeux des autres, qui finit par entraîner une hypersensibilité au rejet, dont les effets sont délétères : dès que l'on arrive dans un contexte où de tels microrejets pourraient bien survenir, on devient « parano », on est sur ses gardes, on surveille, on détecte et on amplifie. Parfois avec raison : le racisme existe bel et bien, sous de multiples formes et avec de multiples intensités et niveaux de conscience. Et parfois à tort : le détecteur, trop sollicité, est devenu trop sensible.

L'exemple du racisme est particulièrement éclairant car il montre bien comment il est infiniment plus douloureux – et révoltant – d'être rejeté pour ce qu'on *est* que pour ce qu'on a *fait*. On peut accepter qu'on ne veuille plus nous parler *parce que* nous avons dit du mal de quelqu'un, nous ne lui avons pas rendu son argent, etc. En revanche, avoir le sentiment qu'on s'écarte de nous parce que l'on est de race, de nationalité, de religion, de classe sociale… différentes représente une douleur bien plus destructrice.

Être rejeté au quotidien

Lors des expériences de rejet social organisées en laboratoire, l'un des faits les plus frappants est donc la netteté avec laquelle ces rejets provoquent des résultats douloureux, alors que les participants savent qu'ils ne vivent que des situations artificielles et transitoires, auprès de personnes qu'ils ne reverront jamais. **Comme si un profond instinct nous signalait qu'il n'y a rien de plus dangereux pour nous que d'être rejeté par nos semblables.** Même le rejet par des personnes inconnues et invisibles, ou dans des situations sans enjeu concret, comme le fait d'être ignoré lors d'échanges sur Internet, va entraîner des perturbations franches de l'estime de soi[3].

Au quotidien, les situations équivalentes sont, par exemple, ne pas avoir de réponse à un courrier, à un mail ou encore à un coup de téléphone : d'où l'aversion pour les répondeurs qu'éprouvent les personnes ayant des problèmes d'estime de soi (plutôt ne pas laisser de message que prendre le risque de ne pas recevoir de réponse : cela ouvrirait tout grand la voie à des fantasmes de rejet). Il y a aussi celles et ceux qui, carrément, n'osent même pas téléphoner par peur de *déranger*, ou de *mal tomber* ; mais qui sont ravies qu'on les appelle (là, au moins, elles sont sûres que leur interlocuteur souhaite vraiment leur parler). Autres exemples de situations à risque pour l'estime de soi et l'activation de fantasmes de rejet : essuyer un refus et avoir l'impression que d'autres que nous ont reçu une réponse positive à la même demande ; ne pas être invité à une soirée où l'on aurait pu s'attendre à l'être ; ne pas être cité au milieu d'autres personnes au sein d'une liste plus ou moins valorisante (contributeurs à un projet, etc.) ; être désapprouvé ou critiqué…

Tout cela est évidemment aggravé s'il y a un public : on se sent alors rejeté par tous, ce qui est sans doute le comble de la douleur sociale. C'est pourquoi les moqueries marquant le rejet par un groupe d'un individu isolé et vulnérable sont si dangereuses. Elles sont fréquentes dans l'enfance et l'adolescence, et les parents doivent y prendre garde si leurs enfants en sont victimes. Il faut alors intervenir pour faire cesser les excès de ce rejet (qui peut vite tourner à la persécution) et aider l'enfant à s'appuyer sur un autre réseau amical. **Le rejet par tout un groupe donne toujours un sentiment terrible d'isolement, au moment des moqueries, mais aussi, ensuite, lorsque la personne se retrouve seule :** la douleur et l'humiliation, les ruminations sur l'éternité et la gravité du rejet entraînent, selon mon expérience de psychiatre, une élévation du risque suicidaire. Autre facteur très aggravant aussi : si les personnes qui nous rejettent sont normalement des proches ou des soutiens jusqu'alors supposés solides. Cela induit dans ces conditions un double sentiment de trahison et d'abandon, qui bouleverse la personne et annihile son envie de vivre. Les témoignages de telles douleurs existent depuis que l'humain écrit ses peines… Ainsi ce passage d'un psaume de la Bible[4] :

« Je suis injurié par tous mes adversaires,/plus encore, par mes voisins ;/Je fais peur à mes intimes : s'ils me voient dehors, ils fuient./On m'oublie, tel un mort effacé des mémoires,/Je ne suis plus qu'un débris. »

Les perturbations liées au rejet

Si tout allait pour le mieux dans le meilleur des mondes, nous devrions avoir tendance, lorsque nous sommes l'objet d'un rejet, à tenter de comprendre pourquoi, et à réparer ce qui peut l'être. Hélas, le rejet entraîne souvent des comportements allant à l'encontre des intérêts de la personne[5], et ces comportements vont encore accroître le risque pour elle de se faire rejeter à nouveau. Voici ce vers quoi nous risquons de tendre lorsque nous avons été rejeté, et contre quoi il faut donc se prémunir :

• Se comporter envers autrui de manière agressive[6]. Beaucoup de comportements et d'attitudes agressifs sont facilités par le rejet ou le sentiment de rejet : « Dans les moments où je me sens insécurisée, où j'ai peur de ne pas être à la hauteur, je me montre souvent désagréable par anticipation, je préfère ne pas être approchée plutôt qu'être rejetée. »

• S'isoler. C'est la tentation du repli sur soi, qui aggrave encore le problème car il laisse la personne seule face à ses émotions et pensées. Aller vers les autres en cas de rejet est la stratégie prioritaire : même s'ils ne nous comprennent qu'imparfaitement, même s'ils ne nous réconfortent pas totalement, même s'ils se montrent décevants dans la qualité de leur soutien, le pire serait de rester seul… C'est parfois très difficile à expliquer à nos patients hypersensibles au rejet : aller vers les autres non pas pour aller mieux ou se sentir consolé, mais comme un acte de survie, qui ne nous donnera pas forcément (même si c'est parfois le cas) de mieux-être immédiat, mais sera indispensable. Comme désinfecter rapidement une blessure : cela n'empêche pas d'avoir mal, mais diminue le risque de surinfection. La surinfection des expériences de rejet, c'est la paranoïa, l'autopunition, l'amertume, la misanthropie, toutes réactions qui vont grandir notre souffrance, et diminuer nos capacités à nous *re-lier* ultérieurement aux autres.

• Abîmer les liens existants avec les personnes proches. Alors que c'est justement auprès d'elles que nous pourrions trouver réconfort et soutien, l'hypersensibilité au rejet s'infiltre aussi, souvent, dans les relations conjugales par exemple et augmente le risque d'insatisfaction vis-à-vis de son conjoint[7]. Mécontentement et ressentiment peuvent aussi être déplacés sur notre famille, nos amis.

• Chez certains, les plus fragiles ou les plus usés par le rejet, la tentation se profile toujours, à un moment ou à un autre, de se faire du mal. On ressent l'envie obscure de s'automutiler, ou de s'autodétruire. La consommation brutale de toxiques comme l'alcool relève de cette dynamique de l'autodestruction, chez des femmes notamment, où l'on observe, après des rejets, l'absorption d'alcool fort jusqu'à l'ivresse, puis le coma. Les crises de boulimie, elles aussi, sont souvent déclenchées par des vécus de rejet social, même minimes (ne pas avoir de courrier dans sa boîte aux lettres, de message sur son répondeur, de mail dans son ordinateur : « tout le monde m'oublie, je suis seule… »), même supposés et sans preuves. Une vague de désarroi viscéral submerge alors la personne et la pousse à se nuire, au travers de la nourriture.

• Étonnamment, faire subir à quelqu'un, même en imagination, une expérience de rejet va gripper son intelligence. Il va alors moins bien s'y prendre face aux problèmes à résoudre et aux tests de QI[8]. Cet effet délétère ne paraît pas uniquement dû à l'impact émotionnel du rejet : ce n'est pas seulement parce que nous sommes triste ou inquiet de ce rejet que nos performances baissent, ni parce que nous ruminons sur notre infortune. Il semble bien qu'il existe une « onde de choc » inconsciente provoquée par la situation de rejet, qui mobilise et qui fige, en quelque sorte, notre énergie psychique. Le rejet nous diminue donc, pas seulement émotionnellement, mais aussi intellectuellement, au moins dans la période qui le suit immédiatement. Prudence alors avec les « grandes décisions » ou les « dossiers importants » de notre existence.

Attention, les blessures émotionnelles liées au rejet social ne sont pas toujours spectaculaires, elles peuvent être discrètes, torpides, comme on le dit en médecine d'un abcès qui évolue sans faire de bruit… Lorsqu'on étudie l'intensité de la détresse suivant un rejet, cette dernière n'est pas systématiquement intense. Du moins consciemment. Comme si nous étions équipés d'un mécanisme amortisseur de douleur. Cela peut être utile à court terme. Mais cette anesthésie peut avoir des effets pervers sur le long terme : sans doute destinée à nous éviter le désespoir lors des expériences de rejet du quotidien, forcément nombreuses lors d'une vie en société, et pas toutes dramatiques, elle peut aussi nous engourdir, ou donner une illusion d'indifférence à nos proches ou aux observateurs. Surtout lors de rejets répétés, habituels.

C'est par exemple ce qui se passe avec les exclus sociaux, clochards et marginaux, victimes depuis leur enfance de rejets à répétition, en général violents et massifs[9] : il y a chez eux une grande fréquence de la « zombification » chez les plus avancés dans la désinsertion, témoin de la mort de l'essentiel de leur être social, ou au moins de la sidération de leur estime de soi.

Dans un autre registre de grand désespoir, de nombreux travaux sur les états présuicidaires, étudiant l'état psychologique peu avant le passage à l'acte (en général d'après les écrits laissés par la personne suicidante), retrouvent le même type de désengagement du réel, cette sidération et atonie des pensées et des émotions, qui n'est ni du calme ni du renoncement, mais plutôt un état second lié à l'intensité du désespoir. De nombreux suicides sont la conséquence de ruptures insupportables du lien social, sentimentales, familiales, professionnelles[10]. Ils sont très nombreux chez les sujets dits *borderline*, particulièrement peu aptes à la fois à établir des liens satisfaisants et à vivre sans ces liens.

« Si l'on ne m'aime pas, à quoi bon faire des efforts ? »

Nouvelle expérience de psychologie pas drôle, mais qui nous aide à démontrer et à traquer les mécanismes de la souffrance du rejet social[11]. Vous êtes par petits groupes de six personnes de même sexe. Après vous avoir fait faire connaissance les uns avec les autres, au travers de petites rencontres de vingt minutes chacune, on vous fait passer dans une petite pièce, où l'on vous demande de choisir deux des personnes que vous venez de rencontrer pour travailler en groupe avec elles. Puis, peu après, on revient vers vous pour vous dire que, hélas, vous n'avez été choisi par personne (en réalité, il s'agit d'un simple tirage au sort, mais vous ne l'apprendrez qu'ensuite). Une autre moitié des participants reçoit, elle, un message moins pénible : « Vous avez été choisi par plusieurs personnes du groupe pour d'autres expériences, mais pas tout de suite. »

Après quoi, que vous soyez ainsi rejeté ou accepté, on vous propose de participer, mais tout(e) seul(e), à d'autres expériences. L'expérience suivante consiste à évaluer d'après un questionnaire précis le goût et la texture de *cookies*, tous les mêmes, dont une grande quantité (35) a été déposée sur un plateau. On vous laisse avec vos *cookies*, votre questionnaire et votre expérience de rejet social encore toute fraîche, pendant dix minutes.

Les participants qui viennent de subir le rejet vont avaler en moyenne neuf *cookies* pour répondre au questionnaire d'évaluation des gâteaux, là où les participants qui n'ont pas été rejetés n'en avaleront que quatre ou cinq. Comme si les « rejetés » avaient perdu leurs capacités d'autocontrôle, si précieuses pour ne pas sombrer face à chaque difficulté de vie... D'autres manipulations pendant la même étude aboutiront au même résultat : si on est rejeté(e), on est moins capable de faire des efforts, de se contrôler, on abandonne plus vite les tâches difficiles, on prend davantage de risques absurdes. L'analyse fine des résultats montre que, **tout autant que la perte de ces capacités d'autocontrôle, c'est aussi l'envie de faire des efforts qui est annihilée chez les personnes vivant une expérience de rejet**.

Ces données sont les mêmes chez les sujets qui ont perdu leur conjoint, avec ces travaux étonnants montrant que l'on trouve un taux anormalement élevé de meurtriers chez les veufs, comme si l'absence de conjoint, la perte de ce lien si fondamental à notre bien-être, favorisait la dérégulation du contrôle de soi[12].

Faire face au rejet

Comment retrouver l'envie de faire face ? Les études de laboratoire montrent que de petits détails peuvent jouer un rôle facilitant : après le rejet, se trouver motivé par des tâches simples, ou tout simplement se trouver placé face à son image dans un miroir. Les sujets soumis à ces modalités voient leurs capacités d'autocontrôle remonter, par rapport à ceux que l'on abandonne à eux-mêmes après le rejet. Or, nous l'avons vu, d'autres études le montrent, ces sujets vont naturellement avoir tendance à éviter leur image... En réalité, il faudrait qu'ils se ressaisissent en reprenant conscience d'eux-mêmes, de leur identité et de leur valeur. Bref, en puisant dans les ressources de l'estime de soi.

Systématiquement rechercher le lien social après un rejet ; ne pas se fuir soi-même dans l'alcool, le travail, le sommeil ; accepter de se consacrer à des tâches quotidiennes, même si elles paraissent dérisoires par rapport à notre tristesse… Travailler sur ces petits riens, accomplir tous ces efforts d'autocontrôle, va représenter une aide, minime mais vitale. Une étude de suivi, conduite sur une durée de vingt ans auprès d'écoliers devenus adultes, montrait clairement que les capacités d'autocontrôle (par exemple chez des enfants, préférer attendre un peu pour une forte récompense plutôt qu'en avoir une moins forte tout de suite : « Un bonbon maintenant ou trois dans cinq minutes ? ») prédisent assez justement la capacité ultérieure de réguler son hypersensibilité au rejet[13], qui est par ailleurs associée à de nombreux problèmes : basse estime de soi, conflits fréquents, recours aux toxiques, etc.

Un autre moyen de faire face réside dans les affiliations multiples : cultiver un réseau social aussi vaste et varié que possible, offrant tous les degrés d'intimité. En général, plus on est sensible au rejet, plus on a tendance à sélectionner des personnes très fiables et très sûres, dont on espère qu'elles ne nous « décevront pas ». On prend ainsi le risque de souffrir grandement si, justement, elles nous déçoivent, car la rareté des liens rend leur perte ou leur altération plus douloureuse. « Je préfère la qualité à la quantité », nous disent parfois les patients. Mais qui a dit que la qualité ne pouvait coexister avec la quantité ? **Pourquoi le fait d'avoir quelques très bons amis intimes ne serait-il pas compatible avec celui d'avoir aussi beaucoup de copains et beaucoup de connaissances plus superficielles ?** Certes, ils ne seront peut-être pas toujours fiables dans l'adversité, mais ils peuvent aussi avoir beaucoup d'autres qualités : il n'y a pas que la fiabilité qui doive être un critère de sélection de nos contacts sociaux. Encore un excellent exercice d'acceptation des autres : même si untel est superficiel, il peut être très drôle ; même si unetelle est un peu ennuyeuse, elle est toujours de bon conseil ; même si cette autre personne m'a autrefois fait des « sales coups » (à mon avis), nous sommes très performants lorsque nous travaillons ensemble... Pourquoi les écarter de ma vie sous prétexte qu'ils ne sont pas exactement comme je souhaiterais qu'ils soient ? Je peux aussi les apprécier pour leurs qualités, sans attendre d'eux autre chose.

CHAPITRE 21

La lutte contre la peur du rejet (et ses excès)

« Notre besoin de consolation est impossible à rassasier. »

Stig DAGERMAN

« Je lis dans les pensées et dans les regards. J'ai développé une sorte de sixième sens pour dépister l'ironie, la condescendance, le mépris, l'hostilité cachée, et toutes sortes de choses désagréables dans l'esprit des gens que je rencontre. Mais je souffre affreusement de cette hypersensibilité. Lorsque, à la cantine de mon entreprise, personne ne s'assied à côté de moi, j'en suis blessée. Dans les réunions mensuelles d'une association de bénévoles où je milite, et où nous sommes assez nombreux pour ne pas tous nous connaître, s'il arrive que quelqu'un commence à poser ses affaires à côté de moi, puis se relève pour aller s'asseoir ailleurs, j'en suis malade. C'est une vieille histoire, j'ai connu ça toute mon enfance : être oubliée par les autres au mieux, ou rejetée au pire. Pas rejetée ouvertement, mais tenue à l'écart, pas invitée, pas appréciée, pas adoptée… Il y a quelques années, je me souviens par exemple que ma belle-sœur m'avait confié sa fille, âgée de 10 ans, pour une journée. Nous nous étions bien amusées, et à la fin, ma nièce m'avait confié : "Je ne comprends pas pourquoi Maman m'a dit que je pouvais l'appeler pour qu'elle vienne me chercher si je m'ennuyais avec toi. On s'amuse trop !" J'ai été très peinée de ces propos, venant de ma belle-sœur. Je me demande toujours si je n'ennuie pas les gens. Il me semble que je ne sais pas me faire aimer. Il me faut vraiment de très fortes doses de signaux rassurants, en réalité de très longues durées de liens amicaux, car je me méfie des gens trop gentils, pour me sentir en sécurité et commencer à me laisser aller. Je sais parfaitement, aujourd'hui, que c'est maladif. À un moment, à l'époque où mes propres enfants grandissaient et commençaient à me regarder faire et vivre, je sentais qu'ils m'observaient et me jugeaient. Ce moment, où dans leur regard je commençais à lire des interrogations ("pourquoi se met-elle en colère pour ça ?") et des jugements ("elle a un problème ou quoi ?"), a été très pénible pour moi. J'avais l'impression qu'ils préféraient mon mari, plus solide psychologiquement que moi. Je me sentais abandonnée par la seule source d'amour inconditionnel dont je disposais. C'est là que j'ai commencé ma thérapie » (Angèle, 38 ans).

La peur du rejet et ses dérapages

Le besoin de lien, d'appartenance et d'acceptation est sans doute l'un des plus fondamentaux chez l'être humain[1]. Sans doute un héritage de notre passé génétique de primates sans défense, qui ne pouvaient survivre qu'ensemble face aux prédateurs : être rejeté, c'était alors être condamné. D'où l'importance du lien pour l'estime de soi. La nécessité de savoir le susciter et le savourer. Et la méfiance aussi à avoir lorsque ce besoin de lien et son détecteur à rejet se sont déréglés et ont fait de nous des hypersensibles à toute forme de mise à distance.

Lorsqu'on travaille sur son estime de soi, il est capital de bien réfléchir sur cette question du rejet social, de ses conséquences sur nous, et de notre propre participation à ces conséquences, au travers de l'excès de sensibilité que cela peut entraîner année après année. Nous avons vu qu'il importait de prendre garde à ne jamais négliger les conséquences du rejet : il faut agir vite et bien, même si la douleur, paradoxalement, peut être discrète. En revanche, **il est capital de prêter aussi attention non plus seulement au rejet, mais à notre système de détection du rejet** : s'il est déréglé (ce qui est fréquent dans les problèmes d'estime de soi), nous pouvons nous préparer à beaucoup souffrir et à beaucoup nous mettre en échec… Car **se sentir rejeté ne signifie pas qu'on le soit vraiment** : nous avons vu que, si l'on a subi souvent dans le passé des expériences authentiques de rejet, on hérite alors d'un détecteur de rejet devenu hypersensible, même si notre environnement présent est devenu plus accueillant.

Il s'agit en quelque sorte d'un système d'alerte détraqué. Ce système d'alerte nous a été légué par l'évolution : comme nous étions des animaux sociaux et ne pouvions survivre qu'en groupes solidaires, notre survie était liée à notre capacité à garder notre place au sein du groupe. Se retrouver seul équivalait à une condamnation à mort. Mais ce qui se justifie en situation de danger objectif peut échapper à notre volonté dans les situations où nous savons qu'il n'y a pas, en théorie, de si grand danger : ce « logiciel » ne peut alors plus ni être débranché ni être réglé différemment selon les besoins…

La crainte du jugement négatif de la part d'autrui, si souvent rencontrée dans les problèmes d'estime de soi, est en fait liée à ses possibles conséquences négatives : être jugé, c'est risquer d'être rejeté si ce jugement est négatif.

Comme, en général, si on ne s'estime pas, on se juge soi-même négativement, on suppose alors que le jugement de l'autre sera aussi attentif, impitoyable et sévère que le nôtre. On s'écarte alors de ce que l'on croit être un danger et, en s'écartant ainsi, on valide inconsciemment la possibilité de ce danger. Cette hypersensibilité au jugement n'est que la partie émergée de la peur du rejet. Elle est fréquemment (toujours ?) associée aux problèmes d'estime de soi[2]. Rien n'est simple alors, car l'estime de soi a du mal à faire la différence entre être vraiment en échec ou rejeté et penser l'être. Dans le doute, elle fait volontiers crédit à l'intuition. « Si je me sens rejeté ou mal-aimé, c'est que je le suis. Pas de fumée sans feu. » **Hélas, en matière de psychologie d'estime de soi, contrairement au proverbe, il y a souvent de la fumée sans feu.**

Heureusement, les mécanismes qui expliquent cette hypersensibilité commencent à être de mieux en mieux connus.

Le raisonnement émotionnel et ses risques

Ce type de distorsion du raisonnement se retrouve chez les personnes en proie à une forte activation émotionnelle : comme on se *sent* mal à l'aise, on est persuadé qu'on *est* mal à l'aise. Et que tout le monde nous *voit* mal à l'aise. Si on se sent ridicule, on pense l'être vraiment, etc. On prend ses émotions non plus comme un avertissement de la *possibilité* d'un problème, mais comme une certitude sur sa *réalité* et sa *gravité*. On brûle une étape capitale, mais sans s'en rendre compte.

La force de cette conviction entraîne une modification de son propre comportement qui va aller dans le sens de ce que l'on redoute : on peut alors risquer d'attirer l'attention sur soi, parce que notre attitude devient bizarre. Ainsi, les personnes qui craignent de manière obsédante de rougir lorsqu'on les regarde peuvent en arriver à attirer l'attention sur elles non pas parce qu'elles sont *rouges* mais parce qu'elles sont *raides*, crispées sur leur malaise, et qu'elles perdent alors tout leur naturel. C'est cela qui fait éventuellement d'elles des objets d'attention. Simplement rougir, si l'on continue d'agir et de parler, n'attire guère l'attention, car c'est fréquent chez beaucoup de personnes. Se bloquer sur son rougissement, ou toute autre forme de malaise, par contre, va l'amplifier, le faire durer et augmenter le risque que « quelque chose » soit remarqué par l'interlocuteur.

Il faut donc prêter grande attention à cette tendance à la lecture de pensée et à l'auto-intoxication par les pensées erronées du raisonnement émotionnel : les interactions sociales sont complexes et subtiles, et il y a donc un risque d'erreur élevé dans le décodage de telle ou telle attitude. La signification d'un regard, d'un sourire, d'un silence, d'un mot glissé à l'oreille de quelqu'un alors que nous sommes en train de parler ou de faire un exposé risque d'être interprétée de manière erronée sous l'effet de notre inconfort (qu'il soit lié au désir de bien faire ou à la peur de mal faire). On rencontre souvent en thérapie des personnes qui présentent une tendance à interpréter tous les détails sur le mode de la suspicion, qui souffrent d'une sorte de « paranoïa relationnelle », dont elles sont conscientes, mais qu'elles ont le plus grand mal à contrôler. « Il suffit qu'un collègue me réponde “Ouais” sans relever la tête, alors que je viens de lui demander un renseignement, pour que je commence à me poser des questions, me racontait l'un de ces patients. Ou que le matin un autre oublie de venir me saluer, alors qu'il a dit bonjour à tout le monde. Ça met tout de suite, pour moi, le feu aux poudres. Je dois faire des efforts terribles pour ne pas partir dans des pensées paranos. Heureusement, j'ai remarqué que cela passait si j'allais leur parler ensuite. Je voyais alors, le plus souvent, qu'ils n'avaient rien contre moi. Ou, si c'était le cas, cela me permettait de comprendre tout de suite le problème. Mais pendant des années, après des détails pareils, je m'écartais d'eux, et cela avait l'effet inverse : faire durer le doute, et même refroidir encore plus la relation. Je prenais ça pour une preuve alors que c'était quelque chose que j'avais provoqué moi-même… »

Nous pouvons aussi procéder à notre auto-mise à l'écart, même avec des personnes proches : par exemple, lorsque des sujets à basse estime de soi perçoivent leur conjoint comme critique ou insatisfait envers eux, ils ont tendance à refroidir la relation, prendre de la distance, se mettre eux aussi à penser à leur partenaire en termes négatifs, ce qui, dans la vraie vie, n'arrangera certainement pas les choses, que l'insatisfaction du partenaire soit réelle ou imaginaire[3].

L'effet « spotlight » : mais non, tout le monde ne vous regarde pas !

Attention donc à la projection de ses propres processus mentaux : comme on doute de soi et de son acceptation sociale, on se surveille ; et on pense que les autres font de même ; on a alors l'impression désagréable, et souvent erronée, d'être au centre de leur attention et de leur intérêt. Cette surévaluation de notre « remarquabilité » aux yeux des autres est appelée par les psychosociologues « effet spotlight » : l'impression d'être en permanence sous les feux de la rampe[4]. Une très amusante expérience avait permis de mesurer l'écart important entre l'impression d'être observé par autrui et la réalité de cette observation. On demandait dans un premier temps à des volontaires de porter un T-shirt arborant le visage d'une personne célèbre mais devenue ringarde (aux États-Unis, il s'agissait, l'année 1998 au cours de laquelle l'expérience a été conduite, d'un chanteur nommé Barry Manilow, dont je n'avais personnellement jamais entendu parler). Ils devaient ensuite aller s'asseoir dans une pièce où se trouvaient d'autres volontaires, sans savoir ce qui allait se passer. On leur demandait auparavant de prédire combien de personnes remarqueraient leur T-shirt ridicule. Et l'on demandait ensuite à ces personnes si elles se souvenaient du visage sur le T-shirt du volontaire entré après tout le monde… Bien évidemment, alors que le porteur du T-shirt était persuadé qu'au moins la moitié des gens remarquerait la photo ringarde, à peine le quart d'entre eux en avait un vague souvenir (deux fois moins que prévu). Et ce pourcentage tombait à un dixième si le portrait sur le T-shirt n'était pas celui d'un chanteur ringard, mais d'une personne valorisante (par exemple Martin Luther King ou Bob Marley).

Moralité : nous surévaluons toujours dans une proportion d'au moins 50 % le nombre de personnes qui nous observent avec attention… Et encore, l'étude n'était pas allée jusqu'au bout de ce qui aurait été intéressant : l'idéal aurait été de demander aux observateurs si le fait de porter ce T-shirt ringard dévalorisait la personne à leurs yeux et, si oui, à quel point ? Car c'est souvent ainsi que les choses se passent : non seulement nous sommes moins regardés que nous ne le pensons, mais encore, lorsque nous sommes regardés et jugés, nous le sommes moins sévèrement que nous ne le pensons. Toutes les études sur ce thème le confirment : lorsqu'on fait échouer des volontaires à diverses épreuves sous le regard d'autrui, **les jugements extérieurs sont toujours beaucoup plus favorables que nous ne le**

pensons nous-mêmes[5]. Et enfin, lorsque nous sommes jugés de façon négative, il est toujours possible d'inverser ce jugement par un comportement social interactif et positif, qui permettra de corriger la première impression donnée de nous, dans le cas où elle aurait été critique.

Cette première étape de prise de conscience et de méfiance par rapport à l'emballement de son système de détection des jugements et rejets sociaux est capitale, mais doit être consolidée par des travaux pratiques sur le terrain : c'est pourquoi il nous arrive de faire avec nos patients des **exercices d'exposition au ridicule** durant lesquels, comme les volontaires de l'expérience, nous sortons dans la rue avec un détail vestimentaire nous exposant à un jugement social. Par exemple, déambuler avec le bas des pantalons remontés jusque sous les genoux, la chemise sortie du pantalon, la braguette ouverte, ou un chapeau ridicule sur la tête… Bien évidemment, ces exercices ne sont pas imposés d'emblée aux personnes qui ne se sentent pas capables de les affronter. On commence par des « doses de ridicule » plus faibles ; pour certains, le seuil de déclenchement de la sensation de ridicule est très bas, et démarre au fait de demander son chemin dans la rue ou de ne pas comprendre les explications d'un vendeur. Enfin, il va de soi que le thérapeute doit faire lui-même les exercices, et avant le patient, sous les yeux de ce dernier. Cela permet de s'apercevoir que c'est une chose de donner des conseils, et que c'en est une autre de les appliquer.

Faire face à la peur du rejet

« Ne te fais pas si petit, tu n'es pas si grand ! »

Une de mes patientes me racontait un jour comment cette petite phrase, suggérée par l'un de ses amis, lui servait de ressource toutes les fois où elle se sentait vaciller sous la pression de sa peur du jugement social. **Tu n'es pas si grand(e), pour que tout le monde tourne les yeux vers toi, comme tu le redoutes. Respire, lève la tête, regarde autour de toi : ne te fais pas si petit(e)...**

Voici quelques stratégies auxquelles on peut avoir recours face à la peur du rejet :

• **Bien connaître les situations starter de notre anxiété d'évaluation :** il s'agit de toutes les fois où l'on se trouve en situation d'observation, de compétition, de performance... Parfois, ce qui peut sembler anodin à d'autres va être déstabilisant pour certains : jouer au Trivial Pursuit, participer à une discussion mondaine où les convives font assaut de bons mots et de connaissances culturelles. Savoir qu'à ces moments nous aurons tendance à surévaluer les jugements portés sur nous représente une première étape : « Méfie-toi de toi. Lorsque tu es dans ces situations, tu vas avoir tendance à te surveiller, à te houspiller, à t'intéresser à tes carences au lieu de te réjouir des talents des autres, ou de t'amuser de leur désir de les montrer. Si tu n'as rien à dire, mets-toi au spectacle et observe, savoure. Réjouis-toi d'être là, et non pas seul(e) et oublié(e) quelque part. Accepte toi ainsi, silencieux(se), aimable et attentif(ve). Toi tu ne t'aimes pas comme cela, tu n'es pas à l'aise parce que tu penses qu'on ne t'acceptera que si tu parles, que si tu brilles. Mais laisse les autres en juger. Accepte leur jugement au lieu de l'imaginer et de l'anticiper. Il sera *parfois* favorable, *parfois* défavorable. Alors que si c'est toi qui te juges il sera *toujours* en ta défaveur. »

• **Se rappeler que les autres pensent aussi majoritairement à eux-mêmes !** Eh oui, nous ne sommes pas au centre du monde, comme notre inconfort aurait parfois tendance à nous le faire croire. « Si les autres ne sont pas en train de t'observer et de te juger ? Mais les autres, ils pensent à eux !

Comme toi… » Une étude pour vous rassurer à ce propos : elle portait sur une centaine de cas de faux médecins ayant exercé en Grande-Bretagne. La plupart d'entre eux n'avaient pas été démasqués non pas en raison de leur incompétence (certains l'étaient pourtant vraiment et dangereusement), mais à cause de petits détails annexes (situation administrative irrégulière, fraudes autres que médicales, excès de vantardises et de mensonges, etc.). Si les gens étaient si soucieux que cela de juger de la valeur des autres, jamais ces faux médecins n'auraient tenu des années comme beaucoup le firent[6]. Et encore l'étude ne prenait pas en compte, et pour cause, tous ceux qui ne furent jamais démasqués.

• **Accepter éventuellement d'être jugé**. Plutôt que de vouloir éviter à tout prix ce jugement, l'accepter, puis voir paisiblement comment l'infléchir (toujours l'idée d'un soi global, et non d'un soi focalisé et crispé sur ses limites et défauts) : si on pense ne pas avoir les bons vêtements pour cette soirée, autant s'y montrer par ailleurs ouvert et causant. Mieux vaut un ringard sympa qu'un ringard qui fait la gueule, non ? Accepter aussi l'idée que certaines personnes vont effectivement nous juger sur l'apparence, la conversation, l'accent, les bonnes manières ou autres marqueurs sociaux stupides. C'est vrai, cela existe. Mais ce qui est vrai aussi, c'est que ces personnes ne sont pas la majorité (sauf si vous évoluez dans des milieux où l'apparence est décisive, comme les milieux de la mode ou du cinéma). Pourquoi consacrer l'essentiel de votre énergie à vous protéger de gens éventuellement critiques, ce qui va finalement vous empêcher de profiter des échanges avec des personnes plus acceptantes et intéressantes ?

• **Adopter des comportements sociaux proactifs, c'est-à-dire aller vers les gens**. Nous nous entraînons souvent, en psychothérapie, à lutter contre les premiers signes de la peur du rejet par une attitude de désobéissance à cette peur : si j'arrive dans une soirée ou un séjour de vacances où je ne connais personne et que je sens en moi se lever la peur et la tentation du repli, la meilleure chose que j'aie à faire est d'aller *tout de suite* me présenter et parler aux personnes que je ne connais pas. C'est le meilleur moyen pour noyer d'entrée mes craintes. Et pour augmenter mes chances de tomber sur une bonne surprise : quelqu'un de sympa ou d'intéressant. Il est capital de ne pas attendre que l'on nous adresse des « signaux d'ouverture » sociale, de ne pas attendre que les autres fassent toujours le premier pas. Surtout si l'on a des problèmes d'estime de soi. Je sais que souvent on procède ainsi car on se dit que c'est une sorte de test : « Si les gens viennent vers moi me parler, c'est qu'ils en avaient vraiment envie. Alors que si je vais vers eux, je les force, en quelque sorte. » Différentes études ont confirmé la toxicité de cet attentisme qui découle de la peur du rejet, notamment dans les situations sentimentales[7]. Ainsi, plus la peur du rejet est forte, plus on surévalue la visibilité de ses « signaux d'ouverture » (montrer que l'on a envie d'un échange) et plus on attend que les autres les perçoivent et les décodent, en espérant qu'ils comprendront notre gêne et feront les premiers pas… Mais ces signaux d'ouverture, que nous pensons clairs et manifestes, sont souvent invisibles à l'autre. Et comme on pense en avoir assez montré, on en reste là, on espère, on attend. Mais rien ne vient, et l'on est déçu… Cette situation d'attentisme explique la fréquence des déceptions sentimentales dans la vie des personnes à basse estime de soi : leurs préférences et attirances sont bien moins visibles et repérables qu'elles ne le pensent. Conseil : soyez plus clairs ! Il faut choisir entre deux risques : celui d'un éventuel et ponctuel rejet, ou celui des regrets (que l'on dit souvent éternels…). Nous verrons bientôt que **le poids des regrets est parfois plus lourd à porter sur le long terme que celui d'un rejet**.

CHAPITRE 22

La peur de l'indifférence et le désir de reconnaissance : exister dans le regard des autres

> « Quand on sent qu'on n'a pas de quoi se faire estimer de quelqu'un, on est bien près de le haïr. »
>
> VAUVENARGUES

« Ma plus grande peur : l'indifférence. Qu'on m'oublie, qu'on ne s'intéresse pas à moi. Toutes les fois que j'ai l'impression d'être invisible, transparente aux yeux des autres, alors je me sens déjà comme morte, par avance. Inexistante. Lorsque j'ai du chagrin et que je marche dans la foule, le soir, et que personne – évidemment – ne me regarde, je me sens totalement seule, surtout en hiver, où tout le monde est pressé de rentrer. Je les imagine, tous ces autres, revenant chez eux, bien sûr, quelqu'un les attend, ils s'installent au chaud, ils sont accueillis, on les aime, ils comptent pour d'autres. Moi je compte pour qui ? Je rentre seule. Il n'y a alors que les SDF à pouvoir être aussi malheureux ou aussi seuls que moi. Parfois, j'ai des visions bizarres : je me vois comme un atome, une particule isolée, autour de laquelle tournent des milliards d'autres particules, toutes reliées entre elles par des forces invisibles, sauf avec moi, et elles ne me touchent jamais. »

Il existe une autre peur que celle du rejet, une peur située en amont d'elle, plus discrète, moins spectaculaire, mais dommageable elle aussi pour notre bien-être et nos comportements : celle de l'indifférence. Que se passe-t-il en nous lorsque nous avons l'impression de pas compter pour autrui ?

Le désir de reconnaissance

Il est douloureux de se sentir ignoré, de sorte que nous développons tous un très grand désir de reconnaissance. Est-ce une sorte de manœuvre de prévention des rejets éventuels ? Sentir que l'on a une place reconnue et régulièrement confirmée auprès de nombreuses autres personnes permettrait-il de moins craindre le rejet et, s'il arrive, de moins en souffrir ?

Être, ou se sentir, reconnu(e), donc. Mais qu'est ce que la reconnaissance ? C'est un besoin différent du besoin d'approbation ou d'amour, et qui le précède. C'est le fait d'être regardé par les autres comme un être humain à part entière : par exemple être salué et accueilli lorsqu'on arrive quelque part, être appelé par son prénom ou son nom, selon la familiarité que nous entretenons avec nos interlocuteurs… Toutes ces manifestations sont parfaitement discrètes : leur présence ne procure pas forcément de joie, mais elle est indispensable au bien-être de tous les humains ; leur absence ne se fait pas remarquer de façon bruyante, mais elle est doucement toxique. Il est normal de se sentir rassuré par le fait que l'on nous connaisse. Un exemple intéressant chez les personnes âgées est celui de leurs rapports avec les commerçants : être accueilli et appelé par son nom sur le marché, savoir que l'on connaît nos habitudes, nos préférences, des éléments de notre existence… Tous ces détails leur importent, car leurs liens sociaux sont faibles, souvent. Fragiles, raréfiés (leurs amis meurent peu à peu). D'où peut-être, chez les personnes âgées isolées, la fréquence de la peur de mourir toutes seules chez soi, sans que personne ne le réalise. Toutes ces histoires affreuses de voisinages alertés par l'odeur…

Tout cela procède du sentiment de reconnaissance et rappelle **l'absolue nécessité pour l'être humain de disposer d'un capital social autour de lui**. C'est de là sans doute que nous vient ce sentiment obscur et primitif que l'anonymat des grandes villes est « contre nature ». Contre la nature humaine, en tout cas… Un autre exemple de reconnaissance : être sollicité sans qu'on l'ait demandé, c'est-à-dire recevoir des invitations, des attentions, une carte postale, une visite, un petit cadeau qui nous montre que « l'on a pensé à nous » sans que nous ayons à nous manifester… C'est une des plaintes souvent entendues chez certains patients dépressifs que l'on appelle, à tort ou à raison, « abandonniques » : « Personne ne m'appelle jamais, ne pense jamais à moi. C'est toujours moi qui dois faire les efforts. Si je me manifeste aux autres, ils m'acceptent et m'accueillent, ce n'est pas cela le problème. Mais si je fais le mort, comme on dit, alors là, je meurs vraiment à leurs consciences : ils ne pensent plus à moi. »

Je me souviens aussi d'avoir rencontré ce besoin de reconnaissance lors d'une étude sur le stress des chauffeurs de bus parisiens de la RATP[1] : alors que nous étions partis sur l'idée que leur stress devait être lié aux problèmes de conduite et de circulation, presque tous nous racontaient que c'étaient plutôt les situations de non-reconnaissance sociale qui les affectaient. Le fait que des voyageurs montent sans les saluer, sans même les regarder (« Comme si nous étions des robots »), leur était douloureux, les rabaissait, les humiliait, les néantisait (« Lorsqu'on me traite ainsi, j'ai l'impression de n'être qu'une pièce de mon autobus, interchangeable, anonyme. Pas grand-chose... »).

Se sentir reconnu confère tout simplement un sentiment d'existence sociale, d'existence tout court. La reconnaissance n'a pas forcément à être positive, d'ailleurs. Ainsi, les enfants attirent parfois l'attention sur eux par des bêtises ou des caprices, à des moments où on les néglige. Ou durablement, si leur famille les oublie de manière chronique... Certains de nos patients, passés par des comportements de petite délinquance, nous disent rétrospectivement : « Maintenant je me rends compte que c'était pour qu'on s'intéresse à moi. » Il y a aussi la satisfaction d'être détestés, chez certains narcissiques : susciter de la détestation nourrit leur besoin de reconnaissance de leur existence. Et aussi de leur importance, qu'ils mesurent à l'intensité de l'aversion qu'ils suscitent et au nombre de gens qui les détestent. Nous avons peu souvent l'occasion de discuter en thérapie avec de telles personnes (nous recevons plutôt leur entourage proche, qu'ils font souffrir). Elles sont souvent inaptes à nouer des liens amicaux ou égalitaires, et ne fonctionnent que dans le conflit et la dominance. Elles ont parfaitement perçu que la détestation est un lien et une validation, contrairement à l'indifférence. Le rejet leur importe peu, en ce sens : à condition qu'il s'accompagne d'émotions fortes chez ceux qui rejettent, c'est une reconnaissance, et une victoire à leurs yeux. D'où leur besoin de provocations régulières : le rejet tranquille, l'indifférence, les affolent et les font douter, comme chez tout le monde. C'est sans doute une personne de ce profil qui a inventé l'expression : « On aime ou on déteste, mais on ne reste pas indifférent. »

Reconnaissances de conformité ou de distinction ? Deux manières d'augmenter son estime de soi en étant reconnu par les autres

Il existe deux manières d'obtenir de la reconnaissance (et donc de l'estime de soi) : être comme les autres, c'est la reconnaissance par conformité ; s'en différencier, c'est la reconnaissance par distinction[2].

La recherche d'une reconnaissance par conformité est souvent plus fortement présente aux extrémités de l'existence, chez l'enfant et la personne âgée. Être comme les autres, dans son apparence, ses goûts, son discours… représente alors un passeport, une garantie d'acceptation sociale. Cette reconnaissance de conformité est souvent associée à un sentiment de relative fragilité.

La recherche de reconnaissance par distinction est plus fréquente chez les adolescents et les sujets jeunes, car elle leur sert à affirmer et à construire leur identité. D'où l'importance chez eux du *look*, mais aussi le souci de présenter ce *look* comme un choix de vie global, et pas seulement comme une décision futile ou une soumission à la mode. On peut s'amuser de ce que la reconnaissance par distinction ne soit finalement rien d'autre qu'une reconnaissance par conformité, qui fonctionne seulement au sein d'un petit groupe auquel on a choisi (ou on essaie) d'appartenir. Mais au fond, il s'agit toujours d'un besoin de reconnaissance par un groupe, c'est-à-dire d'un besoin d'affiliation : la vraie reconnaissance par distinction est en réalité rarissime. Existe-t-elle vraiment ?

L'existence de signes de reconnaissance augmente d'ailleurs avec le fait de se sentir minoritaire ou menacé. Par exemple, le petit salut que se font les motards en se croisant, et qui leur procure un sentiment agréable. Il tend à disparaître comme signe de reconnaissance spontané, en raison notamment de la multiplication des deux-roues (il est moins nécessaire dès lors que cette communauté n'est plus une minorité). En revanche, un autre petit rituel, spécifique aux motards parisiens (et peut-être à ceux des grandes agglomérations, je n'ai pas enquêté) : lever de pied en remerciement sur le périphérique, si l'un laisse passer l'autre plus rapide sur la file entre les voitures. Il s'agit d'un signe de reconnaissance autant que de remerciement, de la reconnaissance de l'effort accompli (surveiller le rétroviseur, s'écarter pour se glisser dans la file des voitures).

Être ou ne pas être comme les autres est donc aussi un enjeu pour l'estime de soi : se conformer aux codes d'une majorité est plus souvent le choix des basses estimes de soi. S'en distinguer ou se conformer à ceux d'une minorité, celui des hautes fragiles. Et s'en ficher plus ou moins, celui des bonnes estimes de soi.

Les risques et les erreurs de la recherche de reconnaissance

Pour les basses estimes de soi, le premier risque de cette quête sera l'hyperconformité, au risque de l'aliénation. On cachera « tout ce qui dépasse » pour tenter de se conformer à l'image sociale qui nous paraîtra garantir la plus grande acceptation. On ne suivra la mode qu'à distance respectueuse : pas trop tôt pour ne pas attirer (ou croire attirer) les regards, mais pas trop tard pour ne pas sombrer dans la ringardise. On n'émettra ses opinions qu'après s'être assuré de celles des leaders, afin de ne pas prendre le risque de la contradiction ou de la moquerie.

Pour les hautes estimes de soi fragiles tentant de compenser leurs doutes par la recherche de valorisation, ce sera la rupture avec la « masse », dans l'anonymat de laquelle elles se sentent disparaître, non reconnues. D'où le risque de provocations gratuites et inutiles. Chez les adolescents, il est assez fréquent de retrouver des jeunes doutant d'eux-mêmes et cherchant à se faire accepter par plus psychopathes qu'eux en se lançant dans des comportements délinquants qui leur servent de porte d'entrée dans le groupe.

Chacune, et chacun, de nous est confronté aux mêmes risques d'erreur :

• **Erreur de ne pas se sentir reconnu alors qu'on l'est, en réalité**. Et enclencher ainsi une quête de reconnaissance supplémentaire et aléatoire, alors qu'il aurait suffi d'ouvrir les yeux.

• **Erreur de ne pas accorder d'importance aux signes de reconnaissance que l'on reçoit, de ne pas se sentir valorisé par le groupe et les personnes qui nous reconnaissent**. S'adressant aux puissants de son époque, Sieyes (homme politique rendu célèbre en 1789 par sa brochure : *Qu'est-ce que le Tiers État ?*) écrivait à ce propos durant la Révolution française : « Vous demandez moins à être distingué par vos concitoyens, que vous ne cherchez à être distingué de vos concitoyens… Ce n'est pas à l'estime ou à l'amour de vos semblables que vous aspirez, vous n'obéissez au contraire qu'à une vanité hostile contre des hommes dont l'égalité vous blesse[3]. »

• **Erreur de confondre le désir de reconnaissance avec le désir d'amour, et d'attendre du premier qu'il satisfasse le second :** il y a des liens sociaux qui ne pourront nous donner que de la reconnaissance, pas plus. Ne pas les dénigrer pour autant, mais ne pas leur en demander davantage. « Tout le monde m'aime, mais je n'ai personne dans ma vie », me racontait ainsi une jeune patiente. Cependant, la multiplication des liens favorise en général la rencontre avec l'amour, en améliorant le bien-être psychologique (et donc l'ouverture à autrui), et en développant les aptitudes relationnelles. Favorise, mais ne garantit évidemment pas…

Solitude et sentiment de solitude

« Le plus douloureux pendant ma dépression, ce n'était pas la tristesse ou la difficulté à agir. C'était cette espèce d'angoisse qui me tombait dessus, comme un **vertige de solitude**. Je me sentais totalement seule, même entourée des gens qui m'aiment. Je les regardais et me rendais compte – c'est idiot – qu'ils n'étaient pas moi, qu'ils étaient des personnes autonomes dont je ne connaissais que ce qu'ils voulaient bien me laisser voir. Et cela me déclenchait des paniques face à la vie. Cette solitude m'angoissait car je me sentais incapable de survivre seule. En fait, voilà, **ce n'était pas de la solitude, mais une angoisse de solitude**, tantôt sourde, comme une rumeur discrète, tantôt violente, comme une menace de fin du monde. Ce sentiment faisait irruption, déchirait le voile des illusions (illusion que nous ne formons qu'un avec nos proches, que nous les connaissons parfaitement). J'ai toujours eu ce problème. Le moment où mes enfants grandissaient et devenaient autonomes, devenaient des grandes personnes, commençaient à ne plus me confier tous leurs secrets, à avoir des états d'âme, m'avait toujours troublée.

Depuis, j'ai compris que ce sentiment de solitude était inévitable. Mais que s'il me paniquait, c'est parce que je ne me sentais pas capable de prendre soin de moi. Et en réalité, c'était pire que cela : c'est comme si toute ma vie, j'avais évité de m'occuper de moi-même, j'avais vécu dans l'illusion que je n'étais que la partie d'un tout : famille, groupe »

De nombreux travaux portent sur le sentiment de solitude. On sait qu'en psychiatrie la solitude et l'isolement social sont des facteurs de risque, en matière de dépression, de recours à l'alcool et à la drogue, et, plus généralement, de fragilité face aux événements de vie stressants. Mais ce dont on s'aperçoit, c'est que **ce n'est pas seulement la solitude réelle qui pèse sur notre santé, mais aussi la solitude perçue : le fait de se sentir seul ou seule** est une source de perturbations qui ne sont pas seulement psychiques, mais aussi corporelles, avec notamment un impact sur la fonction cardiaque et la tension artérielle[4]. On s'aperçoit aussi que la quantité de contacts sociaux chez les personnes souffrant de sentiment de solitude est souvent à peu près la même que chez celles qui ne s'en plaignent pas ! Il s'agit probablement davantage d'une question qualitative liée à la satisfaction retirée de ces contacts, d'une question d'attitude sociale (profite-t-on ou non de ces contacts sociaux, par exemple est-on « seul au milieu des autres » ?), et d'une question d'attitude mentale (se vivre comme différent et incompris ferme la porte aux échanges ou à leur capacités nourrissantes).

La seule solitude qui vaille, c'est celle que l'on choisit, non celle que l'on subit. Il est tout à fait possible de se définir comme un *solitaire sociable* : on apprécie d'être seul, mais on apprécie aussi la compagnie des autres humains. On préfère juste, légèrement, le premier état au second. Si cette solitude est décidée et appréciée, il est possible alors de la célébrer, comme faisait Malraux : « S'il existe une solitude où le solitaire est un abandonné, il en existe une où il n'est solitaire que parce que les autres hommes ne l'ont pas encore rejoint. » Mais tous les solitaires ne rêvent pas de grandeur. Beaucoup apprécient simplement le recul que leur confère le retrait du monde, et prennent la solitude comme un exercice salutaire, ainsi que l'écrit Vauvenargues : « La solitude est à l'esprit ce que la diète est au corps. » Cependant, la diète n'a de sens que si l'on n'est pas en train de mourir de faim... Ceux qui n'ont pas choisi, les esseulés, les abandonnés, les isolés, n'en retirent que souffrances, et n'y voient qu'une interminable nuit de leurs attentes et de leurs besoins d'animaux sociaux.

Car, au bout du compte, la solitude ne peut être, pour la plupart d'entre nous, qu'une parenthèse, entre deux périodes d'échanges et de liens. La solitude comme *passage*. Souvent utile, parfois obligé. Passage et non destinée, car on peut aussi se perdre dans la solitude, et certaines existences ressemblent à cette image de Flaubert, grand solitaire mais pas toujours de manière choisie : « Il me semble que je traverse une solitude sans fin, pour aller je ne sais où, et c'est moi qui suis tout à la fois le désert, le voyageur et le chameau. »

CHAPITRE 23

La quête d'amour, d'affection, d'amitié, de sympathie : la recherche de l'estime des autres

« On peut tolérer des quantités infinies d'éloges… »

FREUD,
à l'occasion de son quatre-vingtième anniversaire
(il est alors au faîte de sa notoriété)

Nous venons de parler du besoin d'être reconnu dans son existence. Mais il y a aussi les formes de la reconnaissance positive, « chaude » : sympathie, amitié, affection, amour même. Nous savons que ces nourritures affectives sont indispensables à l'humain : pour se développer, puis pour se sentir heureux et digne d'exister. Pourquoi toutes les mettre dans le même sac ? N'y a-t-il pas de différences entre la simple sympathie et l'attachement amoureux ? Oui et non. Tous ces liens d'amour, au sens large, relèvent de notre besoin d'attachement et de sécurité, bien sûr hérité de notre passé personnel, mais aussi pour partie biologique : les caractéristiques de l'espèce humaine font que nous venons au monde à l'état larvaire, et que, sans l'amour et l'attention d'autrui – mère, parents, membres de la communauté –, nous ne survivrions pas. Notre mémoire émotionnelle ne peut que s'en souvenir, et se montrer très exigeante sur les *preuves* d'amour. En revanche, ce sont les cultures qui modèlent les *objets* valorisés d'amour : les liens à un conjoint, ou à ses enfants, n'ont pas toujours été célébrés comme les modèles de l'amour parfait. Quoi qu'il en soit, le besoin de sentir que l'on suscite sympathie, affection ou amour est bel et bien là. Tout comme la question fondamentale, cachée derrière cet inépuisable besoin d'être aimé : comment exister dans le cœur des autres ?

Jusqu'où aller dans le besoin d'être aimé ?

Il peut exister des dépendances extrêmes aux signes de reconnaissance et d'attachement d'autrui. Ainsi chez les personnes « trop gentilles », qui peuvent étouffer l'autre par leur sollicitude, leurs cadeaux excessifs : « Je suis trop préoccupée de faire plaisir, et trop centrée sur les autres. J'ai toujours impression de leur devoir quelque chose. Il m'est impossible d'arriver quelque part sans cadeau, et en général, plus je doute de l'estime que l'on me porte, plus le cadeau est gros. Je me sens en permanence l'obligée des autres. Il ne me vient jamais spontanément à l'esprit l'idée que l'on pourrait me devoir de la reconnaissance, ou se sentir redevable à mon égard. C'est toujours moi qui me sens en dette. Que dire de **cet étonnement, qui m'habite depuis l'enfance, de découvrir qu'on m'aime, qu'on m'apprécie**. C'est comme une allégresse, un soulagement. Une libération, sans doute. Comme si traînait toujours quelque part en moi l'idée que cela ne va pas de soi, qu'on m'aime, moi, sans que je n'aie acheté au préalable cet amour, par un cadeau, ou un service rendu. C'est mon mari qui a attiré mon attention sur tout ça, qui m'a appris que je n'avais pas à *acheter* l'attention ou l'affection des autres par de la gentillesse, ou des dons. »

Un cran au-dessus, et on tombe dans des profils de personnalités vulnérables, sur le registre de ce que les psychiatres nomment l'abandonnisme, ou l'hyperappétence affective.

Dans le cas de l'abandonnisme, les personnes réagissent de manière très violente (intérieurement par la souffrance, ou extérieurement par les reproches ou les larmes) à tout ce qui leur paraîtra une forme de recul ou de prise de distance. À la grande surprise, souvent, des membres non avertis de leur entourage (les amis, en général, car la famille, elle, « sait » depuis longtemps), moins sensibles à la distance, et pour qui passer six mois sans prendre ni donner de nouvelles ne diminue en rien l'amitié ou l'affection que l'on porte à quelqu'un. Mais si l'ami en question est légèrement abandonnique, il ne verra pas les choses ainsi.

Dans le cas de l'hyperappétence affective, les personnes vont très vite chercher à « chauffer » la relation, à la faire passer sur un mode affectif : copiner trop vite avec une nouvelle connaissance, intimiser rapidement la relation avec un collègue de travail récemment arrivé… Comme si elles pensaient accéder par là à l'essentiel : « pas de relation qui vaille en dehors de l'affection ».

Ces deux familles de personnalités semblent présenter un besoin illimité de signes de reconnaissance et d'affection, comme si leur existence même en dépendait, sur le registre du « sans amour, on n'est rien du tout » des chansons populaires. Comme si elles avaient faite leur cette formule de Gide : « Je ne veux pas être choisi, je veux être préféré », mais sans oser l'avouer clairement. On ne revendique pas l'exclusivité (pas assez d'estime de soi pour cela), on attend que les autres fassent d'eux-mêmes « comme si » il n'y avait que nous.

Comment la quête d'affection s'active ou non en cas de rejet social…

De nombreux travaux ont étudié ce qui se passait lorsque nous étions l'objet d'un échec, d'un rejet, bref, d'une menace sur notre place aux yeux des autres, tant lors d'études de laboratoire qu'en milieu « naturel[1] ». Le plus souvent, ce sera une question d'estime de soi : les personnes à estime de soi fragile et basse auront globalement tendance, après un échec, à se montrer plus agréables, plus aimables. Alors que les personnes à haute estime de soi auront souvent tendance à se montrer moins agréables avec les autres si elles ont été remises en question. Elles semblent moins dépendantes du besoin d'approbation sociale comme réparation et consolation. Mais il existe un risque important pour les personnes à basse estime de soi : comme elles se sentent en échec (réel, redouté ou fantasmé) de manière chronique, elles seront souvent tentées, nous l'avons vu, d'acheter les autres par de la gentillesse. Ce n'est pas une mauvaise chose en soi que d'offrir de la gentillesse. Mais c'en est une si c'est une stratégie de survie et de prévention, au lieu d'un libre choix.

Amour et estime de soi

Il y a tant de questions autour de l'amour et de l'estime de soi… L'amour est-il bon pour l'estime de soi ? Est-il réparateur ou fragilisant ? Et surtout : est-il bien raisonnable d'attendre tout cela de lui ?

Étonnamment, **il existe un fréquent « gâchis d'amour » chez les sujets à basse estime de soi**, qui ont une irrésistible tendance à globalement sous-estimer le regard positif porté sur eux par leurs partenaires sentimentaux[2] : « J'ai mis plusieurs années à "baisser la garde" dans mon couple. Ce n'est pas que je me sois méfié ou que je n'aie pas fait confiance. Mais j'avais un réflexe inconscient de prudence, de ne pas vouloir me croire trop aimé, pour ne pas devenir trop dépendant. Cela a provoqué de nombreuses crises, car mon épouse le sentait. Mais elle prenait ça pour un manque d'amour, alors que c'était plutôt un excès de peur, et même, en réalité, un manque de confiance en moi. Ce qui m'a guéri ? Le temps qui a passé. Mais aussi, justement, le fait de prendre davantage confiance : réussir dans mon travail, être admiré par mes deux jeunes fils. Du coup, peu à peu, je suis devenu plus sensible et plus réceptif et plus ouvert à l'amour conjugal. À comprendre et accepter que c'était bien moi que ma femme aimait, et pas seulement l'image qu'elle avait de moi, ou l'un de ses rêves d'adolescente. »

Les sujets à basse estime de soi ont aussi tendance à ne pas assez se « servir » de leur couple pour se remettre de leurs sentiments d'inadéquation et d'incompétence[3], à ne pas assez se confier, ou demander des conseils, de l'attention, aux moments où ils en ont besoin.

On observe aussi en amour le désir de fusion des personnalités dépendantes, dont nous avons parlé : il est là aussi lié à des problèmes d'estime de soi. La fusion nous rend plus forts, car plus sécurisés mais aussi moins visibles, moins exposés. Avec hélas à la clé un risque d'aliénation dans le couple, avec la tentation de s'effacer derrière son conjoint, de ne plus exister socialement que par lui. De s'en sentir totalement soulagé. Et anesthésié de sa propre identité. Puis se réveiller un jour en réalisant que l'on a négligé de se construire autrement que comme « femme ou mari de », « parent de ». Et voir son estime de soi baisser d'autant.

C'est pourquoi, peut-être, il y a tant de plaintes et de maux d'amour, et pourquoi le domaine de la vie amoureuse est un de ceux que nous avons à aborder très souvent en psychothérapie : entre les peurs du lien (peur de décevoir et peur d'être déçu), leur mauvais usage (on en demande trop, ou pas assez, ou les deux selon les domaines), les idéaux excessifs, ni les souffrances ni le travail pour les surmonter ne manquent.

Un médicamant pour l'estime de soi...

Je me souviens d'une patiente – appelons-la Armelle – qui venait me voir par intermittence, pour soigner ses complexes et son estime de soi. Elle abandonnait régulièrement la thérapie chaque fois qu'elle tombait amoureuse. « Dans ces moments, je n'ai plus du tout besoin de vous, ni de la thérapie. J'arrête de me poser des questions sur moi dès que je me sens aimée... » Hélas, ses amours n'avaient pas un effet thérapeutique bien durable, et, peu à peu, les doutes revenaient. Bizarrement, d'ailleurs, ils revenaient d'abord à propos de ses amants : « Au bout d'un moment je cesse de les idéaliser, je vois leurs défauts, que mon regard ignorait ou minimisait jusqu'alors. Et puis, très vite, mes yeux se rouvrent aussi sur mes propres travers, je recommence à douter de moi, à complexer... Alors, je les quitte. Et je me retrouve telle que je ne m'aime pas, avec mes inquiétudes et mes insatisfactions perpétuelles. »

Une des vertus de l'amour sur les blessures de l'estime de soi, c'est qu'il nous entraîne, lorsqu'il est réciproque, évidemment, à nous décentrer : nous ne pensons plus à nous mais à l'autre. Nous ne pensons plus à notre personne mais au couple amoureux que nous formons. L'oubli de soi par l'obsession de l'autre…

Un jour, Armelle finit par trouver l'homme de sa vie. Ou plutôt, elle rencontra un homme qui *devint* peu à peu l'homme de sa vie. Malgré ses défauts… Sans doute avait-elle suffisamment travaillé sur elle pour que ses doutes sur elle et ses exigences de perfection ne soient plus un obstacle encombrant à son bonheur. Ou peut-être, tout simplement, son compagnon s'était-il avéré être le bon *médicamant.*

CHAPITRE 24

La présentation de soi : quel visage offrir ?

« Nous gagnerions plus de nous laisser voir tels que nous sommes, que d'essayer de paraître ce que nous ne sommes pas. »

LA ROCHEFOUCAULD

Ah, cette société qui nous renvoie sans cesse notre image ! Et tous ces lieux marchands où règnent les miroirs, ce temple moderne de l'ego qu'est la cabine d'essayage, lieu de souffrances ou de jouissances… Lieu souvent dépeint au cinéma, d'ailleurs, parfois de manière drolatique, comme dans ce film où l'héroïne, complexée et traînée là de force par une amie compatissante et à la bienveillance envahissante, s'écrie, désespérée : « Je suis tellement grosse que je ne vais même pas rentrer dans la cabine[1]. »

Jusqu'où peut-on et doit-on faire des efforts pour être bien perçu ?

Jusqu'où faut-il travailler son image et sa présentation sociale ? À partir de quand des efforts légitimes pour ne pas susciter de rejet ou de méfiance immédiats deviennent des contraintes ou des dissimulations ? Entre l'approche très précautionneuse, presque aliénante, des personnes à basse estime de soi et l'approche offensive des sujets à haute estime de soi instable, où se situe le point d'équilibre ? Cette indispensable présentation de soi, comment y réfléchir, mais sans mentir ? Comment conduire des efforts qui ne soient pas des contraintes, qui ne nous embarquent pas dans de fausses directions, à contresens de notre identité ?

Il existe, très clairement, des règles, tant explicites qu'implicites, qui président aux interactions sociales. Celles-ci peuvent certes évoluer selon les époques, les milieux, les âges de la vie. On peut aussi choisir de ne pas s'y soumettre, en adoptant soi-même des comportements hors normes, ou en les tolérant chez les autres.

Mais ces règles, elles existent. Les connaître, être conscient du degré de pression qu'elles exercent sur nous, c'est une première étape indispensable. Ensuite, il y a plusieurs façons de ne pas en être l'esclave.

Suivre ces règles peut par exemple conduire à s'en débarrasser, et penser seulement à être soi-même. C'est le paradoxe de la normalité : par exemple, en matière de vêtements, pendant longtemps les hommes étaient plus libres que les femmes. Car ils n'avaient pas à se soucier de ce qu'ils allaient porter, c'était toujours la même chose. Il en allait de même pour les enfants, pas seulement parce qu'on ne leur demandait pas leur avis, mais aussi parce qu'ils portaient tous, jadis, une blouse à l'école, ce qui gommait une partie des états d'âme et des différences de niveau social. Alors que l'on entend de plus en plus de parents d'aujourd'hui raconter comment leurs rejetons sont **stressés par le *look***. Triste victoire des marchands de fringues et de la dictature de l'image. Mais il n'y a pas que l'apparence physique dans la présentation de soi, la manière dont on communique en fait aussi partie.

Respecter certaines règles de communication ?

Des vêtements aux comportements… Obéir à certaines règles de présentation sociale comme la politesse peut paraître une contrainte à certains et susciter la peur de perdre son authenticité ou son unicité. Il n'est pas si sûr que la recherche d'une différence de façade soit le but le plus intéressant à poursuivre dans sa vie. De plus, sur le terrain, beaucoup de pseudo-spontanéités s'avèrent en fait des réflexes moutonniers, qui ne valent guère mieux, et n'épanouissent guère plus, que des contraintes librement acceptées et oubliées.

Les chercheurs en sciences sociales parlent de **compétences sociales** pour désigner l'ensemble de ces savoir-faire invisibles mais utiles en matière d'acceptabilité et de présence sociales. Cela va des comportements les plus élémentaires (dits « non verbaux ») comme regarder dans les yeux, sourire, se tenir à la bonne distance, ni trop près ni trop loin, aux comportements verbaux, plus élaborés, comme écouter sans interrompre, poser des questions et écouter la réponse, etc.

D'où viennent ces compétences ? En général de notre éducation : nous a-t-on appris, et jusqu'à quel point, à nous affirmer et à respecter les autres ? Mais, à notre intéressante époque, qui a beaucoup renoncé à enseigner la politesse et les convenances, l'essentiel de cet apprentissage ne se fait donc pas par injonctions, parentales ou sociales, mais de manière invisible, par imitation de modèles, là aussi parentaux, familiaux, sociaux. D'où l'illusion trompeuse qu'en réalité cela ne s'apprend pas. Alors que cela s'apprend, et bien, même, et à tous âges, puisque l'« apprentissage des compétences sociales » est par exemple une stratégie largement utilisée, et avec succès, en psychothérapie et en développement personnel.

Autre illusion : ce qui est appris n'est pas spontané. Erreur, **ce qui n'est pas spontané, c'est simplement ce qui est en train d'être appris**. Il s'agit du même phénomène que les improvisations en musique : une fois qu'on maîtrise les bases, elles se font facilement. Ce qui a été appris dans un premier temps peut parfaitement devenir spontané dans un second. C'est même la caractéristique de tous les apprentissages réussis.

En quoi consistent ces compétences sociales ? En gros, à **prendre sa place, mais pas toute la place**... Elles comportent deux versants : l'un expressif, l'autre réceptif.

Le versant expressif, c'est celui de l'affirmation de soi, dont nous avons déjà un peu parlé. Elle consiste simplement à ne pas toujours attendre que l'on nous laisse de la place (cela concerne les basses estimes de soi). Mais sans toujours vouloir prendre toute la place (cela concerne les hautes estimes de soi). Cet art de faire sa place au milieu des autres, sans violence ni spasmes, ne va pas de soi ; et il est perturbé par de nombreux phénomènes psychologiques (comme des problèmes d'estime de soi) et émotionnels (comme le trac).

Le versant réceptif, c'est celui de l'écoute active. Ce terme n'est pas un hasard : l'écoute est bien un processus actif, durant lequel on a à relancer, faire préciser ou compléter, se mettre émotionnellement en phase avec son interlocuteur… C'est aussi un processus subtil, qui peut être perturbé par la fatigue, l'inhibition (à force de ne pas intervenir, on s'assoupit), les doutes (au lieu d'écouter, on cherche comment faire bonne figure), etc. Se montrer à l'écoute est utile à l'estime de soi : cela apporte des informations extérieures, souvent préférables à nos suppositions, permet le lien, facilite la décentration vis-à-vis de soi. L'écoute aide aussi à l'acceptation, en nous rappelant qu'écouter n'est pas approuver, ni valider. On peut écouter activement en n'étant pas d'accord. Simplement, on fait l'effort d'écouter au lieu de se dire intérieurement : « Ce n'est pas du tout ça ; il a tort ; quelle erreur de penser ainsi. »

Quelques exercices de « compétences sociales »

Nous utilisons souvent des jeux de rôle, lors de nos séances de thérapie, pour réfléchir avec nos patients sur une matière vivante et émotionnelle, vibrante, plutôt que de rester seulement dans le discours ou la réflexion. Ainsi, si un patient se plaint de sa difficulté à entrer en contact avec autrui, ou de son sentiment de ne pas arriver à intéresser les autres, ou à être écouté, nous ne faisons pas qu'en discuter, que réfléchir aux origines de ce problème, passées (ses parents ne l'ont guère écouté) ou présentes (il est persuadé de ne pas être intéressant). Nous mettons aussi la situation en scène, en lui proposant un jeu de rôle : « Imaginons que je sois une personne assise à côté de vous lors de ce repas où vous ne connaissiez personne, comment entreriez-vous en contact avec moi ? » Les enseignements issus de ces petites mises en situation sont souvent très riches, car malgré le caractère évidemment artificiel de ces saynètes, il est très fréquent qu'elles activent cependant des émotions très proches de celles suscitées par les « vraies » situations, et surtout qu'elles révèlent certains comportements eux aussi finalement assez proches de ce qui se passe d'habitude.

Ce qui frappe durant ces jeux de rôle, c'est que beaucoup de personnes ont du mal à donner des informations ou des avis personnels. Non qu'elles n'aient pas d'opinions, ni de jugement, ou qu'elles n'aient rien à dire sur elles : lorsque le thérapeute les questionne activement, il arrive à obtenir largement assez d'idées intéressantes. Mais elles estiment que cela n'a pas d'intérêt : ce qui vient d'elles est forcément terne et sans saveur. La recommandation (et l'entraînement par jeu de rôle qui ira avec) consiste à rappeler que ce n'est pas seulement à nous de juger de la pertinence ou de l'intérêt de nos propos : sachant que nous sommes les pires censeurs possibles de nous-même, il vaut mieux laisser à d'autres ce soin de voir si nos propos sont ou non intéressants. Cinq conseils sont alors donnés et expérimentés en exercices :

- S'engager et donner de soi dans la relation (raconter, donner son avis, exprimer ses sentiments).
- Ne pas hésiter à poser des questions à ses interlocuteurs dans le même domaine.
- Ne pas redouter les silences. Prendre l'habitude de laisser s'écouler une ou deux secondes avant de reprendre la parole ou de relancer.
- Vraiment rentrer dans l'échange au lieu de se surveiller et de surveiller les réactions d'autrui.
- Se rappeler qu'il s'agit d'un échange, non d'un examen de passage, ou d'un oral d'entrée en grande école…

Les avantages d'une présentation équilibrée et sincère

Faut-il, donc, chercher toujours à se présenter sous son meilleur profil, que ce soit un profil psychologique ou une apparence physique ?

Tout va dépendre de l'intensité des efforts à produire. Mais attention, en se méfiant de ces efforts qui tueraient la spontanéité, à ne pas trop valoriser ce qui serait « spontané » chez nous. Le *spontané* n'est pas toujours le *souhaitable :* certaines inhibitions sont spontanées, certaines parades et certains mensonges aussi. Plus que la spontanéité, il semble que le bon objectif en la matière soit le juste milieu et la sincérité… On a ainsi montré qu'une présentation de soi modeste, ni trop positive ni trop négative, sera celle qui procurera les sentiments et les jugements les plus favorables aux interlocuteurs, le plus grand capital de sympathie, et qui entraînera donc la plus grande acceptation sociale[2].

Les bénéfices de la sincérité sont donc relationnels, mais ils sont aussi internes. Sur le long terme, la sincérité est nécessaire en raison du coût épuisant du « faire semblant ». Lorsqu'on nous demande de faire des efforts inhabituels de présentation face à autrui, cela entraîne des effets adverses, intellectuels et émotionnels notamment[3]. Dans une des études de ce type, on demandait à des volontaires de se présenter de façon inhabituelle : de façon flatteuse et très positive à des proches, ou très humble et modeste à des inconnus, les deux attitudes étant à l'inverse de nos tendances spontanées[4]. Les volontaires à qui l'on avait demandé cela montraient ensuite de plus grandes difficultés à effectuer des séries de multiplications complexes de trois chiffres par trois chiffres. Rien à voir ? Eh bien si : le stress lié à l'effort de contrôle sur son autoprésentation altérait, au moins à court terme, leurs capacités de concentration. D'autres résultats confirment, mais c'est plus logique, les perturbations en matière de confort émotionnel, et de facilité d'élocution par exemple.

Plus complexe, mais intéressant : on s'aperçoit dans ces études que se trouver confronté à des tâches difficiles et sollicitantes va augmenter les tendances narcissiques des volontaires (non leur estime de soi mais leur propension à se survaloriser). L'hypothèse qu'en retirent certains chercheurs est que c'est un argument pour dire que la présentation modeste de soi serait l'objet plutôt d'une régulation (altérée par les efforts) que d'une spontanéité. C'est un problème philosophique assez passionnant : selon ce genre de travaux nous ne serions pas modestes spontanément, mais par choix stratégique. Nos tendances naturelles seraient à la dilatation de l'ego, et ce serait la vie et les autres humains qui nous rappelleraient à l'ordre. Avec parfois tant de vigueur que cela pourrait aboutir à la position inverse, si souvent observée, d'efforts à faire non plus pour freiner mais pour *booster* l'estime de soi… Nous y reviendrons. Quoi qu'il en soit, le désir conscient et effréné de toujours montrer le meilleur de soi, et de parfaitement maîtriser la manière dont nous sommes perçus (être aux aguets du moindre malentendu ou du moindre défaut dans l'image que les autres peuvent avoir de nous), représente bel et bien une source majeure de stress[5].

S'exposer aux autres sans efforts exagérés représente peut-être un effort également. Mais qui peut s'avérer plus fructueux sur le long terme, car il nous permet d'accéder au *must* : **être appréciés pour ce que nous sommes, et non pour ce que nous cherchons à paraître**. Être apprécié par les autres, c'est bon, mais c'est encore meilleur pour l'estime de soi lorsqu'on est apprécié pour ce qu'on *est* plus que pour ce qu'on a *fait* et réussi. Lorsqu'on étudie ce type de situation en laboratoire de psychologie, on s'aperçoit que le fait de se sentir compris et accepté allège nettement nos défenses et nos tendances à protéger ou à promouvoir notre estime de soi[6]. Alors, bas les masques ?

CHAPITRE 25

La peur du ridicule et le combat contre la honte et les blessures d'amour-propre

« La même honte qui me retint m'a souvent empêché de faire de bonnes actions, qui m'auraient comblé de joie, et dont je ne me suis abstenu qu'en déplorant mon imbécillité. »

Jean-Jacques ROUSSEAU,
Rêveries du promeneur solitaire

Les blessures de l'amour-propre sont fréquentes lors des problèmes d'estime de soi. Mais ce sont souvent des blessures déplacées, qui auraient pu être évitées, ou ne pas exister. Plus souvent liées à l'hypersensibilité de la personne qu'à la gravité ou à la réalité des « attaques » dont elle a pu être l'objet.

Les émotions de l'estime de soi qui souffre

De nombreuses émotions sont associées aux difficultés d'estime de soi : elles sont dénommées par les chercheurs les « **émotions de la conscience de soi**[1] ». Ce terme est adapté, car il nous rappelle que l'origine des émotions en question ne se situe pas seulement en dehors de nous (les situations qui les déclenchent) mais aussi en dedans (notre propre sensibilité et parfois hypersensibilité à ces situations). De toutes les émotions, elles sont d'ailleurs à la fois :

- **Les plus secrètes** : ce sont par exemple celles qui se caractérisent le moins par une expression précise du visage, à la différence des émotions de la famille de la tristesse, de la peur, de la colère...
- **Les plus indépendantes de déclencheurs externes** : autant les sources de la peur ou de la colère sont universelles, autant celles de la honte ou de la gêne sont culturelles et parfois même individuelles. Car ce n'est pas alors la situation mais son interprétation qui compte (ce qui est vrai de toutes les émotions, mais à un degré moindre).
- **Les plus liées à la présence des autres**. André Comte-Sponville définit fort justement la chose, en une belle formule : « L'amour-propre, c'est l'amour de soi sous le regard des autres. »

À un degré minime, ces émotions de l'estime de soi en souffrance sont représentées par **l'embarras ou la gêne**. Ce premier stade n'est pas forcément lié à une évaluation négative sur soi. Prenez l'exemple d'un conférencier que l'on présente de façon élogieuse : il en sera gêné le plus souvent, sauf s'il est particulièrement narcissique. Le mouvement réflexe à ce moment sera certes un abaissement du regard, mais accompagné d'un petit sourire (les personnes à basse estime de soi pourront m'objecter que sa gêne peut *aussi* être liée à une crainte ne pas être ensuite à la hauteur des compliments reçus par anticipation !). D'autres fois, la gêne est liée à une erreur ou à une inadéquation de notre comportement : faire tomber un objet, dire une « bêtise » ou annoncer comme un *scoop* quelque chose que tout le monde sait déjà.

Cela relève déjà davantage de l'estime de soi et de sa crainte de ne pas être à la hauteur.

Le sentiment de ridicule est lui encore un cran au-dessus, et il est associé à la conviction d'avoir abîmé son image sociale, ou suscité des regards moqueurs ou ironiques. Étymologiquement, ridicule vient des mêmes racines que *rire* : craindre le ridicule, c'est avoir peur de faire rire les autres de soi. Beaucoup de personnes à l'estime de soi fragile ont ainsi du mal à rire d'elles-mêmes avec les autres, même dans les situations où le rire n'est pas offensant. Se sentir souvent ridicule, ou être conduit par le souci d'éviter ce sentiment, est un assez bon symptôme de l'insécurité de l'estime de soi. Mais le degré le plus redoutable de ces émotions de la conscience de soi est représenté par la honte.

Manifestations et conséquences de la honte

On a beaucoup étudié, en psychologie, la culpabilité, ce sentiment d'inconfort douloureux lié à la conviction intime d'avoir commis une faute. Mais la honte est un sentiment plus ravageur encore, car elle est liée à la personne, et non seulement au comportement. **On se culpabilise de ce que l'on a fait, mais on a honte de ce que l'on est :** le dommage est plus grave. Ainsi, **la honte est toujours une honte de soi :** c'est soi-même que l'on rejette tout entier, pas seulement ses actes.

Autre caractéristique de la honte : elle est activée par la notion de jugement public sur nos actes. Les échecs seront d'autant plus honteux qu'ils auront eu lieu devant autrui, ou été portés à sa connaissance[2]. Mais la simple idée d'un jugement des autres à propos de nos vulnérabilités ou d'une exposition publique de nos incompétences peut suffire pour déclencher une honte anticipée ou rétrospective. Et sur le registre du « si les gens savaient », on assiste parfois à une sorte de supplice du pilori que s'auto-infligent en imagination les personnes à basse estime de soi. La honte est d'ailleurs une émotion très « visuelle » (on se représente inlassablement la scène en imagination) là où la culpabilité peut n'être que verbale (on se fait des reproches). Enfin, dernière différence avec la culpabilité, et peut-être la plus importante, la honte ne nécessite pas de « faute morale » pour survenir. Un simple sentiment d'avoir failli, de ne pas avoir été à la hauteur peut suffire.

Comme la honte dépend de nos convictions personnelles sur ce qu'est « être à la hauteur » ou « ne pas décevoir », on comprend qu'elle puisse être l'objet de nombreux dérapages chez les personnes soucieuses de ne pas décevoir ou de toujours se présenter au mieux.

Lorsqu'elle est déréglée, elle est sans doute **une des plus redoutables émotions dont puisse être affectée l'estime de soi**. Car si elle est douloureuse pendant les situations où elle s'allume (l'expression « mourir de honte » est parlante), elle est aussi destructrice sur la durée, parce qu'elle alimente ensuite des ruminations délétères. Ces dernières vont peu à peu augmenter la sensibilité des personnes et justifier des évitements ultérieurs : après une « grosse honte », on peut en arriver à ne plus vouloir prendre le risque de parler, de danser, de donner son avis, etc. Et après des hontes répétées (une fois de plus, c'est le vécu de honte qui compte, plus que sa réalité sociale), on peut se retirer peu à peu de toute forme de prise de risque social, c'est-à-dire de toute forme de spontanéité.

Révélateur de la puissance de la honte sur nos comportements, il semble aussi que cette émotion puisse provoquer des comportements violents chez certaines personnes : les offenses faites à l'estime de soi augmentent les risques d'agression chez tout le monde[3]. Se sentir offensé peut ainsi pousser à vouloir se venger. C'est hélas ce qui se passe dans les cultures dites « de l'honneur » (comme certaines cultures méditerranéennes ou orientales), et qui sont en fait des cultures de la honte, violentes et archaïques.

Exercices pour combattre la honte

Comme toutes les émotions, la honte a une fonction : elle nous sert à ne pas oublier que, pour avoir sa place dans un groupe humain (famille, amis, micro- ou macrosociétés), il y a des règles et des standards à respecter. À petites doses adaptées, la honte peut m'empêcher de commettre des actes antisociaux : mentir, trahir, voler, rudoyer les faibles. Ou, si je les ai commis, de récidiver. Comme la peur peut me rendre plus prudent en me faisant anticiper les dangers, la honte peut me rendre plus conscient en me faisant anticiper les rejets.

Mais toutes les émotions peuvent se dérègler. La peur peut se transformer en cette maladie de la peur qu'est la phobie. La honte, elle aussi, peut déraper. Nous ne disposons pas de nom spécifique pour désigner ces « maladies de la honte ». Signe sans doute que les sociétés traditionnelles les toléraient et s'en accommodaient plutôt bien : la honte est un bon moyen de faire tenir les gens tranquilles. Souvenez-vous du pilori où l'on exposait les criminels, au Moyen Âge, ou du bonnet d'âne dont on affublait les mauvais élèves jusqu'aux années 1950.

Il y a beaucoup de dérèglements de la honte dans les problèmes d'estime de soi. D'où l'existence en psychothérapie comportementale et cognitive d'étonnants – du moins aux yeux des non-inités – « exercices pour combattre la honte[4] » dont l'objectif est de s'habituer à ressentir gêne, honte, embarras, sentiment de ridicule, et enfin honte, sans se laisser impressionner pour autant. Il s'agit par exemple de prendre le métro ou l'autobus, et d'y annoncer à haute voix les stations. Si les gens vous regardent, souriez-leur. S'ils vous adressent la parole, expliquez-leur tout simplement la vérité : que vous faites un exercice pour apprendre à lutter contre la honte. Ce cas de figure est rare et ne nous est arrivé qu'une fois depuis que nous faisons l'exercice avec mes patients : la personne qui nous a interpellés s'est d'ailleurs montrée très intéressée et curieuse de parler de cela avec nous, et s'est mise à nous raconter ses plus grandes hontes personnelles (comme d'avoir été prise en flagrant délit de mensonge à son travail). La pratique de cet exercice et de quelques autres m'a beaucoup fait progresser, moi qui pensais ne pas souffrir de honte excessive : j'ai découvert que si, en réalité nous sommes beaucoup plus conduits par la honte que nous ne le croyons. Honte de parler fort ou de faire le clown dans la rue, de sortir de chez soi habillé à la va-vite ou en chaussons, ou en pyjama, etc. Non que je préconise d'en faire un style de vie, mais plutôt une petite expérience existentielle de temps en temps, pour **recalibrer son « hontomètre » à la hausse, afin qu'il soit moins sensible**.

Ce que l'on constate en pratiquant ces exercices contre la honte (qui ne doivent procurer que de « petites » hontes : actes ridicules mais ne provoquant pas de tort à autrui, sans réel enjeu, et entraînant une honte d'intensité modérée), ce sont les phénomènes suivants :

• **D'abord, on s'aperçoit qu'on est bien plus mal à l'aise avant de le faire qu'après**. L'idée d'être ridicule ou déplacé est bien plus intense et pénible que le fait de l'être réellement. Cette donnée est capitale car elle révèle le grand gâchis des évitements : à toujours fuir, on en peut jamais réaliser que l'on ne fuit que des fantômes de rejet social.

• **Ensuite, on réalise (nous en avons parlé avec l'effet « spotlight ») que les autres personnes prêtent bien peu attention à nous**, et à ce qui nous semblait devoir attirer immanquablement tous les regards. Parfois même, la gêne des personnes qui nous regardent à la dérobée est plus forte que la nôtre alors que nous énonçons les noms de stations à voix haute.

• **Enfin, comme pour le traitement des peurs, on s'aperçoit que plus on prolonge et plus on répète l'exercice, plus la honte diminue et s'affaisse**. Jusqu'à donner souvent un petit sentiment d'euphorie et de légèreté : on ne ressent plus le poids de la honte et du souci des convenances. C'est une sensation si agréable.

Une autre des grandes règles, c'est de ne jamais, jamais, jamais (cela n'est pas une coquille) rester seul face à la honte. **La solitude et l'isolement sont les vitamines de la honte**. Or le mouvement réflexe lorsque l'on a honte est automatiquement de se replier sur soi : baisser les yeux, ne plus parler, avoir envie de disparaître sous terre, de mourir… Même si on a honte de parler de ce qui nous fait honte, c'est indispensable d'aller chercher du dialogue. Cela permet de défocaliser de soi et de ne pas se noyer.

Attention aussi aux ruminations, nous l'avons dit : il semble bien qu'elles puissent représenter une forme d'encodage des blessures émotionnelles dans notre mémoire, consciente et inconsciente. Il faut donc **nettoyer soigneusement les plaies de la honte**. Je me souviens d'une séance de thérapie de groupe avec une de nos patientes : elle venait de subir l'après-midi même une humiliation de la part d'un de ses collègues de travail. Il était, d'après sa description, probablement plus narcissique que pervers, et cherchait plus à se valoriser aux yeux du groupe qu'à la déstabiliser pour le plaisir. L'événement avait eu lieu devant tout le monde. Elle arriva au groupe dans un état de désarroi épouvantable, en larmes et visiblement déboussolée, prête à démissionner. Très simplement, après qu'elle eut raconté son histoire, tous les membres du groupe et les thérapeutes lui donnèrent son avis sur l'incident. Sans chercher forcément à banaliser et à dire « ce n'est rien », mais en exprimant ce qu'ils auraient probablement ressenti à sa place (de la honte également) et comment ils pensaient qu'il était adéquat de réagir : ne pas surévaluer le jugement négatif des autres collègues sur elle, surtout ne pas s'isoler, téléphoner tout de suite, le soir même, à quelques personnes ayant assisté à la scène et à quelques amis proches, ne surtout pas éviter le collègue en question le lendemain mais aller lui parler pour lui demander une explication, etc. Que des choses très simples. Puis nous nous séparâmes jusqu'au lundi suivant. J'étais tout de même un peu inquiet de la tournure des événements, vu la fragilité de la patiente et l'importance de la secousse émotionnelle subie. Le lundi suivant, elle arborait une mine ravie : elle s'était sentie très soulagée de tout ce qui lui avait été dit, avait fait ce que nous, patients et thérapeutes, lui avions tous recommandé. Et tout s'était bien passé. Le collègue en question s'était montré embarrassé sinon repentant, et en tout cas n'avait pas recommencé durant la semaine écoulée, les autres l'avaient soutenue. Le simple fait d'avoir pu intervenir à chaud avait sans doute été décisif.

« Dans les soirées, je n'ose pas parler, de peur de dire des bêtises. Mais au bout d'un moment, à force de ne pas parler, je me dis qu'on va remarquer que je ne dis rien. » Le silence représente souvent une épreuve lors des problèmes d'estime de soi : il active alors des pensées d'insuffisance personnelle. Bien sûr, chacun de nous est embarrassé par le silence, voyez l'expression « un ange passe » alors utilisée pour le rompre lorsqu'il s'instaure au sein d'un groupe. Pour autant, il n'active pas forcément un signal d'alarme. C'est cette incapacité à supporter que le silence puisse parfois s'inviter dans une relation, sans pour autant penser que c'est un constat d'échec, sur laquelle nous devons parfois travailler : c'est ce que j'appelle la « thérapie du silence » (il ne s'agit pas de la même chose que du silence des psychanalystes face au discours de leurs patients). L'exercice consiste tout simplement, après avoir expliqué au patient ce que nous allions faire, à rester assis face à face sans parler, en se regardant, mais sans obligation de soutenir en permanence le regard (ce n'est pas, non plus, « je te tiens, tu me tiens par la barbichette »…). Il est étonnant de constater comment certaines personnes vont ressentir une gêne très importante dans cette situation : cela a beau n'être qu'un exercice, il entraîne cependant une activation émotionnelle « comme en vrai », tant l'intolérance au silence peut être intense. « Ne rien dire, me racontait une patiente, ça crée une sorte d'appel d'air, de tourbillon, qui fait monter à la surface de la conscience tous mes complexes engloutis et refoulés. C'est pour ça que je me débrouille pour parler tout le temps. » Durant ces exercices, les consignes données au patient sont de s'accepter silencieux. Sourire, respirer, s'intéresser à ce qui est autour de soi… Comme souvent, l'exercice est finalement plus facile à réaliser qu'à anticiper, et le calme revient en général assez vite. Mais il est tout à fait instructif.

De même par rapport à la crainte de dire des bêtises, on va s'entraîner en jeu de rôle à poser des questions à « ceux qui savent ». Viser une image de personne timide, mais agréable et ouverte, plutôt que celle d'une personne très à l'aise, cultivée et drôle ; car en se crispant sur ce genre d'objectif, on risque plutôt de se transformer en névrosé crispé qui ne desserre pas les dents de la soirée. **Mieux vaut**

s'accepter imparfait que ne pas s'accepter du tout, ou faire semblant d'être un autre que soi.

« C'est trop la honte »

Depuis que j'ai commencé à travailler régulièrement sur la honte avec mes patients, j'essaie de faire bénéficier mes enfants de mon travail (cela fait partie des nombreux inconvénients à être enfant de psychiatre). Je suis frappé de voir à quel point l'expression « trop la honte » revient souvent dans leurs propos et dans ceux de leurs cousins et copains. J'essaie par exemple de faire les petits exercices d'exposition à la honte, dont nous avons parlé, avec mes filles dans la rue : chanter à haute voix ce que nous chantions à la maison avant de partir pour l'école, sortir avec des vêtements peu recherchés... Au début, elles me disaient invariablement : « Arrête, Papa, c'est trop la honte... » Mais peu à peu, je vois qu'elles s'en amusent et commencent à me défier sur ce terrain. Nous ne faisons finalement que rejouer sur un mode ludique l'éternel scénario de la honte que font subir les parents à leurs enfants. Ainsi, je suis tombé l'autre jour par hasard sur un petit passage des *Précieuses ridicules*, de Molière : « Ah ! mon père, ce que vous dites là est du dernier bourgeois. Cela me fait honte de vous ouïr parler de la sorte. »

CHAPITRE 26

Mettre les rapports sociaux sur les bons rails : se méfier de l'irrésistible réflexe des comparaisons et refuser les compétitions inutiles

« Celui qui croit pouvoir trouver en soi-même de quoi se passer des autres se trompe fort ; mais celui qui croit qu'on ne peut se passer de lui se trompe davantage encore. »

La Rochefoucauld

« Lorsque ma femme me parle des conjoints de ses copines, si elle me raconte des histoires de mecs géniaux, qui gagnent plein d'argent, rentrent tôt le soir, font la vaisselle, s'occupent des enfants le week-end, et leur font des massages des pieds, ça m'énerve sévère. Je préfère qu'elle me parle des copines auxquelles les conjoints rendent la vie impossible, par leur égoïsme ou leur obsession du foot à la télé. Ça, ça me motive. Et je ne me dis pas : il y a pire que moi, je me repose sur mes lauriers. Mais : ah, je suis sur la bonne voie, pas envie de leur ressembler. » (Samuel, 34 ans).

Nous nous faisons parfois piéger dans des rapports qui ne sont pas ceux que nous aurions souhaités : entrer dans des comparaisons absurdes, entrer dans des compétitions non moins absurdes. Ce mouvement de notre esprit est d'autant plus irrésistible qu'il s'inscrit sur de probables dispositions innées : ces réflexes sont en partie dus à notre passé de grands primates vivant en groupe, dans lequel surveiller ce que font et ont les autres est une habitude utile pour ne pas se trouver défavorisé, et au sein duquel les questions de dominance sont importantes pour l'accès aux ressources en tout genre (nourriture et bonnes places). Comme toujours, ce n'est pas parce que certaines de nos attitudes s'enracinent dans un lointain passé psychobiologique que nous avons à les accepter passivement. Nous pouvons aussi, tout en reconnaissant que comparer et entrer en compétition sont des tendances innées, choisir de ne pas subir ces influences aveuglément, et de ne les laisser se déployer que lorsque nous pensons que les environnements et nos intérêts le justifient. Mais il s'agit alors bien de *choisir* et non de simplement *réagir*.

Car le risque est bien là : subir ces influences biologiques et sociales, qui vont trouver d'obscurs relais en nous ou chez les autres. Les personnes à basse estime de soi auront tendance à se soumettre de manière inquiète, à comparer en leur défaveur, fuir toutes compétitions ou se résigner à les perdre. Tandis que celles à haute estime de soi fragile essaieront d'entrer dans le jeu, d'être mieux que les autres, et de gagner les compétitions, mais dans un climat psychologique très crispé.

« Je me compare et… je me console ou je me désole ? »

Tel un irrésistible mouvement de l'âme, le réflexe des comparaisons sociales paraît donc inévitable dans un premier temps. Il s'effectue même de manière inconsciente[1]. Le simple fait de vivre en société le rend constant. Parmi les innombrables phénomènes qui activent les comparaisons sociales :

• Focaliser sa conscience sur soi[2] : par exemple rédiger un petit texte sur soi (en comparaison avec un petit texte sur une star de cinéma) augmente ensuite la tendance à la comparaison sociale. Et comme les problèmes d'estime de soi s'accompagnent, nous l'avons vu, d'une nette tendance à beaucoup et souvent ruminer sur soi...

• Être dans le doute sur soi-même : si un pseudo-test de personnalité, effectué en répondant aux questions d'un ordinateur, vous renvoie une image floue de vous (« après examen de vos réponses, il n'est pas possible de vous proposer une synthèse de vos traits de personnalité »), vous serez là encore davantage aspiré par la tendance aux comparaisons sociales.

• Se trouver en échec. La tendance à se comparer avec « pire que soi » est alors fréquente, quel que soit le niveau d'estime de soi[3].

• Être à la fois en difficulté et dans le doute double l'intensité de la tentation. Voici le témoignage des parents de Luce : « Notre petite fille est née avec des problèmes moteurs ; pendant des années, nous espérions qu'elle rattraperait son retard. Dès que nous arrivions dans une réunion de famille, ou un lieu où se trouvaient d'autres enfants, notre premier réflexe était de les observer très attentivement à la dérobée, pour voir où ils en étaient par rapport à Luce. Puis, année après année, nous avons renoncé à ce petit réflexe, qui nous rendait chaque fois malheureux, puisque Luce ne rattrapait pas son retard : nous avons dû nous résoudre à ce qu'elle soit différente des autres enfants. Et surtout différente de l'enfant idéal dont nous avions rêvé, et que nous voulions qu'elle devienne. Des années pour l'accepter telle quelle, décevante si on en attend des performances, et attachante comme tous les enfants, parce que c'est une petite personne en devenir et que nul ne peut savoir ce que sera son existence, heureuse ou malheureuse. Mais aujourd'hui, nous ne comparons plus ; notre question n'est plus : est-elle en retard par rapport aux autres ? Mais : est-elle heureuse dans sa vie ? »

Il semble hélas que plus on se compare aux autres, plus on a tendance à ressentir des états d'âme négatifs, tels que regrets, culpabilité, envie, insatisfaction, etc.[4]. Globalement il existe des liens réciproques entre le sentiment de ne pas avoir une vie heureuse et le fait de procéder à des comparaisons sociales régulières[5]. Utiliser les comparaisons pour se consoler ne semble pas une bonne idée, car peu à peu, le recours aux comparaisons fait inconsciemment rentrer dans un jeu de compétition sociale, que l'on tentera de gagner (être mieux que les autres) ou de ne pas perdre (ne pas être trop distancé par les autres).

Des comparaisons aux compétitions

Le risque des comparaisons est donc de transformer alors la vie quotidienne en lutte pour la prééminence : être celui ou celle qui parle le plus en réunion, qui a la plus belle maison ou voiture, le conjoint le plus sexy, les plus beaux enfants…

Attention, comme nous l'avons dit, **l'activation de ces tendances à la comparaison et à la compétion est très rapide**, comme le montre l'étude suivante : les chercheurs voulaient observer s'il était possible d'induire des attitudes compétitives par la simple tâche de manipulation de mots. Ils proposaient donc aux volontaires de former des phrases avec chaque fois une série de dix mots évoquant soit l'univers de la compétition (gagner, se surpasser, bataille, rivalité, compétition), soit celui de la coopération (coopérer, travailler ensemble, collaborer, amitié)[6]. Le simple fait d'avoir eu à manipuler des mots évoquant la compétition facilitait dans un second temps le déclenchement de comparaisons sociales et d'attitudes compétitives lors de jeux et de mises en situation. Alors que la même tâche effectuée avec des mots évoquant la collaboration produisait la tendance inverse. Il n'est donc pas du tout anodin d'évoluer dans un univers prônant certaines valeurs à longueur de journée : la lecture d'une certaine presse managériale, par exemple, ne peut qu'induire chez les cadres qui s'y plongent régulièrement des attitudes compétitives, peut-être excellentes pour l'entreprise qui les emploie, mais moins bénéfiques pour leur bien-être personnel. Mieux vaut sans doute réserver ses instincts de compétiteur aux situations qui l'exigent (certaines situations professionnelles), et les éteindre pour les autres (travail collaboratif et vie privée).

De même, **la fréquentation régulière de certaines personnes obsédées par la compétition sociale**, comme dans le témoignage ci-dessous, peut s'avérer toxique, à moins que nous n'ayons conscience du problème.

« Mon voisin, dès qu'il rentre dans une pièce, cherche si les femmes qui s'y trouvent sont plus belles que la sienne, plus intelligentes, plus sexy. Si c'est le cas, il va chercher la faille, jusqu'à ce qu'il trouve un truc où sa femme à lui leur est supérieure. Avec les hommes, ce n'est pas mieux, plutôt pire, même : il cherche si le statut des autres gars lui est supérieur ou non, et là encore, si c'est le cas, il faut qu'il trouve une faille. Sinon, il peut devenir agressif, ironique, chercher noise, ou, s'il n'est pas capable de prendre le dessus dans la joute verbale, casser d'autres personnes, s'acharner sur des souffre-douleur. Une fois, car nos épouses sont amies, nous étions partis en vacances avec eux. C'était l'enfer. Au bout de quelques jours de vacances avec eux, non seulement je n'en pouvais plus, mais en plus, je commençais à être contaminé moi-même, à avoir envie que mes enfants battent les siens lors des jeux de société, et des trucs aussi stupides que ça. »

Il existe aussi des **milieux sociaux induisant les comparaisons et la surveillance étroite du statut d'autrui :** cinéma, mode, télévision. Tout milieu, d'ailleurs, lorsque les individus y vivent de manière repliée, induit naturellement cela. Quand ce n'est pas par le discours social tout entier : la « France qui gagne » des stupides années 1980, qui ne faisait que singer la même célébration de valeurs hyper-individualistes et anticoopératives aux États-Unis et en Grande-Bretagne, comme dans l'Occident tout entier.

Notons que l'on ne choisit pas toujours de se comparer : il arrive parfois que l'on y soit en quelque sorte contraint par les hasards de la vie : par exemple, si nous apprenons qu'il est arrivé un revers de fortune ou une maladie à une personne proche. Si notre sentiment de solidité par rapport à ce qui lui est arrivé est haut (« cela ne devrait pas m'arriver car... », la comparaison est, égoïstement, d'abord sécurisante. Mais si notre sentiment par rapport à l'événement en question est plutôt celui d'une fragilité, la comparaison sera inquiétante (« cela pourrait bien m'arriver »). En revanche, elle pourra avoir comme avantage de déclencher des stratégies de prévention par rapport à l'événement redouté (« j'arrête de fumer demain », « je cesse de dépenser bêtement mon argent[7] »).

La compétition ne nous tire pas forcément vers le haut

Contrairement à ce que l'on croit couramment, **ce ne sont pas toujours les « obsédés de la gagne » qui gagnent**… Heureusement ! La pression engendrée par des attentes trop compétitives peut au contraire perturber les performances[8]. Évidemment, il y a aussi un risque de conflits accrus, car chacun tente de prendre la place de l'autre, dans une vision que les théoriciens nomment « les jeux à somme nulle » : ce que l'autre gagne, c'est autant de perdu pour moi. Le but sera donc non seulement de gagner, mais aussi d'empêcher à tout prix les autres de gagner. Avoir de la vie en société ou en groupe humain une telle vision entraînera une attitude très crispée sur la conquête et la défense des territoires, des avantages et autres signes de statut. Ainsi qu'un délabrement régulier du bien-être personnel. Et une fragilisation de l'estime de soi : ces environnements égoïstes et compétitifs fabriquent à la chaîne des estimes de soi insécurisées, dépendantes d'attributs externes, et hautement instables. Merveilleux, non ?

L'estime de soi préfère l'amour au pouvoir

Nous avons vu, en début d'ouvrage, que le besoin de reconnaissance et celui de contrôle alimentaient l'estime de soi. Mais si nous cherchons à nourrir cette dernière par la compétition, nous faisons une évidente fausse route. **Car ce que l'on nomme l'acceptance, c'est-à-dire l'expérience de la popularité, a un effet deux fois plus puissant sur l'estime de soi que la dominance, c'est-à-dire l'exercice du pouvoir**[9]. Or les attitudes comparatives et compétitives ne vont pas dans le bon sens. Elles tendent plutôt à altérer peu à peu la qualité de nos relations sociales : le peu et l'instable que nous gagnons en dominance, nous les perdons en acceptance, qui est pourtant une denrée bien plus intéressante en matière d'estime de soi.

Renoncer aux compétitions inappropriées – ce qui une fois de plus n'est pas le renoncement à *toutes* les compétitions, mais seulement à celles dont on n'a pas besoin, ou que l'on n'a pas choisies – semble donc la meilleure solution. Elle est souhaitable pour les hautes estimes de soi instables et fragiles, en raison du coût émotionnel et relationnel important qu'elles y investissent. Mais pour les basses aussi, elles qui n'aspirent *a priori* pas à ces relations, mais les subissent, et les suivent tant bien que mal. Comment faire, alors, pour refuser d'entrer dans le jeu ?

Modèles et antimodèles : comment s'inspirer d'autrui pour progresser

Si les tendances à la comparaison sociale sont si fortes, c'est aussi, nous l'avons dit, qu'il y a au départ des bénéfices à en tirer, comme de se rassurer. Mais les comparaisons sociales peuvent aussi être l'objet d'un meilleur usage encore : nous aider à progresser personnellement, et non pas seulement à nous sécuriser. Cela passera par ce que l'on nomme l'apprentissage social[10].

En effet, la plupart de nos apprentissages ne se font ni par essais et erreurs ni par une sage écoute des consignes et conseils que l'on nous dispense si volontiers. Ils se font par l'observation des autres : nos parents d'abord, puis nos enseignants, nos camarades, et ensuite toutes les personnes que la vie place sur notre chemin. C'est particulièrement vrai des apprentissages complexes, comme les apprentissages de la vie en société, des styles relationnels avec autrui, etc.

Ces « autres », nous allons les observer, pour le meilleur et pour le pire, et garder également le meilleur ou le pire… Par exemple, la tendance à cogner si nous avons vu cogner, et si nous aimions ceux qui cognaient (même si c'était sur nous), ou l'horreur des coups. **Modèles (être comme) et antimodèles (ne pas être comme) nous façonnent ainsi**. Et cela de manière consciente (j'ai souhaité ressembler à telle personne ou du moins avoir tel de ses comportements) ou inconsciente (je me vois avec horreur reproduire des comportements que pourtant je déteste et désapprouve).

Chez les sujets à haute estime de soi, il semble que les meilleurs modèles sociaux de comparaison soient les modèles « positifs » (comment réussir à surmonter telle ou telle difficulté). Ces sujets sont davantage *promotion-focused*, comme disent les Américains. Tandis que les personnes à basse estime de soi semblent davantage motivées par les modèles « négatifs » du genre « voilà comment il ne faut pas faire », car elles sont davantage *prevention-focused*[11].

Ne serions-nous donc que des imitateurs, et non des créateurs de nous-mêmes ? En grande partie, oui !

C'est un orgueil irréaliste de se croire unique et autonome : nous nous construisons forcément *aussi* largement par l'imitation. Autant le savoir. Dans notre enfance, bien sûr. Mais aussi à l'âge adulte. Avec de pauvres modèles – pauvres au sens de limités et simplifiés – comme ceux de la pub, de la télé ou du cinéma. Ou d'autres, plus denses et plus subtils, comme les « vraies » personnes que nous rencontrons : encore faut-il que nous soyons capables d'ouvrir les yeux sur elles, de **ne pas seulement admirer que ceux que la société nous présente comme admirables**, et de prêter attention aussi à d'autres, plus humbles et anonymes, mais qui possèdent quelque chose en eux que nous pourrions faire nôtre avec profit. Admirer et choisir de s'inspirer, aussi, des comportements de personnes qui nous sont antipathiques ou nous apparaissent critiquables sur certaines de leurs attitudes : pourquoi pas ? Nous ne parlons pas ici de mimétisme, mais d'apprentissage par l'exemple, qu'il soit donné ou dérobé ! Plutôt que de juger négativement, observons et profitons des innombrables exemples – ou contre-exemples – que nous offre la vie...

Je me souviens d'avoir lu un jour une interview de la chorégraphe Marta Graham. On l'interrogeait sur la créativité et l'originalité, l'imitation et la création, questions encore plus cruciales pour les artistes que pour le commun des mortels : « Nous sommes tous des voleurs. Mais au bout du compte, nous serons seulement jugés sur deux choses : qui avons-nous choisi de dévaliser, et qu'en avons-nous fait[12] ? »

Après avoir beaucoup observé, beaucoup comparé, on en arrive un jour à ce qui ressemble à une forme de sagesse de l'estime de soi : **la capacité de se comparer aussi à soi-même**. À celle ou celui que nous étions il y a quelques mois ou quelques années. À celle ou celui que nous sommes dans nos bons ou nos mauvais jours. Sans doute l'un des meilleurs moyens de pratiquer le développement personnel : en se vivant comme **l'artisan perpétuel de soi**...

CHAPITRE 27

Envie et jalousie : les émotions du doute de soi et leurs remèdes

« Il y a dans la jalousie plus d'amour-propre que d'amour. »

LA ROCHEFOUCAULD

L'apparition de l'envie ou de la jalousie signe l'un des échecs de l'estime de soi, lorsqu'elle cède à la tentation des comparaisons et de la compétition. Ces deux émotions, qui témoignent du doute de soi, sont différentes, même si on utilise souvent aujourd'hui le mot « jalousie » pour désigner les deux.

L'envie renvoie au sentiment désagréable que nous éprouvons face à ce que possède une autre personne, que nous n'avons pas, et que nous aimerions bien avoir : argent, statut, reconnaissance, voire bonheur… On est en général envieux des personnes dont on est plus ou moins proche, ou du moins avec qui l'on peut se comparer raisonnablement. Il est rare que nous soyons taraudés par l'envie du style de vie de personnes très loin de nous socialement, comme les stars ou les milliardaires. Mais mes lecteurs et lectrices stars ou milliardaires peuvent eux aussi être dévorés par l'envie, par exemple envers les autres célébrités disposant d'un plus gros yacht, d'une plus belle propriété ou d'une meilleure reconnaissance médiatique…

La jalousie désigne, elle, la crainte de perdre quelque chose que nous avons déjà : on peut ainsi être jaloux de ses privilèges, que l'on va défendre avec agressivité et vigilance. Ou jaloux de son conjoint, dont on va surveiller attentivement les moindres mouvements et les plus petits bavardages, pour dépister une éventuelle inclination pour un ou une rivale. La jalousie en amitié existe aussi, sous forme d'un désir de lien quasi exclusif.

On peut enfin être à la fois envieux et jaloux, comme chez les enfants par exemple, s'ils ont l'impression que leur frère ou sœur a reçu des parents ou grands-parents un plus beau cadeau que le leur : ils seront en même temps envieux (« son cadeau est mieux ! ») et jaloux (« on l'aime davantage que moi »).

Ces deux émotions ont évidemment en commun un lien très net avec une estime de soi fragile.

Pourquoi je ressens de l'envie ?

L'apparition de l'envie nécessite deux conditions : tout d'abord une comparaison sociale – défavorable – entre nos avantages et ceux de l'autre personne, puis un sentiment d'impuissance à obtenir ce que l'autre possède. Sans ce sentiment d'impuissance, nous ne serions pas envieux mais simplement motivés à obtenir la même chose… D'où le lien avec l'estime de soi : **on envie ce que l'on n'a pas, mais seulement si l'on pense ne pas être capable de l'obtenir par nous-même**. L'envie n'a pas forcément à voir avec le pouvoir ou les possessions réelles : on peut aussi être envieux du bonheur d'autrui, agacé par sa capacité à la bonne humeur, etc. Le phénomène est universel : il existe dans toutes les cultures des légendes de rois et empereurs envieux des petits riens que possèdent leurs sujets…

Issue des problèmes d'estime de soi, l'envie crée hélas ensuite un véritable cercle vicieux, qui la fragilise encore plus, en poussant à des comparaisons sociales incessantes, dont on sait le rôle toxique. Même si on ne se l'avoue pas consciemment, elle renvoie implicitement à une image d'un soi impuissant à obtenir ce qui l'attire. Elle facilite l'existence d'un sentiment de ratage personnel, que l'on peut toujours habiller d'une rationalisation d'injustice sociale dans le cas de l'envie du succès d'autrui (« cette société est nulle pour que cela se passe ainsi… »). Mais ce remède ne marche guère, et surtout n'empêche pas l'envie de revenir, en en faisant qu'y rajouter de l'amertume.

Lorsque l'envie devient habituelle, elle aboutit à une lecture maladive et obsédante des avantages d'autrui, encore plus destructrice pour l'estime de soi[1].

Se libérer de l'envie

La Rochefoucauld rappelait à ses contemporains : « Notre envie dure toujours plus longtemps que le bonheur de ceux que nous envions. » Cela peut-il suffire ? Souvent, de nombreux efforts seront aussi nécessaires pour s'affranchir du poison de l'envie.

Par exemple le commérage (dire du mal des personnes dont on est envieux) : bien évidemment, le besoin de médire est largement corrélé à l'envie et au sentiment de faible contrôle sur sa vie et son environnement ; mais il est peut-être aussi utile à notre bien-être émotionnel, pourvu qu'il ne s'accompagne pas d'émotions négatives trop vigoureuses[2]. Médire, pourquoi pas, mais sans trop s'énerver, sans trop y croire, juste pour le plaisir de parler et d'échanger.

Autre tentation, pas si éloignée : médire de la société et habiller son envie d'un discours, plus valorisant socialement, sur l'intolérance à l'injustice. L'injustice est bien un problème. Mais c'est un *autre* problème que celui de notre incapacité à supporter que d'autres aient plus que nous... Jules Renard l'avait noté dans son *Journal* : « Il n'est pas nécessaire de mépriser les riches, il suffit de ne pas les envier. »

Mais il n'est pas facile de transformer son envie en indifférence. Ou même en bienveillance ! Comment arriver à se réjouir de la réussite des autres, surtout si elle ne nous retire rien (ce qui est souvent le cas) ? Pas facile, si on a des problèmes d'estime de soi. C'est cependant un exercice très sain et instructif, surtout par rapport à ces envies stupides dans lesquelles nous mettent toutes les situations sociales compétitives. Personnellement, je m'entraîne à faire ce genre d'exercices lorsque les Anglais nous battent en rugby ! Cela ne m'est pas facile, mais faire des efforts pour arriver à me réjouir de leur victoire a au moins le mérite de me faire ouvrir les yeux sur l'essentiel, à savoir que la vraie question devrait être : « Ai-je vu un bon match ? », et non : « Qui a gagné ? » Quant à arriver à me réjouir sincèrement de la joie des Anglais, lorsqu'ils sont victorieux, j'ai encore du travail. Mais je ne désespère pas.

Il est important également de ne pas se contenter de seulement réprimer l'envie. Mieux vaut la reconnaître et la transformer. S'entraîner à passer de l'envie agressive (« c'est injuste que ce nul ait cela »), ou dépressive (« je suis minable de ne pas l'avoir »), à l'envie émulative : « Comment m'y prendre pour obtenir, moi aussi, ce qui déclenche mon envie ? » On retrouverait probablement ainsi une des fonctions originelles et naturelles (et surtout bénéfiques) de l'envie : la stimulation à agir.

L'impasse de la jalousie

Nous l'avons vu, la jalousie repose sur la peur de perdre un lien ou une place, qu'ils soient privilégiés ou exclusifs. André Comte-Sponville note très intelligemment : « L'envieux voudrait posséder ce qu'il n'a pas et qu'un autre possède ; le jaloux veut posséder seul ce qu'il croit être à lui. »

Ainsi, la jalousie repose sur une conception erronée de ce qu'est un lien affectif à autrui, qu'il soit amoureux ou amical. Évidemment, la jalousie amoureuse nous engage plus profondément et plus globalement, et s'avère donc encore plus destructrice pour notre image de nous-même[3]. Mais dans les deux cas, la jalousie repose sur une conception erronée ou plutôt, archaïque et primitive du lien : aimer, ce serait posséder ; et accepter l'amour d'un jaloux ou d'une jalouse, ce serait accepter la soumission à leur instinct de possession maladif.

La jalousie est toujours une souffrance, qui provoque de l'anxiété à la fois par la baisse d'estime de soi qu'elle provoque et par l'anticipation de la perte de liens privilégiés[4]. **Jamais les jaloux ne savourent leur bonheur : ils ne font que le surveiller**. Les problèmes d'estime de soi sont d'ailleurs encore plus flagrants que dans l'envie[5] : le jaloux et la jalouse ont peur que leurs qualités ne suffisent pas à retenir leur partenaire à leurs côtés. D'où leurs efforts pour scruter, intimider, emprisonner : au lieu de donner envie à l'autre de rester, on cherche par tous les moyens à l'empêcher de partir. Évidemment, cela n'améliore en rien l'estime de soi déficiente : la jalousie, finalement, empêche d'être rassuré sur l'amour ou l'affection que l'on nous porte vraiment. L'autre étant ligoté, il est impossible de savoir s'il est ***vraiment*** attaché à nous. La jalousie aggrave donc le problème au lieu de le solutionner. Elle est un échec complet du lien. Du lien à l'autre et du lien à soi. Et elle finit par faire oublier l'essentiel de ce que devrait être un lien épanouissant : la réciprocité. Ce que soulignait parfaitement La Rochefoucauld dans l'exergue de ce chapitre (retournez le lire si vous l'avez oublié).

Travailler sur la jalousie

La psychothérapie a encore peu d'expérience de l'aide à apporter aux jaloux pathologiques[6] : ils ne sont pas si nombreux que cela à venir demander de l'aide (c'est plutôt leur entourage qui vient parfois chercher des conseils). Mais même pour ceux qui y arrivent, le travail est long et délicat. Il nécessite le plus souvent de travailler sur toutes les bases de la psychologie de l'attachement : la plupart du temps, les jaloux ont depuis l'enfance, et pour des raisons multiples (vrais traumatismes liés à des séparations ou abandons précoces, ou tempéraments d'emblée hypersensibles à l'éloignement), un style d'attachement dit « insecure », redoutant de lâcher leur étayage affectif pour aller explorer le monde[7]. Alors, une fois qu'ils ont jeté leur dévolu sur un objet d'amour, ils ne peuvent imaginer ni de le lâcher (cela, ils en sont sûrs) ni d'en être lâché (cela ils ne peuvent en être sûrs, alors ils vont surveiller et verrouiller). Repenser totalement sa manière de se lier aux autres, de se sentir en danger s'ils s'éloignent représente en général un grand – et fructueux – chantier psychologique ! Prendre soin de son estime de soi en représente une des premières étapes.

CHAPITRE 28

Ne plus se méfier des autres et faire confiance : les bénéfices sont supérieurs aux inconvénients

> « La confiance n'est pas une illusion vide de sens. À long terme, c'est la seule chose qui puisse nous assurer que notre monde privé n'est pas aussi un enfer. »
>
> Hannah ARENDT

« Faire confiance ? Je n'ai déjà pas assez confiance en moi… Je suis trop fragile pour faire confiance aux autres. Je me sais incapable de rouspéter si on m'exploite. Incapable de me révolter si on me trahit. Souvent, dans ma vie, j'ai été la dernière à réaliser que l'on abusait de moi. Comme je doute de moi, je prête toujours de bonnes raisons aux autres, je suppose que mes doutes ne sont pas fondés, que mes soupçons sont injustifiés… Mon signal d'alarme des abus est anesthésié, ou il l'a longtemps été. Longtemps j'ai été incapable de me dire des phrases simples comme : “Ce n'est pas normal. C'est un abus. Ne te laisse pas faire. C'est inacceptable. C'est une trahison. C'est une rupture de contrat moral." Incapable de les penser moi-même, alors les dire aux autres, vous imaginez... Je suis toujours incapable de les prononcer, mais aujourd'hui, la différence, c'est que j'évite de me mettre dans des situations où je devrais les prononcer : pour éviter la déception et la trahison, je ne fais plus confiance. "La maison ne fait plus de crédit." Je vois bien que cela m'isole et me prive. Mais je préfère être seule et méfiante qu'acceptée mais abusée. »

Souvent, la méfiance fleurit sur nos fragilités. Pourtant, la confiance est belle... Et elle est aussi favorable aux personnes qu'aux groupes humains. Pourquoi est-elle si difficile lors des problèmes d'estime de soi ?

Faire confiance

La confiance ? C'est l'attente que notre désir de collaborer ne sera pas déçu, et que nos vulnérabilités ne seront pas exploitées par autrui. La confiance est une intuition, parfois une décision (plus ou moins argumentée) et une espérance, bien plus qu'une certitude. Elle est une forme d'optimisme, centré sur les relations sociales : comme l'optimisme, elle n'est pas un aveuglement face aux difficultés (en cas de vrais problèmes, optimistes et pessimismes réagissent de la même manière) mais une tranquillité face à l'absence de problèmes manifeste. Alors que l'optimisme ne modifie pas forcément les situations matérielles, la confiance peut le faire : accorder sa confiance à quelqu'un peut l'inciter à évoluer favorablement, et contribue aussi à rendre la société plus humaine.

Les sources de la capacité à faire confiance résident bien évidemment dans notre passé : avoir eu des parents fiables, n'avoir pas vécu de trahisons douloureuses après s'être beaucoup investi ou révélé semblent les deux facteurs majeurs. Mais il existe aussi de nombreux facteurs davantage liés au présent, et composant un mélange assez complexe.

D'abord, les raisons de faire confiance peuvent être opposées : on peut faire confiance par fragilité personnelle (basse estime de soi) parce que l'on a tendance à idéaliser les autres, ou à se mettre en position de faiblesse ou de dépendance face à eux. **On peut aussi accorder sa confiance parce que l'on se sent assez fort pour pouvoir supporter ou réparer une éventuelle trahison** : « je lui donne une chance… » (haute estime de soi). Pouvoir accorder sa confiance à autrui dépend donc clairement de la confiance que l'on a en soi-même, et de nos besoins en matière d'estime de soi : nous pourrons être amenés à l'accorder ou à la refuser de manière inadaptée, en fonction davantage de nos attentes à être rassuré ou admiré que de l'évaluation calme de nos interlocuteurs et de la situation.

Mais d'autres éléments peuvent jouer encore.

Certains sont hormonaux : une étonnante et récente étude de neurobiologie[1] montrait qu'il était possible de multiplier par deux le sentiment de confiance envers autrui, simplement en faisant inhaler à des volontaires un spray à base d'ocytocine, une hormone à l'origine du comportement maternel, et qui facilite aussi les rapprochements sexuels. Manipuler chimiquement le sentiment de confiance ? Voilà qui pourrait poser des problèmes éthiques importants : que se passerait-il si des vendeurs, ou des politiques, utilisaient discrètement l'ocytocine pour convaincre leurs interlocuteurs et auditeurs ?

D'autres sont psychologiques : la confiance est ainsi très influencée par la vie émotionnelle. Logiquement, elle est facilitée par les émotions positives et entravée par les négatives[2]. Ressentir fréquemment tristesse, colère, inquiétude peut induire une méfiance systématique envers autrui, basée sur la peur (c'est le cas des patients phobiques sociaux), le pessimisme (cas des dépressifs) ou la projection de ses propres mauvaises pensées et visions négatives de l'humanité (les grincheux, coléreux, toujours dans le ressentiment). Toutes ces souffrances perturbent alors le bon fonctionnement des groupes humains, qui ont un grand besoin de confiance mutuelle, de la vie de famille au comportement professionnel et social, alors que des émotions positives fréquentes facilitent grandement la qualité des échanges[3].

Dans certains cas, l'incapacité à faire confiance relève d'une pathologie psychiatrique : l'exemple le plus pur en est représenté par les paranoïaques, bien sûr, persuadés que personne, même leurs proches, ne mérite une confiance absolue et permanente. Pour eux, il y a ceux qui ont trahi, ceux qui s'apprêtent ou sont en train de trahir et ceux qui trahiront un jour… Mais il y a aussi les sinistrés de la relation humaine, toujours déçus par les autres. Et ceux qui ont souffert de trahisons ou de carences, ceux que leurs parents ont élevés dans le culte de la méfiance. Je me souviens d'un de mes patients qui voulait rédiger ses mémoires, et voulait leur donner pour titre : « Comment mon père a failli me rendre paranoïaque ».

Avantages et inconvénients de la confiance

Faire confiance aux autres : n'y a-t-il pas un risque ?

Si ! Mais il y a aussi beaucoup de risques à ne pas faire confiance. Les dangers de la méfiance sont peut-être moins visibles, moins immédiats que ceux de la confiance, mais ils sont bien réels.

Ne pas faire confiance, c'est consacrer beaucoup d'énergie à se méfier, observer, surveiller, vérifier, temporiser. C'est vivre dans une tension physique et une vision du monde négative qui vont s'avérer épuisantes et toxiques. C'est avoir du mal à baisser la garde alors que nous pourrions le faire. Cela permet certes d'éviter certaines duperies ou certaines déceptions. Mais à quel prix ?

Prenez l'exemple de touristes en vacances à l'étranger, qui se *méfient* des habitants du pays, connus (selon eux) pour leur tendance affirmée à escroquer les visiteurs. Ils peuvent passer leur séjour à faire attention à ne pas se *faire avoir :* surveiller le chauffeur de taxi, en suivant attentivement sur un plan l'itinéraire qu'il leur fait emprunter (au lieu de bavarder avec lui des coutumes locales ou de regarder le paysage), choisir très précautionneusement leur restaurant, en comparant les prix dans tout le quartier, en observant qui entre et qui sort (au lieu de s'asseoir là où c'est beau et où ça sent bon), se méfier de tous les vendeurs et de tous les commerçants, en restant « vigilants », comparant, négociant, se fâchant, se crispant (au lieu de bavarder, de sourire, de découvrir…). En se comportant ainsi, ils auront certainement écarté la plupart (pas toutes…) des occasions de se « faire avoir ». Mais ils auront aussi raté l'essentiel : profiter de leur séjour, quitte à ce que leur confiance ait été un peu abusée.

La confiance suppose évidemment d'accepter un risque social relatif, celui de la tromperie ou de la duplicité de nos interlocuteurs, pour un bénéfice palpable, qui est celui de la qualité de vie.

Les bénéfices émotionnels de la confiance sont constants, par rapport aux avantages matériels ponctuels de la méfiance. « Trop bon, trop con ? » Et si les « bons cons » avaient une vie plus heureuse que les « toujours méfiants » ? Et si nous étions condamnés à nous faire avoir de toute façon dans notre vie ? Et si cela ne devait rien – ou beaucoup moins que ce que nous pensons – à la méfiance ou à la confiance ?

Du bon usage de la confiance…

Mieux vaudrait donc faire confiance *a priori* ?

Si notre objectif est la qualité de vie, la réponse est oui. Inutile pour autant de nous exposer inutilement à la déception ou à l'exploitation. La solution réside sans doute donc dans notre capacité à **faire à autrui une confiance non pas aveugle, mais éveillée :** accorder le maximum de confiance *possible*, faire confiance *a priori*, mais considérer nos interlocuteurs comme fiables seulement jusqu'à preuve du contraire.

Certains, sur leur échelle de confiance *a priori*, placent leurs interlocuteurs à 10 sur 20 : « Je fais une confiance modérée, sans plus. » Puis, ils ajustent le curseur en fonction des comportements de ces derniers. D'autres, plus méfiants, démarrent à 0 sur 20 : « On doit gagner ma confiance. » D'autres, enfin, démarrent d'emblée à 20 sur 20 : « Je fais confiance *a priori*, puis j'avise. » Comme toujours, la clé réside dans la flexibilité : à nous d'être capable d'ajuster le degré de confiance que l'on fait à autrui, non pas en fonction de nos fragilités (doutes, angoisses, peur de ne pas savoir se défendre, ou réclamer réparation après une tromperie) mais en fonction du contexte (il est normal de se méfier davantage en affaires ou lors de la conquête et de l'exercice du pouvoir) ou de la nature de nos interlocuteurs (il est normal de régler le logiciel « confiance » un peu plus sévèrement avec les inconnus). Cela nécessite aussi de faire l'effort de comprendre que certains manquements à la confiance que nous avons accordée peuvent aussi être dus à de la maladresse ou à de l'incompréhension, ou même à de l'égoïsme, plutôt qu'à la malveillance ou au cynisme. Le résultat est le même ? Peut-être matériellement et émotionnellement (sur le coup). Mais pas sur votre vision de l'humanité.

La confiance déçue

« Lorsque j'ai appris que Sylvie avait dit du mal de moi lors d'une soirée où étaient invités nombre de mes amis, cela a représenté comme un coup de poignard. Je l'avais rencontrée quelque temps auparavant, nous avions sympathisé, et je lui avais confié pas mal de mes secrets, comme elle des siens. Il me semblait qu'une amitié allait démarrer entre nous. Mais une personne présente à cette soirée m'a rapporté qu'elle s'était moquée de ma naïveté, de mon côté insistant à vouloir devenir son amie, alors qu'il me semblait que ce désir de rapprochement était aussi beaucoup venu d'elle… J'ai ruminé toute la soirée, puis je me suis ressaisie. J'ai appelé d'abord quelques proches, qui m'ont dit que ses propos avaient été moins durs que ce qu'on m'en avait raconté : "Elle a juste essayé de faire rire et de se mettre en valeur à tes dépens." Ils m'ont aussi tous rapporté que son intervention avait été déplacée, et les avait mis mal à l'aise. Alors, je me suis dit que celle qui avait le problème, finalement, c'était elle, pas moi : pour ma part, je me sentais en règle sur cette histoire, ce n'est pas moi qui avais médit, mais elle. Puis, j'ai réfléchi à la portée exacte de l'incident, en essayant de ne pas me faire piéger dans mon raisonnement par mon réel sentiment d'injustice ou de tromperie – je ne parle même pas de trahison. Au fond, il s'était passé quelque chose de vieux comme l'humanité : une personne avait médit d'une autre. Point. Les conséquences réelles étaient mineures : mes amis savaient qui j'étais et n'avaient pas apprécié ses propos, les gens qui ne me connaissaient pas s'en fichaient, et ceux qui ne m'aimaient pas avaient sans doute savouré ; et alors ? Je m'étais ensuite interrogée sur ses motivations : était-elle si mal dans sa peau qu'elle ait besoin de se valoriser comme ça devant d'autres en dégommant quelqu'un avec qui elle avait été précédemment gentille ? Finalement, tout ça m'a calmée. Et au lieu de partir sur des généralisations genre “ne plus faire confiance à personne”, j'en suis restée à “il y a des gens peu fiables et qui font preuve de duplicité”. Et je suis même arrivée à me dire “même elle, ne la rejette pas en bloc : tu sais simplement qu'il ne faut pas lui faire confiance, voilà tout. Inutile de lui en vouloir à mort. Reste *cool.* Tu es avertie maintenant. Te voilà prévenue à peu de frais : la leçon est bonne”. C'est tout bête, mais j'étais fière de moi de ne pas m'être embarquée dans des ruminations d'amertume, de colère ou de vengeance, comme cela aurait pu m'arriver il y a quelques années. Et finalement, je n'ai même pas appelé cette Sylvie pour lui demander des comptes, cela m'était devenu presque indifférent… » (Amélie, 43 ans).

Dans ce témoignage, Amélie nous éclaire sur l'essentiel des attitudes à adopter en cas de confiance trahie :

- Se rappeler que la personne sur qui la trahison en dit le plus, c'est celle qui trahit, non celle qui est trahie.
- Sous l'effet de la blessure émotionnelle, ne pas généraliser la méfiance ultérieure à tout le genre humain. Continuer d'accorder sa confiance aux personnes fiables.
- S'en tenir seulement à une méfiance augmentée envers la personne qui a trahi, mais pas forcément lui retirer toute confiance.
- En parler rapidement à des proches pour se faire aider dans l'évaluation de la « gravité » de la trahison. Se méfier de la période intitiale où l'on ressentira des émotions « chaudes », propres à radicaliser nos jugements.
- Si ce sont des propos rapportés, toujours vérifier leur portée et leur nature exacte.

– En parler éventuellement à la personne concernée, mais plus sous forme d'enquête (« peux-tu m'expliquer ou me rassurer ? ») que sous forme de reproches ou d'accusations.

Les bénéfices individuels et collectifs de la confiance mutuelle

La confiance est fondamentale pour les sociétés humaines, que cela soit dans les relations intimes – couple, famille, amis, connaissances[4] – ou plus largement sociales (travail, vie de la cité au sens large).

Pour toute forme de société humaine, la position de confiance réciproque est à long terme la plus payante.

Il existe un probable effet boule de neige positif : plus on perçoit que notre interlocuteur est attentif à nos besoins, plus on lui fait confiance, plus il perçoit alors qu'on est attentif à ses propres besoins, et plus il nous fait à son tour confiance, etc.[5].

De passionnants travaux sur ce thème ont montré que **la position de confiance mutuelle est celle qui est susceptible d'apporter le plus, à long terme, aux individus comme aux groupes sociaux.**

Un des modèles classiques d'étude de la confiance interactive en psychologie sociale est proposé par ce que l'on nomme le « dilemme du prisonnier[6] ».

Imaginez deux suspects arrêtés et emprisonnés pour un délit. Le juge est persuadé de leur culpabilité mais n'a aucune preuve. Il leur dit alors : « Vous avez le droit de parler ou de vous taire. Si aucun n'avoue, vous serez condamnés chacun à trois mois de prison, car il y a des charges mineures contre vous. Si vous avouez tous les deux, nous en tiendrons compte, et vous n'aurez qu'un mois de prison. Si l'un avoue et l'autre non, celui qui aura avoué sera condamné à six mois de prison, et l'autre sera libéré. »

Les deux prisonniers ne peuvent pas communiquer entre eux ; ils doivent donc faire ou non confiance à l'autre. L'intérêt commun est d'avouer tous les deux : la peine sera minime (un mois de prison chacun, soit deux mois de punition au total pour le duo, mais à égalité). Mais si l'un avoue et l'autre non, il sera le seul à être puni (la peine totale de six mois sera subie par un seul des deux hommes, ainsi dupé dans l'histoire). La tentation égoïste est donc de ne pas avouer : au mieux, on est libre, au pire, on écope de trois mois de prison. Mais l'intelligence collaborative est d'avouer : en supposant que l'autre fera de même, on sera emprisonné seulement pour un mois.

Comment réagissons-nous dans la vraie vie ? Les études montrent que la tendance spontanée face à des situations de ce type est de privilégier la méfiance[7] : notamment sur un nombre d'échanges limités, face à des inconnus, notre logiciel « méfiance » l'emportera (et il n'aura peut-être pas tort). En revanche, lorsque ce système « donnant-donnant » est testé sur des échanges prolongés et répétés, il semble être l'un des plus efficaces pour engranger des avantages bilatéraux[8]. À condition qu'il ne soit pas aveugle (plusieurs trahisons de confiance font retirer la confiance), qu'il soit ouvertement affiché et appliqué (« moi je fonctionne à la confiance, et je fais ce que j'ai dit »), qu'il soit facilité par des discussions et des communications directes (la distance accroît la méfiance). Le coût collectif de la méfiance, qui aboutit à une coopération déficiente, est toujours plus élevé que celui de la confiance.

Méfiance d'enfer ou confiance de paradis

La vie est difficile, il y a des tas de gens malhonnêtes, on ne sait jamais à qui on a affaire… Certes. Et pourtant la confiance – dans la lucidité – reste le moins mauvais moyen, et pour survivre, et, surtout, pour bien vivre. Sinon, nous contribuons à fabriquer et à propager nous-même cette société paranoïaque, cet « enfer » qu'évoque Hannah Arendt en exergue de ce chapitre. Autant que possible, la confiance, c'est aussi cela : apprendre à accepter le monde et les autres comme imparfaits. Et la confiance lucide consiste à ne pas se mettre en position de dépendre et de souffrir de leurs imperfections.

CHAPITRE 29

Ne plus juger : les bénéfices à accepter les autres

« Nous ne voyons pas les choses comme elles sont, nous les voyons comme nous sommes. »

Le Talmud

Sur la voie de l'acceptation de soi, mieux accepter les autres peut-il conduire à mieux s'accepter soi-même ? Cela paraît probable.

Paradoxalement, l'acceptation nous rend plus forts, car elle nous permet de nous percevoir comme le jouet possible des autres et de redevenir des acteurs. Par exemple, nous-mêmes, nous jugeons les autres, nous les rejetons parfois, nous ironisons, nous nous moquons d'eux… Et si nous ne le faisons pas, nous en avons parfois envie… Mais cette « petitesse » du quotidien nous soulage-t-elle, ou en réalité nous ébranle-t-elle ? N'est-elle qu'un symptôme de notre fragilité, ou peut-elle aussi l'aggraver ?

Juger ou connaître ?

La tentation de porter un jugement sur ce que sont ou ce que font les gens ne peut évidemment exister qu'à partir de notre propre expérience. **Nous ne pouvons voir chez les autres que ce que nous avons appris à voir, et en général chez nous**… Notre égoïsme nous apprend à déceler l'égoïsme des autres, etc. Parfois de manière adaptée. Parfois de manière amplifiée. Et dans le pire des cas, de manière imaginaire : c'est la « projection » des psychanalystes, mécanisme qui nous fait attribuer à autrui des sentiments ou des intentions qui nous appartiennent, en réalité.

Cette tendance à voir le monde au travers de nos difficultés personnelles dépend en partie de l'importance que notre ego prend dans notre fonctionnement psychique : l'obsession douloureuse de soi, qui caractérise les personnes ayant des problèmes d'estime de soi, les expose grandement à ce risque.

Et en contrepartie, cette vision autocentrée (les Anglo-Saxons utilisent l'amusante expression : *myside bias*, que l'on pourrait traduire par quelque chose comme : *le biais du bout de mon nez…*) conduit à un appauvrissement de notre vision du monde, et donc de nous-même.

En effet, **la tendance à juger contient celle de fermeture à l'expérience**. On remplit le monde de soi-même au lieu de se laisser emplir, informer, éduquer par lui. D'où une difficulté pour arriver à écouter et à entendre ce qui n'est pas soi. Conséquence : le monde nous paraît figé, « c'est toujours la même chose », les gens sont « toujours pareils » (et toujours décevants). Souvent, c'est notre façon de les appréhender qui est toujours identique.

« Je suis toujours déçu(e) par les autres »

Ce discours est très fréquent. Mais d'où vient le problème : **les autres sont-ils si décevants ? Ou est-ce moi qui suis trop « décevable » ?** Les deux : d'abord, les autres ne sont jamais aussi admirables ni aussi minables qu'on l'imagine. Si je suis souvent déçu par eux, c'est que j'attends trop d'eux. Pourquoi ? Ensuite, la déception se joue à deux : mes propres attentes l'expliquent souvent aussi bien que le comportement d'autrui. Comment être plus réaliste ? Existe-t-il un bon usage d'autrui qui me mettrait à l'abri des déceptions trop fréquentes, sans pour autant me pousser à me retirer des échanges sociaux, ce qui est souvent une tentation (pour ne plus souffrir de la déception) ?

C'est un objet de travail en thérapie. Je me souviens d'une patiente qui avait eu un père paranoïaque (méfiant mais aussi délirant et persécuté) et une mère dépressive. Fort heureusement pour elle, elle n'était pas une photocopie de ses parents, mais avait tout de même hérité d'eux et des longues années passées à leurs côtés une tendance à la méfiance (discours du père) et à la déception (discours de la mère). Assez intelligente pour constater les dégâts liés à cette attitude, elle avait cependant du mal à l'entraver. Vive et agréable, elle se faisait d'assez nombreuses connaissances, mais le développement de ses liens amoureux ou amicaux butait vite sur des petits détails. « Je repère très vite les défauts des autres, et ensuite, ils m'obsèdent et je ne vois plus que cela chez la personne. Parfois c'est absurde : le tic de se tripoter le nez, ou une mauvaise haleine, et hop, la personne m'apparaît tout de suite comme définitivement moins intéressante. Parfois, ce n'est pas grand-chose : les gens un peu trop contents d'eux, ou ceux qui sont un peu ternes et sentencieux, et du coup, leurs autres qualités en pâtissent. Je suis alors comme refroidie à leur égard, et je n'ai plus envie d'aller plus loin. Longtemps je me suis dit que ces exigences étaient un besoin d'excellence, et que cela me permettait de ne consacrer du temps qu'à des gens que en valaient la peine : "le meilleur, sinon rien". Mais c'est idiot, les gens parfaits n'existent pas, je ne suis pas parfaite et personne ne l'est. Alors il faut que je travaille sur cette incapacité à voir les bons côtés des gens, ou plutôt, je les vois, mais à m'y intéresser assez fort pour ne plus faire attention à leurs défauts. J'ai déjà fait une thérapie où j'ai compris que cette attitude était un bon moyen de ne pas m'engager parce que m'engager me fait peur. Mais maintenant ? »

Comment tirer le meilleur des autres, et obtenir d'eux qu'ils nous offrent ce qu'ils ont de bon ? Ou le susciter, le prendre nous-même ? Comment **adopter une « politique relationnelle » active face à autrui :** dans les soirées, ne pas les « supporter », mais les faire parler de ce qu'ils ont d'intéressant à raconter : leur passé de marin ou d'ancien combattant, leurs vacances en Crète, leur vision du monde, etc.

S'entraîner à ne pas juger : toujours l'acceptation

L'effet d'étiquetage est bien connu en psychologie : une fois que l'on a porté un jugement sur quelqu'un, il est difficile de revenir dessus, car toutes ses actions ultérieures seront alors sous l'influence de ce jugement. Nous aurons tendance à mémoriser ce qui confirmera notre étiquetage, et à refouler ce qui ne le confirmera pas. C'est ce que l'on nomme un biais d'*exposition sélective :* **on choisit de préférence les informations qui confirment nos croyances et**

nos préférences. C'est vrai pour le choix des journaux que l'on va lire : entraînez-vous régulièrement à lire des journaux avec lesquels vous n'êtes pas d'accord, non pour pester mais pour observer et comprendre leurs raisonnements et leurs arguments. C'est vrai aussi pour les détails que l'on va remarquer autour de nous : les racistes seront plus à l'écoute des informations sur les délits commis par des étrangers, les anarchistes à l'écoute des bavures policières, etc.

D'où la persistance importante, individuelle et collective des jugements racistes, des stéréotypes sexistes et de toutes les formes d'*a priori.* Antagoniser l'effet d'étiquetage, cela demande des efforts bien organisés. Et le plus simple, plutôt que de devoir systématiquement réviser nos jugements, consiste à ne pas juger d'emblée, trop vite. Sinon, nous serons victimes d'un effet de priorité : la première croyance à s'implanter restera la plus solide sur une très longue durée, même en cas d'invalidation ultérieure[1].

Nous revoilà aux principes de base de l'acceptation : doucement, régulièrement, prendre l'habitude d'observer et d'accepter ce que nous observons, avant de juger. Puis y réfléchir, et si nous portons un jugement, le faire de manière précise et provisoire (« pour l'instant dans tel domaine, je peux penser telle chose »). Enfin, agir pour changer ce qui doit l'être.

Accepter, au moins au début de mon raisonnement, l'injustice et la trahison ? Comment faire autrement, puisqu'elles existent... Accepter que l'on m'ait menti, que l'on m'ait trahi, que l'on ait abusé de mes faiblesses, ou pire, de ma confiance ? Si cela a eu lieu, où est le choix ? Je dois accepter que cela a bien eu lieu...

Mais l'attitude d'acceptation s'arrête là. Face à ce qui est, à ce qui existe. Pour tout ce qui n'est pas encore, ou qui peut arriver, je vais alors faire face : l'action – et non la démission – suit toujours l'acceptation.

Exercices d'empathie (faciles et difficiles...)

Le discours sur la bienveillance est souvent accepté par la plupart d'entre nous. Mais les pratiques du quotidien en diffèrent souvent. Jules Renard, malicieux observateur du genre humain, notait ainsi dans son *Journal :* « Bienveillant pour l'humanité en général, et terrible pour chaque individu. » D'une certaine façon, l'empathie, c'est ce « **regard qui accorde la priorité à autrui**[2] ». La priorité suppose la bienveillance et l'acceptation préalable, non la soumission ni l'approbation.

L'écoute et l'observation empathique d'autrui nécessitent souvent une certaine attention et une pratique régulière. Cinq conseils peuvent vous en faciliter l'acquisition (si c'est votre souhait) :

- Passer du global au spécifique. S'entraîner à fragmenter et à balancer son jugement : chez cette personne, qu'est-ce qui me plaît, qui marche bien (selon moi) ; et qu'est-ce qui me déplaît ? Les « plus » et les « moins ».
- Passer de la tentation à juger la personne (« c'est un vantard ») à l'effort de ne décrire que son comportement (« il s'est vanté hier soir »).
- Passer d'un point de vue permanent (« elle est comme ça ») à un point de vue relationnel (« elle est comme ça dans telle situation »).
- Passer du jugemental (« elle est pénible ») au compréhensif et au fonctionnel (« si elle est ainsi, c'est que cela lui sert ou lui apporte quelque chose, mais quoi ? »).
- Passer du ressentiment à la discussion. Aller parler aux personnes avec qui existe un malentendu, ou vis-à-vis

desquelles nous avons un ressentiment représente toujours un exercice fructueux, à l'encontre de nos réflexes, qui nous poussent à éviter ceux qui nous agacent, pour mieux médire ou punir de loin. Je le recommande souvent aux patients lorsque nous travaillons sur leurs relations sociales. Là encore, le but n'est pas de faire ami-ami, mais de prendre l'habitude d'affiner sa vision d'autrui, en s'expliquant avec lui. De façon générale, parler avec les personnes permet de réaliser qu'elles sont presque toujours plus fragiles, et parfois plus gentilles, que le jugement à distance ne nous le faisait imaginer. Cela n'empêche pas de constater leurs défauts, mais cela peut permettre de modifier, et nos sentiments, et nos agissements.

L'objectif de l'approche empathique d'autrui n'est pas d'en venir à approuver ou à aimer la personne en cause, mais :

1. de vous faire du bien,
2. d'éviter un certain nombre de fausses manœuvres ou d'opinions erronées à son égard,
3. d'apprendre peu à peu à procéder de même pour soi.

Il existe un autre très bon exercice d'empathie, moins fatigant, et beaucoup plus largement pratiqué : la lecture des romans, ou la vision des films au cinéma. Ce sont de bons moyens d'entrer dans l'univers de quelqu'un, qu'on aurait pu côtoyer sans s'y intéresser dans la vraie vie. L'acteur français Jean-Pierre Bacri s'est ainsi fait une spécialité de personnages bougons et détestables qu'il arrive à rendre, sinon sympathiques, du moins attachants car on comprend le pourquoi de leurs comportements désagréables. La fiction romanesque et cinématographique pourrait-elle nous rendre meilleurs ? Elle peut nous y préparer. Il ne reste plus ensuite qu'à mettre en pratique.

Pourquoi ne pas juger les autres, c'est bon pour l'estime de soi…

L'acceptation d'autrui est une attitude corrélée avec un niveau de bien-être global augmenté chez ceux qui la pratiquent[3]. Qui induit ensuite un cercle vertueux : si je vais bien, j'ai plus de facilité à la bienveillance (étymologiquement : *bene volens*, qui veut du bien), cette bienveillance me fait elle-même du bien, etc.

D'autre part, l'ouverture psychologique est corrélée à l'estime de soi : meilleure sera cette dernière, plus elle nous aidera à observer sans comparer, envier ou juger, plus elle nous permettra de tirer profit des expériences de vie, d'avoir une flexibilité supérieure et des capacités d'adaptation aux nouveaux environnements[4]. Les études menées dans ce domaine poussent à **considérer l'estime de soi comme un facteur d'« activisme psychologique » : elle nous aide à « extraire » les bonnes choses de notre environnement, mais aussi à les provoquer**. Lors d'une soirée, par exemple, plutôt que de subir un convive ennuyeux et de s'irriter ou de se morfondre, consacrer l'énergie économisée en jugements ou agacements à l'accepter, l'observer, essayer de découvrir ce qu'il peut avoir d'intéressant ou d'attachant (imaginez que vous êtes dans un film !) et de ce fait le rendre lui-même différent. Dans le domaine de l'acceptation *a priori*, les gens donnent davantage ce qu'ils ont d'intéressant en eux s'ils se sentent acceptés. Une bonne estime de soi peut ainsi être un outil de « bonification du réel ». Du coup, on n'évolue plus dans le même monde.

Aller jusqu'au pardon ?

Quel rapport entre pardon, acceptation et jugement ? **Pardonner, c'est renoncer à juger et à punir. Ce n'est pas oublier**… C'est décider que l'on ne veut plus dépendre de la haine et du ressentiment envers ceux qui nous ont blessé. C'est décider de se libérer d'eux. C'est une forme supérieure d'acceptation, ou plutôt de réacceptation après une forte blessure.

De nombreux travaux ont montré la grande difficulté à pardonner lors des problèmes d'estime de soi, notamment chez les personnes narcissiques, à haute estime de soi, mais instables, susceptibles, agressives[5]. Il existe pourtant des travaux encore plus nombreux sur les bénéfices du pardon[6]. Ils montrent tous que la capacité à pardonner est un grand facteur d'équilibre intérieur, et de régulation émotionnelle globale[7] : car le ressentiment persistant, même justifié par la violence que l'on a subie, reste une source supplémentaire et chronique de souffrance. Mais il ne s'agit pas non plus d'avoir recours au pardon pour renoncer à affronter ceux qui ont commis l'offense, l'injustice ou l'agression, ou à s'affirmer face à eux. **Le pardon n'est pas une esquive, ni une démission : il doit être un choix**.

Il est probable par ailleurs que l'exercice du pardon à autrui, non contraint par sa propre faiblesse ou par la force de ce dernier, facilite celui du pardon à soi-même : nous avons déjà parlé des reproches incessants, parfois équivalant à un autoharcèlement moral, que s'adressent certaines personnes se jugeant sévèrement après la moindre de leurs actions. Dans les deux cas, pardonner, ce n'est pas absoudre (faire comme si le problème n'avait jamais existé). C'est renoncer à souffrir et à continuer de se punir à cause du souvenir de ce qui a eu lieu.

Le travail sur le pardon est un passage fréquent de nombreuses psychothérapies. Il a été notamment validé auprès de populations ayant subi des offenses et des agressions particulièrement graves, comme les personnes victimes d'inceste, chez qui il améliore nettement l'estime de soi[8]. Si la restauration de la capacité de pardon nécessite souvent l'aide d'un thérapeute, c'est qu'il est émotionnellement difficile, et surtout qu'il existe de nombreuses méfiances par rapport au pardon : il serait une forme de réponse « de faible » par rapport à une offense ou à une violence objectivement injuste. La vengeance serait, elle, une réponse de fort. Et qui aurait envie d'être faible face à la violence ? Pourtant, il faut, chaque fois que possible, renoncer à la vengeance et au ressentiment. C'est surtout sur cette seconde dimension que l'on travaille. Le pardon ne peut être basé sur la répression du désir de vengeance mais doit être un choix libre. Il ne suppose pas forcément une réconciliation. Par contre il permet d'entrer à nouveau en contact avec l'agresseur-offenseur sans détresse émotionnelle excessive. Peu importe à la limite si l'agresseur a l'intelligence d'être touché par le pardon pour lui-même se repentir et s'excuser. On pardonne autant pour soi que pour l'autre. Davantage, même. On pardonne pour que ceux que l'on aime n'aient pas à porter eux aussi le fardeau de notre rancœur et de notre ressentiment. Le pardon ne suppose pas de renoncer à la colère : dans les thérapies du pardon, on consacre du temps à faire exprimer précisément et intensément la colère ; et aussi la honte, d'ailleurs, car les victimes ont souvent honte d'elles… Ce qu'on recherche finalement, en « thérapie du pardon », c'est le bien du patient, **et l'effet libérateur du pardon pour la personne qui pardonne**. Le pardon donne toujours la victoire sur l'adversité et la noirceur. En dehors, comme en dedans de nous-même…

Acceptation, pardon et non-violence

Attention, encore une fois, acceptation et pardon ne signifient pas renoncement à l'action ou à la justice. Le pardon n'est qu'un préalable à la demande de justice, ou à l'action pour que l'offense subie ne recommence pas… Il est aussi un moyen d'éviter l'embrasement de violence ambiante universelle, enclenché par la loi du talion si elle est appliquée par tous. Dans un de ses sermons[9] Martin Luther King, chantre de la non-violence, disait ainsi : « La raison pour laquelle je m'interdis d'obéir à la philosophie ancienne qui exige "œil pour œil", c'est que celle-ci finit par rendre tout le monde aveugle. » La non-violence est elle aussi au cœur du problème du pardon, de l'acceptation et de l'action sereine pour changer le monde. Les trois règles en sont les suivantes[10] :

– **La non-violence est un acte de courage.**

Selon les mots de King, « le vrai pacifisme n'est pas la non-résistance au mal, mais une résistance non violente opposée au mal (…). Elle n'est ni une soumission ni une résignation (…). Elle n'est pas une stratégie que l'on peut se contenter d'utiliser en fonction des circonstances ; la non-violence est au bout du compte un mode de vie que les hommes embrassent pour la simple raison qu'elle se veut morale ». Elle représente une façon d'être et de réagir face aux conflits ou aux injustices, qui consiste à dire calmement et fermement : « Je ne peux pas accepter cela. » Voilà pourquoi elle nécessite du courage (oser se dresser pour parler), de la lucidité (ne pas se laisser aveugler par le désir de vengeance envers qui nous fait du mal) et de la maîtrise de soi (la colère face à l'injustice est naturelle).

– **S'attaquer aux idées, et non pas aux personnes.**

Les individus injustes, agressifs, violents sont eux-mêmes leurs propres victimes. Ils ne sont pas libres, mais esclaves : de leur milieu, de leurs préjugés, de leur passé. Ce n'est pas une raison pour tolérer l'agressivité ou l'injustice : il faut s'y opposer avec force dès la première étape franchie. Mais c'est une raison pour ne pas en vouloir aux personnes qui perpétuent des actes ou des paroles de violence : s'opposer à eux sans violence en retour est le seul moyen de changer durablement, et la société, et les personnes.

– **Toujours penser à la reconstruction après le conflit.**

Dans toute société, dans toute vie humaine, les conflits sont inévitables, peut-être même nécessaires. Mais la paix aussi est nécessaire. Comment faire pour qu'après un conflit elle devienne possible ? Plus que toute autre démarche, la non-violence le permettra : elle n'est pas un renoncement au combat, elle est une façon de ne jamais oublier de se comporter avec dignité et humanité durant la lutte. Et de faciliter alors le pardon, la réconciliation et l'action ultérieure commune : bref, de penser à l'après-guerre.

L'estime de soi ne se nourrit pas de l'angélisme, mais de l'action sereine.

CHAPITRE 30

Gentillesse, gratitude, admiration : le lien aux autres renforce le lien à soi

« Tu es l'ami du meilleur de moi-même. »

Georges BRASSENS, à un ami

Lorsque j'étais écolier (cela commence à faire longtemps…), nos maîtres et nos maîtresses nous lisaient tous les matins une leçon de « morale » : il s'agissait d'un tout petit récit se présentant comme une « histoire vraie » destinée à attirer notre attention sur les bénéfices de se montrer sociable, gentil, attentif, obéissant, de ne pas mentir, voler, etc. Après la lecture, il n'y avait pas de discussions de groupe, comme cela se ferait aujourd'hui, mais l'enseignant nous laissait réfléchir une ou deux minutes en silence à l'anecdote. Puis passait aux mathématiques ou à l'histoire… Les cours de morale ont disparu après Mai 68. Est-ce un bien ou un mal ?

Gentillesse

Raphaël : « Il y a quelques années, j'ai été gravement malade, une affection hématologique, une sorte de leucémie. J'ai alors dû suivre tout un tas d'examens, de bilans, d'hospitalisations, de soins, je vous passe le détail. J'ai eu de la chance, je m'en suis sorti. Ce qui m'a frappé lors de toutes ces pérégrinations, ce sont trois choses : la première, c'est l'immense fragilité que l'on ressent lorsqu'on est malade, face à l'énorme machine hospitalière qui vous absorbe. On se sent à la merci du bon vouloir de tous ces médecins, infirmières, secrétaires, brancardiers. La deuxième, c'est l'immense besoin de gentillesse que l'on ressent à ce moment-là : pas seulement le besoin d'être poliment accueilli et correctement traité. Non, davantage : le besoin de recevoir des paroles, des gestes, des attentions gentilles. Sans doute lié à cette vulnérabilité : on est comme un petit enfant qui a besoin d'amour spontanément donné, comme ça, juste parce qu'il est là et qu'il est un enfant. Sans conditions. La troisième, c'est que, chaque fois que l'on reçoit de la gentillesse, il se passe quelque chose dans notre corps : une onde de chaleur, de douceur, une sensation presque hormonale. Je suis sûr que ça déclenche des trucs biologiques, quand on est gentil avec des malades. »

La gentillesse, c'est une attention bienveillante à autrui, *a priori* inconditionnelle. Vouloir du bien à autrui 1. sans qu'il l'ait demandé, 2. sans savoir s'il le mérite, 3. sans savoir qui il est. Juste parce que c'est un être humain. La gentillesse, c'est un don. Différent de la simple écoute ou de l'empathie. Dans la gentillesse, on prend l'initiative. En tant que soignant, je sais à quel point il est utile d'être gentil avec mes patients : lorsqu'ils arrivent dans le service, ils sont souffrants (sinon ils ne viendraient pas) et ils sont inquiets (qui a envie d'aller se faire soigner en psychiatrie ?). Alors j'essaie d'être gentil avec eux. J'y arrive plus ou moins bien selon les jours, mais c'est tout de même mon objectif. Lorsque j'ai appris mon métier, ce n'était pas la mode d'être gentil avec les patients lorsqu'on était psychiatre. C'était bon pour les infirmières, la gentillesse. Les psychiatres devaient adopter une attitude de « neutralité bienveillante », comme en psychanalyse. C'est-à-dire une attitude au mieux assez froide (surtout pour quelqu'un qui souffre), et au pire rejetante. Sauf que ce qui peut avoir un sens une fois que le patient a demandé et commencé une psychanalyse n'en a aucun en dehors de ce cadre très précis. Je continue de penser aujourd'hui que même les psychiatres (et évidemment les psychologues) doivent être gentils avec leurs patients, et pas seulement « à l'écoute ». **Avant de théoriser sur les risques de la gentillesse (« vous allez induire un transfert »), on ferait mieux de réfléchir sur ceux de la froideur et de la distance.**

Il existe souvent un blocage avec la gentillesse lors des problèmes d'estime de soi. Une peur, pour les personnes à basse estime, d'être « trop gentilles ». Mais comment la gentillesse pourrait-elle être un défaut ? **Le problème, ce n'est pas d'être trop gentil, mais c'est de ne pas être assez affirmé par ailleurs**. Il faut au contraire être gentil, c'est une vertu : souhaiter le bien des autres, vouloir leur rendre service, voir leurs bons côtés… Que serait le monde sans les personnes gentilles ? Un endroit bien pénible ! Mais il ne faut pas être *que* gentil. Il faut ajouter aussi à son répertoire la capacité de dire « non », « je ne suis pas d'accord », « je ne suis pas content », etc.

Quant aux hautes estimes de soi instables, leur problème avec la gentillesse vient du fait qu'elles sont souvent sur la défensive, qu'elles se sentent souvent menacées par les autres ; ce qui déclenche alors de la froideur et les rend désagréables à autrui[1]. Ou qu'elles pensent que la gentillesse ne donne pas assez d'éclat ou de pouvoir, ce qui ne les motive guère, puisque leur estime de soi fragile est dépendante de tels signes de validation.

C'est pourquoi la capacité de bonté et de gentillesse envers autrui n'est pas si simple à acquérir. Une de mes patientes m'avait un jour raconté ses problèmes avec son fils aîné, âgé d'un dizaine d'années, garçon brillant mais sans gentillesse aucune. Et même d'une certaine dureté envers ses frères et sœurs et ses parents, qui étaient eux-mêmes des gens plutôt gentils. Elle et son mari avaient beaucoup discuté avec leur fils à ce propos, et sous tous les angles d'attaque : l'utilité sociale de la gentillesse, le bien fait aux autres, celui fait à lui-même (se sentir mieux quand on a de bonnes relations avec ses frères et sœurs), les bénéfices matériels aussi : les parents sont de meilleure humeur, et donc accordent davantage, lorsque leur progéniture est gentille… Comme toujours avec les enfants, aucun accusé de réception de leurs messages ne fut renvoyé par le fiston à ses parents. Il les écoutait en prenant un air désolé et en soupirant. Mais peu à peu, son comportement se modifia. Prise de conscience ? Ou prise en tenaille ? Car dans le même temps, les parents, toujours gentils mais progressivement plus sévères, avaient eux aussi décidé de ne plus rien laisser passer des attitudes ou paroles vachardes de l'aîné envers sa fratrie.

Les occasions de pratiquer la gentillesse sont multiples : prendre des nouvelles des autres au-delà du simple « ça va ? », aller vers les personnes isolées dans les soirées et les présenter à d'autres, dire quelques mots aux voisins âgés et seuls, sourire lorsqu'on donne une pièce à un mendiant, etc. Inutile de chercher à se transformer en saint ou en sainte. Le but de ces petites expériences n'est ni de mériter le Paradis ni de vous faire admirer par autrui, mais 1. de vous sentir mieux, 2. de changer le monde… gentiment !

Générosité

La générosité est la « vertu du don[2] ». Elle permet de cultiver une utile indépendance envers les objets matériels : « donner ce que l'on possède plutôt qu'en être possédé »… Au quotidien elle consiste à donner un peu (ou beaucoup) plus que ce que les autres n'attendraient, ou avant qu'ils aient à le demander. **Il n'est pas nécessaire pour la générosité d'aller jusqu'au sacrifice**. Mais il est nécessaire d'accepter d'agir « à l'aveugle » par rapport aux autres : leur donner toujours un crédit, plus ou moins large selon nos propre forces et capacités, sans savoir ni chercher à savoir s'ils en sont « dignes », s'ils nous en seront reconnaissants, si nous serons « payés » en retour, etc.

Comme la gentillesse, la générosité n'est pas un luxe : elle semble au contraire utile à toute vie en collectivité. Elle a ainsi été étudiée sur ce plan en psychologie sociale, notamment comme une sorte d'assurance antimalentendu et antibrouillage de relations[3]. Si vous avez, de manière habituelle, un style de comportement relationnel généreux, les autres seront plus enclins à juger avec indulgence vos éventuelles attitudes négatives ou ambiguës lors des échanges avec vous (par exemple, arriver en retard à un rendez-vous, ne pas répondre à un mail ou à un message téléphonique, être de mauvaise humeur alors que vous êtes habituellement calme, etc.). Dans tout échange, **l'habitude de donner ou de rendre un petit peu plus que ce qui nous a été donné, ou que ce qui est attendu** représente ainsi une prévention (non une garantie) envers les « brouillages » ultérieurs, du type « pour qui se prend-il ? », « il ne me respecte pas », etc.

Or les souffrances de l'estime de soi poussent parfois à la mesquinerie : on attend de l'autre qu'il donne le premier ou plus que nous n'avons donné, qu'il fasse le premier pas. On surveille attentivement la stricte réciprocité des échanges, on se transforme en comptable tatillon (pardon à mes lecteurs comptables) des interactions et des échanges.

Si vous avez observé des difficultés chez vous dans ce domaine, faites le test de modifier vos attitudes durablement et d'observer les résultats : donnez sans que l'on vous demande (informations, temps, aide...). En pleine liberté, non en vous forçant. En vous disant : « Je fais mon boulot d'être humain... »

Ces comportements de gentillesse et de générosité existent aussi, sous une forme évidemment différente, dans le monde animal, sous la forme notamment de l'altruisme et de l'aptitude au partage avec les plus faibles. Les bénéfices pour le groupe en sont évidents, pour les chercheurs spécialistes : ces comportements sociaux favorisent la cohésion des groupes et leurs chances de survie, et représentent un avantage adaptatif, un signe d'intelligence accrue de l'espèce, face aux difficultés de la vie[4]. En primatologie, il a existé un cas célèbre, celui de Mozu, femelle macaque japonaise, née sans bras ni jambes, et qui survécut dans son groupe jusqu'à un âge très avancé, alors que son handicap, dans d'autres espèces animales, ne lui aurait laissé aucune chance. Bien que cantonnée à un statut inférieur, Mozu eut toujours accès à la nourriture et aux échanges sociaux avec ses congénères. Chez d'autres animaux, les nouveau-nés handicapés sont abandonnés, les animaux blessés également. Seules les espèces dites supérieures développent ainsi cette tolérance et cette « générosité » de faire une place à des individus non directement « utiles », comme le voudrait une lecture simpliste des lois de l'évolution et de la sélection naturelle. Chez l'humain, cette capacité, cette vertu plutôt, et même cette intelligence, est très ancienne. Les préhistoriens ont, par exemple, retrouvé des ossements d'adultes ou d'adolescents très handicapés, manifestement de naissance : ils avaient donc été acceptés et protégés par leur groupe.

Gratitude

La gratitude consiste à reconnaître le bien que l'on doit aux autres. Et plus encore à se réjouir de ce que l'on doit, au lieu de chercher à l'oublier.

Le début des célèbres *Pensées* de Marc Aurèle, un des chefs-d'œuvre de la philosophic stoïcicnnc antique, est ainsi constitué de déclarations de gratitude très manifestement sincère envers parents, ancêtres, amis et maîtres. Pour finir par les dieux : « Je dois remercier les dieux de m'avoir donné de bons aïeux, un bon père, une bonne mère, une bonne sœur, de bons précepteurs, de bons domestiques, de bons amis, et tout ce qu'on peut souhaiter de bon. » Tout le monde n'a pas la chance de Marc Aurèle ou sa grandeur d'âme ; mais il est toujours possible de modifier légèrement ses formulations : « un père qui a fait ce qu'il a pu », « une mère aussi bonne que possible », etc.

La gratitude peut sembler une vertu désuète, mais elle comporte de multiples bénéfices, notamment sur le bien-être psychique, comme l'attestent de nombreux travaux[5]. Mais elle est aussi bénéfique à l'estime de soi, car elle augmente le sentiment d'appartenance à un groupe, une lignée, une collectivité humaine. Et tout ce qui augmente le sentiment d'appartenance renforce l'estime de soi. Enfin, elle semble aussi être corrélée à une autonomie accrue vis-à-vis des attitudes matérialistes, grandes déstabilisatrices et falsificatrices de l'estime de soi[6]. Dans ce domaine, sans doute que la gratitude casse le lien égoïste entre soi, et ses « possessions » et ses « richesses », en nous amenant à reconnaître ce qu'elles doivent à tant d'autres : parents qui nous ont donné vie et certaines forces et talents pour obtenir ces possessions, maîtres qui nous ont appris, amis qui nous ont aimé et donné de l'énergie, etc.

Les souffrances de l'estime de soi entravent hélas la pratique de la gratitude. Ainsi, le besoin de se valoriser en valorisant son autonomie : tirer fierté de ne rien devoir à personne, et de s'être construit tout seul. C'est une forme de mensonge à soi-même qui est largement pardonnable, car il est un des grands mythes de notre époque : celui de l'individu qui pourrait atteindre par sa volonté, son travail et son intelligence à la pleine autarcie. Il a par exemple exercé une influence profonde dans le monde de l'art, à partir du XXe siècle : nombre d'artistes se sont mis alors à chercher à tout prix à se démarquer de leurs prédécesseurs, et à s'en différencier, au lieu de reprendre leur héritage et de le prolonger[7].

Notons que la gratitude n'est pas si évidente lorsqu'on a connu certaines trajectoires de vie, marquées par le manque d'amour, les abandons, les violences. Il est rare pourtant que l'on n'ait jamais croisé d'humains auxquels on ne doive de la reconnaissance. C'est le sens de la *Chanson pour l'Auvergnat* de Georges Brassens, qui est sans doute le plus bel hymne à la gratitude qui ait été écrit dans notre langue :

« Elle est à toi cette chanson/Toi l'étranger qui sans façon/D'un air malheureux m'as souri/Lorsque les gendarmes m'ont pris/Toi qui n'as pas applaudi quand/Les croquantes et les croquants/Tous les gens bien intentionnés/Riaient de me voir emmener/Ce n'était rien qu'un peu de miel/Mais il m'avait chauffé le corps/Et dans mon âme il brûle encore/À la manière d'un grand soleil. »

Alors, comment pratiquer la gratitude ? Puisque seule sa pratique a un sens...

Quelques exercices de gratitude :

- **Penser nos succès en termes de gratitude** : non pas pour minimiser notre mérite, mais pour rester « connectés » à toute la chaîne humaine à laquelle nous les devons.
- **Au-delà des succès matériels, cultiver les sentiments de gratitude pour les gestes de gentillesse reçus :** sourires, aides minimes (qui nous a tenu la porte, aidé à ramasser un objet tombé à terre...).
- **S'endormir chaque soir sur une pensée de gratitude** (« qui m'a fait du bien aujourd'hui, au travers d'un geste, d'une parole, d'un sourire, d'un regard ? »), ce qui améliore le bien-être émotionnel[8].
- **Pratiquer l'étrange plaisir de l'extension de la gratitude :** s'entraîner à la ressentir pour des proches, des personnes connues, bien sûr, mais aussi pour des inconnus. Dans son très beau livre, *Professeurs de désespoir*[9], charge contre ceux qu'elle nomme les « mélanomanes » (maniaques de la noirceur, du grec *melanos*, noir), la romancière Nancy Huston parle de son émotion devant la musique de Bach. Cette musique qui inspirait à Cioran des réflexions mêlant admiration sans borne et désespoir complet, telles que : « Après ça, il faut tirer l'échelle... » Huston au contraire insiste sur le ravissement puis la reconnaissance que nous devrions avoir envers Bach, les musiciens qui l'interprètent, les artisans qui siècle après siècle ont conçu et fabriqué les instruments permettant de le jouer. Ces exercices de gratitude nous montrent le lien qui existe entre nous et la plupart des être humains.

Admiration

« Il y a dans l'admiration on ne sait quoi de fortifiant qui dignifie et grandit l'intelligence », écrivait Victor Hugo (qui aimait bien qu'on l'admire, aussi). Quant à Paul Claudel, il était plus catégorique encore : « Quelqu'un qui admire a toujours raison. » La Rochefoucauld constatait sobrement les effets de l'incapacité à voir chez autrui de bons côtés en notant : « Un homme à qui personne ne plaît est bien plus malheureux que celui qui ne plaît à personne. »

L'admiration est ce sentiment agréable devant ce qui nous dépasse. Cela va de soi pour la nature, avec laquelle nous n'entrons pas en compétition. Mais pour l'être humain, surtout lorsqu'il n'est pas au clair dans le domaine de l'estime de soi, l'admiration entre en concurrence avec le problème des comparaisons sociales : qu'est-ce qui fait que la confrontation à une personne qui nous semble, ou nous est présentée comme supérieure à nous, dans un ou plusieurs domaines socialement valorisés, va susciter admiration plutôt qu'agacement ou dévalorisation ? Victor Hugo, qui avait été confronté personnellement au problème, notait ainsi : « Les méchants envient et haïssent ; c'est leur manière d'admirer. » Un autre problème classique des interactions entre admiration et estime de soi est illustré par ce qui se passe chez les sujets narcissiques, qui préfèrent souvent admirer qu'aimer dans leurs relations sentimentales, attitude qui peut provoquer un certain nombre de ratages amoureux[10] : lorsqu'on est déçu par quelqu'un que l'on aime d'admiration, la déception peut se transformer non en compréhension, mais en mépris. On sait aussi que le désir éperdu d'admirer peut conduire à l'adulation ou au fanatisme. Mais l'admiration mature doit pouvoir se passer de l'idéalisation. On peut n'admirer que certaines attitudes d'une personne. Et ne rien céder pour autant sur sa liberté : l'admiration ne doit pas être une soumission.

Ces précautions adoptées, les bénéfices de l'admiration sont réels : elle permet de prendre pour modèle des personnes qui ont acquis une excellence dans un domaine qui nous tient à cœur (c'est le plus facile) ; ou qui nous est lointain ou étranger. Dans ce cas, alors l'admiration est peut-être plus difficile, mais elle est plus proche de l'admiration telle que la percevaient jadis les philosophes, comme Descartes : « L'admiration est une subite surprise de l'âme, qui fait qu'elle se porte à considérer avec attention les objets qui lui semblent rares et extraordinaires. » Là encore, **admirer, ce n'est pas renoncer à agir, écrasé par la perfection de la personne qu'on admire, mais agir pour s'en rapprocher, si on le souhaite.**

L'admiration est un ressort puissant, qui semble aussi capable de modifier les stéréotypes, même aussi insidieux et intimes que les préjugés raciaux. Une étude avait ainsi montré qu'en présentant à des volontaires blancs des images de personnes admirables de type africain on diminuait leur réflexe de préférence raciale spontanée pour des personnes de morphotype européen[11].

Comme pour la gratitude, la pratique des exercices d'admiration est un peu tombée en désuétude à notre époque, mais elle garde selon moi un grand intérêt psychologique. L'admiration pour les personnes exceptionnelles, bien sûr, qui semble un besoin fondamental de l'être humain. À titre anecdotique, chez les supporteurs sportifs, l'admiration et l'identification avec une équipe et ses stars produisent des effets favorables sur l'estime de soi[12]. Mais cela reste valable aussi pour des personnes ordinaires, dans ce qu'elles *font* (admirer un artisan pour l'intelligence et la dextérité de son geste) ou ce qu'elles *sont* (admirer des qualités morales discrètes). Valable aussi, évidemment, pour le spectacle de la nature : araignée à la construction de sa toile, etc.

Concluons : **ne jamais rater une occasion d'exercer son œil, et surtout son esprit, à se réjouir d'admirer**. Les bénéfices pour l'estime de soi ? Ils sont innombrables : disposer de modèles positifs, cultiver son humilité, muscler ses capacités d'ouverture, ressentir des émotions positives…

Les attitudes positives : naïves et pesantes, ou écologiques et intelligentes ?

C'est bien gentil tout ça, mais… Il existe trois familles d'arguments modérateurs envers la culture de cette « psychologie positive » :

• « La vie n'est pas si rose : que valent gentillesse, générosité, gratitude et admiration face aux méchants, aux salauds, à l'injustice, à la violence ? » Réfléchissons un peu : est-ce qu'elles empêchent de les combattre ? Non, mais elles permettent de le faire avec plus de calme et donc plus d'efficacité sur la durée (l'énervement ne peut servir nos causes que de manière ponctuelle).

• « Ce sont encore des contraintes insidieuses que les psys font peser sur nous. Il faut aller bien, être gentil, dire bonjour à la dame. Et puis quoi, encore ? » Et puis rien… En matière de psychologie, on ne peut dispenser que des conseils. Qui ne valent que s'ils sont librement adoptés. Ceux qui concernent les attitudes mentales positives ne font pas exception. Ils n'intéresseront bien sûr que les personnes éprouvant le désir ou le besoin de se sentir bien. Nul n'est « obligé » de les suivre. Mais on peut se réjouir que certains le fassent.

• « Finalement, c'est une forme d'égoïsme déguisé, être gentil ou généreux pour qu'on le soit avec nous, admirer par envie de devenir admirable, etc. » Peut-être, en partie. Mais quand bien même... Préfère-t-on un monde où l'altruisme serait déclaré ringard, et déconseillé, parce qu'il ne serait qu'un recyclage de notre égoïsme ? Et où on encouragerait plutôt l'expression directe des égoïsmes, pour plus de franchise et de transparence ?

Non, le vrai problème n'est pas là. Il est plutôt dans le bon usage de ces attitudes. Car elles contiennent en elles-mêmes les possibilités de leurs propres excès et dérives. Trop de gentillesse peut conduire à la manipulation par autrui[13]. Trop de générosité peut amener à se faire exploiter. Trop de gratitude à se faire manipuler par ceux qui veulent nous maintenir dans un statut d'éternels débiteurs à leur égard. Trop d'admiration peut conduire à l'idolâtrie[14]. Mais ne jetons pas le bébé avec l'eau du bain. Le plus souvent, le poison est ici la déception : on a donné, on a été déçu, alors on ne donne plus. Est-ce la bonne solution ? Car en ne donnant plus, c'est soi-même qu'on appauvrit. Les meilleures voies semblent autres : augmenter son discernement ; peu à peu s'habituer à ne rien attendre en retour de nos attitudes positives ; ne jamais oublier que c'est aussi pour soi que l'on fait tout cela. Il n'y a pas de honte à en avoir. Car même ainsi, cela peut changer le monde. **Tous ces petits gestes de psychologie positive envers autrui sont l'équivalent des pratiques écologiques à l'échelle de la planète** (prendre son vélo, faire un tri d'ordures sélectif, etc.) : chaque geste isolé est insignifiant, mais leur addition a un effet. Il en va de même de la gentillesse, de la générosité, de la gratitude, etc.

CHAPITRE 31

Poser différemment la question de l'estime de soi : trouver sa place au milieu des autres

« L'on n'est jamais bien quand on n'est pas à sa place... »

Jean Jacques ROUSSEAU

« La plus grande honte rétrospective de mon enfance ? Me désolidariser de ma sœur pour être acceptée par les grands à l'école. Nous avions déménagé durant l'été, et nous devions intégrer une nouvelle école. J'avais 8 ou 9 ans, et ma petite sœur était deux classes en dessous de moi. Nous nous entendions bien. Mais l'ambiance dans cette école n'était pas très bonne, une bande de gamins pas très sympas faisaient régner une sale ambiance dans la cour de récréation, et les maîtres n'y prêtaient pas attention. Dès le début, ils ont commencé à se moquer de ma petite sœur, qui louchait. J'ai senti, ou j'ai eu l'impression, que si je la défendais, je serais rejetée moi aussi. Je n'avais pas tellement confiance en moi. Alors, j'ai cédé à la peur, et je ne l'ai pas soutenue. Lorsqu'ils parlaient mal d'elle, je ne la défendais pas. Lorsqu'ils lui lançaient des vacheries, je faisais semblant d'être absorbée dans un jeu à l'autre coin de la cour de récréation. Alors que pas un mot ni un geste de ce qu'elle subissait ne m'échappait. Un jour, je me suis même sentie obligée de me joindre à eux pour me moquer d'elle ; je cherchais vaguement à devenir la meilleure amie d'une peste qui faisait partie des leaders en méchanceté. Ma petite sœur a pleuré. En y repensant, aujourd'hui encore, je me sens physiquement mal, j'ai honte de moi. Je n'ai jamais rien fait d'aussi inhumain... » (Aurore, 38 ans, en période dépressive).

Il est impossible de s'estimer si l'on n'est pas en règle avec ses semblables. Pas seulement accepté par quelques-uns, les plus puissants, ou les plus impressionnants, ou les plus valorisants. Mais en relation aussi harmonieuse que possible avec toutes les personnes autour de nous. **L'égoïsme par fragilité et par anxiété** des mauvaises estimes de soi, comme dans le récit de cette patiente, les amène parfois à sacrifier ces idéaux relationnels à la défense de leurs intérêts. Jules Renard parlait ainsi de « la fréquente petite lâcheté de se mettre avec les autres contre un ami ». Aucune tranquillité d'esprit durable ne peut découler de telles positions...

L'humain est un animal social : pas de bonne estime de soi sans bon lien aux autres

Il n'existe pas de bonne estime de soi sans les autres. Mais pas non plus contre les autres, ou sur le dos des autres. On ne peut durablement aller bien seul ou retiré, ou en combat avec le monde entier, ou en conflit ou en trahison avec des personnes qui comptent dans notre histoire personnelle, ou dans l'exploitation et la manipulation.

Mais alors, l'estime de soi des salauds, des pervers, des sales types ? Qui vivent en permanence dans ce bain, et semblent s'en accommoder, et que cela n'empêche pas de vivre, d'agir, parfois de réussir et d'être, ou de paraître, heureux. Je n'en ai peut-être pas rencontré un assez grand nombre pour me faire une idée, mais j'ai la conviction qu'ils peuvent difficilement être dans une position confortable avec eux-mêmes. Nous sentons toujours au plus profond de nous-mêmes que faire souffrir autrui, le mépriser, l'agresser au-delà de ce qui est nécessaire, est une violation de nos lois morales intimes. Nous pouvons repousser cette pensée, mais elle reviendra. Marc Aurèle, empereur romain et philosophe stoïcien, notait ainsi : « Tout homme qui fait une injustice est impie. En effet, la nature universelle ayant créé les hommes les uns pour les autres, afin qu'ils se donnent des secours mutuels, celui qui viole cette loi commet une impiété envers la divinité la plus ancienne : car la nature universelle est la mère de tous les êtres, et par conséquent tous les êtres ont une liaison naturelle entre eux[1]. »

La « **douleur des conflits** » en est une claire illustration. Lorsque nous sommes « fâchés » avec conjoints, enfants, membres de notre famille, amis, ou collègues, c'est-à-dire avec toutes les personnes qui composent notre histoire et notre personnalité, nous ne pouvons pas nous sentir vraiment bien avec nous-mêmes. Et toute l'estime de soi souffre alors à ce moment.

« Pendant toute une période de ma vie, j'étais dans les conflits. Mes parents avaient toujours vécu comme ça, dans les engueulades, mes grands-parents des deux côtés aussi. Bref, je ne pensais pas la vie autrement. Je percevais parfois qu'il y avait des personnes paisibles qui paraissaient peu vivre dans le conflit, mais je supposais que ce n'était qu'une façade, ou je détournais mon attention. Puis, après avoir connu de grosses galères dans ma vie – j'étais tombé malade, ma copine m'avait quitté –, j'ai commencé à réfléchir à tout ça, à rechercher plus de tranquillité et d'harmonie dans mes rapports aux autres. Je me suis mis à aller mieux, et étonnamment, à supporter de moins en moins les situations de brouille. Auparavant, je tolérais facilement d'être fâché avec des proches, j'avais même l'impression que cela me poussait à agir, pour penser à autre chose (en réalité, je refoulais juste ma souffrance). Là, j'ai compris peu à peu que c'était le contraire : en comparant avec la bonne énergie qui m'habitait lors des périodes où il n'y avait pas de guerres dans ma vie relationnelle, et avec l'énergie crispée des moments de vie où j'étais en guerre, il n'y avait pas photo. Plus je progressais, plus j'étais lucide, plus je souffrais de traîner des conflits dans ma vie. C'est là que j'ai découvert les efforts de réconciliation, que j'ignorais totalement jusqu'alors. Et que je refusais parce que j'avais l'impression de m'abaisser. Je confondais estime de soi avec fierté ou orgueil. J'ai fini par comprendre que le lien aux autres est tout pour nous : ce qui nous a construit, ce qui va nous nourrir toute notre vie. Et ce que nous avons de plus précieux. Il vaut mieux s'occuper de lui que de s'acharner à s'occuper de son image, de son ego. »

En finir avec le tout à l'ego, et agrandir son estime de soi

Nombre de nos problèmes d'estime de soi ne viendraient-ils pas de notre vision trop restrictive et étroite de l'ego ? Matthieu Ricard, moine bouddhiste, parle ainsi des « voiles de l'ego[2] » et de la profonde erreur que nous commettons en percevant notre identité comme seulement faite d'autonomie et de différenciation avec autrui.

La culture occidentale, prodigieusement amplifiée par la société de consommation, nous pousse à sentir notre existence dans la différence plus que dans l'appartenance : être *unique*, posséder des objets qui feront de nous quelqu'un de *différent*… Nul doute que cette démarche a eu du bon : nos ancêtres étaient étouffés par des appartenances sociales rigides (famille, quartier, religion…) qui ne leur laissaient que de maigres marges de manœuvre pour construire leur existence. **Mais aujourd'hui, la course à l'ego semble avoir dépassé les limites de ce qui nous est favorable.** La conception traditionnelle de l'ego a peut-être fait son temps : de nombreuses études commencent à comparer les bénéfices et les inconvénients de la définition traditionnelle de l'individu qui est la nôtre en Occident (se définissant par la différence[3]). En tout cas, **le temps de repenser l'estime de soi est sans doute arrivé.**

Si nous cultivions, par exemple, notre estime de soi en renforçant la recherche d'appartenance plutôt que celle de la différence ? Différents travaux ont ainsi montré les bénéfices du partage des événements de vie positifs[4] : lorsque quelque chose de favorable arrive à un humain, il peut amplifier très nettement les effets bénéfiques de cet événement s'il le partage avec autrui, et les prolonger dans le temps, parfois de manière très durable. Il semble que l'espèce humaine soit très apte à une transmission automatique des émotions[5], sur le mode d'une contagion intuitive : nous avons ainsi en nous tout ce qu'il faut pour nous réjouir du bonheur des autres. Pourquoi n'est-ce pas plus souvent le cas ? Pourquoi ce qui arrive de bon à autrui, et qui, le plus souvent, ne nous retire rien, ne nous procure pas davantage de plaisir ? Sauf lorsque cela arrive à des très proches, enfants, parents, conjoints, amis ? Sans doute parce que nous sommes prisonniers de mauvais réflexes de l'estime de soi, trop dans la compétition, pas assez dans la collaboration. Et que nous facilitons plus souvent la contagion des émotions négatives que celle des émotions positives.

Il paraît très probable qu'apprendre à se réjouir de ce qui arrive aux autres, à tous les autres en tant que représentants du genre humain, représente non seulement une bonne chose pour les sociétés, mais aussi pour l'estime de soi de la personne qui procède ainsi. **La recherche d'harmonie est meilleure pour nous que celle de la suprématie**. La compétition sociale est toxique pour l'estime de soi. Il est difficile de lui résister, car elle est attisée par l'organisation de nos sociétés. Pourtant, il faut lutter… De nombreux travaux montrent le **rôle bénéfique d'une vision étendue de l'estime de soi**. Lorsqu'on augmente, lors des études de psychologie sociale, le sentiment de proximité des personnes volontaires avec leurs amis et leurs conjoints, on s'aperçoit que leur niveau d'estime de soi souffre moins du succès de ces derniers que si on a amené ces mêmes volontaires à se percevoir surtout comme des personnes autonomes[6]. Cela est vrai également dans les relations sociales au sens large[7]. Lorsque nous avons l'intelligence d'étendre l'estime de soi à l'estime des autres, nous la rendons plus robuste ! Autre exercice : **travailler à la circulation de l'estime de soi**, valoriser et encourager autrui, reconnaître sa valeur, c'est le meilleur service que chaque humain peut rendre à l'humanité. Car il est important que cette appartenance soit non pas recroquevillée sur des cercles restreints (proches ou personnes semblables à nous) mais élargie : inutile, sinon, d'avoir quitté les anciennes contraintes sociales. C'est sans doute ce que cherche à refléter l'expression : « citoyens du monde ». En tout cas, c'est aussi ce que pensent les chercheurs, puisque de nouvelles échelles d'évaluation sont mises au point pour mieux cerner cette dimension sociale de l'estime de soi[8].

Si on pense « nous », on renforce son estime de soi

Percevoir son identité comme étant en partie définie par le lien modifie en profondeur le rapport à soi-même[9]. Et tend plutôt à l'enrichir, car on sait que se concentrer sur sa personne n'est pas forcément la meilleure voie d'accès à la connaissance de soi[10]. Il y a sans doute de très importantes évolutions à prévoir en matière de rapport à soi-même, dont nous ne pouvons deviner où elles nous amèneront. Essayons simplement d'être aussi lucide que possible sur leurs enjeux et leurs mécanismes. L'évolution de notre société se fait manifestement vers des rapports de types égalitaires, fraternels, adelphiques. Les relations hiérarchiques, de type patriarcal, qui dominaient autrefois nos sociétés, sont perçues comme archaïques et étouffantes. L'estime de soi va donc évoluer aussi : elle ne sera plus seulement basée sur la dominance (par le pouvoir ou les possessions), mais davantage sur les liens et l'appartenance.

Les femmes sont sans doute en avance dans cette évolution. Ou peut-être cette évolution a-t-elle lieu parce qu'elles pèsent de plus en plus sur l'évolution de nos sociétés ? Mais en tout cas, leur bien-être est corrélé à la fois à leur niveau d'estime de soi et à la qualité des liens sociaux, alors que celui des hommes dépend plus du seul niveau d'estime de soi[11]. Elles sont davantage tournées vers les échanges sociaux, et leur santé semble bénéficier bien mieux que celle des hommes des comportements altruistes qu'elles adoptent[12].

Cette intelligence relationnelle de l'estime de soi moderne aboutit à un cercle vertueux : une bonne estime de soi favorise l'adaptation à de nouveaux groupes, notamment parce que l'on a tendance à porter sur eux le même regard positif que sur soi. Cette adaptation nourrit à son tour l'estime de soi[13]... **La notion de « capital social » est fondamentale pour la solidité de l'estime de soi : notre plus grande richesse, ce sont nos relations**, d'autant plus que ce capital social sera ouvert et en mouvement permanent (avec des arrivées et des départs, des retrouvailles...) et non fermé (comme dans les sectes, les ghettos ou les existences stéréotypées). Pas question pour autant de totalement se fondre dans la masse. Ne pas renoncer à son individualité et à son unicité, mais ne pas non plus la chérir, ne pas en faire une obsession. La solution est sans doute dans le fait d'opérer un équilibre entre les deux tendances : affirmation et affiliation[14].

L'estime de soi élargie : s'attacher simplement à trouver sa place

En matière d'accomplissement de l'estime de soi, **il est parfois utile de ne pas se chercher soi, mais de simplement chercher sa place**, c'est-à-dire le lieu, l'activité, les liens qui nous donnent le mieux le sentiment d'exister. Ne plus seulement chercher une identité, mais des interactions avec son environnement, matériel ou humain. Ne plus se focaliser sur soi et le contrôle de l'environnement, mais sur les interactions entre soi et l'environnement, le tout ainsi formé. Il y a plusieurs sortes de « places » : des lieux où l'on se ressource (de par leur beauté ou leur signification pour notre histoire), des actes où l'on se retrouve (aider, soigner, consoler, construire...), des liens où l'on s'épanouit (amour, amitié, humanité). Lorsqu'on se sent à sa place, on est plus facilement en harmonie avec soi et avec ce qui nous entoure.

Nos angoisses s'apaisent, on est imprégné d'un sentiment d'évidence (« je suis là où je dois être ») et de cohérence (« c'est là que je voulais être »), un vécu de plénitude s'installe, on cesse de se poser d'incessantes questions existentielles et identitaires.

Lors des marches en montagne, j'aime bien suivre les sentiers. D'abord parce que c'est reposant. Ensuite parce que cela permet d'admirer le paysage ; pourquoi faire la balade sinon ? Et enfin parce qu'il me semble que lors de ces moments, ma place est là, sur ces sentiers tracés depuis des millénaires par les humains dont je descends. J'éprouve un réel plaisir à suivre ces chemins. Lorsque je fais ces randonnées avec ma troupe de jeunes cousins, les choses se passent parfois dans une ambiance différente. Comme ils sont plus jeunes, plus sportifs, plus « parisiens », ils cherchent souvent le « tout droit », pour arriver plus vite au sommet. Je refuse presque toujours de les suivre. Pourquoi vouloir arriver plus vite en haut ? Et surtout pourquoi se priver du plaisir de marcher sur les traces de tous ceux qui nous ont précédés, de regarder la montagne comme ils l'ont regardée, de s'arrêter pour respirer aux mêmes endroits qu'eux. C'est bien plus intéressant que suer et souffler sur une pente sans histoire humaine, une pente animale. Ils m'attendent en haut, et me blaguent sur ma lenteur. Je ne suis pas plus sage qu'eux, en tout cas pas dans tous les domaines. Juste plus âgé et plus limité lors des balades en montagne. Je n'ai plus leur souffle. Alors, je cultive une vision du monde qui m'arrange, ajustée à mes capacités : je reste à ma place.

Cette recherche de la bonne place est clairement liée au bon fonctionnement de l'estime de soi. Car le cercle peut être vicieux : **une mauvaise estime de soi rend plus difficile le fait de trouver sa place**. Et ne pas bien trouver sa place altère l'estime de soi : le phénomène a, par exemple, été étudié chez les sujets surdoués, qui pourraient présenter, paradoxalement, de fréquents troubles de l'estime de soi[15]. En raison de leurs difficultés fréquentes à se sentir à leur place au milieu des autres. Mais le cercle peut aussi être vertueux : trouver sa place, ou savoir que nous avons une ou, mieux, des places qui nous attendent quelque part, rassérène et consolide l'estime de soi. Il est rare qu'une place nous soit « donnée » d'emblée, et souvent les débuts sont imparfaits. Peu à peu, nous allons agir pour nous y sentir bien : nous aurons « fait » notre place autant que nous l'aurons trouvée. **Au lieu de chercher et de faire sa place, les sujets à basse estime de soi tendent à la rêver et à l'attendre**. Tandis que les personnes à haute estime d'elles-mêmes cherchent à la bâtir en force plutôt que de s'y installer tranquillement. Parfois à en créer une nouvelle au lieu d'en rejoindre une existante. On pourrait comparer nos attitudes face aux places à faire dans la vie à ce qui se passe lors d'une soirée. Les basses estimes de soi arrivent et se tiennent à l'écart, attendant que l'on vienne vers elles et que l'on leur fasse une place : discrétion mais dépendance. Les hautes estimes de soi s'imposent et mobilisent l'attention autour d'elles (en tout cas, essaient) : tumulte et tension. Les bonnes estimes de soi prennent le temps de s'approcher de tout le monde, parlent et écoutent, s'intègrent à tous les groupes. Elles s'oublient, s'immergent dans la soirée, l'ambiance, les échanges. Mais cet oubli n'est pas une absence à soi-même : elles sont d'autant plus nourries par ces instants qu'elles ont le sentiment d'en faire intégralement partie, de s'y absorber.

Être à sa place partout

L'important n'est donc pas seulement de me centrer sur ce que je suis ou ce que je fais, mais aussi de l'oublier pour me consacrer juste à me sentir à ma place. Et pas seulement à une place donnée : le meilleur objectif, c'est peut-être de chercher à être à sa place partout. Ou du moins, dans le plus grand nombre de lieux ou de liens possible. En sachant que d'autres viendront ensuite. Et que, **dans ce mouvement même de la vie, nous pouvons aussi nous sentir à notre place** : être à sa place, ce n'est pas être immobile. Rien n'est immobile. Mais c'est être nourri par tout ce qui nous entoure et tout ce qui nous arrive. C'est avoir le sentiment de progresser, de se sentir vivant, c'est-à-dire plus riche à chaque instant de ce que l'on vient de vivre, d'agréable ou de désagréable. Et, ainsi comblés, s'avancer tranquillement vers le grand mystère de toutes nos places à venir. Être à sa place, c'est aussi ressentir régulièrement ce que Romain Rolland appelait le « sentiment océanique », cette « expansion illimitée, positive, consciente d'elle-même » et dont il s'entretint longuement dans sa correspondance avec Freud[16]. Ce sentiment, sourd et très fort, plus qu'animal, biologique, d'appartenance au monde, lorsque nous nous sentons obscurément à notre place. Mêlant, et la conviction d'une identité sans conteste (on se sent exister pleinement, sans interrogation ni inquiétude), et celle d'une fusion et d'un lien évident avec tout ce qui nous entoure.

Un des sommets de l'estime de soi ?

CHAPITRE 32

Narcisse

Lorsque Liriopé, une nymphe d'une très grande beauté, fut enceinte de celui qui allait devenir Narcisse, elle alla consulter le devin Tirésias, celui-là même qui fit à Œdipe la sinistre prédiction du meurtre de son père et de l'inceste avec sa mère. Alors qu'elle lui demandait si Narcisse vivrait longtemps, Tirésias répondit : « Oui, s'il ne se connaît pas… »

Narcisse grandit et devient un très beau jeune homme. Beaucoup de nymphes tombent amoureuses de lui, mais il les repousse, toutes, avec dédain. Notamment la nymphe Écho, qui le poursuit passionnément de son amour, mais ne peut lui déclarer sa flamme, puisqu'une malédiction antérieure la condamne à ne jamais pouvoir parler la première : elle ne peut que répéter ce qu'elle entend. Et jamais Narcisse ne lui dira qu'il l'aime…

À force de chagrin, Écho se laisse mourir et se transforme en rocher. Les autres nymphes, furieuses, demandent à la déesse de la vengeance, Némésis, de punir Narcisse, ce qu'elle accepte. Elle lui lance alors cette malédiction : « Puisse-t-il aimer, lui aussi, et ne jamais posséder l'objet de son amour ! » Peu après, Narcisse découvre pour la première fois son reflet dans une source limpide, et tombe, pour la première fois aussi, éperdument amoureux. Mais c'est de son image. Fasciné par son reflet, il finit par mourir d'inanition et se transforme en la fleur qui porte depuis son nom.

L'orgueil de Narcisse, qui le poussait à s'affranchir des lois de l'amour, a été la cause de son trépas. Et sa réincarnation en modeste fleur, simple partie de la nature, à sa place au ras du sol, est le message des dieux.

Quel sens peut-il y avoir à s'aimer, si l'on n'est pas capable d'aimer autrui ?

QUATRIÈME PARTIE

Agir, ça change tout !

L'action ? De l'intime qui s'exprime...

L'estime de soi est certes un rapport à soi-même, mais elle se nourrit de l'action. Elle n'évolue que dans les allers-retours avec cette dernière : réflexion et action, action et réflexion... C'est la respiration même de l'estime de soi qui est en jeu : elle étouffe dans la seule rumination, le seul raisonnement, la seule discussion, même si tout cela est lucide et intelligent.

L'action est l'oxygène de l'estime de soi. L'immobilité la fragilise, le mouvement la sauve. Même au prix de certaines douleurs : agir, c'est s'exposer à échouer, à être jugé. Mais l'estime de soi se construit aussi – toujours ? – sur des rêves brisés.

Comment agir sans – trop – souffrir ? Pour remettre dans nos vies le mouvement de la vie même, il y a des craintes à repousser, des habitudes à bousculer, des règles à appliquer : ne plus avoir peur de l'échec, ne plus dépendre du succès, ne plus croire en la perfection...

Voici quelques-unes de ces règles, pour que l'action nous soit plus sereine.

CHAPITRE 33

Action et estime de soi : se bouger pour s'estimer

« En agissant, on se trompe parfois.
En ne faisant rien, on se trompe toujours. »

Romain ROLLAND

La souffrance psychologique prend parfois de drôles de formes. Une ou deux fois l'an, il m'arrive de recevoir en consultation de très grands enfants de 30 ou 40 ans, à l'estime de soi apparemment très élevée, souvent surdoués, comme l'attestent leurs évaluations de QI. Ils font souvent partie d'associations de personnes très intelligentes. Mais leur vie est un échec. Ils ne se sont jamais lancés à l'aventure, n'ont jamais quitté le nid familial douillet. Ils ne se sont jamais frottés à l'action. **Leur haute estime de soi n'est que virtuelle : ils ont de grandes possibilités dont ils n'ont rien fait**. L'accumulation de connaissances au gré des lectures, de ratissages de savoir sur Internet, parfois à la suite d'études qui n'ont jamais abouti à l'exercice d'un métier. Leur estime de soi en chambre souligne cette évidence : s'estimer n'a de sens que si cela sert à vivre. Et vivre, c'est agir, pas seulement penser…

L'action est l'oxygène de l'estime de soi

L'estime de soi et l'action entretiennent des liens étroits, dans trois dimensions principales :

• **La véritable estime de soi ne se révèle que dans l'action et la confrontation à la réalité :** elle ne peut se dessiner qu'au travers de la rencontre avec l'échec et le succès, l'approbation et le rejet… Sinon, ce n'est que du « déclaratif », comme disent les spécialistes des sondages d'opinion : nous ne sommes pas seulement ce que nous proclamons ou imaginons être ; nous ne faisons pas toujours ce que nous annonçons faire. La vérité de l'estime de soi se situe, aussi, sur le terrain de la vie quotidienne, et pas seulement sur les hauteurs de l'esprit.

• **L'action est facilitée par l'estime de soi** : un des symptômes des estimes de soi fragiles consiste justement dans des rapports compliqués avec l'action. Chez les personnes à basse estime de soi, on la redoute et on la repousse (c'est la procrastination), car on a peur de s'y révéler faible, d'y trahir nos limites. Ou bien, on la recherche comme moyen d'obtenir admiration et reconnaissance, mais on ne la supporte que victorieuse, *successful* comme disent les Américains.

• **Enfin, l'action nourrit, façonne, construit l'estime de soi**. Elle est, avec le lien social, l'une de ses deux grandes nourritures. Et tout le reste n'est qu'autosuggestion, pour le meilleur et pour le pire.

Un besoin fondamental : le sentiment d'efficacité personnelle perçue

Tout être humain a besoin de sentir et d'observer que ses actes ont une influence sur son environnement et sur lui-même. C'est un besoin tellement important à notre psychisme qu'il est, même en dehors de problèmes psychologiques, l'objet d'illusions positives et de petits comportements étonnants : par exemple, lorsque nous devons faire un cinq ou un six lors d'une partie de dés, nous avons inconsciemment tendance à jeter le dé plus fort ; et à le jeter plus doucement lorsque le cours de la partie nécessite que nous obtenions un petit chiffre, un ou un deux[1]. Cette dimension du sentiment de contrôle exerce une influence fondamentale sur le bien-être (chez les animaux et les humains) et sur l'estime de soi (chez les humains[2]).

Les différences sont importantes entre les personnes selon le niveau auquel se situe leur sentiment de contrôle : on considère en général que plus celui-ci est élevé (ou plus il est « interne », c'est-à-dire considéré comme dépendant de soi et non du hasard), plus cela comporte d'avantages, notamment en matière d'estime de soi. Les liens sont d'ailleurs si étroits entre ces deux dimensions de la personnalité que certains chercheurs se demandent si les deux concepts ne sont pas un peu la même chose[3].

Une dimension facile à mesurer et importante dans la vie quotidienne réside dans les capacités d'autocontrôle : c'est-à-dire l'aptitude à s'engager dans la poursuite d'un objectif sans en être immédiatement récompensé. C'est aussi ce qui permet de différer le besoin de récompenses. L'autocontrôle chez les enfants est par exemple évalué à partir de petites mises en situation simples du style : « Tu peux avoir un bonbon tout de suite, ou trois demain. Que préfères-tu ? » Les adultes aussi sont très largement concernés : l'autocontrôle est ainsi impliqué – et très utile – dans de nombreuses situations de la vie quotidienne, scolaires (réviser pour passer des examens), professionnelles (travailler à sa carrière), comportements de santé (faire un régime, arrêter de fumer…).

Exercer un contrôle sur des détails de sa vie quotidienne (loisirs, tâches ménagères) est favorable aux sentiments de bien-être et à l'estime de soi. Voilà pourquoi il est important, lorsque vous commencez à douter de vous, de ne pas renoncer à faire votre vaisselle, ou à ranger votre appartement ou votre bureau (dans un certain état d'esprit, en plus, nous le verrons…). Renoncer à ces petits gestes de contrôle sur son environnement est l'erreur que commettent, sous l'effet de leur maladie, les personnes dépressives : « À quoi bon, c'est dérisoire et inutile », et qui aggrave leur état : « Je ne suis même plus capable de m'occuper de choses aussi simples. » Même si l'influence de ces petits gestes est légère, cela représente tout de même une sorte de « petite monnaie de l'estime de soi ». Ou, pour les amateurs, une sorte de tisane de l'estime de soi : effet discret, mais réel, et caractère *bio* absolu…

Tout ce qui va miner notre rapport à l'action est donc potentiellement toxique. Or les problèmes d'estime de soi incitent souvent à des évitements et à des dérobades, nous l'avons vu.

Les évitements sapent l'estime de soi et ne nous apprennent rien, tandis que l'action enseigne l'humilité

Ne pas agir peut nous rendre orgueilleux. Paradoxal ? En réalité, la non-action entretient l'illusion que, si nous nous étions donné la peine, nous aurions peut-être connu le succès. Illusion dangereuse et mensongère. Elle explique certains discours étonnants de sujets à basse estime de soi, en échec social, mais vivant dans l'illusion de leurs grandes capacités… Si seulement la vie était moins dure, les gens moins injustes, alors ils seraient reconnus à leur juste valeur ! Ce type de raisonnement peut pousser à agir de moins en moins, et à augmenter l'écart entre croyance en son excellence et constat que notre quotidien n'est pas à la hauteur de notre valeur. Jusqu'au moment où cet écart est si grand qu'un lucide désespoir s'installe plus ou moins inconsciemment…

L'évitement n'apprend rien. Il ne nous renvoie qu'à nous-même, qu'à des choses que l'on sait déjà : que la vie est dure, que nous avons du mal, que cela aurait été dur d'échouer, que nous avons bien fait de ne pas y aller, que c'est tout de même dommage, etc. Seule la confrontation peut nous apprendre. Parfois, elle nous enseigne des choses douloureuses, mais elle nous instruit… L'évitement, lui, sape l'estime de soi, et au bout du compte, quelle que soit la qualité de nos réflexions sur nous-même, on ne se change que dans l'action. Bénéfices absolus de l'action sur la rumination. Dans je ne sais plus quel film, le scénariste Michel Audiard place cette réplique : « Un con qui marche va toujours plus loin qu'un intellectuel assis. » L'idéal serait sans doute d'être un intellectuel qui marche, mais la réplique serait moins drôle. « On n'a de hautes pensées qu'en marchant », disait, plus sérieusement, Nietzsche.

L'action et les leçons de l'action

Agir et tirer les leçons de l'action représente donc ce que l'on peut faire de mieux pour son estime de soi. D'où l'obsession que les thérapeutes ont de tirer leurs patients de leurs réflexions pour les faire descendre dans l'arène de la vie quotidienne. Attention : *l'action et les leçons de l'action* ! Car il existe en réalité **deux façons d'éviter :**

• **Ne pas agir**, ce qui est plutôt typique des basses estimes de soi, mais les dérobades peuvent aussi concerner les hautes estimes de soi fragiles. On ne peut ici tirer aucune leçon de l'action puisqu'il n'y a pas eu d'action. On ne réfléchit alors que sur « ce qui se serait passé si… ». Ce qui privilégie les certitudes négatives, et aboutit souvent aux réponses telles que : « Cela se serait sûrement mal passé, j'ai bien fait d'éviter. »

• Mais aussi **agir et ne pas tirer les enseignements de l'action**, ce qui est un comportement fréquent chez les sujets à haute estime d'eux-mêmes. Qu'il s'agisse des échecs : les défenses classiques consistent à ne pas s'en attribuer la responsabilité ou à en minimiser la portée. Ou des succès : ne pas voir la part de chance qu'ils ont comportée, ou ce qu'ils doivent aux autres. Devoir remercier pour une aide reçue, ou exprimer de la gratitude est alors perçu comme une diminution de son mérite personnel, ce qu'une haute estime de soi fragile ne peut supporter. Entendons-nous bien : il ne s'agit pas de s'empêcher de savourer les succès. Il est légitime d'en profiter émotionnellement, mais aussi d'en tirer ensuite les leçons : voir quelle est notre part et quelle est celle des autres ou de la chance ne devrait pas diminuer notre estime de soi, juste la rendre plus lucide, et donc plus solide.

Intelligence de l'action

Dans un de ses *Propos*, le philosophe Alain proposait de choisir le demi-dieu grec Hercule comme symbole de l'intrication des rapports entre réflexion et action[4] : « Je prends Hercule comme le meilleur modèle du penseur (…). Il faut penser les objets afin de faire quelque changement utile dans le monde (…). Si tu prends ta bêche, il faut bêcher la terre. Si tu prends ta pensée comme un outil, alors redresse-toi toi-même, pense bien. » Rudyard Kipling, dans son poème *If*, suggérait quant à lui de « penser sans n'être qu'un penseur »… De leur côté, les philosophes antiques rappelaient volontiers **la vanité des paroles et des enseignements qui ne seraient pas suivis d'une application immédiate et sincère dans la vie quotidienne**. La leçon vaudrait d'être rappelée à certains de nos contemporains. La philosophie antique n'était pas d'abord et uniquement spéculative, mais son but était d'améliorer le quotidien au travers d'une multitude d'actes et de réflexions pratiques[5].

Immobiles, nous restons dans notre monde personnel. En action, nous le modifions et surtout nous l'ouvrons… L'*overthinking* des Anglo-Saxons, se prendre la tête sur soi, ce n'est pas efficace. Mise à l'écart des leçons de l'action, l'estime de soi se crispe, se recroqueville, devient de plus en plus fragile. C'est au travers de ces allers-retours avec la vie que nous pouvons prétendre nous construire, nous développer, nous épanouir, nous connaître. Et non en restant dans la petite pièce de notre *moi*. Se dérober au réel nous fossilise. Aller à sa rencontre nous permet de grandir. C'est l'action qui ouvre au monde, au lieu de seulement muscler l'ego.

CHAPITRE 34

L'action, non la pression : les règles de l'action sereine

« Le bonheur est le résultat de l'action juste. »

André COMTE-SPONVILLE,

De l'autre côté du désespoir

L'action est une chance et une menace.

Chance de découvrir et de s'accomplir. Menace d'échouer et d'être jugé au travers de cet échec. La manière dont chacun de nous arbitre entre ces deux pôles en dit long sur l'estime de soi. Et la manière aussi dont l'action est précédée d'anticipations plus ou moins inquiètes, suivie de ruminations plus ou moins réalistes, raconte aussi beaucoup sur nous.

Comment agir sans souffrir ?

Agir est nécessaire, certes, mais pas dans n'importe quel état d'esprit et à n'importe quel prix. Le pire est clairement de faire des évitements un style de vie et un moyen de protéger son estime de soi. Mais il y a aussi du moins pire : car il existe beaucoup de manières de transformer l'action en douleur. Et beaucoup de moments où il nous est possible de le faire. Je ne parle ici que des actions significatives pour l'estime de soi : celles dont le résultat ou, pire, le déroulement tout entier seront exposés aux regards ou aux jugements d'autrui. Car les actions intimes, dont les conséquences ne concernent que nous, ne sont pas soumises aux mêmes intensités de pression émotionnelle.

Avant l'action : se tourmenter – c'est l'anxiété d'anticipation – au point de s'en rendre malade. Un des plus purs messages sur l'inanité et sur l'inefficacité de ces inquiétudes anticipées nous est donné dans la Bible, par les sombres lamentations de l'Ecclésiaste : « Si tu t'inquiètes du vent, tu ne sèmeras jamais/Si tu scrutes les nuages, tu n'auras pas de récolte… » Mais s'inquiéter n'empêche pas de réussir. Combien de personnes à hautes performances sociales (acteurs, dirigeants, musiciens professionnels) passent ainsi une vie entière à se montrer très performants, vus de l'extérieur, mais vivent leurs performances dans une souffrance incroyable et durable ; la souffrance vaut aussi pour leur entourage, conjoints et enfants, qui paieront eux aussi comptant le stress de la star performante qui doute et tremble, et fait régner à la maison une ambiance de grande tension… Seule l'importance de leurs gratifications en retour, que ce soit l'argent, le prestige ou la notoriété, permet à ces personnes de continuer. Elles seules savent l'écart entre leur personnage public et leur fragilité intime.

Pendant l'action : agir de manière inquiète, tendue, en étant tout entier obsédé par le risque d'échec. D'où surveillance inquiète des réactions et commentaires d'autrui, auxquels on devient très réactif et sensible. En général, à de tels niveaux d'inquiétude, on n'arrive pas à s'oublier dans l'action, on reste fixé sur soi, sa crainte, et sur les conséquences d'une erreur ou d'un ratage. Au pire, cela peut altérer la performance. Au mieux, la performance ne souffre pas, mais il est impossible à la personne d'arriver à prendre le moindre plaisir à l'action conduite.

Après l'action : certes il y a un net soulagement si le succès est au rendez-vous, mais il est hélas rapidement suivi (car lors des problèmes d'estime de soi, le succès ne guérit jamais de la peur de l'échec) des angoisses anticipées pour la prochaine performance. Étonnamment, ces angoisses sont parfois mêmes redoublées par le succès, particulièrement chez les personnes à basse estime de soi[1] : « Maintenant, on m'attend au tournant, je dois confirmer pour ne pas décevoir mes amis, et pour ne pas réjouir mes ennemis. » En cas d'échec, il y aura évidemment des ruminations douloureuses d'autant plus prolongées que l'estime de soi est basse. Avec une agressivité importante envers autrui, si l'on a une haute estime de soi fragile. Et un désir éperdu de consolation si l'on a une basse estime de soi.

Il est donc indispensable de réfléchir aux règles de l'action sereine.

Multiplier les actions pour banaliser la peur de l'action

L'action doit devenir comme une respiration de l'estime de soi. Comme une manière habituelle de vérifier ses angoisses et ses espoirs. De rajuster ses illusions positives, mais aussi d'en faire naître de nouvelles. Elle doit être une ascèse (du grec *askésis :* exercice, pratique) de l'estime de soi.

« Nous sommes ce que nous répétons chaque jour », écrivait Aristote[2]. Il faut donc répéter. Mais ce n'est pas évident pour les sujets à basse estime de soi : moins on agit, plus on redoute de le faire. L'action raréfiée, et le manque d'habitude qui en découle, nous fait grandir les obstacles, grandir les inconvénients des échecs, grandir la difficulté des contretemps possibles. Nous fait aussi idéaliser ce qu'est agir : à moins de le faire parfaitement, nous ne nous en donnons plus le droit. D'où la fréquence de la procrastination : tarder au démarrage des actions, repousser à plus tard, non par paresse mais par manque d'habitude, d'automatismes (et aussi, nous le verrons, par peur de l'échec).

C'est pourquoi, lors des thérapies, nous proposons souvent de « petits » exercices pour aider à se confronter à la vie. Nous savons qu'en parler et comprendre est nécessaire, mais pas suffisant. Il faut aussi agir et multiplier, banaliser les actions. On fait alors répéter de petites démarches aux patients qui souffrent de cette intimidation face à l'action : téléphoner dix fois à dix commerçants différents pour demander une information, demander son chemin ou l'heure à dix passants dans la rue… Au dixième, le plus souvent, les patients ont compris ce que nous recherchions à leur faire ressentir : **la multiplication des actes rend ceux-ci plus légers, plus faciles, plus évidents.**

J'ai souvent travaillé de cette manière avec des personnes au chômage qui n'osaient plus envoyer de CV ou décrocher leur téléphone. Ce n'était bien sûr qu'une partie de leur problème : mais une partie capitale, car placée au tout début de la chaîne des mille gestes à accomplir pour se remettre en selle ; et placée aussi au cœur de leur quotidien.

Il ne s'agit pas ici de dépassement « héroïque » de soi, de « performance sociale », mais tout simplement de reprendre contact avec la vie, de réfléchir aux vraies et aux pseudo-difficultés. Nous nous empêchons souvent nous-même.

En matière d'estime de soi, le slogan « **Penser global, agir local** » est parfaitement adapté : il faut transformer nos réflexions globales en actions locales. Car, après des années de dérobades liées aux problèmes d'estime de soi, notre cerveau est souvent devenu complètement résistant aux bonnes paroles et aux bonnes résolutions ! Seuls ces petits exercices apparemment anodins pourront le prendre à contre-pied, l'éveiller au changement.

Les grands effets des petites décisions

Notre époque est parfois si prétentieuse… Prenez l'exemple des résolutions de nouvel an. On aime bien s'en moquer, même si beaucoup de personnes s'y adonnent : « L'année prochaine, je vais essayer de… » Mais qui a songé à vérifier si elles étaient suivies d'effet ? Une équipe de psychologues l'a fait[3]… En début d'année, parmi une population d'environ trois cents personnes exprimant le souhait d'un changement dans leur vie quotidienne, dont la moitié avait pris de « bonnes résolutions » pour l'année suivante et l'autre non, on évaluait tout simplement par un suivi téléphonique six mois plus tard si les changements souhaités s'étaient produits. Ces derniers concernaient le plus souvent trois domaines : perdre du poids, faire plus de sport ou arrêter de fumer. Les résultats étaient très parlants : 46 % de ceux qui avaient pris des résolutions pour la nouvelle année avaient atteint et maintenu leurs objectifs, contre 4 % de ceux qui ne l'avaient pas fait. **De tout petits engagements ne sont donc pas si absurdes qu'on le croit**. Ils ne sont pas une garantie (il y avait tout de même 54 % des « résolus » qui n'avaient pas atteint leurs objectifs) mais ils représentent une aide plus importante qu'on ne l'imagine habituellement. Il en va souvent ainsi dans la vie quotidienne : nous cherchons fréquemment la solution à nos problèmes au travers de démarches longues et complexes, là où – parfois, mais pas toujours – nous devrions d'abord essayer des approches simples. Les essayer et surtout les pratiquer durablement.

Autre donnée bien connue en psychologie du changement comportemental : le principe de Premack[4]. On désigne aussi par l'appellation « loi de grand-maman » cette bonne vieille recette qui consiste à dire : « Les enfants, vous pourrez aller jouer lorsque vous aurez fini de ranger votre chambre. » S'appliquer à soi-même ce principe représente une aide appréciable. À ce propos, il est préférable que la décision de sa mise en œuvre vienne de nous plutôt que de l'extérieur : l'autocontrôle donne toujours de meilleurs résultats que le contrôle externe. Inutile de le vivre comme une contrainte ou une punition, il est tout à fait possible de le mettre en œuvre de manière sereine. Il procède d'un constat d'humilité : nous sommes des êtres très sensibles à la dispersion et à la distraction ; ce qui diminue nos capacités d'autocontrôle. S'appliquer le principe de Premack est utile dans tous les environnements qui vont nous pousser à nous détourner de tâches difficiles au profit de sollicitations immédiates. Lorsque j'ai écrit ce livre, et bien que j'apprécie au plus haut point l'activité d'écriture, j'ai souvent dû me l'appliquer pour faire face à la tentation de passer un coup de téléphone, de regarder si j'avais reçu un mail, de me lever pour aller faire un tour… toutes « tentations » qui me prenaient à la moindre difficulté d'écriture. Je me disais alors : « Tu passeras ce coup de fil à ton ami lorsque tu auras fini le chapitre »… On ne peut régir toute son existence ainsi, mais seulement certains passages. Ce qui n'est pas si mal. Il est étrange de réaliser que des stratégies simplissimes fonctionnent ainsi sur nous. **C'est presque vexant : nous aimons tant nous voir comme des personnes subtiles et supérieures. Mais nous sommes aussi des êtres simples. Et des règles simples peuvent nous aider.**

Finalement, il semble bien que les deux niveaux du simple et du complexe nous soient également nécessaires. Que nous ayons besoin à la fois de nous poser des objectifs élevés et généraux, mais que, dans le même temps, nous puissions aussi définir des attitudes concrètes et basiques qui en faciliteront la mise en œuvre[5].

L'action flexible : savoir s'engager ET savoir s'arrêter

Un autre des problèmes avec l'action des personnes dont l'estime de soi est défaillante est celui de la flexibilité : autant il est important de savoir s'engager dans l'action, autant il est également important de pouvoir s'en dégager en fonction des informations obtenues au fur et à mesure… Or, **si les sujets à basse estime de soi sont lents au démarrage, ils peuvent parfois s'avérer lents au freinage**… C'est ce qu'on nomme la « persévérance névrotique », dont la devise pourrait être : « Maintenant que j'ai commencé, je dois finir et y arriver à tout prix. » Cette persévérance est largement alimentée par de nombreux proverbes et maximes, dont la plus toxique à ma connaissance est celle-ci, nord-américaine : *Quitters never win and winners never quit.* « Ceux qui abandonnent ne gagnent jamais, et ceux qui gagnent n'abandonnent jamais » : très beau, parfois vrai, et souvent faux.

Qu'est-ce que la **flexibilité mentale** ? La capacité à renoncer au bout d'un moment, lorsqu'on réalise que l'atteinte de l'objectif va être trop coûteuse, en temps, en énergie, en rapport qualité-prix. Pour être à l'aise avec l'action, il s'agit de savoir parfois renoncer à l'action, et s'en désengager. Cela nécessite lucidité et estime de soi : il faut s'estimer assez pour ne pas se sentir dévalorisé par l'arrêt, le changement d'avis, etc. Les problèmes d'estime de soi sont d'ailleurs pain bénit pour les manipulateurs, notamment grâce à ce mécanisme : une fois la personne engagée, même si elle sent qu'elle est en train de faire une bêtise, elle n'ose pas revenir en arrière pour préserver son image sociale au yeux d'autrui.

Dans de nombreuses études portant sur ce phénomène, on propose à des volontaires des séries de tâches impossibles à réaliser (problèmes de logique et de mathématiques) et on observe combien de temps ils persévèrent avant de jeter l'éponge. Ou de passer à l'épreuve suivante. Tous les travaux disponibles[6] montrent qu'une bonne estime de soi augmente la flexibilité par rapport à l'atteinte d'objectifs : on insiste un peu face à la difficulté, puis on passe au problème suivant. À l'inverse, les difficultés d'estime de soi incitent à renoncer très vite, ou bien à ne *jamais* renoncer, et à passer alors tout le temps de l'épreuve à buter sur le premier problème, insoluble.

Difficile en elle-même, **cette capacité à renoncer et à se désengager est encore plus difficile quand elle concerne des engagements pris devant autrui** : là encore, tous les travaux sur la manipulation montrent qu'il s'agit d'un piège efficace pour faire agir les gens contre leurs intérêts[7]. Il faut connaître cette tendance et se donner des droits tels que :

- le droit de se tromper,
- le droit de s'arrêter,
- le droit de changer d'avis,
- le droit de décevoir,
- le droit d'arriver à un résultat imparfait.

Faute de quoi, nous serons des victimes éventuelles de toutes les possibilités de manipulation, et aussi les victimes de nous-même et de notre entêtement (« ne jamais revenir sur sa parole ou sa décision »). Les stéréotypes sociaux survalorisent le fait de ne jamais changer d'avis. Prenons-y garde.

Il est important aussi d'admettre qu'il y a des problèmes que l'on ne pourra régler parfaitement, des solutions que l'on ne pourra établir que bancales : le perfectionnisme rigide, nous allons le voir, est lui aussi un ennemi de l'estime de soi.

Le leurre du perfectionnisme : se protéger par l'excellence, cela ne marche pas…

Paul Valéry avait coutume de dire : « La perfection est une défense »…

Je me souviens d'un patient, brillant chercheur, qui préparait par cœur, jusqu'au moindre des détails, ses cours, communications en congrès, conférences… Lorsqu'il est venu me consulter, il était épuisé, après vingt ans de ce régime au plus haut niveau de la recherche scientifique française, et il avait présenté deux épisodes dépressifs assez sévères. Doté d'une estime de soi très vulnérable, il avait choisi une manière de se rassurer matériellement efficace, mais émotionnellement usante : « Pendant des années, je me suis réfugié dans l'excellence pour vaincre mes angoisses. J'essaie toujours de me *suradapter* pour être sûr que l'on va accepter ma personne ou mes propos. Je peux témoigner que cela ne marche pas. »

N'agir que si l'on est sûr de réussir ? Tout maîtriser pour ne rien risquer ? La solution peut être adaptée à un certain nombre de situations ponctuelles, où il faut effectivement atteindre l'excellence. Mais le recours à la perfection est l'objet d'un usage abusif de la part des sujets à l'estime de soi vulnérable. Le perfectionnisme peut être adaptatif, s'il est limité à l'atteinte d'objectifs précis, à des moments précis. Il devient contre-productif s'il est une façon de se rassurer par rapport à la peur de l'échec ou de l'imperfection. La fréquence de ce type de perfectionnisme « névrotique » est très élevée chez les sujets ayant des problèmes d'estime de soi[8]. Le recours à ce perfectionnisme et à l'hypercontrôle est une relative impasse, et en tout cas offre un mauvais compromis confort-performance. Attention alors au cycle « pression-dépression » : **l'action, pas la pression !**

Là encore, il ne suffit pas de comprendre, il faut aussi pratiquer. D'où la mise au point en thérapie comportementale de nombreux exercices de « lâcher-prise » : on recommande de commencer d'abord petit et hors du champ de ce qui serait une menace trop directe et trop violente sur l'estime de soi. Par exemple, on commence dans le champ des loisirs, en demandant au patient d'arriver *volontairement* en retard au cinéma, ou de n'accomplir une tâche domestique qu'à moitié. Toutes choses désagréables mais vivables. L'idée de ces exercices est d'observer ce qui se passe vraiment alors : le patient peut vérifier par lui-même qu'il ne se passe alors rien de bien grave. Et que sa pression continuelle pour que les choses soient parfaites est l'expression de croyances inadaptées (« si je fais pas comme cela, ça ira mal ») plus que d'une quelconque réalité. On ne passe qu'ensuite à des situations qui mettent un peu plus directement en jeu l'estime de soi, c'est-à-dire qui ont lieu sous le regard social : inviter des amis sans préparer le repas (et donc décongeler quelque chose ou faire un grand plat de pâtes), ou les recevoir alors que l'appartement est en désordre complet… L'amitié que l'on vous porte devrait survivre à cela. Et savoir lâcher prise à propos de détails semblables devrait aussi vous permettre de mieux profiter de vos amis.

Face à la complexité du monde, que vaut-il mieux faire : tenter d'augmenter désespérément notre contrôle et notre performance ou augmenter l'estime de soi ? En s'attachant à la cultiver à l'écart de tous ces leurres : performances, reconnaissances… Lâcher prise sans renoncer à l'essentiel.

Faire simple

Le doute sur soi nous met parfois dans de beaux draps.

J'ai souvent vu mes patients en souffrance d'estime de soi se lancer dans des entreprises très compliquées au lieu de faire simple : alors qu'ils avaient juste un petit discours amical de bienvenue à faire en public, ils se lancent dans une diatribe ésotérique, pleine de sous-entendus et d'allusions, simplement parce qu'il y a dans l'assistance un ancien polytechnicien. Placés à table à côté de ce même polytechnicien, ils pensent qu'il faut élever le débat et tentent en permanence d'aborder les grands sujets de politique internationale, lus attentivement le matin même dans leur quotidien. Alors que leur discours aurait gagné à être simple et chaleureux, tourné vers tous et non vers un seul. Et leur conversation aurait été plus légère et plus plaisante, si elle avait suivi le fil de la spontanéité.

Essayons de ne pas voir les actes et les attitudes simples comme l'expression de la simplicité d'esprit, mais comme celle de sa clarté. Oser faire simple est paradoxalement l'apanage des personnes à bonne estime de soi, qui n'ont pas besoin de se retrancher derrière le complexe pour cacher leurs lacunes. Elles ne cherchent pas à se faire remarquer, mais à tenir leur place, à jouer leur rôle, au sein de la symphonie relationnelle prévue. Voici une anecdote, qui a eu lieu lors d'un de nos récents groupes de thérapie à Sainte-Anne : nous accomplissions des exercices pour lutter contre le sentiment de honte excessive. La consigne est alors de s'exposer, sous le regard du groupe (dont on sait, tout de même, qu'il est composé de personnes bienveillantes), à faire quelque chose de légèrement ridicule : ce jour-là, il s'agissait de chanter une chanson de son choix, *a capella*. Comme tout le monde tremble un peu, je me lance en premier, et comme je chante plutôt faux, les visages se détendent un peu : « Voilà, je suis un peu gêné, mais toujours vivant. À qui le tour ? » Les premiers se lancent alors, en chantant *Frère Jacques*, ou *La Marseillaise*. Au début, ils s'interrompent, confus, horrifiés, en disant : « C'est ridicule, je chante tellement mal… » Mais nous leur demandons de persévérer : le but de l'exercice n'est pas de bien chanter, mais de chanter, tout simplement. Pour apprendre à continuer d'agir, malgré l'impression d'être ridicule. Pour apprendre à ne plus obéir à cette maudite sensation de honte qui se déclenche à tout propos, de manière excessive, ne plus s'affoler à cause de ces fausses alarmes, et continuer ce que l'on était en train de faire… C'est maintenant le tour de Lise, une jeune patiente du groupe, aussi gravement complexée qu'elle est intelligente. Lise ne sait jamais faire simple : elle choisit toujours des mots raffinés, ne parle que si elle a quelque chose de nouveau ou d'intelligent à dire, ne questionne que si elle est sûre que sa question est une vraie question, etc. Là, je sens qu'elle va nous faire un truc bizarre. Et voilà : au lieu de chanter une comptine d'enfant, pour se concentrer simplement sur la bagarre contre la honte, et laisser les automatismes de sa mémoire chanter pour elle pendant qu'elle s'occupe de ses émotions, Lise tente d'interpréter *L'Opportuniste*, de Jacques Dutronc. Pas facile du tout à chanter : mélodie virevoltante, trémolos de voix… Évidemment, elle a du mal (comme les autres), bien qu'elle chante plutôt juste. Évidemment, après quelques phrases, elle s'effondre : « Vous voyez, je suis trop nulle… » Tout le monde la console. Et quelques-uns commencent à lui dire : « Tout de même, tu es allée te mettre dans un sacré pétrin, c'était dur de chanter ça. » Lise explique alors qu'elle n'a pas osé choisir *Frère Jacques* ou une chanson simple, pour ne pas avoir l'air sotte… « Mais nous aussi, nous avons eu l'air sots ! — Oui, mais vous, ce n'est pas pareil, vous avez l'air moins sots que moi, dans ces cas-là… » Nous avons beaucoup travaillé, jusqu'à la fin du groupe, à aider Lise à faire simple, sans s'en sentir pour autant dévalorisée, mais allégée. Et elle a fait de beaux progrès.

L'action comme but en soi ?

Dans son essai sur *Le Mythe de Sisyphe*, Albert Camus s'intéresse à l'état d'esprit de ce dernier, condamné par les dieux à rouler éternellement un rocher jusqu'en haut d'une montagne, et à le voir éternellement dégringoler vers le bas juste au moment d'atteindre le sommet. Camus cherche à comprendre comment Sisyphe peut ne pas sombrer dans le désespoir[9] : « Sisyphe enseigne la fidélité supérieure qui nie les dieux et soulève les rochers (…). Cet univers sans maître ne lui paraît ni stérile ni futile (…). La lutte elle-même vers les sommets suffit à remplir un cœur d'homme. Il faut imaginer Sisyphe heureux. »

Sans aller jusqu'à rechercher la souffrance de Sisyphe, ni à prendre la pose dans une mise en scène grandiloquente de notre quotidien, attachons-nous, tout simplement, à faire notre boulot d'êtres humains… **Il ne faut pas seulement agir pour réussir, ou obtenir un résultat. Il faut aussi agir**

pour l'action elle-même. D'une certaine façon, l'être humain est né pour agir, et il existe un lien indissociable entre son bien-être et l'action quotidienne : toutes les études montrent qu'agir améliore l'humeur, mais aussi qu'améliorer l'humeur, même de façon très discrète, et inconsciente à la personne, facilite l'action[10]. L'action contente… Nous reparlerons de tout cela en fin d'ouvrage. Cette façon de penser est largement utilisée dans les approches méditatives de type *mindfulness* (pleine conscience) et se résume en une formule : **dans tous mes actes, être présent à ce que je fais.** M'absorber dans l'action, et prendre régulièrement l'habitude de ne pas juger ce que je fais, si c'est réussi ou non. Juste le faire. Ou ne pas le faire. Mais en toute conscience et en toute acceptation. Un de mes jeunes patients m'avait un jour résumé cela dans la maxime : « Pour bien faire, il faut parfois savoir ne rien faire. »

CHAPITRE 35

Écouter le feed-back

« Il m'est parfaitement inutile de savoir ce que je ne puis modifier. »

Paul VALÉRY

Qu'est-ce que le feed-back ?

Littéralement « nourriture en retour », le feed-back est un terme utilisé en psychologie pour désigner les informations sur nous-même que nous obtenons de notre environnement. Il est effectivement une véritable nourriture en ce sens qu'il enrichit et guide notre action. **Le feed-back permet d'ajuster peu à peu sa manière de penser et d'agir en fonction de ses informations**. Il est capital en psychologie, mais aussi dans d'autres domaines, car tout phénomène complexe dans un environnement complexe ne peut atteindre son but que par le feed-back : d'où son importance dans les corrections de trajectoire des vaisseaux spatiaux comme dans les existences humaines.

Les obstacles à la bonne utilisation du feed-back

« Ses expériences ne lui servent pas : il n'en tire aucun enseignement, et surtout il n'écoute rien de ce qu'on lui dit. » De telles paroles peuvent concerner aussi bien les sujets à basse estime de soi (surtout avec les succès ou signes de reconnaissance) que les sujets à haute estime de soi (avec les échecs).

Les problèmes d'estime de soi peuvent en effet rendre aveugle et sourd au feed-back, avec ce paradoxe que plus on cherche à protéger ou à développer son estime de soi, moins on tolère le feed-back sur nos actes ou sur notre personne[1]. Les mécanismes qui perturbent la bonne utilisation du feed-back sont par exemple :

• **La recherche impérieuse de réassurance ou de flatterie, qui pousse à l'évitement des informations déplaisantes.** On les fuira, ou on les dissuadera : chez ceux qui ont un pouvoir social, cela revient à punir les personnes qui oseront la critique, ou simplement la sincérité. C'est la vieille technique des temps anciens, où l'on exécutait les porteurs de mauvaises nouvelles…

• **La tentation permanente de supposer que tout feed-back est inexact.** Nous avons déjà évoqué ce péché d'orgueil qui consiste à penser et à se dire : « Je me connais mieux que les autres ne me connaissent », ou bien : « Ils n'ont pas toutes les données du problème. » Ou encore, comme me l'affirmait sans sourciller un patient arrivé pourtant à de hautes responsabilités : « Quoi qu'on me dise, je sais que je suis potentiellement mauvais. Et que j'ai raison de ne pas me faire confiance. » Cette certitude de l'autognose (connaissance de soi) est illusoire et dangereuse : la connaissance d'elles-mêmes qu'ont les personnes ayant des problèmes d'estime de soi est toujours partielle, car trop contaminée par le désir de ne voir que ce qui les arrange (le positif pour les hautes estimes de soi et le négatif pour les basses estimes de soi).

• Dans la même lignée, **la conviction que tout feed-back ne peut être que douteux**, qu'il soit positif (« ils disent cela pour m'épargner ») ou négatif (« tous des jaloux, des aigris, des frustrés… »), et doit prioritairement s'expliquer non pas par la réalité de ce que nous avons fait ou montré, mais par les problèmes ou motivations personnels de ceux et celles qui nous l'adressent. Car il est finalement plus confortable de remettre autrui en question que d'y procéder soi-même.

Dans des cas extrêmes, comme celui de la maladie dépressive, dans laquelle l'estime de soi est gravement effondrée, on observe des attitudes plus perturbées encore envers le feed-back : de manière spontanée, les patients déprimés préfèrent, comme tout le monde, recevoir des messages positifs plutôt que des messages négatifs. Mais si des proches leur font des critiques, alors se met en marche une étrange mécanique, qui les pousse à ne plus rechercher de la part de ces personnes que de nouvelles informations à tonalité négative[2]. Les explications à cette quête du négatif, une fois qu'elle a été amorcée, ne sont pas claires. Mais quoi qu'il en soit, attention au mauvais usage du feed-back pour s'enfoncer, lorsqu'on est malheureux ou déprimé.

Consolation ou information ? Ce que nous préférons entendre…

Il existe plusieurs familles d'information contenues dans les messages de feed-back.

Celui-ci peut par exemple être plus ou moins positif ou négatif, mais aussi plus ou moins spécifique : il concernera alors notre personne globale (« tu as été très bien », « tu n'as pas été très bon ») ou bien des dimensions précises de notre comportement (« tu as bien répondu aux questions », « tu ne regardais pas assez les gens dans les yeux »). On considère que plus le feed-back est global, plus il a un impact émotionnel important ; inversement, un feed-back plus précis est plus facile à intégrer et à utiliser car plus « digeste » émotionnellement. Moralité, lorsque vous avez à commenter les performances d'un ami : plus celles-ci ont été médiocres, plus vous avez intérêt à être précis et ciblé dans vos critiques.

Tout dépend aussi de ce que l'on recherche prioritairement : **le feed-back positif est souvent agréable, mais le feed-back négatif est toujours utile**. Après une performance stressante, nous préférons d'abord avoir du positif sur ce qui était positif, et seulement ensuite entendre le négatif. Intuitivement, nous sentons bien la nécessité du feed-back négatif : lorsqu'on fait des études sur les critères de choix de partenaires de passage ou durables, on montre que l'on a tendance à choisir des partenaires qui nous voient très positivement pour du passager et à préférer une vision modulée pour du durable…

Les recherches[3] montrent aussi que les sujets à bonne estime de soi tendent à chercher un feed-back informatif (« comment j'étais ? ») plutôt qu'un feed-back positif

(« c'était bien ? »). Ils recherchent plutôt une évaluation (pour pouvoir progresser) alors que les sujets à mauvaise estime de soi recherchent une approbation (« on t'aime quand même[4] »).

Les réactions au feed-back varient également selon les profils d'estime de soi. Après une situation menaçante pour leur ego, les sujets à bonne estime de soi se montrent moins aimables, se concentrant sur leur souci, tandis que les sujets à médiocre estime de soi redoublent de gentillesse, cherchant à ne pas perdre l'affection des autres alors qu'ils sont déjà en échec[5]. De manière générale, les travaux existants permettent de montrer que le feed-back des autres est un bon régulateur des excès éventuels dans la tendance à se valoriser et à boursoufler son estime de soi[6]. C'est sans doute une des fonctions primitives du feed-back dans les groupes sociaux : réguler les comportements excessifs, mettant en danger les équilibres relationnels naturels.

Notons enfin tout l'intérêt qu'il peut y avoir à recevoir du feed-back de la part de gens que nous connaissons peu, puisqu'il semble que le meilleur feed-back (le plus précis, le plus sincère) nous soit souvent donné par des personnes qui ne sont pas trop proches de nous[7].

Comment tirer le meilleur usage du feed-back dans la vie quotidienne ?

C'est simple : en le considérant comme une chance et non comme une menace ! Même et surtout, lorsqu'il est désagréable à entendre… Voici les quatre grandes règles pour un usage optimal du feed-back au quotidien :

• **L'écouter** : en général, nous l'interrompons trop vite, pour le corriger, car comme il touche un sujet très sensible (nous !), nous avons du mal à prêter une écoute sereine et attentive. Lorsqu'on observe des échanges spontanés autour du feed-back sur une performance, il est fréquent de voir que celui qui le reçoit l'interrompt presque toujours avant la fin pour se justifier, ou se défendre, ou manifester son désaccord. Le feed-back positif peut aussi nous mettre mal à l'aise par sa valeur affective : comme on ressent de la gêne avec les compliments, on tente d'écourter ou de minimiser (du moins pour les personnes à basse estime de soi).

• **Le solliciter aussi souvent que possible**. Parfois, il existe une gêne à le faire : « Je ne veux pas donner l'impression de trop m'intéresser à moi. » Mais c'est un gaspillage d'informations regrettable : il faut s'efforcer, après toute situation qui représente un enjeu pour notre estime de soi, d'aller trouver quelques personnes de confiance qui ont assisté aux moments importants, et de leur poser la question : « Je ne sais pas si je m'en suis bien ou mal sorti(e), ce n'est pas facile d'avoir du recul. Comme je veux progresser, votre avis m'intéresse : pouvez-vous me dire ce qui selon vous allait bien, et ce que je devrai améliorer ? »

• **Ne pas le rejeter, même s'il nous paraît inadapté. Il est rare qu'un feed-back soit à 100 % erroné ou inutilisable. Il contient (presque) toujours quelque chose de vrai**. De plus il nous informe au moins sur la manière dont on nous voit, même si cette dernière nous hérisse ou nous attriste. En effet, les travaux conduits à ce propos montrent que, moins une personne vous connaît, plus elle a tendance à tirer des conclusions de ce que vous êtes à partir de l'observation de vos actes. Et c'est l'inverse chez les personnes qui nous connaissent bien, qui tempèrent l'observation de ce que nous faisons par leur connaissance de notre personnalité globale[8]. Ces informations venant de personnes qui nous connaissent peu sont précieuses, ne serait-ce que parce qu'elles nous donnent l'occasion de rectifier éventuellement notre image.

C'est pourquoi, lors de nos thérapies de groupes d'affirmation de soi, où nous travaillons beaucoup sur la réception des critiques (que l'on peut nommer « feed-back négatif »), nous encourageons nos patients à toujours remercier leurs critiqueurs, non pas forcément de ce qu'ils ont dit, mais d'avoir pris la peine de nous le dire.

• **Ne jamais punir quelqu'un de nous avoir donné son avis sur nous**. En boudant ensuite, en nous énervant, en nous effondrant en larmes (mais cela, c'est plus difficile à contrôler). Nous trouver privé des messages si précieux du feed-back à cause de notre susceptibilité ou de notre fragilité serait une grande perte. On peut par contre demander plus de précision, s'il est imprécis, ou plus de douceur, s'il est musclé.

Faut-il donner du feed-back aux autres ? S'ils le sollicitent, oui. Sinon, prudence. Première règle : commencer par ce qui allait bien dans la prestation (**on sous-estime toujours la vulnérabilité émotionnelle au feed-back des personnes qui viennent d'agir**), avant d'aborder ce qui était moins bien. Seconde règle : si possible présenter ce dernier point comme étant « à améliorer » plutôt qu'à supprimer…

Une dernière remarque sur la question de la sincérité : dans nos groupes de thérapie, les patients préfèrent toujours le feed-back sincère. Nous avons eu un jour en thérapie comme patient un jeune beur de banlieue (ce qui est rare, car ils ne viennent pas souvent en thérapie, qu'ils perçoivent comme « un truc de nanas »), gentil, mais un peu incontrôlable dans ses propos. Très franc, il disait toujours ce qu'il pensait à propos des performances des autres. Au début, mes cothérapeutes et moi-même étions assez ennuyés, et un peu inquiets, car nous avions peur pour les autres patients, tout de même fragiles. Mais peu à peu, nous nous aperçûmes que, dès que les autres patients du groupe dont il faisait partie avaient besoin de feed-back, ils se tournaient plutôt vers lui que vers nous ! Ils lui faisaient confiance. Et ils avaient compris que ses informations étaient fiables, et de grande utilité pour leurs efforts de changement. Alors que le feed-back « trop gentil », par souci de ne pas les faire souffrir, les aidait finalement moins, même s'il leur permettait de quitter la séance en meilleur état émotionnel. Certes, cette situation était particulière : d'une part, ce jeune patient était par ailleurs très gentil (et pas seulement critique) et, d'autre part, les patients savaient qu'ils étaient là pour ça, recevoir du feed-back. Et ce feed-back était attendu, commenté et utilisé, pour être transformé ensuite en conseils pratiques et concrets de changement. Mais la leçon fut bonne : depuis, nous encourageons clairement tous nos patients à délivrer – et à accepter – un feed-back aussi sincère que possible.

Le feed-back, c'est la vie !

Tous les processus biologiques qui règlent la marche de notre corps sont basés sur le feed-back : mécanismes de régulation de la vie hormonale ou de la pression sanguine, de l'immunité, fonctionnement de nos différentes zones cérébrales…

Comment pourrait-il en être autrement pour l'estime de soi ? Ce jugement que nous portons en permanence sur nous-mêmes ne peut se nourrir que de notre subjectivité : le risque d'erreur serait trop grand ; et c'est d'ailleurs ce qui se passe lorsqu'on se prive du feed-back : on s'enferme en soi-même, dans l'illusion de l'autosuffisance de notre regard et de nos intuitions. Le résultat ne se fait pas attendre alors : l'estime de soi part artificiellement en vrille, vers le bas ou vers le haut. Sans retour d'information de la part de son entourage, on s'illusionne de grandeur ou on se convainc de sa petitesse, aveuglément, donc faussement, de manière disproportionnée par rapport à nos qualités et à nos compétences réelles. Le feed-back est toujours une aubaine en matière d'information et de changement personnel : ne la laissons pas passer.

Je suis sincère lorsque je chante ainsi les éloges du feed-back. À mes yeux, il est véritablement un des outils les plus puissants qui soient pour nous aider à progresser et à grandir. Il n'a pour moi qu'un seul défaut, qui ne lui est d'ailleurs pas inhérent et tient plutôt à nous : son nom barbare et exotique. Qui inventera enfin un terme français parlant et élégant ?

Feed-back et liberté

« Écouter le feed-back, dites-vous ? Mais vous nous expliquez aussi, un peu plus haut dans ce livre, qu'il ne faut pas porter une attention excessive au regard et au jugement d'autrui. N'est-ce pas contradictoire ? », pourrait remarquer le lecteur attentif. « Pas du tout », répondrait alors l'auteur qui, en bon psychiatre, n'est pas du tout gêné par ce qui peut apparaître contradictoire. La vie psychique est toujours faite de contradictions apparentes…

Le feed-back consiste à écouter lucidement et consciemment ce que l'on dit et pense de nous. Il se différencie en cela clairement de toutes les influences sociales plus ou moins inconscientes, qui nous dictent certaines de nos peurs (ne pas déplaire) et certaines de nos conduites (être et faire comme tout le monde). Faire un bon usage du feed-back, c'est ne plus avoir peur de déplaire, mais en sachant écouter et comprendre pourquoi nous déplaisons. C'est oser être différent, en sachant écouter et comprendre ce que cette différence inspire aux autres. **Être ouvert au feed-back, c'est écouter, et non obéir. C'est faire le tri, et non tout avaler sans regarder.**

Mais c'est aussi être prêt à se réjouir et à se servir intelligemment de ces informations que l'on nous offre (ou que nous sollicitons parfois), à nous les approprier, à les faire nôtres. Ce nécessaire mouvement est lumineusement décrit dans un des plus anciens éloges du feed-back que je connaisse, rédigé par Montaigne dans ses *Essais* : « Nous prenons en garde les opinions et le savoir d'autrui et puis c'est tout. Il faut les faire nôtres. Nous ressemblons à celui qui, ayant besoin de feu, en irait quérir chez son voisin et, y en ayant trouvé un beau et grand, s'arrêterait là à se chauffer, sans plus se souvenir d'en rapporter chez soi. Que nous sert-il d'avoir la panse pleine de viande si elle ne se digère, si elle ne se transforme en nous, si elle ne nous augmente et fortifie ? »

Alors, bon appétit (de feed-back) et bonne digestion !

CHAPITRE 36

Peut-on se débarrasser de la peur de l'échec ?

« Une seule chose importe : apprendre à être perdant. »

Emil Michel CIORAN

« J'ai l'impression de mal faire chaque fois que je *fais*… Comme un doute qui ne me lâche jamais. Quand ce sont des actes qui ne concernent que moi, je peux me résigner. Mais lorsque d'autres sont impliqués, c'est plus pénible. Dans mon travail d'ingénieur, par exemple. J'ai souvent la tentation de démissionner de mon boulot, de devenir éboueur ou facteur, un truc simple où je serais à la hauteur, ou en tout cas où je me *sentirais* à la hauteur. Pourtant, c'est le métier que je voulais faire, il m'intéresse, il est bien payé, j'y suis bien traité, ce n'est pas ça le problème. Le problème, c'est que je n'en peux plus de me demander si je vais y arriver, si je ne vais pas décevoir, si je suis compétent, si tout ne va pas s'écrouler. C'est devenu pour moi une pression insoutenable. »

J'ai souvent rencontré des patients qui me racontaient ces tentations de tout abandonner avant qu'il soit trop tard, avant que tout s'effondre, révélant les faiblesses (supposées) qu'ils cherchaient à tout prix à dissimuler. Usés par le stress et le sentiment d'imposture, et de danger d'être tout à coup « démasqués » et mis à nu, ils étaient tentés par la fuite vers le « bas » ou vers ce qu'ils percevaient comme une position de vie qui leur offrirait le « moins de stress possible ». Ils vivaient tous dans une peur permanente et obsédante de l'échec. Qui les poussait à redouter presque toutes les formes d'action les exposant au jugement.

Une jeune femme m'avait un jour raconté l'histoire suivante : « J'avais 7 ans, et la maîtresse m'avait donné un petit exercice de maths à résoudre à l'oral, mais avait mal entendu ma réponse. C'était une peau de vache, elle s'est alors moquée de moi devant la classe, puis m'a mise à l'écart en me disant : “Fais marcher ton cerveau et trouve la bonne réponse”, pendant que les autres et elle sortaient en récréation. J'ai complètement perdu les pédales, cherchant, avec l'énergie du désespoir, d'autres réponses, totalement illogiques et absurdes, et n'en trouvant pas, puisque la bonne réponse, je l'avais déjà donnée. Je suis entrée pendant un quart d'heure dans un monde de déraison, moi qui étais ultra-logique. Je me sentais coincée, impuissante, paniquée, seule face au monde entier : ce qui était pour moi une bonne réponse ne l'était pour personne d'autre. Je doutais de moi, de ma raison, de ma place au milieu des autres. J'ai eu souvent, devenue étudiante puis adulte, des moments d'affolement complet, comme ça, devant des échecs, des incompréhensions, des imprévus, qui me faisaient toucher à la panique existentielle, avec l'impression brutale que le ciel me tombait sur la tête, que je perdais le sens des réalités. Cela me fait peur, de voir que chez moi, une banale difficulté peut mettre à feu une sorte d'énorme fusée qui me propulse dans l'infini de l'angoisse. »

Pour vaincre l'intolérance à l'échec : diminuer les échecs ou augmenter la tolérance ?

Si la peur de l'échec est si fréquente, c'est qu'elle est, jusqu'à un certain point, normale. C'est elle qui nous pousse à ne pas être indifférents aux conséquences matérielles et sociales de nos actes. Elle est donc souhaitable. Mais seulement jusqu'à un certain point. Au-delà, il ne s'agit plus d'une simple peur, mais d'une véritable **allergie à l'échec**. La conséquence d'un ratage n'est plus alors de l'ordre du déplaisir, mais de l'affliction : les études conduites dans ce domaine montrent que c'est la honte qui est au cœur du problème[1], c'est-à-dire cette émotion violente qui nous amène à nous percevoir non pas seulement incompétents mais globalement déficients et indignes.

Le travail sur cette allergie à l'échec qui caractérise les estimes de soi en souffrance est un chantier particulièrement important, et nécessite d'associer plusieurs stratégies, dont nous aborderons ici les principales :

• **L'autopsie des échecs** : il s'agit tout simplement de prendre l'habitude de revenir, alors que c'est douloureux (et c'est pour cela que l'on ne le fait pas), sur son échec non pour juger, non pour ruminer, mais pour comprendre. C'est difficile dans une société où les « gagneurs » ne parlent jamais de leurs échecs. Difficile aussi car la mémoire de l'échec est émotionnellement douloureuse. Mais c'est instructif et aussi émotionnellement thérapeutique. En voici les étapes essentielles : 1) réfléchir tout de suite et activement à ce qui s'est passé, plutôt que ne pas le faire (dans ce cas, l'échec sera « réfléchi » en pilotage automatique, au travers de ruminations que nous percevrons vaguement en arrière-fond de notre conscience et sous forme de vagues *flash-backs* : mauvais résultats garantis, surtout à long terme, nous le verrons), 2) essayer d'avoir une vision balancée (y a-t-il tout de même des aspects positifs ? Cela aurait-il pu être pire ? Pour aussi dérisoires qu'ils paraissent, ces efforts sont nécessaires, ils représentent une première étape de la « digestion » de l'échec ; un peu le rôle de la mastication… Cela ne remplace pas la digestion, mais la prépare), 3) ne pas passer non plus un temps infini à réfléchir à l'échec, et arriver à conclure et à tirer des leçons pour l'avenir, 4) stop ! S'arrêter. Si les ruminations reviennent, reprendre le travail à l'identique, quitte à se redire les mêmes choses. En général, on sait que la tendance à ruminer s'ancre plutôt dans un échec qui n'a pas été psychologiquement bien « traité ».

• **Plus l'échec est douloureux, plus on tirera bénéfice à s'astreindre à le regarder en face** : en psychothérapie, ce sont les techniques d'imagerie mentale, que l'on utilise parfois dans le cas d'événements traumatisants. Cela consiste à garder à la conscience, avec le maximum de détails et d'intensité émotionnelle, les événements traumatisants. Plus nous aurons pu rendre cette évocation riche en images et en émotions, mieux cela marchera[2], car l'intensité réaliste de cette évocation permet probablement de désactiver l'excès de charge émotionnelle associée, et de stocker l'événement en mémoire en tant que souvenir « nettoyé » et non encore actif. La démarche n'est pas facile, et nécessite en général les conseils, sinon l'aide prolongée, d'un thérapeute lorsque l'échec a été intense et douloureux. Il existe en effet de véritables traumatismes de l'estime de soi, lors d'humiliations, d'échecs devant des publics nombreux ou importants à nos yeux, dans des domaines investis, où l'on est « attendu » et où l'on souhaitait à tout prix réussir, etc.

• **Faire l'effort de nuancer sa lecture de l'échec** : il s'agit rarement d'échec à 100 % comme notre cerveau émotionnel voudrait nous le faire croire. Sous le coup de l'émotion, nous aurons tendance à percevoir tous les échecs comme complets (rien de positif ou de récupérable dans l'expérience), globaux (l'humiliation et la honte contaminant tous les domaines de notre vie), et généraux (l'impression que tout le monde est au courant, au point, nous racontent certains patients, de ne plus pouvoir croiser les regards dans la rue pendant les heures qui suivent). Il faut connaître ces distorsions du « jugement émotionnel » et y prendre garde.

• **Ne pas rester seul** : ce n'est pas tant notre échec que le spectacle supposé de notre échec, exposé au regard des autres, qui nous fait souffrir. Vérifions toujours la perception et le regard des autres sur notre échec : entre ceux qui n'y ont pas prêté attention, ceux qui ne sont pas au courant, ceux qui considèrent qu'il n'est pas si radical, ceux qui pensent que nous pourrons nous en remettre, nous pourrions nous apercevoir rapidement, si nous en prenions la peine, que le regard des autres sur nos échecs est toujours plus sage et mesuré que le nôtre. Il ne faut jamais oublier ceci : tout le monde a échoué, et peut donc se montrer prêt à de la compréhension envers qui échoue. Si cette compréhension n'est pas au rendez-vous, c'est pour d'autres raisons que l'échec : ce peut être parce que autrui a des comptes à régler avec nous ou avec lui-même. Et dans ce cas, nos échecs ne sont qu'un prétexte, nos réussites pourront déclencher aussi bien les critiques : le problème est ailleurs. Dans tous les cas, ne pas rester seul, donc, et aller chercher le feed-back : il faut pour cela lutter contre ce mouvement naturel, animal, qui nous pousse au retrait, à cause de la honte qui s'empare de nous.

• **Améliorer sa mémoire** : la mémoire des mauvaises estimes de soi est hélas fortement sélective pour privilégier les échecs passés – les auteurs d'une belle recherche à ce sujet utilisaient même l'adjectif « tragiquement » sélective[3]. Ce qu'ils soulignaient ainsi, c'est que ce problème ne provient pas tant du rappel des souvenirs que de la manière dont on les encode dès le départ. En pratique, cela signifie que, si l'on ne veut pas que la cicatrice d'un échec vienne régulièrement se réveiller à chaque difficulté ultérieure qui ressemblera, de près ou de loin, au contexte où cet échec est survenu, il faut « soigner » la blessure de l'échec tout de suite et activement, plutôt que la laisser se refermer toute seule (voir plus haut les techniques d'autopsie des échecs). Le temps fera alors son œuvre, mais à condition que nous l'aidions…

• **Percevoir les échecs comme des étapes** : il est capital de comprendre qu'ils participent à l'apprentissage de l'estime de soi. Cette attitude est très précieuse. Elle peut s'apprendre très tôt dans l'existence : c'est alors une grande chance. Les enfants sont très réceptifs à ce genre de messages de la part de leurs parents : si ces derniers, lorsqu'ils ont cassé une assiette en voulant mettre la table, les félicitent pour l'initiative au lieu de les houspiller, ils aident leurs enfants à considérer qu'un raté n'est qu'une étape vers la réussite. S'ils se font houspiller, ils peuvent en conclure qu'il ne faut agir qu'à coup sûr. Et qu'on est plus tranquille en ne faisant rien… Ces conclusions s'imposeront du moins à eux si ce genre de scène est répété jour après jour, et dans tous les domaines du quotidien.

• **Régulièrement, réévaluer les conséquences de ses échecs passés** : ce travail nous permet, le plus souvent, de réaliser que leurs conséquences sont toujours moindres que nous ne le redoutions sur le moment. Mais il faut avoir l'honnêteté de le reconnaître intimement. Et d'imprimer cette conviction bien profondément en nous. Sur la durée, le plus souvent, ce n'est pas grave de se tromper. C'est ce que notait ironiquement Cioran : « Nous sommes tous des farceurs, nous survivons à nos problèmes. »

• Petit rappel : moins on agit, plus il est douloureux d'échouer.

• Autre rappel : **trouver des petits, tout petits, exercices qui permettront de tester et de développer notre tolérance à l'échec**. Des choses minimes suffisent largement : par exemple, aller dans un magasin, acheter divers objets, passer à la caisse, et s'apercevoir (ici, faire semblant) que l'on a oublié son porte-monnaie. Regarder le vendeur ou la caissière dans les yeux, proposer d'aller remettre les articles en rayon, sourire, bavarder de sa distraction avec les autres clients, s'il y en a et s'ils se montrent prêts à bavarder, etc. Ce n'est pas grand-chose, mais le faire dans un état d'esprit d'observateur scientifique (comment vais-je réagir, que va-t-il se passer ?) apprend beaucoup plus que simplement y songer.

Philosophie de l'imperfection

« Si c'est pour ne pas le faire parfaitement, je préfère ne pas le faire du tout. »

Il y a parfois de la toxicité, sinon de la bêtise, dans certaines maximes du prêt-à-penser, et pas toujours de la sagesse populaire, hélas. Comment savoir parfois s'en tenir au « suffisamment bon » sans se dévaloriser pour autant ? Comment ne déclencher son logiciel de perfectionnisme et d'autopersécution qu'à bon escient, aux bons moments ? Et comment l'éteindre rapidement dès qu'il est devenu absurde et inutile ? Ce n'est sûrement pas si facile, vu le nombre de personnes qui ont du mal à procéder ainsi. Nous sommes tous concernés ? Sans doute, mais plus souvent encore les personnes souffrant de problèmes d'estime de soi.

Comment **établir la différence entre ces deux niveaux, l'acceptable et le parfait ?** Comment sentir le passage de l'un à l'autre ? Plus notre amour-propre est en jeu, plus nous avons à rester vigilant à ce moment où nos efforts ont abouti à quelque chose d'acceptable. L'acceptable, c'est ce qui suffit aux autres. Le parfait, c'est ce à quoi nous aspirons, car cela nous rassure, ou nous flatte, ou les deux. Par orgueil ou par angoisse, nous basculons alors dans la recherche de l'excellence et de la perfection... Alors que ce n'est pas forcément nécessaire, ni demandé, bien sûr. Le perfectionnisme et la quête de l'excellence devraient être une question de choix personnel ou d'obligation extérieure, et non une question d'estime de soi déréglée.

Risque de médiocrité à raisonner ainsi ? Peut-être si l'on a décidé d'être un génie, de faire une œuvre exemplaire, de laisser son nom à la postérité. Il faudra alors assumer ce « coût de l'excellence ». Mais ce choix n'est pas celui de la plupart des humains, plutôt empêtrés que nous sommes dans nos stratégies de défense de l'estime de soi : la recherche de l'excellence n'est le plus souvent chez nous qu'un moyen de nous protéger ou de nous promouvoir au présent. **La sagesse des humains ordinaires, c'est d'accepter l'imperfection, chez les autres comme chez soi : elle n'est pas toujours preuve de laisser-aller ou de médiocrité. Accepter l'imperfection, c'est aussi la preuve que le goût de la vie l'a emporté sur l'obsession de l'image de soi**... Arrêter son travail quelques instants pour parler à un ami, regarder le ciel, respirer, rentrer chez soi plus tôt pour profiter de ses enfants, est-ce intelligence ou médiocrité ? Il y a sans doute dans la plupart des vies de la place pour tout : pour l'excellence à certains moments, et pour l'intelligence de vie à d'autres.

CHAPITRE 37

L'autonomie envers les succès, réussites et consécrations : jusqu'où aller dans l'indifférence ? Ou dans la liberté...

« Marcher dans une forêt entre deux haies de fougères transfigurées par l'automne, c'est cela un *triomphe*. Que sont à côté suffrages et ovations ? »

Emil Michel CIORAN

Florence Delay, qui succéda au philosophe Jean Guitton à l'Académie française, le 14 décembre 2000, raconta cette anecdote dans son discours de réception : lorsqu'il vint à Paris faire ses études supérieures, à partir d'octobre 1917, Jean Guitton habita au 104, rue de Vaugirard, chez les pères maristes. Il y rencontrait un humble prêtre, le père Plazenet. Le jour de l'an, celui-ci dit à Guitton : « Prenez votre melon et vos gants : nous allons faire nos visites de "bureau du 104" aux grands de ce monde. Nous irons d'abord voir le maréchal Foch. Il ne nous recevra pas, j'en suis absolument sûr, nous verrons un vague aide de camp. Ce sera une première humiliation très utile. Puis nous irons à la nonciature ; Monseigneur Ceretti ne sera pas là, ou il nous éconduira : ce sera délicieux. Enfin, nous monterons les étages de Paul Bourget. Il nous repoussera avec un sourire amer : nous reviendrons ravis ; ce sera la joie parfaite. » Florence Delay conclut : « Et c'est ce qui arriva... Au retour de ces affronts, le père Plazenet rayonnait d'insatisfaction[1]. »

On peut comprendre cette anecdote de mille façons, parler de masochisme chrétien, ou d'étrange névrose d'échec. Mais il me semble que ce serait un peu court. J'aime y voir l'expression, de la part de cet humble et oublié père Plazenet, d'une précieuse leçon offerte à son protégé : un exercice d'entraînement à la liberté. **Liberté actuelle vis-à-vis de la peur de l'échec. Et liberté à venir vis-à-vis des ivresses du succès.**

Comment devenir libres avec le succès et l'échec ?

Nous ne pouvons pas nous passer de réussir. Le besoin de connaître des « succès » relève d'un besoin élémentaire, celui de contrôler, ou surtout d'en avoir l'illusion bénéfique, notre environnement. De le façonner, de nous y faire une place. Peu de choses nous sont données, et il n'est pas question de renoncer à agir et à réussir. Mais nous avons largement abordé dans ce chapitre le coût de la poursuite acharnée et inquiète de certains objectifs... Nul n'a mieux résumé cette inquiétude du succès que Jules Renard dans son *Journal*[2] : « Le succès que nous méritons, nous l'avons eu. Est-ce que nous allons recommencer éternellement de l'avoir ? » C'est pourquoi la réussite angoisse autant les hautes estimes de soi (sur sa durée) que les basses (sur sa survenue). Vu l'importance que peuvent prendre les obsessions de réussite et les peurs du succès dans les souffrances de l'estime de soi, nous ferions bien de réfléchir plus souvent à la manière dont nous pourrions nous en affranchir. Au lieu de leur obéir sans réfléchir.

Tous les travaux confirment que les estimes de soi dites « externes », reposant sur l'atteinte d'objectifs concrets, sont beaucoup plus fragiles que celles dites « internes », qui se centrent sur le développement personnel et la poursuite non pas de succès matériels ou visibles, mais de capacités psychologiques, que l'on appelait autrefois *vertus*[3]. Rien de nouveau là-dedans, toutes les religions et philosophies ont de tout temps prôné cette démarche. La psychologie de l'estime de soi ne fait que nous le confirmer sous une forme plus triviale : **ne pas faire dépendre le contentement de soi de ses succès** (« Je suis quelqu'un de bien parce que je réussis »). Ces estimes de soi « conditionnelles » sont les plus friables et les plus inconfortables émotionnellement[4]. La plupart d'entre nous le savent, et sont d'accord avec ces principes. La vraie question, c'est pourquoi ne conduisons-nous pas notre vie en fonction de cette élémentaire sagesse ?

Le mythe toxique du « dépassement de soi »

À force de récupérer en psychothérapie des cadres ex-battants sévèrement déprimés, à force de les voir abîmer leur santé, de les voir passer à côté de leur vie de famille, avoir recours à l'alcool, aux somnifères, et finalement sombrer dans de graves dépressions, j'en suis venu à détester ce stupide mot de « challenge ». Il représente à mes yeux toute l'idéologie malsaine des années 1980 et 1990, avec ses *winners* et ses *losers*, et son culte imbécile et toxique de la performance pour la performance...

J'ai beau souligner à quel point l'action est l'oxygène de l'estime de soi, je sais aussi à quel point elle ne peut être son unique levier : le succès comme seul idéal et l'action comme seule identité représentent clairement un très mauvais socle de vie. Très insuffisant, en tout cas.

On peut passer totalement à côté de sa vie en fuyant et en esquivant l'action, nous en avons parlé. Mais on peut aussi passer à côté en fuyant dans l'action. Rien de plus facile : il suffit de répondre à la demande. De réagir (ce qui n'est pas tout à fait pareil que d'agir). Demande de nos parents, de la société, de nos besoins irréfléchis en matière d'estime de soi. « J'ai mené une vie de rat, me racontait un jour un patient chef d'entreprise. De temps en temps, en me rendant à un rendez-vous d'affaires, je passais près d'un square ou d'un parc. J'apercevais un bout de nature, de ciel bleu. Je me disais que ce serait bien de prendre un peu de temps pour m'arrêter, me balader, marcher un peu au soleil. J'avais la vague impression que la vraie vie était là. J'ai mis trente ans et trois dépressions avant de le comprendre. Tout ça parce que je courais après de l'argent et de la reconnaissance dont je ne savais déjà plus que faire. Il m'en fallait toujours plus parce que j'avais peur : de manquer, d'être oublié, de ne plus exister aux yeux des autres... »

L'obsession de la médiocrité (« surtout, ne pas y sombrer ») conduit à la médiocrité : médiocrité de la qualité de vie, et médiocrité de l'autonomie par rapport aux modèles de comportements socialement valorisés.

Hygiène du succès

« Belle devise d'un quelqu'un – d'un dieu, peut-être ? “Je déçois.” »

Cette note de Paul Valéry dans ses *Mauvaises Pensées* nous rappelle l'importance qu'il y a de se permettre de décevoir, afin de ne pas se rendre esclave de son image… Préparer son indifférence au succès ? Dans le plus connu de ses poèmes, le célèbre *If*, Rudyard Kipling parle de l'indifférence « à ces deux menteurs » que sont le succès et l'échec : « *Si tu peux connaître le triomphe et le désastre, et traiter ces deux menteurs de la même manière.* » Je pense que l'indépendance face au succès ne peut qu'aller de pair avec une liberté travaillée face à l'échec. Et il ne s'agit pas seulement de se contenter de l'attendre, mais aussi de s'y entraîner ! **On peut se vacciner contre la déception, devenir à la fois non pas indifférent, mais calme et lucide face à l'échec, et de même face au succès.** Se réjouir calmement de ses réussites. Réfléchir tranquillement à ses échecs. Et ne pas oublier que la vie est ailleurs : dans la rencontre, l'échange, l'action pour l'action, sans surveillance, ni performance… Ne pas oublier non plus que **l'estime de soi se construit sur des rêves brisés :** même si nous avons tendance à les refouler dans notre oubli, nos ratages sont plus nombreux que nos réussites, sur le chemin du succès. En tenir compte ne nous empêcherait pas de continuer à agir, mais nous aiderait certainement à le faire plus paisiblement.

Il y a ainsi, sans doute, une « hygiène du succès ». Inutile de le refuser ni de le gâcher par l'inquiétude (« et demain ? ») ou le pessimisme préventif (« rien ne dure, rien n'est acquis, ne te réjouis pas et pense déjà à demain »). Le savourer sans s'en valoriser à l'excès. Ne jamais perdre de vue ce mélange de chances, de mérites, mais aussi d'injustices que représente toute forme de réussite.

Il n'y a pas plus de vérités révélées sur nous lors des succès qu'il n'y en a lors des échecs. Si nous réussissons, réjouissons-nous, faisons le plein d'émotions positives. Puis retournons à l'essentiel : continuer de travailler notre présence participante au monde, et notre lien aux autres.

CHAPITRE 38

Psychologie des regrets

> « On ne peut jamais savoir ce qu'il faut vouloir car on n'a qu'une vie et on ne peut ni la comparer à des vies antérieures ni la rectifier dans des vies ultérieures… Il n'existe aucun moyen de vérifier quelle décision est la bonne car il n'existe aucune comparaison. Tout est vécu tout de suite pour la première fois et sans préparation. »
>
> Milan KUNDERA,
> *L'Insoutenable Légèreté de l'être*

Qui n'a éprouvé cette souffrance liée à la conviction (ou au doute) de ne pas avoir fait le bon choix à un moment de son passé ? Le regret est fréquent lors des problèmes d'estime de soi. Il y est une sorte de symétrique de l'hésitation et de la procrastination : avant d'agir, on se demande « j'y vais ou je n'y vais pas ? », puis c'est « j'ai bien fait d'y aller ou non ? ». Si l'échec est advenu, le regret est évidemment encore plus vif… Il arrive que certaines personnes à basse estime de soi préfèrent ne pas s'engager ni choisir pour ne pas éprouver de regrets : l'envie d'agir est dissuadée par anticipation. C'est que l'échec peut procurer une si vive douleur.

Agir ou ne pas agir ? Que va-t-on le plus regretter ?

Paul et Pierre possèdent des actions de deux sociétés cotées en Bourse, la société A et la société B. L'année dernière, Paul, qui avait placé depuis longtemps tout son argent en A, a eu envie de changer, et de tout investir dans la société B. Mais il ne l'a pas fait. Et il a perdu à cause de cela deux mille euros, car la société B a fait de gros bénéfices, alors que A subissait des pertes. De son côté, Pierre possédait des actions de la société B. Et il a eu la mauvaise idée de tout transférer sur la société A. Il a ainsi perdu, lui aussi, deux mille euros. Les deux hommes ont donc connu la même mésaventure, d'un strict point de vue financier. Pourtant, si on demande à des observateurs extérieurs de décrire lequel des deux devrait ressentir le plus de regrets, une grande majorité des personnes interrogées (92 %) estimera que c'est Pierre qui va avoir les regrets les plus cuisants : sa mauvaise inspiration lui a dicté un comportement néfaste. Il aurait mieux fait… de ne rien faire ! Tandis que les regrets de Paul, victime de son inaction, paraissent moins cuisants aux observateurs extérieurs invités à s'identifier aux héros malheureux de cette histoire virtuelle. L'action engendrerait-elle plus de regrets que l'inaction ? Voilà de quoi donner raison aux personnes à basse estime de soi, et à leurs évitements.

De façon générale, d'assez nombreux travaux de psychologie sociale[1] semblent effectivement indiquer que l'on éprouve davantage de regrets par rapport à des choses que l'on a faites que par rapport à des choses que l'on n'a pas faites : nos échecs sont plus douloureux à court terme s'ils proviennent d'actions qui n'ont pas marché (comme dans le cas de Pierre qui a vendu ses parts de la société B au mauvais moment) plutôt que d'inactions (Paul qui a pensé acheter des parts B, mais ne l'a pas fait). Les psychologues évolutionnistes supposent d'ailleurs que la fonction des regrets est précisément celle-ci : tirer la leçon de nos échecs, pour nous inciter à être plus prudent à l'avenir avant de nous lancer à nouveau dans l'action. Un frein parfois utile, donc. Mais chez des basses estimes de soi, ce frein peut devenir blocage.

Pourtant, lorsque dans d'autres études on évalue ce que les gens regrettent le plus dans leur vie, on s'aperçoit alors que les plus grands de nos regrets proviennent de ce que l'on n'a *pas* fait : « j'aurais dû pousser plus loin mes études », « j'aurais dû consacrer plus de temps à mes enfants », « j'aurais dû parler davantage avec mon père avant qu'il ne meure », « j'aurais dû épouser cet homme », etc. Dans une étude menée auprès de 77 sujets de divers milieux sociaux, à qui l'on posait cette question des plus grands regrets de leur existence, sur les 213 regrets exprimés, seuls 10 concernaient des événements hors du contrôle de la personne (« avoir eu la polio alors que j'étais enfant »). Et sur ce qui dépendait de leur contrôle, 63 % des regrets concernaient des choses non faites contre 37 % des choses faites (par exemple, de mauvais choix sentimentaux, professionnels ou financiers).

Comment expliquer cette apparente contradiction ? Tout simplement par le fait que le temps qui passe fait évoluer nos regrets : **ce que nous avons tendance à regretter dans l'immédiat, ce sont surtout les choses que nous avons faites, nos actions (lorsqu'elles ont échoué bien sûr). Et ce que nous avons tendance à regretter le plus sur le long terme, et avec du recul, ce sont plutôt les choses que nous n'avons pas faites, nos inactions et nos intentions d'action non concrétisées**[2]. Les personnes à basse estime de soi, dont l'évitement est souvent une philosophie (obligée) de vie, sont victimes de tels « regrets d'inaction ».

Il semble par ailleurs que le profil émotionnel de ces deux types de regrets soit différent : les regrets d'actions, à court terme (« je n'aurais pas dû faire cela... »), sont en général plus intenses que les regrets d'inactions (« j'aurais dû... »). Sur le plan émotionnel, les premiers sont souvent nommés « regrets chauds » (*hot regrets*), tandis que les seconds se voient étiquetés « regrets mélancoliques » (*wistful regrets).* Une étude qui avait interrogé 79 volontaires sur l'intensité des émotions associées à chacun de leur plus grand regret de ces deux catégories avait fait apparaître clairement cette corrélation : les regrets d'action sont davantage associés à des émotions intenses (colère, honte, culpabilité, frustration...), tandis que les regrets d'inaction sont eux plus fortement inducteurs d'émotions plus discrètes (se sentir mélancolique, nostalgique, désabusé...), mais aussi plus durables. Logique : dans le premier cas, je regrette une réalité (ce que j'ai fait). Tandis que, dans le second, je regrette une virtualité (ce que j'aurais dû faire, et ce que cela aurait alors permis).

La plupart des choix significatifs effectués par des sujets à estime de soi fragile obéissent ainsi à une logique de prévention anticipée des regrets[3].

La distance affective avec ses souvenirs...

On observe dans les études que les sujets à bonne estime de soi arrivent à produire de légères distorsions de leur mémoire par rapport à leurs souvenirs : ils se sentent plus proches de leurs succès, et plus éloignés de leurs échecs (en réponse à la question : « En repensant à cet événement, à quel point le ressentez-vous aujourd'hui comme proche ? »). C'est évidemment l'inverse pour les sujets à basse estime de soi[4]. Plusieurs hypothèses sont possibles, mais il est à craindre que le ressassement et la réactivation de ses échecs soient le mécanisme qui induit ainsi un effet de plus grande proximité et de plus grande actualité chez eux.

Lutter contre le mythe du « bon choix »

« Mon frère, aujourd'hui décédé, donnait l'impression qu'il aurait pu être heureux partout : marié ou non, père de famille ou pas, habitant à la ville ou à la campagne. Quels que soient le moment, l'endroit, l'activité, il se débrouillait pour en tirer chaque fois le meilleur. Ce n'était pas de la passivité ou de la résignation. Ce n'était pas de l'indifférence mais de l'intelligence : tout ce qu'il ne pouvait pas choisir, il le transformait dans la meilleure direction possible, il en tirait le meilleur. Et lorsqu'il avait à choisir, il ne se perdait pas en conjectures : il faisait confiance à la vie. C'était son expression favorite, faire confiance à la vie. Il disait que lorsqu'on hésitait, c'est que les deux solutions se valaient, qu'aucune n'était supérieure à l'autre. Et qu'il ne fallait pas mettre son énergie à chercher quel était le bon choix, mais plutôt à faire ce choix en écoutant son cœur, puis à le bonifier. Je pense toujours à lui dans ces moments-là, lorsque je commence à me prendre la tête et à hésiter. Là, je me dis : vas-y, choisis, puis agis. Tout ira bien, il n'y aura pas de regrets… » (témoignage d'Alexandre).

Pour lutter contre les regrets excessifs, il faut d'abord **se libérer de la peur obsédante de faire les « mauvais choix »**, ce grand serpent de mer de la psychothérapie des personnes à mauvaise estime de soi. Le bon choix n'existe pas, c'est nous, et nous seuls, qui avons le pouvoir de rendre nos décisions « bonnes » ou « mauvaises ». Le dilemme du « bon choix » : cela se joue souvent après et non avant. **C'est ce que nous en faisons, et dans une moindre mesure ce que nous en pensons, qui rend un choix bon ou mauvais**. C'est vrai pour la plupart des choix d'une vie quotidienne : habiter dans tel ou tel endroit, accepter tel ou tel travail, s'engager avec tel ou tel conjoint (ou s'en séparer), etc. Certes, on peut faire un choix de conjoint ou de métier que l'on regrette ensuite. Mais un autre conjoint ou un autre métier auraient entraîné à leur tour mille conséquences différentes, peut-être tout aussi regrettables ! Évitons de voir notre vie comme une suite de moments décisifs, où tout ce qui se joue serait définitif : ce n'est pas ainsi que nos existences fonctionnent.

Rappelons encore que pour se libérer de la peur des regrets anticipés liés à un choix, le plus efficace n'est pas de renoncer à agir, mais d'augmenter sa tolérance à l'échec. Et surtout d'apprendre à en tirer les enseignements, afin de transformer les occasions de regretter en occasions d'apprendre, comme le rappelle la formule : « Si vous perdez, ne perdez pas la leçon »…

Faire un bon usage de ses regrets, c'est ainsi essayer de faire mentir La Bruyère, qui constatait avec un certain pessimisme, dans ses *Caractères*, le mauvais usage que l'humain fait de ses regrets : « Le regret qu'ont les hommes du mauvais emploi du temps qu'ils ont vécu ne les conduit pas toujours à faire de celui qui leur reste un meilleur usage. »

CHAPITRE 39

L'action qui nous change et qui change le monde

« Le sage ne vivra pas dans la solitude, car par nature il est sociable et tourné vers l'action. »

DIOGÈNE LAËRCE

Le meilleur des objectifs que l'on puisse se donner en matière d'estime de soi, c'est celui du développement personnel, à savoir **prendre toute expérience de vie comme une occasion d'apprentissage**[1]. Inutile de chercher à se comparer aux autres, pour les égaler ou les dépasser : l'estime de soi bénéficie davantage de la comparaison avec soi-même. Et ces comparaisons avec soi plus qu'avec les autres semblent bien caractériser les individus dont l'objectif est de progresser sur un plan personnel[2].

L'action nous change

Dans ce passionnant travail de construction et de reconstruction de soi, comment **devenir l'artisan paisible de soi-même** ? J'utilise volontairement le terme d'artisanat, pour tout ce qu'il évoque : l'absence de prétention, la simplicité, l'imitation de modèles, l'acceptation de conseils (pourquoi ne pas chercher à voir ce qui marche chez les autres, nous ne sommes pas si différents les uns des autres…), la répétition régulière de gestes pour arriver peu à peu à un résultat, la patience, la nécessité de réparations et de gestes de maintenance constants… Nous sommes bien des artisans de nous-mêmes. En matière d'estime de soi, inutile de chercher à tout prix à être un « artiste », un « créateur ».

L'action change notre regard

Le but du développement de l'estime de soi ne porte pas que sur notre seule personne. Ce serait, à la fin, bien trop ennuyeux ! Fort heureusement, s'occuper de soi, vaincre ses défauts, ses passions, ses travers, c'est un des moyens de changer le monde. Il y en a d'autres, mais celui-ci est simple et puissant. On sait combien modifier le rapport intime que nous avons avec nous-même va transformer notre vision du monde. Ce n'est pas vrai que chez les déprimés, même si c'est chez eux que l'exemple est le plus frappant : les premiers chocs de ma carrière de jeune interne en psychiatrie m'ont été procurés par la rencontre avec ces patients gravement dépressifs sortant de leur vallée de larmes et abandonnant un monde qui leur paraissait épouvantable et inhumain, en quelques jours sous l'effet de l'obscure action d'une obscure molécule chimique. Mais ce phénomène existe aussi, quoique moins spectaculaire, chez les personnes non déprimées[3] : **lorsque nous changeons, le monde qui nous entoure change avec nous, car nous ne le regardons plus de la même façon. Si nous améliorons notre optimisme, l'avenir nous paraîtra moins angoissant.**

Si nous prenons plus de distance avec nos colères, ou notre tendance à juger, il nous semblera moins peuplé d'imbéciles. Si nous développons notre sérénité, il nous sera plus harmonieux.

L'action change les autres

Il ne s'agit pas d'autosuggestion. Cette *simple* modification de point de vue peut rapidement avoir des conséquences concrètes, en vertu de l'effet « aile de papillon », vous savez, cette théorie qui explique qu'un petit battement d'aile à un bout du globe peut, de proche en proche, provoquer une tornade à l'autre extrêmité de la planète. Ainsi, se changer aide les autres à changer : il existe par exemple une contagion sociale des émotions, aussi bien négatives (ah, la transmission de la morosité ou de la mauvaise humeur au sein des familles ou des entreprises !) que positives[4]. Il y a des personnes dont la présence nous rassure, nous stimule, nous pousse au meilleur de nous-même, sans pression d'aucune sorte. Est-ce par mimétisme, parce qu'elles s'estiment elles-mêmes qu'elles nous poussent doucement à nous estimer aussi ? Est-ce leur façon de nous regarder, de nous parler, de nous permettre de sentir leur confiance à notre égard ? Le résultat est là : ces personnes sont bénéfiques à notre estime de nous-même. Par des actes infimes ou manifestes, elles nous nourrissent et nous révèlent.

L'action change la société

Alors, l'estime de soi, comme on le disait de l'amour dans les années 1970, peut-elle changer la société ? J'en suis persuadé, et j'en vois de nombreux exemples.

Dans son autobiographie[5], Martin Luther King raconte comment son éducation préfigura ce qu'il allait devenir : « S'il m'est très facile de me montrer optimiste plutôt que pessimiste sur la nature humaine, c'est surtout à cause de l'enfance qui fut la mienne. » Il explique comment sa mère lui présenta toujours la discrimination et la ségrégation qui sévissaient alors dans le sud des États-Unis comme le résultat d'une injustice sociale, et non le reflet d'un quelconque ordre naturel, comme le laissaient entendre les discours racistes de l'époque. Elle lui répétait ainsi : « Tu vaux autant que n'importe qui. » Martin Luther King disposait d'une bonne estime de lui-même, palpable dans les lettres qu'il rédigeait pour ses intimes. Bonne, c'est-à-dire n'excluant ni les doutes ni les peurs, mais lui permettant de ne jamais leur obéir. Bonne aussi, car bâtie dans l'action. J'insiste lourdement, mais il faut, pour changer le monde chacun à son échelle, une autre forme d'estime de soi que celle qui nous est vendue par la pub et les démagogies ambiantes (« vous êtes tous formidables »). On ne naît pas « formidable », et on ne le devient pas sans efforts. Attention aussi à un autre risque : celui du renoncement (ou de la démission, ou de l'incapacité) à travailler sur sa propre estime de soi, pour ne se sentir bien que dans une estime de soi groupale, définie par l'appartenance à une tribu (famille, club sportif, parti politique, mouvement associatif, voire ghetto, secte ou communauté fermée). Là encore, Luther King, après de nombreuses hésitations, fit le choix de l'universalité et non du repli, qui était à l'époque celui d'une partie de la communauté noire. C'est aussi en cela qu'il fut l'un des humains qui changèrent profondément le cours du XXe siècle, et pas seulement un citoyen noir américain luttant contre le racisme.

Agir en toute liberté

Autre grand citoyen des États-Unis et du monde : le philosophe Thoreau, surnommé le « Diogène américain », auteur du *Traité de désobéissance civile*[6]. Il fut le fondateur de l'action civique non violente, il inspira Gandhi et – justement – Martin Luther King, en montrant comment l'action déterminée mais exemplaire d'un seul homme pouvait entraîner tous les autres. Thoreau qui fut capable aussi, comme il le raconte dans un autre de ses ouvrages, *La Vie sans principe*[7], de s'insurger contre l'*obsession* de l'action : « Je pense qu'il n'est rien, pas même le crime, de plus opposé à la poésie, à la philosophie, voire à la vie elle-même, que cette incessante activité. » Thoreau fit enfin l'éloge, dans *Walden*[8], son chef-d'œuvre, de la solitude ouverte sur le monde et sur la vie. Il fut un humain complet et lucide.

Un modèle ?

CHAPITRE 40

Petit Ours brun est fier de lui

Je suis en train de lire une histoire à la plus jeune de mes filles, *Petit Ours brun est fier de lui*[1].

Chez les tout-petits, Petit Ours brun est un héros, une star. J'ai lu plusieurs de ses aventures à un grand nombre d'enfants. Je commence à bien le connaître. Au début, il m'agaçait un peu, je le trouvais matérialiste, égoïste, content de lui, fayot… Et puis, finalement, j'ai réalisé qu'il me ressemblait beaucoup. Qu'il nous ressemblait beaucoup, à nous tous : Petit Ours brun a tous nos défauts et toutes nos qualités, et il les exprime, naïvement, ou il les assume, avec cet aplomb de ceux qui se sentent aimés (sa maman et son papa l'aiment beaucoup).

Dans cette histoire, Petit Ours brun fait des choses dont il est très fier, d'où le titre. Par exemple : « Petit Ours brun dessine des ronds bien ronds. Il dit : C'est beau, non ? » Ou encore : « Petit Ours brun remplit son verre tout seul. Il dit : Est-ce qu'il y en a qui en veulent ? » Ma fille remarque, peut-être au ton légèrement moqueur que je donne à ma voix en lisant ses répliques, que Petit Ours brun en rajoute un peu trop dans l'autosatisfaction. Elle me le dit à sa manière : « Papa, il se la pète un peu, non, Petit Ours brun ? » Elle essaie de parler comme ses grandes sœurs, qui elles-mêmes essaient de parler comme les grands de la cour de récréation, qui eux-mêmes…

« Euh, oui, oui… », je lui réponds. Mais je me dis que, tout de même, ce n'est pas si mal que les enfants soient contents d'eux, et qu'un minimum de valorisation de l'estime de soi dès l'enfance, c'est quand même bien. Alors je complète :

« Mais, bon, il a raison, c'est bien ce qu'il a fait, Petit Ours brun. Il a quand même le droit d'être content.

— Oui, mais c'était facile, il fait trop son malin.

— Ah ? Et ce n'est pas bien, tu crois ?

— Non, ça agace tout le monde quand on fait son malin.

— Euh, mais si on est sûr qu'on a bien fait quelque chose, tant pis si ça agace les autres, non ? » (j'aimerais bien que ma fille ne soit pas trop influencée par ce que les autres pourraient penser d'elle ; c'est mon problème lorsque je raconte des histoires, je cherche à ce qu'elles puissent être psychothérapiques, c'est idiot, mais les déformations professionnelles…).

« Ouais, ben, il ferait mieux d'être content dans sa tête et de pas se la péter comme ça. Il va vraiment énerver tout le monde s'il fait ça tout le temps. Et puis, s'il n'y arrive plus, la fois d'après, il va chouiner… »

À ce moment, je comprends que ma fille en sait déjà autant que moi sur les fondamentaux de l'estime de soi. Je n'ai plus qu'à finir tranquillement de raconter mon histoire, sans faire, moi non plus, le malin. Merci, Petit Ours brun…

CINQUIÈME PARTIE

L'oubli de soi

Toujours penser à soi ?
Signe que l'estime de soi souffre. Plus nous progressons, et plus nous nous oublions, pour songer plutôt à vivre, échanger, apprendre, savourer, aimer... Pour toucher de temps en temps à des moments d'harmonie, il faut pouvoir s'écarter doucement de soi. Et de soi sous le regard des autres : ne plus se soucier de l'effet que l'on fait...
Cela peut venir, naturellement, de tous les efforts dont nous avons parlé jusqu'ici. Cela peut aussi, précisément, être l'un de ces efforts. S'oublier en travaillant sa présence à l'instant, en cultivant une humilité qui ne soit pas punitive, en cherchant sa place plus que sa gloire, en découvrant les sens possibles des plus petits de nos actes. En abandonnant ces contorsions de l'estime de soi, destinées à masquer nos peurs de la vie ou de la mort.
En œuvrant à la paix de son âme.

CHAPITRE 41

Le silence de l'estime de soi

> « L'homme n'est pas en possession de la sagesse. Il ne fait qu'y tendre et peut seulement avoir de l'amour pour elle, ce qui est déjà assez méritoire. »
>
> Emmanuel KANT

Que se passe-t-il lorsque nous progressons en matière d'estime de soi ? Lorsque non seulement nous nous estimons davantage, mais lorsque cela se passe dans une ambiance psychologique sereine, avec une estime de soi plus stable face aux événements de vie, plus autonome face aux sollicitations toxiques, face à la fausse monnaie de l'estime de soi, à ces « vaines gloires » dont parle la Bible, plus lucide face aux fausses pistes de l'ego et de l'autosatisfaction. Eh bien, en général, le besoin en estime de soi diminue peu à peu. Nous pensons de moins en moins à nous-même et de plus en plus à ce que nous vivons.

« Mieux ça va, moins je pense à moi »

Les récits des patients « guéris » de leurs souffrances liées à l'estime de soi décrivent tous la même histoire, le même cheminement, et le même résultat : on pense surtout à soi lorsqu'on souffre, lorsqu'on va mal, lorsque le doute sur soi et ses actes est excessif et maladif. Au fur et à mesure des progrès, l'obsession (forcée) de soi diminue et recule. Notre esprit se libère de l'emprise de notre ego souffrant, et une lente bascule s'opère : nous sommes de nouveau disponibles pour la vie.

Ce silence de l'estime de soi n'est un paradoxe qu'en apparence : comme une bonne santé (« la vie dans le silence des organes », disent les médecins), **une bonne estime de soi est silencieuse**, car la conscience de soi n'est plus obsédante à l'esprit de la personne, ni dans ses propos, ni dans sa présence auprès des autres, ni dans ses comportements quotidiens. Il y a quelques années sortait un film intitulé *Ma Vie sans moi*[1], qui racontait les derniers mois d'une jeune femme atteinte d'un cancer incurable : beau film et titre magnifique. Peut-on continuer d'exister après la mort de son surplus d'estime de soi ?

Comment ne pas s'enliser en soi-même

Dans son portrait célèbre d'un homme mystérieux à haute estime de soi, celui de M. Teste, Paul Valéry raconte comment ce dernier en est arrivé à « tuer en lui la marionnette[2] ». Nos problèmes d'estime de soi nous amènent souvent à être la marionnette de nos souffrances, de nos orgueils ou de nos peurs, de notre croyance qu'il ne faut faire que bien faire, et de nos convictions, selon les cas, que nous devons alors choisir entre ne pas faire ou surfaire.

Le moi qui se rappelle à nous, c'est le moi qui va mal. Qui est trop empli de lui-même, de ses peurs ou de ses attentes. On peut s'enliser en soi-même de trois façons : par la douleur, la peur, l'erreur…

À propos de la douleur, il existe bien des douleurs de l'estime de soi : cette insatisfaction et cette tristesse chronique, cousine de la douleur morale des personnes déprimées, ce petit fond de spleen chronique, qui ne s'oublie que dans l'action, la discussion, parfois aussi dans la boisson… Cette douleur peut nous sembler faire partie de notre humaine condition. Elle l'est sans doute en partie. Mais seulement si elle n'est pas constante et paralysante. J'ai toujours été irrité par l'intolérable discours de certains psychothérapeutes sur le plaisir qu'il y aurait à « choyer » son symptôme… Mauvaise lecture. On peut se montrer attaché à ses symptômes, certes, mais tout simplement comme on est attaché à un arbre : on ne peut s'en éloigner. Nulle jouissance là-dedans, en dehors de l'interprétation facile d'un thérapeute paresseux…

À propos de la peur, les difficultés avec l'estime de soi relèvent presque toutes de la peur : peur pour son statut, pour son image, pour son futur, peur de l'échec. Peur de l'agressivité des autres si on s'oppose à eux, si on fait entendre sa voix, ses certitudes ou ses incertitudes, si l'on ose exister, tout simplement. Ce sont ces peurs, plus souvent qu'un quelconque orgueil, qui vont nous pousser à être obsédés de nous-mêmes. Comme les hypocondriaques, qui ne peuvent s'empêcher de penser à leur santé, par peur de la maladie, de la souffrance et de la mort, les maladies de l'estime de soi, ces hypocondries de soi-même, sont sous-tendues par les peurs de l'échec et du rejet social, les peurs d'être oublié, de n'être pas reconnu et apprécié.

À propos de l'erreur, nous nous laissons trop souvent embarquer sur la fausse piste de l'égotisme, de la pseudo-estime de soi, qui n'est qu'un ensemble de stratégies, médiocrement efficaces d'ailleurs, de valorisation de notre image, de notre personnage, et non de notre personne. Cet encouragement à l'égotisme, ces « estimes de soi aux hormones » sont grandement facilités, nous l'avons dit, par la publicité et le marketing, par une société qui nous flatte (moins pour notre bien que pour le sien : nous vendre des choses, nous faire voter pour un candidat), et nous invite à nous prendre nous-même comme norme, repère, référence et centre du monde. Il s'agit de faire croire au maximum de personnes qu'elles sont au centre de l'intérêt des autres. Mais tout cela ne marche, aussi, que parce que nous vivons dans un monde dur. C'est pourquoi nous avons bel et bien besoin de l'estime de soi, mais pas de celle-là.

Prendre soin de soi

« Je me noyais en moi-même », me racontait un jour une patiente, qui avait longtemps souffert d'un narcissisme inquiet, qui gâchait sa vie et celle de ses proches. « Je passais mon temps à penser à moi, à m'occuper de moi, mais de façon stupide, en achetant et en frimant. En voyageant mais seulement là où il fallait aller pour se montrer ou pour raconter qu'on y était allé. Toute ma vie était consacrée à mon image. Mais pas à moi. De temps en temps, je me dégoûtais d'être comme cela. Je me disais : ta vie est nulle, tu es une égoïste. Je pensais à Mère Teresa et à tous ces gens qui se consacrent aux autres. J'envoyais de l'argent à des associations caritatives. J'essayais de moins m'intéresser à moi. En général, c'était dans des périodes de déprime.

Ça me rendait encore plus sinistre. Ce n'était pas non plus la bonne solution. »

Un autre paradoxe de l'estime de soi, c'est que **pour pouvoir s'oublier et être moins obsédé de soi, il faut d'abord mieux s'occuper de soi-même**. Et non organiser une répression de soi : abaissement et mortification, qui fascinent parfois, qui apparaissent quelquefois comme des solutions, n'en sont tout simplement pas. Du moins pour l'estime de soi… Prendre soin de soi, c'est consacrer du temps à la réflexion sur soi, pour ne pas se voir ensuite envahi par des ruminations sur soi. C'est aussi agir pour que sa vie soit pleine d'autre chose que de soi. Pas une absence à soi-même, mais juste un peu plus de distance.

Par exemple, dans le rapport aux autres, cela consiste à ne pas voir en eux que des pourvoyeurs de soutien, de réconfort, de gratification d'admiration dans le sens positif. Ou des juges et critiques potentiels, dans le sens négatif. Mais aussi des personnes dotées d'une existence propre. Se demander à leur propos : au-delà de ce que j'attends d'elles, quel intérêt je leur accorde en dehors de moi ? Qu'est-ce que je leur donne moi-même comme attention et soutien ? C'est tout simplement l'amplification sincère du simple « comment ça va ? » des échanges quotidiens. Se voir et se penser depuis l'extérieur de soi : non pas simplement de manière autocentrée (« Qu'est-ce qu'on pense de moi ? Quelle impression je donne ? ») comme un objet d'observation, mais aussi comme un sujet (« Qu'est-ce que j'apporte aux autres ? À la marche quotidienne et minuscule du monde ? »).

Il n'y a pas que l'estime de soi dans la vie

Ce n'est pas parce que ce monde est dur qu'il faut tout investir dans l'estime de soi, sa protection et sa promotion. L'estime de soi nous est nécessaire, mais pas comme un but en soi, davantage comme un outil. C'est un outil capital et précieux, outil de bien-être, et outil facilitateur de l'action sereine. C'est pourquoi – toujours le silence – le bon fonctionnement de l'estime de soi évoque ainsi celui d'un moteur (de frigo, de chaudière, de voiture : désolé pour le côté trivial de ces comparaisons, mais pourtant, ces objets sont eux aussi des outils précieux à notre vie) : les meilleurs sont les plus silencieux. Et sinon les meilleurs, dans le sens de la performance, du moins les plus agréables au quotidien, car ils laissent notre esprit libre, en remplissant leur fonction. C'est ce que nous attendons de l'estime de soi, ni plus ni moins.

Une bonne estime de soi est donc une aide, mais rassurez-vous (si vous sentez qu'il y a encore du travail dans votre cas) : les problèmes d'estime de soi n'empêchent pas de faire de grandes choses. Nombre de personnes à basse estime de soi ont fait preuve de génie au cours de l'Histoire (voyez par exemple Charles Darwin) ; ainsi que nombre de grands narcissiques ambitieux (voyez Dalí). Mais régler ces problèmes permet sans doute d'aller encore plus loin, et plus paisiblement.

Cette importance à accorder à l'estime de soi a été, ces dernières années, l'occasion de grands débats dans notre petit monde de la psychologie du bien-être. Entre ceux qui estimaient que son importance avait été surévaluée, qu'elle n'était peut-être qu'un artefact lié à un moment précis et limité de la culture humaine : le psychisme des Occidentaux nantis de la fin du XXe et du début du XXIe siècle[3]. Et ceux qui continuaient d'y voir l'alpha et l'oméga de notre vie psychiatrique.

On tend à considérer aujourd'hui que l'estime de soi reste tout de même une donnée capitale de la compréhension de bien des attitudes humaines. Mais les connaissances et les convictions à son sujet continuent d'évoluer. Beaucoup de recherches, dans le cadre de la psychologie positive (qui consiste à ne pas seulement s'intéresser aux mécanismes des maladies mais aussi à ceux du bien-être), ont montré la part très importante de l'estime de soi dans l'équilibre et le bien-être global. Certaines soulignent qu'il y a six grandes composantes à ce bien-être[4] : avoir des buts dans l'existence, disposer d'une relative maîtrise de son environnement, avoir des relations positives avec les autres, bénéficier d'un minimum d'autonomie, pouvoir consacrer du temps à son développement personnel (apprendre, évoluer), et, *last but not least*, s'accepter et s'estimer. Dans une autre étude, on demandait à plusieurs centaines d'étudiants nord-américains et sud-coréens de réfléchir concrètement (pour éviter de simples déclarations d'intention) aux événements qui leur avaient procuré le plus de satisfaction dans les mois précédents[5] : là encore, le décodage et la classification par catégories de ce qui était satisfaisant dans l'existence retrouvaient d'une part tous les événements qui procuraient des sentiments d'autonomie, de compétence, de lien aux autres ; et d'autre part, tout ce qui avait trait à l'estime de soi (qui englobait d'ailleurs souvent les éléments précédents).

Si les personnes à bonne estime de soi sont souvent perçues comme sereines, d'une présence calme et forte, ce n'est pas seulement du fait de leur bonne estime de soi : c'est parce que cette dernière a été un vecteur vers d'autres valeurs, et aussi un harmonisateur, un pacificateur de cette quête.

CHAPITRE 42

Intensifier sa présence à l'instant

« Il allait par la campagne au milieu des champs, jeune garçon de seize ans, quand il leva son regard et vit un cortège de hérons blancs traverser le ciel à grande altitude : et rien d'autre, rien que la blancheur des créatures vivantes ramant sur le ciel bleu, rien que ces deux couleurs l'une contre l'autre ; cet ineffable sentiment de l'éternité pénétra à l'instant dans son âme et détacha ce qui était lié, lia ce qui était attaché, au point qu'il tomba comme mort. »

Hugo VON HOFMANNSTAHL

Le goût simple et foudroyant de la vie…

Respirer, marcher, parler, regarder : toutes choses ordinaires, dont on ne s'aperçoit de la valeur que lorsqu'on a failli les perdre pour toujours. Les rescapés d'accident, de maladies ou d'événements de vie graves racontent tous la même histoire, et la même sensation, liée à cette prise de conscience : vivre est une chance. Et en prendre conscience peut être bouleversant.

Comportements et personnalités autotéliques : absorption et plénitude

Dans toutes les traditions philosophiques, on retrouve des encouragements à se consacrer simplement et intensément à ce que l'on est en train de faire, même s'il s'agit d'actes très simples de la vie quotidienne. Le psychologue américain Mihaly Csikszentmihaly[1] a développé toute une théorie sur ce qu'il nomme les activités « autotéliques », du grec *autos* : soi, et *telos* : but ou fin. C'est-à-dire **l'ensemble des activités auxquelles nous nous livrons, lorsque nous le faisons en l'absence d'autre but que le plaisir de les faire :** marcher dans la nature, non pour aller quelque part, mais pour le plaisir de marcher ; jardiner, non pas pour manger ce que l'on va récolter, mais parce qu'on aime s'activer dans son jardin ; jouer d'un instrument de musique, non pour être admiré ou en vue d'un concert, mais pour le simple plaisir de produire de l'harmonie… Ce qui risque d'altérer le plaisir intense et le sentiment de plénitude à pratiquer ces activités, cela peut être la pression liée à l'atteinte de l'objectif, ou la pollution par d'autres pensées et d'autres émotions : marcher mais en pensant à ses soucis, jardiner mais en pestant contre son conjoint ou ses voisins, etc.

On peut très bien commencer une activité sans avoir l'esprit tourné vers elle et peu à peu s'y absorber, parce que l'on y prend plaisir, parce qu'on la maîtrise, parce qu'on sent inconsciemment qu'elle nous permet d'atteindre un état de conscience très particulier que Csikszentmihaly nomme le *flow* (le flux), et qui est tout simplement une des manières de se rapprocher du bonheur par immersion intense dans ce que l'on est en train de faire[2]. Car il semble que ce type d'états mentaux puisse rendre de grands services à notre équilibre psychologique. C'est pourquoi l'on est en train d'intégrer à l'arsenal des techniques psychothérapiques déjà existantes des outils dérivés de la méditation, qui ont pour but d'aider les personnes qui en ont besoin à faciliter la venue de ce type d'états de conscience[3].

Méditation et présence à l'instant : la nécessité de l'entraînement de l'esprit

La société contemporaine ne nous aide pas en matière de capacités de concentration et d'absorption dans une tâche. Notre attention est de plus en plus souvent sollicitée par des « distracteurs » et des « interrupteurs d'attention » de toutes sortes : coups de téléphone fixe ou portable, messages Internet, musique en tous lieux, sollicitations publicitaires (toujours sous les yeux quelque chose à lire ou à regarder)… Lorsque nous regardons la télévision, au moindre fléchissement d'intérêt du programme, nous ressentons la tentation de changer de chaîne, puisque nous savons que des dizaines, et bientôt des centaines de programmes sont diffusés en même temps.

C'est d'une certaine façon une chance, puisque cela signifie tout de même que nous vivons dans un monde dense, riche et stimulant. Mais cela nécessite que nous soyons résistants pour ne pas voir nos capacités de concentration et d'attention voler en éclats sous la déferlante de ces sollicitations, telles qu'aucune autre époque n'en a produit. On peut se demander si la multiplication des troubles de l'attention chez les enfants (et même chez certains adultes) ne provient pas en partie de cette mutation sociale : non pas que la société créerait ces pathologies ou ces déséquilibres (qui ne sont pas toujours maladifs), mais il est probable qu'elle les révèle chez ceux d'entre nous qui ont les plus faibles capacités de concentration et de focalisation de l'attention. Et comme l'école semble se résigner et prendre acte, en fragmentant de plus en plus les séquences pédagogiques, au lieu d'essayer d'apprendre aux enfants à se concentrer par des exercices spécifiques, on peut supposer que le problème n'est pas près d'être réglé.

Il n'y a pas que les pollutions de l'attention, il y a également l'*overthinking*, la rationalisation permanente, le recours constant au raisonnement logique qui peut parfois finir par étouffer l'intuition, et qui, parfois aussi, part en vrille : tant de déprimés ou d'anxieux sont ainsi victimes de leur logique, à laquelle ils adhèrent et qui fabrique l'essentiel de leurs symptômes… Paul Valéry écrivait malicieusement : « Parfois je pense, parfois je suis. » Clair message : il arrive que penser nous détourne de certaines choses ou manières d'être essentielles. La méditation n'a pas à remplacer la pensée mais à en représenter un autre mode.

C'est pourquoi les techniques de méditation de type pleine conscience (*mindfulness*) connaissent un succès croissant dans le monde de la psychothérapie mais aussi du développement personnel. Le terme méditation inquiète parfois, lorsqu'il est proposé dans l'univers du soin, car il semble nécessairement associé à une pratique religieuse ou philosophique. Mais la méditation dont il est ici question est simplement ce que l'on pourrait appeler un « entraînement de l'esprit », selon les termes de mon ami le moine bouddhiste Matthieu Ricard. Entraînement de l'esprit vers davantage de liberté, pour choisir sur quoi porter et maintenir son attention. **Être libre, c'est être maître de soi-même et des mouvements de son âme.**

Quelques exercices

Les règles de la méditation de type *pleine conscience* sont simples :

• M'installer confortablement, fermer les yeux ou me concentrer sur un point précis.

• Chercher simplement à garder mon esprit ici et maintenant et diriger mon attention vers l'instant présent, et la présence à l'instant : mes sensations physiques, ma respiration, les bruits et les odeurs tout autour de moi, les pensées qui traversent mon esprit.

• Me rapprocher le plus possible (selon les jours, cela sera plus ou moins réalisable…) d'une attitude mentale d'acceptation de ce qui arrive à mon esprit. Ne pas faire de projets, ruminer, anticiper : si cela arrive (et cela arrivera), revenir doucement à l'instant présent et à l'attitude d'observation de ces phénomènes mentaux. Les observer (je vois que je suis inquiet, ou en colère) mais sans y participer. Acceptation aussi envers mes difficultés à procéder ainsi : ne pas m'agacer de me mettre à penser à autre chose ; c'est normal, revenir juste, doucement, à l'instant présent.

• Adopter un état d'esprit non jugemental : ne pas chercher à me dire « c'est bien » ou « c'est mal », juste constater ce qui est, sans juger.

Je donne souvent à mes patients le conseil de pratiquer tous les matins, et si possible plusieurs fois dans la journée, un tout petit exercice : se tenir debout, bien droit, les jambes légèrement écartées pour se sentir bien stable, face à une fenêtre ou à un bout de ciel, et être présent tranquillement le temps de dix cycles respiratoires (inspirer-expirer) tranquilles. Durant ces dix mouvements de notre respiration, n'avoir pour autre but que se sentir exister, ramener notre esprit ici et maintenant. Ces brefs exercices servent d'amorçage ou de réamorçage à notre logiciel mental de capacité à prendre du recul.

Un seul et principal objectif à ces exercices : **rester présent à l'instant**. Ou plutôt ramener tout doucement et inlassablement mon esprit à l'instant présent, car évidemment, il n'a de cesse de s'éloigner vers mes préoccupations passées ou à venir. C'est normal : notre cerveau est « fait pour ça », pour surveiller ce qui se passe dans notre vie, pour régler des problèmes, pour balayer tous les dangers à venir, etc. Enfin, il n'est pas *seulement* « fait pour ça » ; disons aussi qu'habituellement nous ne nous en servons presque *que* pour ça…

Cette méditation n'est pas seulement de la relaxation, où l'on cherche simplement (ce qui est déjà bien) à mettre son corps au calme. Ni de la pensée positive, où l'on chercherait à avoir de « bonnes » pensées[4] (ce qui serait déjà utile). La méditation vise en réalité au-delà : apprendre à devenir l'observateur attentif de ses phénomènes mentaux, corporels et émotionnels, sans chercher à peser sur leur déroulement (dans un premier temps, du moins).

Ces techniques de méditation peuvent évidemment se développer et s'apprendre, et elles correspondent à une réalité de modifications cérébrales fonctionnelles tout à fait tangibles, que l'on commence à observer par des études de neuro-imagerie[5]. Cet apprentissage nécessite des exercices d'entraînement réguliers et quotidiens (comme les gammes d'un musicien). Cependant, il requiert aussi de ne pas être seulement une technique mais un état d'esprit face aux événements de vie (« d'abord accepter ce qui est avant de décider de le changer »). Et enfin, d'appliquer aux exercices de méditation eux-mêmes les principes de l'acceptation : accepter que certains jours on ait du mal à méditer ; considérer que même ces exercices ne doivent pas être perçus comme « ratés » (ce serait tomber dans le jugement) mais faire simplement le constat qu'il a été difficile de méditer à ce moment ; savoir que même ces moments font progresser ; et qu'ils sont utiles (ils servent à accepter ce qui nous paraît *a priori* raté…). Cette capacité peut ensuite être utilisée dans différents contextes :

- méditer alors que l'on n'a pas de problèmes particuliers, pour cultiver l'aptitude ;
- méditer face à des situations douloureuses, pour désamorcer, si possible, le trop-plein d'émotions ;
- méditer face aux problèmes existentiels (vie, mort, souffrance, séparation).

Quels rapports entre contrôle de l'attention et estime de soi ?

Il semble bien que l'entraînement à la méditation de type *pleine conscience* facilite les capacités d'autorégulation psychologique et améliore l'équilibre de la balance émotionnelle positive, phénomènes favorables à l'estime de soi[6]. Il facilite aussi de manière indirecte le sentiment de cohérence personnelle (*self-concordance*) qui consiste à améliorer la continuité entre ce que l'on ressent de manière implicite et ce que l'on exprime de manière explicite. Il permet enfin de s'exercer, quotidiennement, aux attitudes de non-jugement et d'acceptation, dont nous avons vu qu'elles étaient si précieuses pour l'équilibre de l'estime de soi. Ainsi, lors des exercices de méditation, on recommande bien de ne pas attacher d'importance au fait que la séance soit « réussie » ou « ratée » : cette attitude renforce régulièrement le logiciel mental « ne pas juger et accepter ce qui est ».

De façon étonnante enfin, ces techniques se sont montrées efficaces lors de plusieurs études dans nombre de troubles émotionnels sévères, comme la dépression, où l'esprit des patients est esclave de leurs pensées et affects négatifs, et où l'un des phénomènes cliniques observés, en plus de l'effondrement de l'estime de soi, est qu'ils n'arrivent plus à contrôler leur vie intérieure, totalement envahie par de sombres ruminations[7]. Il est probable que les mécanismes de cette efficacité se situent du côté d'une capacité accrue à observer et à réguler le mouvement de ses pensées et de ses émotions. Mais la méditation permet aussi de multiplier ces instants où l'esprit est tout entier absorbé dans une activité, ce qui écarte alors au moins transitoirement les préoccupations à propos de soi, et représente également autant de séquences de désactivation des boucles d'autoaggravation de la maladie dépressive (« je me déprime de me voir déprimé[e] »).

Pas seulement une technique, une façon d'être au monde

« Méditer n'est pas une évasion mais une rencontre sereine avec la réalité », nous apprennent les maîtres en méditation[8]. Le but de la méditation n'est pas seulement d'améliorer le bien-être ou de faciliter l'estime de soi, il est aussi de densifier l'existence. Et pas seulement d'être pratiquée lors d'exercices-parenthèses, mais de devenir une manière d'être.

D'où l'intérêt d'étendre l'attitude de conscience à l'instant à tous les aspects de notre vie : cela va nous donner de l'autonomie par rapport aux distracteurs si fréquents de notre quotidien, qui représentent autant de « vols d'attention », de larcins de nos capacités psychiques (songez à tout ce temps de vie passé à regarder des émissions télévisées stupides, ou à lire des messages publicitaires inutiles). Le but n'est pas tant de les supprimer (impossible) que de s'en distancier, et de retrouver une liberté d'action par rapport à eux. Les exercices le plus souvent recommandés sont par exemple de prendre l'habitude de ne faire qu'une chose à la fois : ne pas écouter la radio en conduisant, ni lire mon courrier en téléphonant, ni manger en regardant la télé… Parfois même, souvent si possible, ne rien faire. Ne rien faire est devenu une des activités – car c'en est une si on l'exécute en pleine conscience – les moins pratiquées. Par exemple, le soir : ne pas s'emparer d'un livre « à finir » ou d'une revue « à lire ». Mais juste se coucher et observer le plafond, regarder passer ses pensées. Sans chercher à résoudre les problèmes, à planifier le lendemain, à comprendre ce qui s'est passé aujourd'hui. Juste regarder passer ses pensées, qui vont et viennent, prêter attention à sa respiration…

Pratiquer régulièrement l'exercice du « rien que[9] ». Rien que marcher, regarder ces nuages, laver cette vaisselle, arracher ces mauvaises herbes, écouter cet oiseau ou cette amie, étendre le linge. Rien qu'attendre le bus, regarder défiler le paysage. Rien qu'observer le rythme à la fois changeant et régulier de sa respiration…

Être simplement entier et complet dans ce que l'on fait[10].

Ne plus penser ni au moi ni au pourquoi.

Ni à l'estime de soi…

CHAPITRE 43

S'effacer derrière le sens donné à ce que l'on fait

> « Et je vais maintenant décrire l'expérience qui consiste à s'émerveiller de l'existence du monde en disant : c'est l'expérience de voir le monde comme un miracle. »
>
> Ludwig WITTGENSTEIN

Un dimanche après-midi d'hiver. Louise, 9 ans, et Céleste, 6 ans, jouent ensemble dans la chambre de Céleste. Comme elles ne font aucun bruit depuis un bon moment, ce qui est inhabituel, leur père vient voir ce qui se passe : « Qu'est-ce que vous fabriquez, les filles ? » Les filles, elles jouent tranquillement et amicalement, alors qu'elles se sont fait remonter les bretelles dans la semaine sur leur manque de solidarité : comme beaucoup d'enfants modernes, elles cherchent trop souvent à capter l'attention des parents, elles se disputent, s'excommunient, se bagarrent pour des bêtises. Rien de méchant, mais, de temps en temps, les parents morigènent. Alors, là, l'occasion est trop belle… Elles répondent, royales et légèrement ironiques : « On fait de l'amitié entre sœurs ! » Petite leçon donnée au père. Pas si loin de l'essentiel…

Donner du sens à sa vie

Une des plus belles caractéristiques de l'être humain, c'est peut-être d'être un « donneur de sens », un faiseur de sens, comme disent les philosophes anglo-saxons (*a sense maker*). Les psychothérapeutes reçoivent de nombreuses plaintes de leurs patients à propos du sentiment de « vide existentiel », qui s'avère plus pénible à porter qu'on ne pourrait le croire. La « bonne » vie, selon le terme des philosophes grecs, ce n'est pas seulement celle durant laquelle on ne souffre pas, mais c'est aussi une existence qui a (ou semble avoir) un sens.

Ce sentiment d'une vie vide de sens peut être passager, comme une tristesse, une ombre qui passe sur notre journée. Ce phénomène est alors utile à notre intelligence : il traduit la conscience des choses tristes du monde… Témoigne d'une lucidité ; crée un doute, et préserve nos capacités de remise en question, nous permet même d'interroger nos certitudes sur ce sens que nous voulons donner à notre vie. Bref, un moment de subtil et automatique rééquilibrage de notre vie intérieure. Puis nous trouvons des solutions, des explications, des actions, des illusions, que sais-je, qui nous remettent en marche avant. Et notre bien-être reprend, et avec lui notre énergie à vivre.

Mais parfois, cette perte de la saveur de la vie, cette *agueusie* existentielle, comme une maladie, persiste. Ce peut être la conséquence de troubles affectifs comme la dépression. Et cela marche à double sens, et se renforce alors : parce que je suis déprimé, je ne trouve plus de sens à ma vie. Mais comme ma vie n'a pas de sens, je me déprime…

À l'inverse, trouver du sens à son existence est certainement un important facteur de protection en matière de troubles psychologiques. Beaucoup d'artistes ou de créateurs de génie ont ainsi compensé leurs déséquilibres et fragilités psychiques par un extraordinaire accomplissement personnel, qui donna un sens à leur existence leur permettant de ne pas sombrer dans la folie. Ce mécanisme me paraît plus probable que l'explication de leur génie *par* leur fragilité psychique : je crois plutôt que la quête du sens permise par leur génie leur a évité le pire (qui est arrivé à tant d'autres anonymes, qui peuplèrent les hospices et hôpitaux psychiatriques). Quoi qu'il en soit, de nombreux travaux de psychologie sont aujourd'hui conduits à propos de cette question du sens, qui n'est plus laissée qu'aux religions ou à la philosophie[1].

Vivre lucidement, c'est chercher à comprendre le monde qui nous entoure, c'est chercher à répondre à la question « pourquoi » ? C'est conduire plusieurs quêtes, dans plusieurs dimensions :

- Aller au-delà de l'apparence, de l'immédiat. Qu'est-ce qu'il y a vraiment derrière mes besoins, mes motivations, mes rêves ?
- Chercher à établir une cohésion, une cohérence au travers de tous les actes de sa vie, c'est-à-dire connecter entre elles des choses éparses. Ma vie suit-elle une logique ? Ou bien ne fais-je que répondre à des demandes ou obéir à mes impulsions, comme une feuille au vent ?
- Obtenir une vision de stabilité, tant stabilité des valeurs et des choses que de sa propre personne, au travers de ce besoin de cohérence qui semble être fondamental chez l'être humain[2]. Suis-je toujours la même personne, avec le temps qui passe ? Suis-je devenu(e) qui je voulais devenir ?

La recherche de sens nous pousse à percevoir la portée universelle d'actes et d'émotions intimes. Dans notre petite histoire, les deux sœurs comprennent obscurément, au travers de leur pique au père, que leur lien est un lien d'humanité. Le père, qui veut leur apprendre le respect mutuel, fait plus que vouloir acheter sa tranquillité (pas de cris ! pas de disputes !), il essaie aussi de faire de ses enfants des êtres d'humanité. Le feu qui brûle dans la cheminée, c'est l'intelligence de l'humain qui a coupé la bûche et inventé la cheminée, et la richesse de la nature, et la volonté de survivre au froid, etc. Vertige du sens… Et sentiment de sécurité aussi, de ne pas être totalement orphelins sur cette Terre, au cas où Dieu n'existerait pas.

Mais la recherche et l'attribution du sens, comme toujours, ne doivent pas rester qu'un concept, et ne nous aideront que si elles sont l'objet d'une pratique : comment donner du sens à son existence au travers des actes de son quotidien ?

Donner du sens aux gestes quotidiens

Arrêter le cours de ses pensées, s'extraire de ses distracteurs. Si l'on est en train de patienter dans une salle d'attente, se détacher de la lecture de son magazine, s'écarter de ses pensées agacées à propos du retard. Respirer et se demander comment habiter complètement cet instant. Prendre soin de son corps, s'installer plus confortablement, respirer plus amplement, sourire, pourquoi pas ? Bref, faire quelque chose de plus « plein » et de plus essentiel que se gaver des informations inutiles contenues dans ces magazines, ou se laisser aller à l'énervement contre ce médecin ou ce dentiste qui nous fait attendre. Réaliser que l'on est vivant. Qu'un humain compétent dans son art va s'occuper de nous, va se servir de son savoir, que d'autres humains lui ont transmis, pour soigner un humain qu'il ne connaît pas…

Se demander souvent quel est le sens de ce que nous sommes en train de faire ou de vivre. *Le* sens ou *les* sens. Même lorsqu'il n'y en a pas en apparence, ou si peu… Tout cela peut se faire autour des mêmes activités que celles que nous évoquions lors du chapitre précédent, à propos de la présence à l'instant. Car pour donner du sens aux moments de notre vie, il faut d'abord, bien sûr, avoir doucement tourné notre attention vers eux. Marcher en forêt, faire la vaisselle, effectuer un trajet, un travail, s'occuper d'autres êtres humains, attendre à un rendez-vous.

Attention, nous ne sommes pas là dans le « traitement » direct des problèmes d'estime de soi ou dans la lutte contre les pensées négatives liées aux maladies dépressives ou anxieuses, etc. Il est possible qu'attribuer un sens à sa douleur soit parfois thérapeutique[3]. Mais cela nécessite sans doute l'aide d'un thérapeute. Sinon, ce genre de démarches qui consisterait à « donner du sens à la souffrance » pourrait s'avérer peu efficace… Ou alors elles devraient prendre place dans un système de croyances déjà anciennement en place comme la religion : donner – ou espérer – un sens à sa souffrance comme moyen de l'alléger. En réalité, nous évoquons ici le « **travail de sens** » à effectuer dans une phase de prévention : lors des moments où nous n'allons pas si mal, pouvons-nous régulièrement pratiquer ce genre de réflexion pour nous prémunir partiellement du sentiment de vacuité, qui menace toujours de s'installer dans nos existences ? Ce mouvement de l'esprit vers le sens n'est pas une nécessité en permanence, mais il en est une sur la durée. **Donner du sens ne peut être incessant : ce serait épuisant et peut-être inutile**. Mais cela gagne à être fréquent, comme un acte d'hygiène psychique. Voilà longtemps que nous ne sommes plus des paramécies, vivant machinalement sur le mode stimulus-réponse. Attention aussi, à l'inverse, à ne pas tomber dans le « délire de sens », qui consisterait à chercher un sens caché derrière tout hasard, tout lapsus, toute maladie, tout événement du quotidien. Ce n'est pas de sens *caché* que nous parlons ici, mais de sens *oublié*. Comme nous oublions que derrière le mot « bonjour » il y a, au départ, le souhait sincère qu'une bonne journée soit offerte à la personne à qui nous offrons ces mots…

Donner du sens peut concerner tous les gestes du quotidien, comme de manger, ce que l'on peut facilement comprendre, ou préparer à manger, qui peut être une corvée ou un plaisir. Le rapport des Français à la nourriture questionne les Américains et passionne certains de leurs spécialistes, qui cherchent par exemple à expliquer la relative rareté (cela pourrait ne pas durer…) des problèmes d'obésité et de surpoids en France, par comparaison avec les États-Unis. Alors que les Français sont bien plus intéressés par la nourriture… Une des hypothèses formulées par l'un de ces chercheurs[4] est que les Français considèrent le repas comme une fin en soi, mangent plus lentement, dans un environnement relationnel qu'ils tendent à rendre agréable, etc. C'est-à-dire qu'à la fois ils prêtent davantage *attention* à tout ce qui gravite autour de la nourriture, et qu'ils lui donnent aussi plus de *sens*. D'où, peut-être, un avantage métabolique à ces mets avalés en toute conscience, ou tout simplement le fait que les Français ne se remplissent pas de nourriture, mais qu'ils dégustent des aliments.

Il m'est aussi arrivé de discuter de cela avec certaines de mes patientes mères de famille qui avaient parfois un sentiment de vie incomplète, car elles avaient renoncé à une carrière professionnelle pour rester proches de leurs enfants. Leur *estime de soi de maman* n'était pas assez valorisée par rapport à la notion, socialement dominante aujourd'hui, que l'accomplissement de soi passe aussi par un métier. Mais elles oubliaient aussi qu'élever des enfants, c'est accomplir un travail de construction et de création aussi intéressant et socialement aussi utile que bien faire son boulot. Pourquoi ne regardons-nous pas plus souvent, avec plus d'attention, cette dimension de nos existences ? Lors de ces thérapies, mon objectif n'est pas de rassurer, ou de cautionner un quelconque ordre social, en disant : « Votre place était dans votre famille, pas de regrets. » Mais de les aider à s'appuyer sur ce qu'elles avaient fait dans leur rôle de mère de famille, pour qu'elles aient davantage confiance dans leurs capacités à construire et à faire d'autres choses encore de leur vie, une fois leurs enfants grands. Si elles veulent trouver un travail alors, pourquoi ne voir leur passé de mère de famille que de manière peu valorisante ? Le regard porté sur le *travail de parents* doit être du même ordre : donner du temps à ses enfants n'est pas du temps perdu, ni pour eux, évidemment, ni pour nous (ils nous apprennent), ni pour la société (elle bénéficiera d'avoir pour futurs citoyens des enfants aimés et éduqués). Mais ces tâches quotidiennes sont comme des nuages ou des coins de ciel que l'on ne regarde, ni n'admire plus, parce qu'ils sont quotidiens… « Regarder notre monde intensément, avec compassion, vénération et distance, c'est cela la sagesse », disait dans un entretien la chorégraphe Carolyn Carlson ; elle y parlait aussi de la « beauté ordinaire[5] ».

Au-delà de l'estime de soi

Présence à l'instant, conscience d'être vivant et d'agir comme un être vivant, et de ce fait, connexion à l'universel…

Il n'y a donc pas que l'estime de soi dans la vie, mais aussi des choses essentielles comme ce besoin de ressentir que nous avons une valeur et une place dans la communauté humaine. Il y a aussi le sentiment d'exister, avec ses racines à la fois animales et spirituelles. Rester connecté à cela est essentiel. Peut-être même que cela développe et muscle une estime de soi profonde…

La recherche du sens complète celle de l'estime de soi, tout comme celle du bien-être et du bonheur[6]. Une vie pleine de sens, comme celle des héros, ou une vie qui tourne résolument le dos à l'estime de soi, comme celle des saints, peut ne pas être heureuse ou harmonieuse. Mais il serait dommage que la vie heureuse et harmonieuse que facilite une bonne estime de soi manque de sens.

CHAPITRE 44

Humilité : jusqu'où s'alléger de soi ?

« L'homme humble ne se croit – ou ne se veut – pas inférieur aux autres : il a cessé de se croire – ou de se vouloir – supérieur. »

André COMTE-SPONVILLE,
Dictionnaire philosophique

Lors d'une retraite que j'effectuais chez les bénédictins, je tombai un jour, dans la bibliothèque du monastère, sur un drôle de livre. J'ai oublié son titre, cela devait être quelque chose comme *Cheminer vers Dieu* mais je n'en suis pas tout à fait sûr. En revanche, je n'ai pas oublié son auteur : « Un moine chartreux ».

Pas de nom d'auteur ? Je tourne le livre dans tous les sens en me disant que je finirai bien par trouver quelques informations sur cet auteur si discret. Mais non, rien de plus. Alors, un petit vertige me saisit. Tout le monde se dit modeste, mais finalement personne ne l'est véritablement, ni jusqu'au bout. Même être et se montrer modeste peut nous flatter, comme le note avec ironie Jules Renard dans son *Journal :* « Je m'enorgueillis de ma modestie… » Personne, ou pas grand monde n'est véritablement prêt à renoncer à toutes ces petites miettes d'estime de soi. Le moine qui avait écrit ce livre avait réussi, lui, à mettre à distance cette gratification sociale : avoir son nom sur une couverture de livre. Moi qui ai le sentiment, peut-être erroné, d'être *plutôt* modeste, j'avoue qu'il ne m'est jamais venu à l'esprit de publier un livre portant sur la couverture la seule mention : « un psychiatre », en lieu et place de nom d'auteur.

Je me suis alors assis dans la bibliothèque déserte et silencieuse, avec le livre entre les mains, et me suis mis à rêver sur le geste du moine chartreux (sans doute l'ordre religieux chrétien qui a poussé le plus loin les règles de solitude et de silence). À imaginer qu'il n'y avait derrière ce geste aucun souci de mortification ou de punition d'un acte d'orgueil passé, mais plutôt une intention joyeuse. Un acte facile et simple, sans doute, pour quelqu'un qui avait atteint un stade inhabituel de sagesse et de renoncement. Et derrière cet acte, j'en étais sûr, l'attente malicieuse que le petit trouble provoqué sur le lecteur serait utile à ce dernier. Les meilleures leçons sont celles de l'exemple.

L'humilité, et ses liens avec l'estime de soi

« L'humilité est la modestie de l'âme », disait Voltaire. Cet effort léger qu'est l'humilité, cette acceptation tranquille de ses limites et de son insuffisance, n'est en rien un désir d'humiliation, malgré la proximité étymologique des deux mots – tous deux sont issus du latin *humilis* (humble, bas, près du sol), lui-même dérivé de *humus* (la terre).

Rien de plus éloigné d'une bonne estime de soi que l'orgueil, nous en avons déjà beaucoup parlé. En revanche, l'humilité est plus que simplement favorable à une bonne estime de soi[1] : elle en est l'essence même.

Elle conduit à la liberté : elle permet de ne pas dépendre de son image ou des pressions compétitives. Elle permet aussi d'avancer à visage découvert, sans chercher à présenter son meilleur profil. En limitant la tendance au jugement, elle facilite l'ouverture aux nouvelles idées, la réceptivité au feed-back, l'intérêt pour tout ce qui n'est pas soi. Elle n'est pas désintérêt ou mépris de soi, mais elle préserve l'intérêt pour soi, à un niveau relativement bas et silencieux, sauf lorsque la situation le demande. Elle facilite aussi l'action : car elle ne pousse pas à vouloir briller, et elle ne fait pas craindre d'échouer. Ce qu'avait saisi clairement Saint-Exupéry : « **Je comprends le sens de l'humilité. Elle n'est pas le dénigrement de soi. Elle est le principe même de l'action.** »

Elle est un probable facilitateur de spiritualité[2], dont nous avons dit qu'elle pouvait se comprendre comme l'acceptation et la recherche d'un lien avec tout ce qui nous dépasse et s'avère plus grand que nous. Se confronter à ce qui est plus grand que soi, dans le domaine de la nature ou de l'humanité, est excellent pour l'estime de soi…

Mais elle est aussi un facteur de lien social : l'humilité peut être verticale, comme dans la spiritualité, mais aussi horizontale, nous ouvrant à la conscience universelle de la proximité et de la fraternité de tout humain avec les autres humains, actuels et passés. C'est le sens de la formule de Paul Valéry : « **Modestes sont ceux en qui le sentiment d'être d'abord des hommes l'emporte sur le sentiment d'être soi-même. Ils sont plus attentifs à leur ressemblance avec le commun qu'à leur différence et singularité.** »

Vraies et fausses humilités ?

« La modestie va bien aux grands hommes. C'est de n'être rien et d'être quand même modeste qui est difficile », écrivait Jules Renard dans son *Journal*. Il a de tout temps existé des comportements ouvertement pleins d'humilité, qui ne relevaient en fait que de l'opportunisme ou de l'utilitarisme. Lorsqu'il était de bon ton, à la cour royale, d'afficher sa foi, certains courtisans faisaient un usage ostensible des attributs de l'humilité, faisant écrire à ce chroniqueur féroce des vanités humaines que fut La Rochefoucauld : « Bien que l'orgueil se transforme en mille manières, il n'est jamais mieux déguisé et plus capable de tromper que lorsqu'il se cache sous la figure de l'humilité. »

Notre époque aussi apprécie l'humilité, qui devient donc une posture. Je me souviens d'un papier assez drôle (je crois qu'il s'agissait d'une chronique de l'écrivain Frédéric Beigbeder dans la revue *Lire*) dans lequel un dandy parisien, habitué des mondanités, expliquait que maintenant, lorsque quelqu'un qu'il ne connaissait pas l'écoutait attentivement et se montrait très poli avec lui, il se disait : ce type doit être connu pour se comporter comme ça, c'est pas normal, il me la joue « resté simple et sympa malgré le succès », au milieu de toutes ces personnalités narcissiques dont le penchant est de ne s'occuper que de soi, son image et de son effet… Cette fausse humilité des stars est certainement un effet de mode[3]. Mais finalement, mieux vaut cette mode que celle de l'arrogance. « Agenouillez-vous et la foi viendra », disait Pascal. Peut-être que ces humilités feintes aboutiront à quelques grâces chez nos VIP des plateaux télévisés ? Et leur feront découvrir les bonheurs de l'humilité réelle ?

Mais si l'humilité est ainsi simulée, c'est aussi parce qu'elle est une valeur sociale moderne (et sans doute éter-

nelle) et sincèrement appréciée : une étude menée auprès de 127 étudiants[4] avait montré que ceux-ci n'associaient pas du tout l'humilité à l'abaissement de soi, mais portaient sur elle un regard très positif : lorsqu'ils devaient évoquer des souvenirs de situations pour eux associées à l'humilité, ils songeaient souvent à des réussites, non seulement à des échecs. Ils ne l'associaient par contre que faiblement aux capacités de *leadership*. Mais c'était chez les étudiants dont l'estime de soi était le plus élevée que le regard sur l'humilité était le plus favorable, tandis qu'elle était négativement perçue par les étudiants les plus narcissiques.

Pour une pratique de l'humilité

Précieux garde-fou contre l'orgueil et l'hubris, l'humilité n'est pas un don, ne peut être une simple déclaration d'intention, et nécessite une réflexion et une pratique régulières. Sans pour autant renoncer à vivre dans des conditions normales (sinon, seuls des religieux pourraient s'y aventurer). Sans pour autant refouler ses besoins et ses aspirations.

L'Américain Bill Wilson, fondateur des Alcooliques Anonymes, avait compris l'importance de l'humilité pour guérir de cette addiction[5]. Parmi les principes qui les animent, les AA citent en tout premier : « Nous avons admis que nous étions impuissants devant l'alcool – que nous avions perdu la maîtrise de notre vie. » Cette lucidité dans l'acceptation de ses limites et la reconnaissance du besoin d'être aidé représente une étape capitale à franchir pour de nombreux patients en difficultés avec l'alcool.

Mais on peut aussi procéder à des **exercices de nettoyage de l'ego** sans qu'il soit besoin d'arriver à un point de désarroi aussi intense que celui lié à l'alcoolisme. Il n'est pas si mauvais de **mettre l'estime de soi au régime de temps en temps**. Faire le bien sans s'en glorifier ni en profiter pour améliorer son image. Écouter les critiques que l'on nous fait et attendre, avant de répondre, que cela soit totalement terminé. Ne pas toujours partir à la pêche aux compliments, et se demander simplement : « L'ai-je fait pour que l'on me célèbre ou parce qu'il fallait simplement le faire ? » Ne pas acheter quelque chose que l'on s'apprêtait à acheter. Ou l'acheter et le donner à quelqu'un dans la rue, ou à un proche. Une de mes grand-mères, à la fin de sa vie, redonnait toujours, et assez vite, à une autre personne tous les cadeaux qu'on lui faisait. Cela agaçait parfois certains membres de la famille, mais finalement, le cadeau faisait ainsi plaisir au moins deux fois…

Cette pratique de l'humilité est parfois source de malentendus. Je me souviens d'avoir assisté un jour à un débat entre Bernard Kouchner, homme politique, et Matthieu Ricard, moine bouddhiste, à propos de l'engagement humanitaire. Alors que Matthieu, dans la tradition bouddhiste, célébrait le renoncement à l'ego, Kouchner se rebiffa, inquiet à l'idée que l'on puisse renoncer à son ego. Normal, me direz-vous, pour un homme politique, mais ils ne parlaient sans doute pas de la même chose, ni ne visaient les mêmes buts : l'un aspirait à la maîtrise de soi, l'autre à la défense de son idéal[6].

Enfin, il ne faut pas oublier, dans la pratique de l'humilité, de continuer d'écouter les messages d'autrui, et de permettre aussi aux autres de nous rendre plus humbles, comme en témoigne cette délicieuse petite chronique de la vie monastique[7] : « Théotime ne pense jamais sans amusement au vieil Abba Léonidès qui aime à dire : “Je suis un âne, un sot, un pauvre homme, un pécheur, le dernier de tous”, et qui sourit d'attendrissement en s'accablant de la sorte. Car il y a une chose qu'Abba Léonidès n'aime pas du tout, c'est qu'on lui fasse des remarques. Qu'on lui signale une petite erreur, un petit manque, il se met en colère, et le rouge lui monte aux oreilles. Il revendique de travailler tout seul à son humilité. »

Ne plus se soucier de l'effet que l'on fait

La grâce de l'oubli de soi chez les enfants…

Cette beauté animale que procure l'absence d'inquiétude – l'absence de conscience même – envers son image et les regards portés sur soi. Et la disparition de cette grâce à l'adolescence chez la plupart d'entre nous. Parfois plus tôt encore. Tristesse de voir ainsi nombre d'enfants actuels, pollués par télévision et publicité, pleines de petits singes savants et minaudants, pollués aussi par ce réflexe fou de la photo ou de la vidéo (ah ! ces étonnants parents qui filment plus qu'ils ne vivent tous les moments heureux de leur vie de famille…). Beaucoup sont déjà trop conscients de leur image, et prennent la pose : voilà une grâce disparue. Voilà, pire, une future estime de soi dépendante d'une des plus dérisoires et tyranniques des contingences matérielles : l'image…

« Je suis un plat du jour »

Cette « tranquillité du moi » à laquelle nous aspirons, sans que cela soit un complet déni de soi. Être juste « quelqu'un de bien »… Je me souviens d'avoir un jour lu une interview de l'actrice Mathilde Seignier, jeune femme pleine de vie, de force et de simplicité[8]. Elle y avait cette phrase extraordinaire, en réponse à la question du journaliste : « C'est quoi la manière Seigner ? — Pfff… Y en a pas. On joue les situations, et voilà. Il n'y a pas d'intellectualisation, pas de cérébralité chez moi. Je suis animale. Je suis un plat du jour, moi ! » Dans cette formule, tout est dit de ce que peut être l'humilité au quotidien. Un plat du jour, c'est bon, c'est simple, c'est savoureux, ce n'est pas pompeux (en général, j'aime bien prendre ça, d'ailleurs, pas vous ?).

Accepter d'être ordinaire, c'est extraordinaire.

CHAPITRE 45

L'estime de soi, le sens de la vie et la peur de la mort

« Même si je marche dans un ravin d'ombre et de mort, je ne crains aucun mal car tu es avec moi. »

La Bible, Psaume 23

Que sommes-nous d'autre que des vivants obsédés par la mort ?

Dans sa magnifique et déstabilisante nouvelle, *La Mort d'Ivan Illitch*, Tolstoï raconte les derniers jours d'un homme atteint d'une maladie mortelle (probablement un cancer du tube digestif). Ces derniers jours sont épouvantables de douleurs physiques, mais aussi de désarroi moral : Ivan Illitch va mal mourir car il a mal vécu. Non qu'il ait *fait* le mal, c'était un homme juste et honnête, d'ailleurs juge de son métier. Mais sa vie n'a pas eu de sens, Ivan s'est contenté de faire ce que la société et ses proches attendaient de lui, de vivre selon les apparences du convenable et du matériellement correct. Et, à l'approche de la mort, tout se déchire. « Il n'est plus possible, non, il n'est plus possible de continuer à vivre comme j'ai vécu jusqu'à présent, et comme nous vivons tous », écrivit Tolstoï en épigraphe d'une des premières versions de l'œuvre[1]. La lecture de *La Mort d'Ivan Illitch* nous bouleverse encore aujourd'hui, comme son écriture bouleversa Tolstoï. Parce qu'elle replace la mort au cœur de nos existences. Et, avec la mort, la question du sens de la vie. Dont nous prenons parfois si peu soin, tout occupés que nous sommes à essayer toujours d'oublier notre mort à venir. Impossible. Tous les animaux sont mortels, mais nous autres, humains, sommes les seuls à savoir clairement que nous sommes mortels. D'où l'importance de notre rapport à la mort dans tous les aspects de notre vie psychique. L'estime de soi n'échappe pas à cette règle. Loin de là…

La peur de la mort augmente les besoins en estime de soi

Pour certains théoriciens, et surtout d'après un nombre important de travaux de psychologie expérimentale – plus de cent trente l'année où j'écris ce livre[2] : nous sommes loin d'études isolées ou anecdotiques –, l'aspiration vers l'estime de soi serait un moyen de refouler nos craintes de mourir.

Lorsqu'on renforce l'estime de soi (en vous donnant par exemple du feed-back positif à propos d'un test de personnalité que vous venez de passer), on abaisse transitoirement votre niveau d'anxiété globale[3], ainsi que votre peur de la mort[4]. À l'inverse, lorsqu'on augmente la conscience du caractère mortel de leur personne chez des volontaires, par exemple en leur demandant de rédiger un petit texte où ils évoquent leur propre mort, on augmente en quelque sorte les « besoins » en matière d'estime de soi, comme si cela leur servait obscurément à se protéger de la menace de la mort… Être ainsi confronté directement à l'idée de sa propre disparition provoque, selon les individus et les disponibilités de l'environnement, de multiples réactions dans la vie quotidienne :

- une plus grande réceptivité au feed-back positif [5], et un besoin de compliments et de messages rassurants ;
- un désir accru de certitudes sur sa personnalité, une tendance à se montrer plus autoritaire et plus tranché dans ses affirmations et dans la défense de ses certitudes[6] ;
- une augmentation des comportements à risque ; du moins dans les domaines où l'on a une haute estime de soi, comme la conduite automobile[7] ;
- une stimulation du besoin de luxe et de possessions matérielles[8] ; la première de ces études sur le lien entre peur de la mort et appétit de richesses inspira à ses auteurs ce titre cruel : « Celui qui meurt avec le plus de jouets a gagné… » ;
- un accroissement de l'intérêt pour le corps, le sexe, l'apparence physique[9], en tout cas chez les personnes chez qui tout cela représente une source d'estime de soi ;
- une élévation de la générosité et des comportements altruistes, des domaines d'investissement de l'estime de soi plus intéressants pour la société que le *look* ou le luxe ! Humour surréaliste (et involontaire ?) de la minutie de la recherche scientifique : dans une de ces études, qui montrait l'augmentation de la fréquence de nos comportements dits « prosociaux » après activation du « sentiment de mortalité », le message « tu es mortel » était activé en sollicitant les volontaires tantôt devant un magasin de pompes funèbres, tantôt dans un endroit « mortellement neutre[10] ». Le mortellement neutre payait moins...

Ne plus avoir peur de la mort

Vaincre sa peur de la mort améliore l'estime de soi, et la rend plus sereine, moins défensive[11].

Il est possible de travailler efficacement en psychothérapie sur les peurs de la mort. Mais beaucoup de thérapeutes n'explorent pas cette piste, sans doute parce que Freud lui-même, pour de multiples raisons, ne l'explora pas, et en parla peu. Son emprise sur la psychologie et la psychiatrie du XXe siècle fut telle que peu de thérapeutes osèrent construire et modéliser des théories et des stratégies de traitement pour aider à faire face à la peur de la mort[12]. Alors que le problème est crucial, et que de nombreux patients souffrent de ce type d'angoisse. Les bases en sont simples à comprendre, bien que douloureuses – au début du moins – à mettre en œuvre : il faut se confronter doucement et régulièrement à l'idée que tous les êtres humains meurent. Et aux « applications pratiques » de cette idée, à savoir aux images de notre propre mort et de celle de nos proches, même ceux que nous aimons plus que tout. Nous nous retrouvons là encore du côté de l'acceptation.

Allons jusqu'au bout de nos peurs liées à l'estime de soi, et nous y trouverons peut-être la mort : la mort sociale, évidente (rejet, mépris, abandon). Parfois la mort physique (et l'intuition que l'on peut, peut-être, mourir de peine, de honte). **Acceptons ces peurs et leurs images**. Voyez ce qu'en disait Saint-Exupéry : « La guerre, ce n'est pas l'acceptation du risque. Ce n'est pas l'acceptation du combat. C'est à certaines heures, pour le combattant, l'acceptation pure et simple de la mort. » Ou encore cet étrange écrivain que fut Louis-René Des Forêts : « Ne pas se regarder vieillir dans le miroir que nous tend la mort, non plus que la défier avec de grands mots, mais, s'il se peut, l'accueillir en silence comme sourit à sa mère un enfant au berceau[13]. »

Les méditations sur la mort ont toujours été très importantes dans les différentes religions, et aussi dans des systèmes philosophiques tels que le stoïcisme. Dans son célèbre *Manuel*, Épictète enseigne ainsi : « Que la mort, l'exil, et tout ce qui paraît effrayant soit sous tes yeux chaque jour ; mais plus que tout la mort. » Et aussi : « Si tu embrasses ton enfant ou ta femme, dis-toi que c'est un être humain que tu embrasses ; car, s'il meurt, tu n'en serais pas troublé[14]. » Ne pas en être troublé si cela arrive ? Laissons cela à Épictète... Mais ne pas être troublé à l'avance par la *possibilité* de ces morts, ça, c'est à notre portée. Comment s'entraîner ? Il y a tout bêtement cet exercice, le plus simple qui soit : si je meurs dans une semaine, qu'est-ce qui va m'apparaître comme capital ? Qui aurais-je envie de saluer et d'embrasser une dernière fois ? Quels lieux revoir ? Quelle activité découvrir ? Le faire alors, tout cela, dans le mois ou dans l'année...

Penser à la mort chaque jour, donc, pour ne plus être le jouet de ses peurs, surtout lorsqu'elles sont aussi impressionnantes et fondamentales que celles de notre disparition : oubli et refoulement ne peuvent, en ce domaine, rien apporter de bon ! En revanche, lorsque ces peurs sont dépassées, ou plutôt érodées et remises à leur place, alors de nombreux bénéfices en découlent, ainsi que peuvent en témoigner nombre de ceux qui ont échappé à une maladie mortelle. L'expérience de la maladie, si elle a été vécue en profondeur, et par l'acceptation, donne un sentiment de prise de conscience que l'existence n'est, finalement, qu'un sursis permanent, et qu'il faut vivre pleinement. Cela ouvre à des capacités d'intelligence de vie insoupçonnées chez de nombreuses personnes[15]. « Je suis prête à mourir », raconte Lydie Violet, auteur d'un livre sincère et beau sur son attitude face à sa maladie, une tumeur cérébrale[16]. « Les assurances, le testament, c'est fait. C'est clair ; c'est simple, ce n'est rien. Depuis que je suis malade, je vis en accord avec moi-même. Aujourd'hui, je ne passe plus ma vie à préparer ma mort. Ça y est, c'est réglé. Je ne pense plus en nombre d'années, je vis, tout simplement[17]. »

L'estime de soi pour faire reculer la peur de la mort ?

Il existe une autre solution par rapport à cette peur : les croyances en une vie après la mort. Là encore, en procédant à diverses manipulations expérimentales (faire lire à des volontaires des petits textes convaincants sur la probabilité ou non d'une vie après la mort), on peut augmenter ou diminuer les besoins en estime de soi[18]. Notons, par contre, que d'autres investissements de l'estime de soi à fonction thanato-anxiolytique (*thanatos :* la mort) sont plus instables, comme le montrent quelques études. Ainsi en est-il de la participation à des groupes de supporters sportifs, comme ceux d'un club de football danois[19] dont on augmentait l'attachement à leur équipe si on les faisait au préalable penser à leur propre mort ; mais dès que les résultats de l'équipe de foot s'effondraient, l'investissement reculait et se portait sur l'équipe de… basket !

Car elle ne peut être de n'importe quelle nature, cette estime de soi capable d'exercer un effet global régulateur sur le contrôle de l'anxiété, et notamment celle liée à la peur de la mort et de la maladie[20]. Pour que cet effet protecteur soit robuste et durable, il faut probablement que l'estime de soi en question soit non seulement haute, mais aussi stable et sereine. Une estime de soi trop vulnérable et défensive, quelle que soit sa hauteur, ne jouerait certainement pas cette fonction. Elle ne nous permettrait que des trucages ou des contorsions face à nos peurs de la vie et de la mort.

Mais nous l'avons bien vu, une estime de soi patiemment cultivée et développée dans les différentes directions que nous avons évoquées n'est plus si loin d'une forme de spiritualité sans Dieu (ce qui n'empêche pas d'en avoir un par ailleurs…). La spiritualité, sous sa forme religieuse ou laïque, a été largement étudiée comme vecteur de santé psychique, depuis plusieurs années[21]. Elle peut sans doute se définir le mieux par le désir, ou plutôt le besoin, de se confronter à plus grand que soi : l'absolu, l'infini, le sens ou le non-sens de l'existence, de la vie et de la mort, le temps, l'éternité… et la possibilité de Dieu. La pratique aboutie de l'estime de soi peut, ainsi, nous conduire sur les chemins de la spiritualité, dans sa pratique quotidienne : « La vie spirituelle est une attitude mentale de chaque instant[22]. »

André Comte-Sponville, athée, l'explique lumineusement : « Une spiritualité sans Dieu ? Ce serait une spiritualité de l'immanence plutôt que de la transcendance, de la méditation plutôt que de la prière[23]. » L'immanence : présence de tout dans toute chose, là où la transcendance suppose une élévation.

Comme l'estime de soi, à atteindre et surtout à oublier paisiblement au travers de toute chose simple de la vie quotidienne… **L'approche sereine de l'estime de soi est bien, d'une certaine façon, une quête spirituelle, c'est-à-dire qui concerne notre esprit**. Son actualisation (l'estime de soi s'étiole ou devient fragile dans la répétition et le stéréotype) est aussi une zététique tranquille, du grec *zététikos* : qui aime rechercher. Voilà pourquoi vous n'en aurez jamais fini avec l'estime de soi. Et pourquoi ce sera passionnant…

CHAPITRE 46

Le vieux monsieur arabe et la télévision

Mon cher ami Étienne…

Chrétien charismatique, qui met en pratique, sans ostentation, les préceptes de sa foi. Il y a quelques années, ébranlé par la mort de sa mère, lui qui a tôt perdu son père décide de devenir bénévole dans une unité de soins palliatifs. Il aime cette idée d'accompagner des humains jusqu'aux portes de la mort. Il connaît par cœur (comme moi) toutes les chansons de Georges Brassens sur la mort, les croque-morts, les fossoyeurs, etc. Il pense souvent à la mort, à l'au-delà, à l'éternité, à la résurrection, à la vie éternelle, tout ça. Il y pense sereinement, mon ami Étienne, parce qu'il a la foi, une foi de charbonnier, robuste et inébranlable.

Son estime de soi ? Je n'en connais pas d'aussi solide. Et qui fonctionne aussi bien. Étienne n'élève jamais le ton, mais tout le monde l'écoute. Dans son travail, Étienne ne donne jamais l'impression de forcer, mais ce qu'il fait marche souvent. Presque toujours, même. Lorsque ça ne marche pas, Étienne se moque de lui, avec un vrai sourire, en plissant les yeux. Il rit de lui pour de bon, non pour faire semblant, non pour jouer le rôle du philosophe, du bon perdant.

Il s'en fiche des rôles et des personnages de composition. Je ne l'ai jamais vu jouer un rôle. Il reste le même avec tout le monde et dans toutes les circonstances. Sa voix ne change pas, son regard ne change pas, ni ses gestes. Bref, à propos de ses échecs – je me suis un peu égaré –, Étienne, une fois passée la déception du plantage, s'en amuse vraiment. Je crois qu'il savoure la leçon : ne pas trop s'accrocher aux succès. Il la déguste, il la sirote. Il lui trouve bon goût, finalement, une fois passée cette petite amertume du début, du réflexe de la déception. Son estime de soi, si bonne, fait aussi d'Étienne une créature assez bizarre, unique. Il est un homme profondément gentil, mais aussi profondément sincère. Et qui peut donc dire des profondes vacheries, sans chercher à nuire, mais parce que c'est la vérité et qu'il pense que seule la vérité peut aider. Alors, il y a des gens qui sont drôlement agacés au début. Mais, si la relation dure, tout le monde finit par aimer Étienne. C'est comme ça. Quelqu'un de franc et de gentil, on l'aime, même s'il nous agace parfois.

Je discute souvent avec Étienne de psychologie. Pendant que j'écrivais ce livre, nous parlions de l'estime de soi. Je l'interrogeais sur *son* estime de soi. Et il n'aimait pas ça. Mais il faisait des efforts, parce que nous sommes amis. Étienne ne parle pas volontiers de lui, mais il aime par contre raconter sa fascination pour la kénose, du grec *kenoô* : vider, exténuer, réduire à rien… La kénose, c'est l'état d'abaissement du Christ, qui abandonne sa condition divine pour apparaître dans une condition humaine, et aller jusqu'au bout de cette condition. Étienne pense que la kénose, c'est beaucoup plus intéressant que l'estime de soi. Moi, je pense que c'en est un des aboutissements. On parle de ça, de temps en temps, lorsque nous avons le temps de nous voir.

Bon, Étienne s'est donc inscrit pour devenir bénévole dans un centre de soins palliatifs. Il suit une formation assez poussée, avec beaucoup de psychologie, lui qui n'aime pas du tout ça (il n'a lu aucun de mes livres, que je lui ai pourtant tous offerts). Puis, il commence. Il arrive une fois par semaine dans le service où on l'a affecté. Les infirmières lui donnent un ou deux noms de malades en train de terminer leur vie dans cette unité spécialisée. Et Étienne va frapper à leur porte pour leur proposer un peu d'aide, d'écoute, de chaleur humaine. Parfois il est médiocrement reçu, ce qu'on peut comprendre : on n'a pas toujours envie de parler avec un inconnu dans ce genre de période de notre vie. Parfois, il est bien accueilli. C'est-à-dire qu'il est accueilli. On lui dit d'entrer, on répond à ses questions, on écoute poliment son laïus de présentation : « Je m'appelle Étienne, je suis bénévole en accompagnement, si vous êtes d'accord, je passerai vous rendre visite chaque semaine, mais vous n'êtes obligé ni de me recevoir ni de me parler, etc. »

Étienne avait pas mal songé à cette activité avant de la commencer. Comme on le fait toujours, il l'avait idéalisée. Il avait imaginé de grandes discussions sur la mort et le sens de la vie. Des larmes, de l'émotion. Comme au cinéma ou dans les livres. Non qu'il aime particulièrement ça, mais bon, c'est comme ça qu'il l'avait imaginé, voilà tout. Peut-être aussi qu'inconsciemment cela le valorisait un peu de faire ça, *bénévole dans un service de soins palliatifs*. Il n'avait pas besoin de cela, je vous l'ai dit, son estime de soi était déjà tout à fait au point. Mais, faire le bien autour de soi, c'est bon pour l'ego, même si on ne le fait pas *pour* ça.

Peu à peu, Étienne a compris que son rôle ne serait pas forcément de parler de la vie et de la mort. Parce que parler de ça, justement, quand on est en service de soins palliatifs, on n'en a pas forcément envie. Et puis, il y a aussi des psys dans ces services. Et les infirmières, si gentilles et si géniales. Et de la famille qui passe (ça, ce n'est pas toujours le cas, hélas). En revanche, dans presque toutes les chambres, il y a la télé. Et quand on passe ses journées dans un lit d'hôpital, et qu'en plus on connaît la fin de l'histoire (la sienne en tout cas), on regarde souvent la télé. Même lorsqu'on est très fatigué, ou très amoindri par la maladie, les métastases ou la morphine qui empêche de souffrir, on peut regarder la télé. Presque tout le temps. L'avantage, avec la télé, c'est que ça ne demande aucune énergie cérébrale. Même aucune énergie du tout. Et puis on peut dormir parfois ; pour la plupart des programmes, ça ne change rien.

Et voilà, Étienne passait donc pas mal de son temps, avec les personnes qu'il visitait, à regarder la télé avec elles, ou à les regarder dormir. Au bout d'un moment, il partait sur la pointe des pieds. Parfois, les gens se réveillaient, et certains lui demandaient alors de ne pas partir : « Non, non, restez s'il vous plaît. » D'autres se réveillaient mais ne demandaient rien. D'autres enfin continuaient de dormir. Étienne assumait assez bien tout cela. Et le faisait avec cœur. C'est comme ça, chez les personnes à bonne estime de soi. Il se voyait aussi faire des erreurs, qu'il me racontait : « Parfois, je ne m'oublie pas suffisamment, et donc je pars trop vite, parce que le malade me barbe ; ou je m'éternise, parce qu'il m'intéresse, et je le fatigue. Mais cela me fait progresser de comprendre tout ça, lorsque j'en reparle pendant nos réunions de bénévoles. Puis je spiritualise : je me dis que Dieu m'aime comme je suis. Je l'amuserais moins si j'étais meilleur… » Étienne se posait tout de même beaucoup de questions, et il lui arrivait en outre de m'avouer qu'il était parfois un peu déçu par cette activité. Souvent, il lui arrivait à l'esprit des pensées du genre : « Qu'est-ce que je fais là, dans ces chambres surchauffées, avec ces personnes dont je ne sais pas si je leur apporte vraiment, alors que j'ai tellement de choses à faire au-dehors… ? » Mais il avait décidé d'être bénévole, alors il continuait. Et il continuerait plusieurs années – tant qu'on voudrait bien de lui en tout cas – pour ne pas en rester à l'écume des choses, pour rentrer vraiment dans cet univers crépusculaire du passage de la vie vers la mort.

Un jour Étienne a été touché par la grâce. Dans la chambre d'un vieux monsieur arabe qui n'avait pas de famille. Il était là depuis plusieurs semaines, ce qui était plutôt rare, dans ce genre de service. Les soins palliatifs, en général… Étienne s'était attaché au vieux monsieur. Ils avaient pas mal discuté au début, lors des premières visites. Puis, tout de même, son cancer s'aggravait doucement. Malgré les visites d'Étienne. Alors, il ne pouvait plus beaucoup parler, mais il était content qu'Étienne vienne, ça se voyait dans son regard. Ce soir-là, la télé dans la chambre du vieux monsieur diffusait un match de foot. Le vieux monsieur ne pouvait pratiquement pas le regarder, il fermait les yeux tout le temps et avait du mal à respirer. Mais quand Étienne voulut éteindre le poste, il lui fit « non, non » de la tête, puis il lui fit signe, comme souvent, de venir s'asseoir à côté de lui, sur le rebord du lit. Il lui tendit la main. Puis il s'endormit. Jamais Étienne n'avait été aussi heureux. Jamais il ne s'était senti aussi fier de lui (alors qu'il détestait se sentir fier de quelque chose). Jamais il ne s'était senti autant à sa place d'être humain. Dans la chambre de ce vieux monsieur arabe, dont il sentait qu'il le voyait pour la dernière fois et dont il tenait la main, en regardant un match de football sur une télé au son poussé (le vieux monsieur n'entendait plus très bien) beaucoup, beaucoup trop fort.

Conclusion

Pensées de Marc Aurèle, Livre dixième, entre 170 et 180 après Jésus-Christ[1].

« Mon âme ! quand seras-tu donc bonne et simple, sans mélange et sans fard ? Quand seras-tu plus visible et plus aisée à connaître que le corps qui t'environne ? Quand goûteras-tu les douceurs qu'on trouve à avoir de la bienveillance et de l'affection pour tous les hommes ? Quand seras-tu pleine de toi-même et riche de tes propres biens ? Quand renonceras-tu à ces folles cupidités et à ces vains désirs qui te font souhaiter des créatures animées ou inanimées pour contenter tes passions, du temps pour en jouir davantage, des lieux et des pays mieux situés, un air plus pur, et des hommes plus sociables ? Quand seras-tu pleinement satisfaite de ton état ? Quand trouveras-tu ton plaisir dans toutes les choses qui t'arrivent ? Quand seras-tu persuadée que tu as tout en toi… ? »

Nous essayons, Marcus Aurelius, nous essayons…

Promis, nous faisons de notre mieux.

Paix à ton âme.

Recommandations de lecture

Ouvrages sources, pour les professionnels ou les lecteurs experts

BAUMEISTER R.F. (ed), *Self-esteem : the puzzle of low self-regard*, New York, Plenum Press, 1993.

BOLOGNINI M., PRÊTEUR Y., *Estime de soi, perspectives développementales*, Lausanne, Delachaux et Niestlé, 1998.

BURNS D.D., *Ten days to self-esteem*, New York, Harper Collins, 1999.

CARLOCK C.J. (ed), *Enhancing self-esteem. Philadelphia*, Taylor & Francis, 1999.

FENNELL M.J.V., *Overcoming low self-esteem*, London, Constable & Robinson, 1999.

HADOT P., *Exercices spirituels et philosophie antique*, Paris, Albin Michel, 2002.

KERNIS M.H. (ed), *Efficacy, agency, and self-esteem*, New York, Plenum Press, 1995.

LEARY M.R., TANGNEY J.P. (eds), *Handbook of self and identity*, New York, Guilford, 2003.

OWENS T.J., STRYKER S., GOODMAN N. (eds), *Extending self-esteem theory and research. Sociological and psychological currents*, Cambridge, Cambridge University Press 2001.

Pour en savoir plus, pour tous publics

➤ *Estime de soi*

André C., Lelord F., *L'Estime de soi*, Paris, Odile Jacob, 1999.

Bensaid C., *Aime-toi, la vie t'aimera*, Paris, Laffont, 1992.

Branden N., *Les Six Clés de la confiance en soi*, Paris, J'ai lu, 1995.

Monbourquette J., *De l'estime de soi à l'estime du soi. De la psychologie à la spiritualité*, Montréal, Novalis, 2002.

Saint-Paul J., *Estime de soi, confiance en soi*, Paris, Interéditions, 1999.

➤ *Estime de soi des enfants*

Duclos G., *L'Estime de soi, un passeport pour la vie*, Montréal, Éditions de l'hôpital Sainte-Justine, 2004.

Pickhardt C., *Développez l'estime de soi de votre enfant*, Montréal, Éditions de l'Homme, 2001.

➤ *Affirmation de soi*

Fanget F., *Oser. Thérapie de la confiance en soi*, Paris, Odile Jacob, 2003.

Cungi C., *Savoir s'affirmer*, Paris, Retz, 2001 (2e édition).

Nazare-Aga I., *Approcher les autres, est-ce si difficile ?*, Montréal, Éditions de l'Homme, 2004.

Pasini W., *Être sûr de soi*, Paris, Odile Jacob, 2002.

➤ *Méditation*

Castermane J., *La Sagesse exercée*, Paris, La Table Ronde, 2005.

Kabat-Zin J., *Où tu vas, tu es*, Paris, Lattès, 1996.

Tich Nhat Hanh., *Soyez libres là où vous êtes*, Saint Jean de Braye, Dangles, 2003.

➤ Acceptation

COMTE-SPONVILLE A., *De l'autre côté du désespoir*, Paris, L'Originel, 1997.

PRAKASH S., *L'Expérience de l'unité. Dialogues avec Svami Prajnanpad*, Paris, L'Originel, 1986.

RICARD M., *Plaidoyer pour le bonheur*, Paris, Nil Éditions, 2003.

➤ Lutte contre les influences sociales toxiques

AMADIEU J.-F., *Le Poids des apparences*, Paris, Odile Jacob, 2002.

HUSTON N., *Professeurs de désespoir*, Arles, Actes Sud, 2004.

KLEIN N., *No logo*, Arles, Actes Sud, 2001.

➤ Statut social et regard des autres

DE BOTTON A., *Du statut social*, Paris, Mercure de France, 2004.

CANNONE B., *Le Sentiment d'imposture*, Paris, Calmann-Lévy, 2005.

Notes bibliographiques

Introduction

1. Renard J., *Journal 1887-1910*, Paris, Gallimard, « La Pléiade », 1965.

2. James W., *Précis de psychologie*, Paris, Les Empêcheurs de penser en rond, 2003.

3. Schmit D.P., Allik J., « Simultaneous administration of the Rosenberg Self-Esteem Scale in 53 nations : exploring the universal and culture-specific features of global self-esteem », *Journal of Personality and Social Psychology*, 2005, 89 (4) : 623-642.

Comment allez-vous ?

1. US News and World-Report (31 march 1997, p. 18), « Oprah : a heavenly body ? Survey finds a talk-show host a celestial shoo-in », Cité par Myers D.G., *Psychologie*, Paris, Flammarion, 2004 (7e édition).

2. Codol J.P., « On the so-called "superiority conformity on the self" behavior : twenty experimental investigations », *European Journal of Social Psychology*, 1975, 5 : 457-501.

3. Crocker J., « Contengencies of self-worth : implications for self-regulation and psychological vulnerability », *Self and Identity*, 2002, 1 : 143-149.

4. Synthèse des travaux récents à ce propos dans : DeAngelis T., « Why we overestimate our competence », *Monitor on Psychology*, 2003, 34(2) : 60-62.

5. Taylor S.E., Armor D.A., « Positive illusions and coping with adversity », *Journal of Personality*, 1996, 64 : 873-898.

6. Epley N., Dunning D., « Feeling "Holier than thou" : are self-serving assessments produced by errors in self or social predictions ? », *Journal of Personality and Social Psychology*, 2000, 79 : 861-875.

7. Kruger J., « The "below-average effect" and the egocentric nature of comparative ability judgments, *Journal of Personality and Social Psychology*, 1999, 77 : 221-232.

8. Roberts J.E., Gotlib I.H., « Temporal variability in global self-esteem and specific self-evaluations as prospective predictors of emotional distress : specificity in predictors and outcome », *Journal of Abnormal Psychology*, 1997, 106 : 521-529.

9. Roberts J.E., Kassel J.D., « Labile self-esteem, life stress, and depressive symptoms : prospective data testing a model of vulnerability », *Cognitive Therapy and Research*, 1997, 21 : 569-589.

10. Twenge J.M., « The age of anxiety ? Birth cohort change in anxiety and neuroticism, 1952-1993 », *Journal of Personality and Social Psychology*, 2000, 79 : 1007-1021.

11. Caughlin J.P. et Malis R.S., « Demand/withdraw communication between parents and adolescents : connections with self-esteem and substance use », *Journal of Social and Personal Relationships*, 2004, 21 : 125-148. Voir aussi : Guillon M.S. et coll., « The relationship between self-esteem and psychiatric disorders in adolescents », *European Psychiatry*, 2003, 18 : 59-62.

12. Eiber R. et coll., « Estime de soi : étude comparative entre patients avec troubles des conduites alimentaires et phobiques sociaux », *L'Encéphale*, 2003, 29 : 35-41. Voir aussi : Fossati M. et coll., « Thérapie cognitive en groupe de l'estime de soi chez des patients obèses », *Journal de Thérapie cognitive et comportementale*, 2004, 14 : 29-34.

13. Voir sur ces points Ehrenberg A., *Le Culte de la performance*, Paris, Cammann-Lévy, 1991. Voir aussi Amadieu J.-F., *Le Poids des apparences*, Paris, Odile Jacob, 2002.

14. Ehrenberg A., *La Fatigue d'être soi*, Paris, Odile Jacob, 1998.

CHAPITRE 2
L'essentiel sur l'estime de soi

1. Ce « sens de l'autre », c'est l'empathie. Voir notamment la synthèse des travaux de recherche sur ce thème dirigée par Alain Berthoz et Gérard Jorland : *L'Empathie*, Paris, Odile Jacob, 2004.

2. Kaufman J.-C., *L'Invention de soi. Une théorie de l'identité*, Paris, Armand Collin, 2004.

CHAPITRE 3
Qu'est-ce qu'une bonne estime de soi ?

1. André C., « L'estime de soi au quotidien », *Sciences humaines*, 2002, n° 131, p. 34-39.

2. Paradis A.W., Kernis M.H., « Self-esteem and psychological well-being : implications of fragile self-esteem », *Journal of Social and Clinical Psychology*, 2002, 21 : 345-361.

3. Crocker J. et coll., « Contingencies of self-worth in college students : theory and measurement », *Journal of Personality and Social Psychology*, 2003, 85 : 894-908.

4. Crocker J., « The cost of seeking self-esteem », *Journal of Social Issues*, 2002, 58 : 597-615.

5. Metalsky G. et coll., « Depressive reactions to failure in a naturalistic setting : a test of the hopelessness and self-esteem theories of depression », *Journal of Abnormal Psychology*, 1993, 102 (1) : 101-109.

6. Sedikides C. et coll., « Are normal narcissists psychologically healthy ? : self-esteem matters », *Journal of Personality and Social Psychology,* 2004, 87 (3) : 400-416.

7. Taylor S.E. et coll., « Are self-enhancing cognitions associated with healty or unhealthy biological profiles ? », *Journal of Personality and Social Psychology,* 2003, 85 : 605-615.

CHAPITRE 4
Les boiteries de l'estime de soi

1. Wood J.V. et coll., « Snatching defeat from the jaws of victory : self-esteem differences in the experience and anticipation of success », *Journal of Personality and Social Psychology*, 2005, 89 (5) : 764-780.

2. Heimpel S.A. et coll., « Do people with low self-esteem really want to feel better ? Self-esteem differences in motivation to repair negative moods », *Journal of Personality and Social Psychology*, 2002, 82 : 128-147.

CHAPITRE 5
Les estimes de soi vulnérables : les basses et les fausses…

1. Jordan D. et coll., « Secure and defensive high self-esteem », *Journal of Personality and Social Psychology*, 2003, 85 : 969-978.

CHAPITRE 6
Le développement durable de l'estime de soi

1. Fennell M.J.V., *Overcoming low self-esteem*, Londres, Constable and Robinson, 1999.

2. Carlock C.J. (éd.), *Enhancing self-esteem*, Philadelphie, Taylor and Francis, 1999 (3e édition).

3. À propos des questions de déterminisme psychologique, voir le chapitre « Faut-il croire au déterminisme psychologique ? » in : Kagan J., *Des idées reçues en psychologie*, Paris, Odile Jacob, 2000.

4. Comme dans *Soudain l'été dernier*, de Joseph Mankiewicz (1959), ou *La Maison du docteur Edwards*, d'Alfred Hitchcock (1945).

5. Gabbard G.O., Gabbard K., *Psychiatry and the Cinema*, Washington, American Psychiatric Association, 1999 (2e edition).

CHAPITRE 7
L'estime de soi commence par l'acceptation de soi

1. Comte-Sponville A., *De l'autre côté du désespoir*, Paris, L'Originel, 1997.

2. Nietzsche F., *Fragments posthumes*, Paris, Gallimard, 1997.

3. Svâmi Prajnanpad, cité par André Comte-Sponville, *op. cit.*

4. Euripide, cité par Marc Aurèle dans ses *Pensées* (VII, XXXVIII).

5. Cité par Matthieu Ricard : *Plaidoyer pour le bonheur*, Paris, NiL Éditions, 2003.

6. JAmes W., *op. cit.*

7. Hayes S.C. et coll., *Acceptance and commitment therapy. An experiential approach to behavior change*, New York, Guilford, 1999.

8. Orsillo S.M. et coll., « Acceptance, mindfulness and cognitive-behavioral therapy : comparisons, contrasts and applications to anxiety » *in* S.C. Hayes et coll (eds), *Mindfulness and Acceptance*, New York, Guilford, 2004, p. 66-95.

9. Morgan S.P., « Depression : turning toward life » *in* Germer CK et coll. (eds), *Mindfullness and Psychotherapy*, New York, Guilford, 2005, p. 130-151.

10. Marlatt G.A. et coll., « Vipassana meditation as a treatment for alcohol and drugs use disorders » *in* S.C. Hayes et coll. (eds), *Mindfulness and Acceptance*, New York, Guilford, 2004, p. 261-287.

11. Voir notamment le chapitre : « Control is the problem, not the solution », *in* Hayes S.C. et coll., *Acceptance and commitment therapy*, New York, Guilford, 1999, p. 115-147.

12. Hadot P., *La Citadelle intérieure*, Paris, Fayard, 1992.

13. Marc Aurèle, *Pensées pour moi-même*, Paris, Garnier, 1964.

CHAPITRE 9
Pratique de l'acceptation de soi

1. Purdon C., Clark D.A., « Suppression of obsession-like thoughts in nonclinicla individuals : impact on thought frquency, appraisal and mood state », *Behaviour Research and Therapy*, 2001, 39 : 1163-1181.

2. Nystul M.S., Garde M., « The self-concept of regular transcendental meditators dropout meditators and non-meditators », *Journal of Psychology*, 1979, 103 : 15-18.

3. Marcks B.A. et coll., « A comparison of thought suppression to an acceptance-based technique in the management of personal intrusive thoughts : a controlled evaluation », *Behaviour Research and Therapy*, 2005, 43 : 433-445.

4. Watkins E., « Adaptative and maladaptative ruminative self-focus during emotional processing », *Behaviour Research and Therapy*, 2004, 42 : 1037-1052.

5. McCracken L.M. et coll., « Acceptance-based treatment for persons with complex, long standing chronic pain : a preliminary analysis of treatment outcome in comparison to a waiting phase », *Behaviour Research and Therapy*, 2005, 43 : 1335-1346.

CHAPITRE 10
Ne plus se juger

1. Fanget F., *Oser. Thérapie de la confiance en soi*, Paris, Odile Jacob, 2003.

2. Dunkley D.M. et coll., « Self-critical perfectionism and daily affect : dispositional and situational influences on daily affect », *Journal of Personality and Social Psychology*, 2003, 84 : 234-252.

3. Josephs R.A. et coll., « Self-esteem maintenance processes : why low self-esteem may be resistant to change », *Personality and Social Psychology Bulletin*, 2003, 29 (7) : 920-933.

4. Fennel M.J.V., « Depression, low self-esteem and minfulness », *Behaviour Research and Therapy*, 2004, 42 : 1053-1067.

5. Gross J.J., John O.P., « Individual differences in two emotions regulation processes : implications for affect, relationships, and well-being », *Journal of Personality and Social Psychology*, 2003, 85 : 348-362.

6. Fennell M.J.V., *Overcoming low self-esteem : a self-guide using cognitive-behavioral techniques*, *op. cit.*

7. Dutton K.A., Brown J.D. , « Global self-esteem and specific self-views as determinants of people's reactions to success and failure », *Journal of Personality and Social Psychology*, 1997, 73 : 139-148.

8. Ehrlinger J., Dunning D., « How chronic self-views influence (and potentially mislead) estimates of performance », *Journal of Personality and Social Psychology*, 2003, 84 : 5-17.

9. Seibt B., Förster J., « Stereotype threat and performance : how self-stereotypes influence processing by inducing regulatory foci », *Journal of Personality and Social Psychology*, 2004, 87 : 38-56.

10. Savitsky K. et coll., « Do others judge as harshly as we think ? Overestimating the impact of our failures, shortcomings, and mishaps », *Journal of Personality and Social Psychology*, 2001, 81 : 44-56.

CHAPITRE 11
Se parler

1. Saint Augustin, *Les Confessions*, Paris, Garnier, 1964.

2. Saint Ignace de Loyola, *Exercices spirituels*, Paris, Seuil, 1982.

3. Besançon G., *L'Écriture de soi*, Paris, L'Harmattan, 2002.

4. Pennebaker J.W., *Writing to heal : A guided journal for recovering from Trauma and Emotional upheaval*, Oakland, New Harbinger, 2004.

5. Lepore S.J., Smyth J.M., *The Writing Cure : how expressive writing promotes health and emotional well-being*, Washington DC, American Psychological Association, 2002.

6. « Les écritures du Moi, de l'autobiographie à l'autofiction », *Le Magazine littéraire*, mai 2002, n° 409.

7. Coué É., *La Maîtrise de soi-même par l'autosuggestion consciente*, Paris, Renaudot, 1989.

8. Dijksterhuis A., ; « I like myself but i don't know why : enhancing self-esteem by subliminal evaluative conditioning », *Journal of Personality and Social Psychology,* 2004, 86 : 345-355.

9. Extrait du 21 décembre 1860, rapporté par Besançon, *op. cit.*

CHAPITRE 12
Non-violence avec soi-même : cesse de te faire du mal !

1. Cité par Myers, *op. cit.*, p. 329.

CHAPITRE 13
Lutter contre ses complexes

1. Sondage réalisé en avril 2003 auprès de 1 000 personnes représentatives de la population de plus de 18 ans, *in Psychologies Magazine*, n° 220, juin 2003, p. 100-104.

2. Johnson F., Wardle J., « Dietary, body dissatisfaction, and psychological distress : a prospective analysis », *Journal of Abnormal Psychology*, 2005, 114 : 119-125.

3. Tignol J., *Les Défauts imaginaires*, Paris, Odile Jacob, 2006.

4. Jansen A. et coll., « Selective visual attention for ugly and beautiful body parts in eating disorders », *Behaviour Research and Therapy*, 2005, 43 : 183-196.

5. Sarwer D.B. et coll., « A prospective, multi-site investigation of patient satisfaction and psychosocial status following cosmetic surgery », *Aesthetic Surgery Journal*, 2005, 25 : 263-269.

6. Dittman M., « Plastic surgery : beauty or beast ? », *Monitor on Psychology*, 2005, 36 : 30-32.

CHAPITRE 14
Protéger l'estime de soi des influences toxiques, de la publicité et des pressions sociales

1. Amadieu J.-F., *Le Poids des apparences*, *op. cit.*

2. Cité par Myers, *op. cit.*, p. 730.

3. Duval T.S., Silvia P., « Self-awareness, probability of improvment and the self-serving bias », *Journal of Personality and Social Psychology*, 2002, 82 : 49-61.

4. Pope H.G. et coll., « Body image perception among men in three countries », *American Journal of Psychiatry*, 2000, 157 : 1297-1301.

5. Olivardia R. et coll., « Muscle dysmorphia in male weightlifters : a case-control sudy », *American Journal of Psychiatry,* 2000, 157 : 1291-1296.

6. Lorenzenl L.A. et coll., « Exposure to muscular male models decreases mens body satisfaction », *Sex Roles*, 2004, 51 : 743-748.

7. De Botton A., *Du statut social*, Paris, Mercure de France, 2005. Le titre anglais de l'ouvrage original est plus proche du sujet du livre : *Status anxiety,* « L'anxiété liée au statut social ».

8. Patrick H. et coll., « Appearance-related social comparisons : The role of contingent self-esteem and self-perceptions of attractiveness », *Personality and Social Psychology Bulletin*, 2004, 30 : 501-514.

9. Cash T. et coll., « "Mirror, mirror on the wall...", Contrast effects and self-evaluations of physical attractiveness », *Personality and Social Psychology Bulletin*, 1983, 9 : 351-358.

10. Stapel D.A., Blanton H., « From seeing to being : subliminal social comparisons affect implicit and explicit self-evaluations », *Journal of Personality and Social Psychology*, 2004, 87 : 468-481.

11. Guégen N., *100 Petites Expériences en psychologie du consommateur*, Paris, Dunod, 2005.

12. Voir par exemple le dossier « Comment on vous manipule » dans *Science et Vie Junior*, n° 170, novembre 2003, p. 36-72.

CHAPITRE 15
S'écouter, se respecter et s'affirmer

1. André C., Légeron P., *La Peur des autres. Trac, timidité et phobie sociale*, Paris, Odile Jacob, 2000 (3e édition).

2. Wilson K., Gallois C., *Assertion and its social context*, Oxford, Pergamon Press, 1993.

3. Damasio A., *Le Sentiment même de soi*, Paris, Odile Jacob, 1999.

CHAPITRE 16
Vivre imparfait : le courage d'être faible

1. Yao S.N., Cottraux J., « Le sentiment d'infériorité entre population normale et anxieuse », *L'Encéphale*, 2002, 28 : 321-327.

2. Adler A., *Etude de la compensation psychique de l'état d'infériorité des organes*, Paris, Payot, 1956.

3. Vohs K.D. et coll., « Self-regulation and self-presentation : regulatory resource depletion impairs impression management and effortful self-presentation depletes regulatory resources », *Journal of Personality and Social Psychology*, 2005, 88 : 632-657.

4. Cannone B., *Le Sentiment d'imposture*, Paris, Calmann-Lévy, 2005.

5. Billand C., *Psychologie du menteur*, Paris, Odile Jacob, 2004.

CHAPITRE 17
S'occuper de son moral

1. Kernis M.H., Goldman B.M., *Stability and variability in self-concept and self-esteem*, *in* Leary M.R., Tanyney J.P. (eds), *Handbook of self and identity*, New York, Guilford, 2003, p. 106-127.

2. Kaufman J.-C., *op. cit.*

3. Neiss M.B. et coll., « Executive self, self-esteem, and negative affectivity : relations at the phenotypic and genotypic level », *Journal of Personality and Social Psychology,* 2005, 89 (4) : 593-606.

4. Brown J.D., Dutton K.A., « The thrill of victory, the complexity of defeat : self-esteem and people's emotional reactions to success and failure », *Journal of Personality and Social Psychology*, 1995, 68 : 712-722.

5. Watson D. et coll., « Global self-esteem in relation to structural models of personnality and affectivity », *Journal of Personality and Social Psychology*, 2002, 83 : 185-197.

6. Harber K.D., « Self-esteem and affect as information », *Personality and Social Psychology Bulletin,* 2005, 31 : 276-288.

7. Brown J.D., Marshall M.A., « Self-esteem and emotions : some thoughts about feelings », *Personnality and Social Psychology Bulletin,* 2001, 27 : 574-584.

8. Thayer R.E., « The origin of everyday moods », Oxford, Oxford University Press, 1996.

9. Sanna L.J. et coll., « Mood, self-esteem, and simulated alternatives : thought-provoking affective influences on counterfactual direction », *Journal of Personality and Social Psychology*, 1999, 76 : 543-558.

10. Wood J.V. et coll., « Savoring versus dampening : self-esteem differences in regulating positive affect », *Journal of Personnality and Social Psychology*, 2003, 85 : 566-580.

11. Heimpel S.A. et coll., « Do people with low self-esteem really want to feel better ? Self-esteem differences in motivation to repair negative moods », *Journal of Personality and Social Psychology*, 2002, 82 : 128-147.

12. Voir le chapitre 2, « Cognition, mood, and the nature of depressive relapse », *in* Segal Z.V., Williams J.M.G., Teasdale J.D., *Mindfulness-based cognitive therapy*, New York, Guilford, 2002, p. 21-45.

13. Williams J.M.G. et coll., « Problem solving deteriorates following mood challenge in formerly depressed patients with a history of suicidal ideation », *Journal of Abnormal Psychology*, 2005, 114 : 421-431.

14. Etkin A. et coll., « Toward a neurobiology of psychotherapy : basic science and clinical applications », *Journal of Neuropsychiatry and Clinical Neurosciences*, 2005, 17 : 145-158.

15. Fossati P. et coll., « In search of emotional self : an fMRI study using positive and negative emotional words », *American Journal of Psychiatry*, 2003, 160 : 1938-1945.

16. Goldapple M. et coll., « Modulation of cortical-limbic pathways in major depression : treatment-specific effects of cognitive-behavior therapy », *Archives of General Psychiatry*, 2004, 61 : 34-41.

17. Thayer R.E., « The origin of everyday moods », Oxford, Oxford University Press, 1996, *op. cit.*

18. Forgas J.P., « The affect Infusion Model (AIM) : an integrative theory of mood effects on cognition and judgments » *in* L.L. Martin et G.L. Clore (eds), *Theories on mood and cognition*, Mahwah, NJ, Erlbaum, 2001, p. 99-134.

19. Muraven M., Baumeister, R.F., « Self-regulation and depletion of limited resources : does self-control resemble a muscle ? », *Psychological Bulletin*, 2000, 126 : 247-259.

20. Voir notamment dans : Baumeister R.F. et Vohs K.D. (eds), *Handbook of self-regulation. Research, theory and applications*, New York, Guilford, 2004, les chapitres de Carver C.S., « Self-regulation of action and emotion », p. 13-39, et de Larsen R.J. et Prizmic Z., « Affect regulation », p. 40-61.

21. Voir pour synthèse : André C., *Vivre heureux. Psychologie du bonheur*, Paris, Odile Jacob, 2003.

22. Burns D.D., « Ten days for self-esteem », New York, Harper Collins, 1999.

23. Tugade M.M., Fredrickson B.L., « Resilient individuals use positive emotions to bounce back from negative emotional experiences », *Journal of Personality and Social Psychology*, 2004, 86 : 320-333.

24. Deleuze G., *Spinoza*, Paris, Éditions de Minuit, 1981, p. 40-41.

CHAPITRE 18
Être son meilleur ami

1. Comte-Sponville A., *Dictionnaire philosophique*, Paris, Presses universitaires de France, 2001.

2. Hahusseau S., *Comment ne pas se gâcher la vie*, Paris, Odile Jacob, 2003.

CHAPITRE 20
La douleur insoutenable du rejet social

1. Twenge J.M. et coll., « Social exclusion and the deconstructed state : time, perception, meaningless, lethargy, lack of emotion, and self-awareness », Journal of Personality and Social Psychology, 2003, 85 : 409-423.

2. Mendoza Denton R. et coll., « Sensitivity to status-based rejection : implications for african-american student's college experience », *Journal of Personality and Social Psychology*, 2002, 83 : 896-918. Le témoignage, présenté dans cet article, est une libre traduction de l'auteur.

3. Williams K.D. et coll., « Cyberostracism : Effects of being ignored over the Internet », *Journal of Personality and Social Psychology*, 2000, 79 : 748-762.

4. Psaume XXXI, 12 et 13.

5. Twenge J. M. et coll., « Social exclusion causes self-defeating behavior », *Journal of Personality and Social Psychology*, 2002, 83 : 606-615.

6. Buckley K. et coll., « Reactions to acceptance and rejection : effects of level and sequence of relational evaluation », Journal of Experimental Social Psychology, 2004, 40 : 14-28.

7. Downey G., Feldman S.I., « Implications of rejection sensitivity for intimate relationships », *Journal of Personality and Social Psychology*, 1996, 70 : 1327-1343.

8. Baumeister R.F. et coll., « Effects of social exclusion on cognitive processes : anticipated aloneness reduces intelligent thought », *Journal of Personality and Social Psychology*, 2002, 83 : 817-827.

9. Voir à ce propos : Farge A. et coll., *Sans visages. L'impossible regard sur la pauvreté*, Paris, Bayard, 2004. Ou Declerck P., *Les Naufragés*, Paris, Plon, 2001.

10. Baumeister R.F., « Suicide as escape from self », *Psychological Review*, 1990, 97 : 90-113.

11. Baumeister R.F. et coll., « Social exclusion impairs self-regulation », *Journal of Personality and Social Psychology*, 2005, 88 : 589-604.

12. Stroebe W., Stroebe M.S., « Bereavement and health : the psychological and physical consequences of partner loss », NewYork, Cambridge University Press, 1987.

13. Ayduk O. et coll., « Regulating the interpersonal self : strategic self-regulation for coping with rejection sensitivity », *Journal of Personality and Social Psychology*, 2000, 79 : 776-792.

CHAPITRE 21
La lutte contre la peur du rejet (et ses excès)

1. Baumeister R.F., Leary M. R, « The need to belong : desire for interpersonal attachments as a fundamental human motivation », *Psychological Bulletin*, 1995, 117 : 497-529.

2. Ayduk O. et coll., « Rejection sensitivity and depressive symptoms in women », *Personality and Social Psychology Bulletin*, 2001, 27 : 868-877.

3. Murray S.L. et coll., « When rejection stings : how self-esteem constrains relationship-enhancement processes », *Journal of Personality and Social Psychology*, 2002, 83 : 556-573.

4. Gilovitch T. et coll., « The spotlight effect in social judgment : an egocentric bias in estimates of the salience of one's own actions and appearance », *Journal of Personality and Social Psychology*, 2000, 78 : 211-222.

5. Savitsky K. et coll., « Do others judge us as harshly as we think ? Overestimating the impact of ours failures, shortcomings, and mishaps », *Journal of Personality and Social Psychology*, 2001, 81 : 44-56.

6. Hartland J., « Masquerade. Tracking the bogus doctors », *Health Service Journal*, 1996, 26-29.

7. Vorauer J.D. et coll., « Invisible overtures : fears of rejection and the signal amplification bias », *Journal of Personality and Social Psychology*, 2003, 84 : 793-812.

CHAPITRE 22
La peur de l'indifférence et le désir de reconnaissance : exister dans le regard des autres

1. André C. et coll., « Le stress des conducteurs de bus dans une grande entreprise de transports publics », *Synapse*, 1996, 122 : 27-30.

2. Todorov S., « Sous le regard des autres », *Sciences humaines*, 2002, 131 : 22-27.

3. Cité par Haroche C. et Vatin J.C., *La Considération*, Paris, Desclée de Brouwer, 1998, p. 39.

4. Hawkley L.C. et coll., « Loneliness in everyday life : cardiovascular activity, psychosocial context, and health behaviors », *Journal of Personality and Social Psychology*, 2003, 85 : 105-120.

CHAPITRE 23
La quête d'amour, d'affection, d'amitié, de sympathie : la recherche de l'estime des autres

1. Vohs K.D., Heatherton T., « The effects of self-esteem and ego threat on interpersonal appraisals of men and women : a naturalistic study », *Personality and Social Psychology Bulletin*, 2003, 29 : 1407-1420.

2. Murray S.L. et coll., « Self-esteem and the quest for felt security : how perceived regard regulates attachment processes », *Journal of Personality and Social Psychology*, 2000, 78 : 478-498.

3. Murray S.L. et coll., « Calibrating the sociometer : the relational contingencies of self-esteem », *Journal of Personality and Social Psychology*, 2003, 85 : 63-84.

CHAPITRE 24
La présentation de soi : quel visage offrir ?

1. Dans le film d'Agnès Jaoui *Comme une image*, 2004.

2. Tice D.M. et coll., « When modesty prevails : differential favorability of self-presentation to friend and strangers », *Journal of Personality and Social Psychology*, 1995, 69 : 1120-1138.

3. Vohs K.D. et coll., « Self-regulation and self-presentation : regulatory resource depletion impairs impression management and effortfull self-presentation depletes regulatory resources ». Journal of Personality and Social Psychology 2005, 88 : 632-657.

4. Même référence que plus haut : Tice et coll, *Journal of Personality and Social Psychology*, 1995, 69 : 1120-1138.

5. Hewitt P.L. et coll., « The interpersonal expression of perfectionism : perfectionistic self-presentation and psychological distress », *Journal of Personality and Social Psychology*, 2003, 84 : 1303-1325.

6. Schimel J. et coll., « Being accepted for who we are : evidence that social validation of the intrinsic self reduces general defensiveness », *Journal of Personality and Social Psychology*, 2001, 80 : 35-52.

CHAPITRE 25
La peur du ridicule et le combat contre la honte et les blessures d'amour-propre

1. Voir par exemple le chapitre « Self-conscious emotions » *in* Lewis M. et Havilland J.M., *Handbook of emotions*, New York, Guilford, 1993, p. 563-574.

2. Smith R.H. et coll., « The role of public exposure in moral and nonmoral shame and guilt », *Journal of Personality and Social Psychology*, 2002, 83 : 138-159.

3. Kirkpatrick L.A. et coll., « The functional domain specificity of self-esteem and the diferential prediction of agression », *Journal of Personality and Social Psychology*, 2002, 82 : 756-767.

4. Voir le chapitre « Exercices pour combattre la honte » *in* : Ellis A., *Dominez votre anxiété avant qu'elle ne vous domine*, Québec, Éditions de l'Homme, 1999, p. 135-145.

CHAPITRE 26
Mettre les rapports sociaux sur les bons rails : se méfier de l'irrésistible réflexe des comparaisons et refuser les compétitions inutiles

1. Stapel D.A., Suls J., « Method matters : effects of explicit versus implicit social comparisons on activation, behavior, and self-views », *Journal of Personality and Social Psychology*, 2004, 87 : 860-875.

2. Stapel D.A., Tesser A., « Self-activation increases social-comparison », *Journal of Personality and Social Psychology*, 2001, 81 : 742-750.

3. Taylor S.E., Lobel M., « Social comparison activity under threat », *Psychological Review*, 1989, 96 : 569-575.

4. White J.B. et coll., « Frequent social comparisons and destructive emotions and behaviours : the dark side of social comparisons », Manuscrit de recherche (2000) disponible en ligne sur www.econ.ucla.edu/lyariv/Papers/DarkSide1. Résumé *in* Snyder C.R. et Lopez S.J., *Handbook of positive psychology*, Oxford, Oxford University Press, 2000, p 227.

5. Lyubomirsky S. et coll., « Responses to hedonically conflicting social comparisons : comparing happy and unhappy people », *European Journal of Social Psychology*, 2001, 31 : 511-535.

6. Stapel DA, Koomen W., « Competition, cooperation, and the effects of others on me », *Journal of Personality and Social Psychology*, 2005, 88 : 1029-1038.

7. Lockwood P., « Could it happen to you ? Predicting the impact of downward comparisons on the self », *Journal of Personality and Social Psychology*, 2002, 82 : 343-358.

8. Diekmann K.A. et coll., « From self-prediction to self-behavior : behavioral forecasting, self-fulfilling prophecies, and the effect of competitive expectations », *Journal of Personality and Social Psychology*, 2003, 85 : 672-683.

9. Leary M.R. et coll., « Deconfounding the effects of dominance and social acceptance on self-esteem », *Journal of Personality and Social Psychology*, 2001, 81 : 898-909.

10. Bandura A, *op. cit.*

11. Lockwood P et coll., « Motivation by positive or negative role models : regulatory focus determines who will best inspire us », *Journal of Personality and Social Psychology*, 2002, 83 : 854-864.

12. Cité dans le *Magazine littéraire*, 445, septembre 2005, p. 25.

CHAPITRE 27
Envie et jalousie : les émotions du doute de soi et leurs remèdes

13. Parrott W.G., Smith R.H., « Distinguishing the experiences of envy and jealousy », *Journal of Personality and Social Psychology*, 1993, 64 : 906-920.

14. Wert SR, Salovey P., « A social comparison account of gossip », *Review of General Psychology*, 2004, 8 : 122-137.

15. Salovey P., Rodin J., « The differentiation of social-comparison jealousy and romantic jealousy », *Journal of Personality and Social Psychology*, 1986, 50 : 1100-1112.

16. Mathes E.W. et coll., « Jealousy : loss of relationship rewards, loss of self-esteem, depression, anxiety, and anger », *Journal of Personality and Social Psychology*, 1985, 48 : 1552-1561.

17. Parker J.G. et coll., « Friendship jealousy in youth adolescents : individual differences links to sex, self-esteem, aggression and social adjustment », *Developmental Psychology*, 2005, 41 : 235-250.

18. De Silva P., « Jealousy in couple relationships : Nature, assessment and therapy », *Behaviour Research and Therapy*, 1997, 35 : 973-985.

19. Sharpsteen D.J., Kirkpatrick L.A., « Romantic jealousy and adult romantic attachment », *Journal of Personality and Social Psychology*, 1997, 72 : 627-640.

CHAPITRE 28
Ne plus se méfier des autres et faire confiance : les bénéfices sont supérieurs aux inconvénients

1. Michael Kosfeld et coll., « Oxytocin increases trust in humans », *Nature*, 2005, 435 (n° 7042) : 673-676.

2. Dunn J.R., Schweitzer M.E., « Feeling and believing : the influence of emotion on trust », *Journal of Personality and Social Psychology*, 2005, 88 : 736-748.

3. Hertel G. et coll., « Mood effects on cooperation in small groups : does positive mood simply lead to more cooperation ? », *Cognition and Emotion*, 2000, 14 : 441-472.

4. Rempel J.K. et coll, « Trust in close relationships », *Journal of Personality and Social Psychology*, 1985, 49 : 95-112.

5. Wieselquist J. et coll., « Commitment, pro-relationship behavior, and trust in close relationships », *Journal of Personality and Social Psychology*, 1999, 77 : 942-966.

6. Luce R.D., Raiffa H., *Games and Decisions*, New York, John Wiley and Sons, 1957.

7. Komorita S.S. et coll., « Cooperative choice in the N-person dilemna situation », *Journal of Personality and Social Psychology*, 1980, 38 : 504-516.

8. Axelrod R., *Comment réussir dans un monde d'égoïstes*, Paris, Odile Jacob, 1992.

CHAPITRE 29
Ne plus juger : les bénéfices à accepter les autres

1. Anderson C.A. et coll., « Perseverance of social theories : the role of explanation in the persistence of discredited informations », *Journal of Personality and Social Psychology*, 1980, 39 : 1037-1049.

2. La formule est du philosophe suisse Ruedi Imbach, dans sa préface à l'ouvrage d'Alexandre Jollien : *Éloge de la faiblesse*, Paris, Cerf, 1999.

3. Peterson C., Seligman M.E.P., *Character strenghts and virtues*, Oxford, Oxford University Press, 2004, chapitres « Curiosity », p. 125-141 et « Open-mindedness », p. 143-159.

4. Kling K.C. et coll., « Exploring the influence of personality on depressive symptoms and self-esteem across a significant life transition », *Journal of Personality and Social Psychology*, 2003, 85 : 922-932.

5. Exline J.J. et coll., « Too proud to let go : narcissistic entitlement as a barrier to forgiveness », *Journal of Personality and Social Psychology*, 2004, 87 : 894-912.

6. Karremans J.C. et coll., « When forgiving enhances psychological well-being : the role of interpersonal commitment », *Journal of Personality and Social Psychology*, 2004, 86 : 295-309.

7. Enright R.D. et coll., « Le pardon comme mode de régulation émotionnelle », *Journal de Thérapie comportementale et cognitive*, 2001, 11 : 123-135.

8. Freedman S.R., Enright R.D., « Forgiveness as an intervention goal with incest survivors », *Journal of Consulting and Clinical Psychology*, 1996, 64 : 983-992.

9. Sermon du 3 mai 1963, *in* King M.L., *Autobiographie* (textes réunis par Clayborne Carson), Paris, Bayard, 2000.

10. André C., « Maîtres de vie : Martin Luther King », *Psychologies*, novembre 2005, 246, p. 90-91.

CHAPITRE 30
Gentillesse, gratitude, admiration… : le lien aux autres renforce le lien à soi

1. Heatherton T.F., Vohs K.D., « Interpersonal evaluation following threats to the self : role of self-esteem », *Journal of Personality and Social Psychology*, 2000, 78 : 725-736.

2. Comte-Sponville A., *Dictionnaire philosophique, op. cit.*

3. Van Lange P.A.M. et coll., « How to overcome the detrimental effects of noise in social interactions : the benefits of generosity », *Journal of Personality and Social Psychology*, 2002, 82 : 768-780.

4. Voir pour synthèse : Pelt J.M., *La Solidarité. Chez les plantes, les animaux, les humains*, Paris, Fayard, 2004. Et : De Waal F., *Le Bon Singe. Les bases naturelles de la morale*, Paris, Bayard, 1997.

5. McCullough M.E. et coll., « Gratitude in intermediate affective terrain : links of grateful moods to individual differences and daily emotional experience », *Journal of Personality and Social Psychology*, 2004, 86 : 295-309. Voir aussi :

Emmons R.A., McCullough M.E. (eds), *The Psychology of Gratitude*, Oxford, Oxford University Press, 2004.

6. McCullough M.E. et coll., « The grateful disposition : a conceptual and empirical topography », *Journal of Personality and Social Psychology*, 2002, 82 : 112-127.

7. Kundera M., *Le Rideau*, Paris, Gallimard, 2005.

8. Emmons R.A., McCullough M.E., « Counting blessings versus burdens : an experimental investigation of gratitude and subjective well-being in daily life », *Journal of Personality and Social Psychology*, 2003, 84 : 377-389.

9. Huston N., *Professeurs de désespoir*, Arles, Actes Sud, 2004.

10. Campbell W.K., « Narcissism and romantic attraction », *Journal of Personality and Social Psychology*, 1999, 77 : 1254-1270.

11. Dasgupta N., Greenwald A.G., « On the malleability of automatic attitudes : Combating automatic prejudice with images of admired and disliked individuals », *Journal of Personality and Social Psychology*, 2001, 81 : 800-814.

12. Lee M.J., « Self-esteem and social identity in basketball fans : a closer look at basking-in-reflected glory », *Journal of Sport Behavior*, 1985, 8 : 210-223.

13. Glover D., *Trop gentil pour être heureux*, Paris, Payot, 2004.

14. Les psychiatres, psychologues et autres psychothérapeutes sont bien placés pour constater les dégâts de la vénération de pères fondateurs, comme Freud ou Lacan. Leur accorder le respect, au moins en tant que figures historiques, est normal. Mais il n'est pas obligatoire de les admirer. Et pas souhaitable de les aduler et d'en faire des icônes. Ce débat a provoqué de violents conflits dans le monde de la psychothérapie. Voir par exemple : Meyer C. (éd), *Le Livre noir de la psychanalyse*, Paris, Les Arènes, 2005.

CHAPITRE 31

Poser différemment la question de l'estime de soi : trouver sa place au milieu des autres

1. *Pensées*, livre neuvième, I.

2. Ricard M., *Plaidoyer pour le bonheur*, Paris, NiL Éditions, 2003.

3. Lee A.Y. et coll., « The pleasures and pains of distinct self-construals : the role of interdependence in regulatory focus », *Journal of Personality and Social Psychology*, 2000, 78 : 1122-1134.

4. Gable S.L. et coll, « What do you do when things go right ? The intrapersonel and interpersonal benefits of sharing positive events », *Journal of Personality and Social Psychology*, 2004, 87 : 228-245.

5. Neumann R, Strack F., « "Mood contagion" : the automatic transfer of mood between persons », *Journal of Personality and Social Psychology*, 2000, 79 : 211-223.

6. Lockwood P. et coll., « Feeling better about doing worse : social comparisons within romantic relationships », *Journal of Personality and Social Psychology*, 2004, 87 : 80-95.

7. Gardner W.L. et coll., « When you and i are "we", you are not threatening : the role of self-expansion in social comparison », *Journal of Personality and Social Psychology*, 2002, 82 : 239-251.

8. Bouvard M. et coll., « Étude psychométrique de l'inventaire d'estime de soi sociale », *Revue européenne de psychologie appliquée*, 1999, 49 (3) : 165-172.

9. Cros S.E. et coll., « The relational-interdependant self-construal, self-consistency, and well-being », *Journal of Personality and Social Psychology*, 2003, 85 : 933-944.

10. Silvia P.J., Gwendola G.H.E., « On introspection and self-perception : does self-focused attention enable accurate self-knowledge ? », *Review of General Psychology*, 2001, 5 : 241-269.

11. Reidl A., « Gender and sources of subjective well-being », *Sex Roles*, 2004, 51 : 617-629.

12. Väänänen A. et coll., « When it is better to give than to receive : long-term health effects of perceived reciprocity in support exchange », *Journal of Personality and Social Psychology*, 2005, 89 (2) : 176-193.

13. Gramzow R.H., Gaertner L., « Self-esteem and favoritism toward novel in-group : the self as an evaluative base », *Journal of Personality and Social Psychology*, 2005, 88 : 801-815.

14. Matthew J., Hornsey M.J., Jetten J., *The individual within the group : balancing the need to belong with the need to be different*, Personality and Social Psychology Review 2004, 8 : 248-264.

15. Millêtre B., « L'estime de soi chez les adultes à haut potentiel », Communication présentée aux 33es Journées scientifiques de thérapie comportementale et cognitive, Paris, 2005.

16. Hulin M., *La Mystique sauvage*, Paris, PUF, 1993.

CHAPITRE 33

Action et estime de soi : se bouger pour s'estimer...

1. Voir synthèse *in* Dubois N., *La Psychologie du contrôle*, Grenoble, Presses Universitaires de Grenoble, 1987.

2. Synthèse *in* Maddux J.E., « Self-efficacy », *in* C.R. Snyder, S.J. Lopez (eds), *Handbook of positive psychology*, Oxford, Oxford University Press, 2002, p. 277-287.

3. Judge T.A. et coll., « Are measures of self-esteem, neuroticism, locus of control, and self-efficacy indicators of a common core construct ? », *Journal of Personality and Social Psychology*, 2002, 83 : 693-710.

4. Alain, *Propos*, Paris, Gallimard, « La Pléiade », 1956 (chronique du 4 avril 1913).

5. Hadot P., *La Philosophie comme manière de vivre*, Paris, Albin Michel, 2001.

CHAPITRE 34

L'action, non la pression : les règles de l'action sereine

1. Ralph J.A., Mineka S., « Attributional style and self-esteem : the prediction of emotional distress following a midterm exam », *Journal of Abnormal Psychology*, 1998, 107 : 203-215.

2. Cité par Ide P. et Adrian L. (p. 20) dans leur excellent ouvrage *Les Sept Péchés capitaux*, Paris, Mame, 2002.

3. Norcross J.C. et coll., « *Auld lang Syne :* Success predictors, change processes, and self-reported outcomes of New Year's resolvers and nonresolvers », *Journal of Clinical Psychology*, 2002, 58 : 397-405.

4. Cottraux J., *Les Thérapies comportementales et cognitives*, Paris, Masson, 1998 (3e éd).

5. Freitas A.L. et coll., « Abstract and concrete self-evaluative goals », *Journal of Personality and Social Psychology*, 2001, 80 : 410-424.

6. Di Paula A., Campbell J.D., « Self-esteem and persistence in the face of failure », *Journal of Personality and Social Psychology*, 2002, 83 : 711-724.

7. Joule R.V., Beauvois J.L., *La Soumission librement consentie*, Paris, PUF, 1998.

8. Grzegorek J.L. et coll., « Self-criticism, dependency, self-esteem, and grade point average satisfaction among clusters of perfectionists and nonperfectionists », *Journal of Counseling Psychology*, 2004, 51 : 192-200.

9. Camus A., *Le Mythe de Sisyphe*, Paris, Gallimard, 1942.

10. Custers R., Aarts H., « Positive affect as implicit motivator : on the nonconscious operation of behavioral goals », *Journal of Personality and Social Psychology*, 2005, 89 : 129-142.

CHAPITRE 35
Écouter le feed-back

1. Crocker J., Park L.E., « The costly pursuit of self-esteem », *Psychological Bulletin*, 2004, 130 : 392-414.

2. Casbon T.S. et coll., « Receipt of negative feedback is related to increased negative feedback seeking among individuals with depressive symptoms », *Behaviour Research and Therapy*, 2005, 43 : 485-504.

3. Bernichon T. et coll., « Seeking self-evaluative feed-back : the interactive goal of global self-esteem and specific self-views », *Journal of Personality and Social Psychology*, 2003, 84 : 194-204.

4. Vohs K.D. et coll., « Self-esteem and threats to the self : implications for self-construal and interpersonal conceptions », *Journal of Personality and Social Psychology*, 2001, 81 : 1103-1118.

5. Heatherton T.F. et coll., « Interpersonal evaluations following threats to the self : role of self-esteem », *Journal of Personality and Social Psychology*, 2000, 78 : 725-736.

6. Sedidikes C. et coll., « Accountability as a deterrent to self-enhancement : the search for the mechanisms », *Journal of Personality and Social Psychology*, 2002, 83 : 592-605.

7. Pemberton M., Sedidikes C., « When do individuals help close others improve ? The role of information diagnosticity », *Journal of Personality and Social Psychology*, 2001, 81 : 234-246.

8. Johnson J.T. et coll., « Inferences about the authentic self : when do actions says more than mental states ? », *Journal of Personality and Social Psychology*, 2004, 87 : 615-630.

CHAPITRE 36
Peut-on se débarrasser de la peur de l'échec ?

1. McGregor H.A., Elliot A.J., « The shame of failure : examining the link between fear of failure and shame », *Personality and Social Psychology Bulletin*, 2005, 31 (2) : 218-231.

2. Behar E. et coll., « The effects of suppressing thoughts and images about worrisome stimuli », *Behavior Therapy*, 2005, 36 : 289-298.

3. Tafarodi R.W. et coll., « Self-esteem and memory », *Journal of Personality and Social Psychology*, 2003, 84 : 29-45.

CHAPITRE 37
L'autonomie envers les succès, réussites et consécrations : jusqu'où aller dans l'indifférence ? Ou dans la liberté…

1. Cité par Ide et Adrian, *op. cit.*

2. À la date du 10 octobre 1893.

3. Kernis M.H., « High self-esteem : a differentiated perspective », *in* E.C. Chang et L.J. Sanna, *Virtue, vice and personality. The complexity of behavior*, Washington DC, American Psychological Association, 2003, p. 3-22.

4. Baldwin, M.W., Sinclair L., « Self-esteem and "if… then" contingencies of interpersonal acceptance », *Journal of Personality and Social Psychology*, 1996, 71 (6) : 1130-1141.

CHAPITRE 38
Psychologie des regrets

1. André C., « Regrets d'hier et d'aujourd'hui… », *Cerveau et Psychologie*, 2005, 9 : 32-36.

2. Gilovich T. et Medvec V., « The experience of regret : What, when, and why », *Psychological Review*, 1995, 102 : 379-395.

3. Josephs R.A. et coll., « Protecting the self from the negative consequences of risky decisions », *Journal of Personality & Social Psychology*, 1992, 62 : 26-37.

4. Ross M., Wilson A.E., « It feels like yesterday : self-esteem, valence of personal past experiences, and judgments of subjective distance », *Journal of Personality and Social Psychology*, 2002, 82 : 792-803.

CHAPITRE 39
L'action qui nous change et qui change le monde

1. Grant H., Dweck C.S., « Clarifying achievement goals and their impact », *Journal of Personality and Social Psychology*, 2003, 85 : 541-553.

2. Wilson A.E., Ross M., « The frequency of temporal-self and social comparisons in people's personal appraisals », *Journal of Personality and Social Psychology*, 2000, 78 : 928-948.

3. Eibach R.P. et coll., « When change in the self is mistaken for change in the world », *Journal of Personality and Social Psychology*, 2003, 84 : 917-931.

4. Anderson C. et coll., « Emotional convergence between people over time », *Journal of Personality and Social Psychology*, 2003, 84 : 1054-1068.

5. *Op. cit.*

6. Thoreau H.D., *La Désobéissance civile*, Paris, Mille et Une Nuits, 2000.

7. Thoreau H.D., *La Vie sans principe,* Paris, Mille et Une Nuits, 2004.

8. Thoreau H. D, *Walden ou la Vie dans les bois*, Paris, Gallimard, 1990. Voir aussi son *Journal* (1837-1861), paru en 2005 aux éditions Terrail, Paris.

CHAPITRE 40
Petit Ours brun est fier de lui…

1. Bour D., *Petit Ours brun est fier de lui*, Paris, Bayard, 2005.

CHAPITRE 41
Le silence de l'estime de soi

1. *Ma vie sans moi*, d'Isabel Coixet, 2003.

2. Valéry P., *La Soirée avec M. Teste. Œuvres*, tome II, Paris, Gallimard, « La Pléiade », 1960.

3. Voir, pour les professionnels, tous les articles portant sur ce débat de l'estime de soi, dans un numéro de l'une des revues les plus pointues de la psychologie scientifique : *Psychological Bulletin*, vol. 130, n° 3, mai 2004.

4. Ryff C.D., Singer B., « Ironies of the human condition : well-being and health on the way to mortality », *in* L.G. Aspinwall et U.M. Staudinger, *A psychology of human strengths. Fundamental questions and future directions for a positive psychology*, Washington DC, American Psychological Association, 2003, p. 271-288.

5. Sheldon K.M. et coll., « What is satisfying about satisfying events ? Testing 10 candidate psychological needs », *Journal of Personality and Social Psychology*, 2001, 80 : 325-339.

CHAPITRE 42
Intensifier sa présence à l'instant

1. Csikszentmihaly M., *Vivre*, Paris, Laffont, 2004.

2. André C., *Vivre heureux. Psychologie du bonheur*, Paris, Odile Jacob, 2003.

3. Germer C.K. et coll (eds), *Mindfulness and psychotherapy*, New York, Guilford, 2005.

4. Langer E., « Well-being : Mindfulness versus positive evaluation », *in* Snyder C.R., Lopez S.J. (eds), *Handbook of positive psychology*, Oxford, Oxford University Press, 2002, p. 214-230.

5. Lutz A. et coll., « Long-term meditators self-induce high-amplitude gamma synchrony during mental practice », *Proceedings of the National Academy of Sciences*, 2004, 101 (46) : 16369-16373.

6. Brown K.W. et coll., « The benefits of being present : Mindfulness and its role in psychological well-being », *Journal of Personality and Social Psychology*, 2003, 84 : 822-848.

7. Fennell M., « Depression, low self-esteem and mindfulness », *Behaviour Research and Therapy*, 2004, 42 : 1053-1067.

8. Thich Nhat Hanh, *Le Miracle de la pleine conscience*, Paris, L'Espace Bleu, 1994.

9. Castermane J., *La Sagesse exercée*, Paris, La Table Ronde, 2005.

10. Comte-Sponville A., *De l'autre côté du désespoir*, Paris, L'Originel, 1997.

CHAPITRE 43
S'effacer derrière le sens donné à ce que l'on fait

1. Baumeister R.F., Vohs K.D., « The pursuit of meaningfulness in life », *in* Snyder C.R., Lopez S.J. (eds), *Handbook of positive psychology*, Oxford, Oxford University Press, 2002, p. 608-618. Voir aussi : Emmons R.E., « Personal goals, life meaning, and virtue : wellsprings of a positive life » *in* C.L.M. Keyes et Haidt J., *Flourishing. Positive psychology and the life well-lived*, Wasington DC, American Psychological Association, 2003, p. 105-128.

2. Voir par exemple *in* M.R. Leary et J.P. Tangney (ed.), *Handbook of self and identity*, New York, Guilford, 2003, les chapitres : « Stability and variability in self-concept » (Kernis M.H. et Goldman B.G., p. 106-127) ou : « Self-verification, the search for coherence » (Swann W.B. et coll, p. 367-383).

3. Park C.L., Folkman S., « Meaning in the context of stress and coping », *Review of General Psychology*, 1997, 1 : 115-144.

4. Wrzesniewski A. et coll., « Working, playing, and eating : making the most of most moments » *in* C.L.M. Keyes et J. Haidt, *Flourishing. Positive psychology and the life well-lived*, Wasington DC, American Psychological Association, 2003, p. 185-204.

5. Interview donnée au *Nouvel Observateur*, hors-série « La Sagesse aujourd'hui », avril-mai 2002, p. 47.

6. Sheldon K.M., Houser-Marko L.H., « Self-concordance, goal-attainment, and the pursuit of happiness : can be there an upward spiral ? », *Journal of Personality and Social Psychology*, 2001, 80 : 152-165.

CHAPITRE 44
Humilité :
jusqu'où s'alléger de soi ?

1. Tangney J. P., « Humility » *in* : C.R. Snyder et S.J. Lopez (eds), *Handbook of positive psychology*, Oxford, Oxford University Press, 2002, p. 411-419.

2. Morgan V.G., « Humility and the transcendant », *Faith and Philosophy*, 2001, 18 : 307-322.

3. André C., « La folie people », *Cerveau et Psycho*, novembre 2005, 12, p. 16-19.

4. Exline J.J., Geyer A., *Perceptions of Humility : A Preliminary Study*, Self and Identity 2004, 3 : 95-114.

5. Voir le chapitre : « Humility and modesty » *in* Peterson C., Seligman M., *op. cit.*, p. 461-475.

6. Lors d'une conférence débat organisée par l'association humanitaire Karuna, salle de la Mutualité, à Paris, le 20 octobre 2005.

7. Frère Denis Hubert, *Théotime, Chroniques de la vie monastique*, Paris, Karthala, 1998.

8. *Nouvel Observateur* (supplément), n° 2008, 3 mai 2003.

CHAPITRE 45
L'estime de soi, le sens de la vie et la peur de la mort

1. Tolstoï L., *Souvenirs et Récits*, Paris, Gallimard, « La Pléiade », 1960.

2. Pyszczynski T. et coll., « Why do people need self-esteem ? A theoretical and empirical review », *Psychological Bulletin*, 2004, 130 : 435-438.

3. Greenberg J. et coll., « Why do people need self-esteem ? Converging evidences that self-esteem serves as an anxiety-buffering function », *Journal of Personality and Social Psychology*, 1992, 63 : 913-922.

4. Harmon-Jones E. et coll., « Terror management theory and self-esteem : evidence that increased self-esteem reduces mortality-salience effect », *Journal of Personality and Social Psychology*, 1997, 72 : 24 36.

5. Pyszczynski T. et coll., « Why do people need self-esteem ? A theoretical and empirical review », *op. cit.*

6. McGregor I. et coll., « Compensatory conviction in the face of personal uncertainty : going to evidences and being oneself », *Journal of Personality and Social Psychology*, 2001, 80 : 472-488.

7. Taubman Ben-Ari O. et coll., « The impact of mortality salience on reckless driving : a test of terror management mechanisms », *Journal of Personality and Social Psychology*, 1999, 76 : 35-45.

8. Mandel N., Heine S.J., « Terror management and marketing : he who is dies with the most toys wins », *Advances in Consumer Research*, 1999, 26 : 527-532. Voir aussi : Kasser T., Sheldon K.M., « On wealth and death : materialism, mortality salience, and consumption behavior », *Psychological Science*, 2000, 11 : 348-351.

9. Goldenberg J.L. et coll., « The body as source of self-esteem : the effects of mortality salience on identification with one's body, interest in sex, and appareance monitoring », *Journal of Personality and Social Psychology*, 2000, 79 : 118-130.

10. Jonas E. et coll., « The scrooge effect : evidences that mortality salience increases pro-social attitudes and behavior », *Personality and Social Psychology Bulletin*, 2002, 28 : 1342-1353.

11. Pyszczynski T et coll., « Freedom versus fear : on the defense, growth, and expansion of the self » *in* : Leary et Tangney (eds), *op. cit.*, p. 314-343.

12. Voir pour synthèse Yalom I.D., *Existential Psychotherapy*, New York, Basic Books, 1980 (notamment « Freud : anxiety without death », p. 59-74).

13. Des Forêts R.-L., *Pas à pas jusqu'au dernier*, Paris, Mercure de France, 2001.

14. Épictète, *Manuel*, Paris, Garnier-Flammarion, 1964 (XXI, 3).

15. Yalom I.D., *op. cit.* Voir aussi André C., *Psychologie de la peur*, Paris, Odile Jacob, 2004.

16. Violet M., Despleschin M., *La Vie sauve*, Paris, Seuil, 2005.

17. Interview accordée à *Psychologies Magazine*, n° 246, novembre 2005, p. 104-105.

18. Dechesne M et coll., « Literal and symbolic immortality : the effect of evidence of literal immortality on self-esteem striving in response to mortality salience », *Journal of Personality and Social Psychology*, 2003, 84 : 722-737.

19. Dechesne M et coll., « Terror management and the vicissitudes of sports fan affiliation : the effects of mortality salience on optimism and fan identification », *European Journal of Social Psychology*, 2000, 30 : 813-835.

20. Sherman D.A.K. et coll., « Do messages about health risks threaten the self ? Increasing the acceptance of threatening self messages via self-affirmation », *Personality and Social Psychology Bulletin*, 2000, 26 : 1046-1058.

21. Voir notamment deux ouvrages publiés par l'American Psychological Association : Miller W.R. (ed.), *Integrating Spirituality Into Treatment : Resources for Practitioners*, 1999. Et : Sperry L., Sharfranske E.P. (eds), *Spiritually Oriented Psychotherapy*, 2004.

22. Dalaï Lama et Cutler H., *L'Art du bonheur*, Paris, Laffont, 1999.

23. Comte-Sponville A., *Dictionnaire philosophique, op. cit.*

Conclusion

1. Dans la traduction d'André Dacier (1742), Paris, Jean de Bonnot, 1983.

Table

Cinquième partie
L'OUBLI DE SOI

Achevé d'imprimer par GGP Media GmbH, Pößneck
en décembre 2006
pour le compte de France Loisirs,
Paris

N° d'éditeur : 47498
Dépôt légal : janvier 2007

Imprimé en Allemagne